KB236336

진인진

불만의 도시와 쾌락하는 몸

서영표 지음

진인진

책을 내면서

독자들에게 내놓기 부끄러운 책을 간행하면서 굳이 소감을 적는 이유를 간단하게나마 밝혀야 할 것 같다. 4년 반전 동지이자 마음의 후원자였던 한 사람을 저 세상으로 떠나보내면서 그를 기억할 수 있는 '공식적인' 흔적을 어디엔가는 남겨야겠다는 생각을 했었다. 자본주의라는 거대한 '괴물'에게 작은 생채기라도 내겠다고 다짐했지만 결국 가슴속 가득 상처만 안고 떠난 그 사람의 소망과 바람을 지금 여기에 내가 멈추어 설 수 없는 이유로 공식화하고 싶었다고 할 수도 있겠다. 신과 영혼을 믿지 않는 나에게 '지나간' 사람들은 지금 나의 실천을 통해서만 기억되고, 기념되고, 재생될 수 있다. 사람들은 그걸 부채의식이라고 부르기도 하지만, 우리가 함께 꿈꿨던 더 나은 미래를 여전히 포기할 수 없는 '희망'으로 다시 살려내는 기쁨이라고 말하고 싶다. 죽은 자의 의지가 산 자의 실천으로 부활하는 의식이라고나 할까. 친구들에게 '맥'이라고 불렸던 사내, 김무호의 의지가 비관적인 현실에 굴하지 않고, 새로운 사회를 향한 '무모한' 도전을 회피하지 않을 수 있는 용기로 우리 곁에 함께 있기를 바란다.

목차

서론

　책을 쓰는 것의 의미　_7

1부　불만의 도시와 저항

　1장　상품화된 도시, 몸과 마음의 긁힘　_20

　2장　도시에 대한 권리와 충족되지 않은 필요　_40

　3장　풀뿌리 지역정치의 딜레마　_78

2부　저항적 실천과 지식의 재정의

　4장　사회운동의 이론적 이해　_104

　5장　과학과 지식의 새로운 패러다임: 기후변화 논쟁　_143

　6장　'사회적인 것', 통치의 기술 또는 저항의 계기　_184

3부 새로운 저항의 장소

　7장 소비주의적 욕망에 잉태된 '대안적 쾌락'　　　_ 210

　8장 불만, 탈구, 연대
　　　: 포스트마르크스주의의 유산　　　_ 244

　9장 '강요된' 공동체를 넘어 '성취되어야 할' 연대　　　_ 284

결론
　질문들, 그리고 대답들　　　_ 317

서론

책을 쓰는 것의 의미

한 권의 책을 쓰는 작업은 매우 고통스러운 과정이다. 처음부터 끝까지 일관된 논리를 유지해야 하고 주장을 뒷받침할 수 있는 철학적 논거, 경험적 자료를 제시해야 하다. 전문가를 넘어선 독자를 원한다면 가독성의 문제도 고려해야 한다. 그래서 학자들이 자신의 업적을 인정받는 것은 모든 것을 쏟아 부은 책을 통해서이다.

같은 책이라도 이미 발표된 글들을 모아 놓는 것은 '작품'을 창조하는 고통과 인내의 과정이 생략되어 있다. 그런데 긴 호흡으로 작품을 만들어 내지 못하는 것은 한국의 학문적 풍토 탓도 있다. '경쟁력'을 이야기하고, 학문적 성과의 축적을 내세우면서 짧고 단편적인 논문들을 양적으로 평가하는 풍토를 말함이다. 더구나 그러한 양적 평가는 곧 금전적 보상과 연결되어 있다. 이성적으로는 도저히 동의할 수 없지만 이미 몸에 스며들고 은연중에 마음을 지배하는 경쟁과 화폐의 논리는 '학술지원사업'과 '연구지원'이라는 그럴 듯한 이름으로 만들어진 길들이기 방법을 받아들인다.

여기에 실려 있는 모든 글은 그런 논리를 비판하고 있다. 그럼에도 몇 편을 제외하고는 스스로가 비판하고 부정하는 '평가'와 '보상', 굴종적인 길들이기 시스템에 맞추어 쓰여 진 논문들이다. 사람을 부품으로 취급하고 사람들 사이의 신뢰와 유대를 약육강식의 논리와 돈의 가치로 파괴하는 '지금'의 사회를 비판하지만 결국 그 논리를 충실하게 따르고 이행하고 있다는 (누군가가 말해서 유행어가 되어 버린) 자괴감을 느낄 수밖에 없는 것이다.

　책의 처음을 이렇게 열고 보니 또 하나의 부끄러움을 느끼게 된다. 결국 자기변명일 수밖에 없기 때문이다. 하지만 이러한 자괴감과 부끄러움에도 불구하고, 고통스러운 창작의 과정을 건너뛴 짜깁기를 과감하게 실행하는 이유는, 비록 미약하지만 비판과 변화를 지향하는 학문적 실천은 그 자체로 완결될 수 없고 누군가의 생각을 자극함으로써 자극받아야 하기 때문이다. 소수만이 접근할 수 있는 학술지에 갇혀 있는 글이 아니라 누군가에게 말을 걸고 대답을 듣고, 그럼으로써 대화를 할 수 있어야만 하기 때문이다.

　이렇게 말하고 보니 자괴감과 부끄러움과는 다른 또 하나의 문제에 맞닥뜨리게 된다. 비록 경쟁의 시스템에 안에서 쓰여졌지만 비판과 변화를 담고 있다고 하더라도 현실과 동떨어진 현학적 말장난에 스스로를 가두고 있는 것은 아닌지에 대한 두려움을 마주하게 된다. 정합성, 엄밀성은 자기들만의 세계에 갇힌 학자들의 공동체 안에 남아 있기를 작정했을 때에만 학문적 성취를 판가름하는 기준이 될 수 있다. 우리가 살고 있는 세상에 대한 엄밀한 분석을 추구하면서 그것이 사람들의 실천을 돕는 역할을 하도록 하는 것은 이보다 더 큰 것을 요구할 수밖에 없는 것이다.

　소통할 수 없을지도 모른다는 두려움은 안고 가기로 했다. 그렇지 않고서는 이런 방식으로 책을 쓴다는 과감한 행동을 할 수 없기 때문이다. 두려움이 행동하지 않음의 변명이 되지 않기 위해서는 과감함이 필요하지 않겠는가? 어쩌면 이런 결정은 현실로부터 고립되어 아카데믹, 그것도 상품과 화폐의 논리에 물들어 버린 타락한 아카데믹 속에 홀로 내던져질 수 있다는 또 다른 두려움을 벗어나고 싶은 필사적인 몸부림일 수도 있겠다. 하지만 이 책이 현실과 이론 사이의 대화를 촉발할 수 있을지는, 필자의 복잡한 심정과 의도와는 무관하게, 오로지 독자의 판단에 달려 있다. 가치 없는 먹물의 허접한 종이쪼가리로 버려질지, 아니면 한 발 더 나간 사회비판과 자본주의 이후 사회에 대한 상상에 의미 있는 기여가 될지는 저자의 생각과는 무관한 것이다.

　기존의 글들을 모아 놓은 책이 다 그렇듯이 여기에 함께 편집해 놓은 논문들은 2008년부터 2016년이라는 결코 짧지 않은 시간에 걸쳐 출간된 것들이다. 현실문제에 깊숙이 개입되어 있지 않은, 다소 이론편향적인 글들이라고 하더라도 서로 다른 시간대에 쓰여 진 글들을 논리적으로 배열하는 것은 쉽지 않은 일이다. 8년 동안 글쓴이의 생각이 어떻게 발전하고 있는지를 가늠할 수 있겠지만 생각이 발전하는 과정에서 피할 수 없는 '반복'(혹자들은 이것을 자기표절이라고 부르기도 한다)이 도드라져 보일 수도 있다.

　반복된 '자기표절'은 주장의 핵심을 드러내는 길일 수도 있다. 자기만의 개념과 주장을 중심으로 도시, 사회운동, 소비 등의 다양한 주제를 설명하려고 시도했다는 증거일 수 있기 때문이다. 이 책의 경우 '필요needs' 개념의 재해석을 토대로 한 사회주의 정치의 재정의, '탈구dislocation' 개념과 필요를 연결하려는 시도, 지식의 서로 다른 수준을 실천 속에서 결합시키려는 지식의 정치학, 사회주의 정치의 세 가지 전략으로서의 대중의 정치주체화, 시장의 사회화, 국가의 민주화, 그리고 이 모든 것이 실험되고 실천되는 지역local에 대한 관심이 반복적으로 등장한다. 이론적으로 포스트마르크스주의의 마르크스주의 비판을 수용하지만 그것이 가진 상대주의적 편향을 비판적 실재론critical realism으로 보완하려 했다. 경제적 토대와 노동계급으로 환원되지 않는 사회주의적 정치를 구상하면서 각자가 처한 사회적 조건에서 경험하는 착취와 억압의 양상을 보여주고, 이렇게 서로 다른 위치에서 체험하는 착취와 억압이 어떻게 하나로 모아 질 수 있는지를 보여주려고 했다.

　몇 개의 중요한 개념에 대해 미리 대충의 설명을 하는 것이 좋을 것 같다. 우선 '필요' 개념에서 시작해야할 것 같다. 필요를 나의 이론적 주장의 핵심으로 정립하는 데는 석사, 박사논문 모두를 함께 작업했던 테드 벤튼Ted Benton과의 대화가 계기가 되었다. 테드와 나의 공동 관심사는 마르크스주의적인 자본주의 비판과 사회주의를 포기하지 않지만 교조적인 해석이나 포스트주의적 해체 모두에 대해서 거리를 두는 것이었다. 그가 선택한 길은 자연과 인간의 연속성 개념에 기초한 비환원론적 자연주의non-reductionist naturalism였다. 거칠게 요약하자면 인간을 자연적 존재로 인정하면서도 인간만이 가지고 있는 독특한 역사적 역량에 주목하고자 했다.[1] 테드의 이러한 입장을 가까운 지적인 동료였던 케이트 소퍼Kate Soper와 비교하면서 생물학적 존재로서의 인간, 역사적 존재로서의 인간, 그리고 문화적인 존재로서의 인간을 사회주의적으로 다시 생각할 수 있는 길을 고민하게 되었다. 인간은 생물학적 존재로서 기본적 필요를 동물과 공유한다. 하지만 인간적 필요의 목록과 그것을 충족시키는 방법은 역사적으로 발전한다. 또한 동시대에 서로 다른 문화에서 필요는 서로 다르게 정의되고 인식될 수 있다. 하지만 여기에서 그친다면 사회주의와 무관한 자연주의와 공동체주의의 버무림으로 끝나버릴 것이다.

필요의 목록과 충족은 정치적인 문제로 논의되어야 했다. 인종주의, 민족주의, 성차별주의 등 다양한 이데올로기가 접합되어 나타나는 자본주의체계는 이념적으로 민주주의, 정의, 인권을 표방하지만 실제로는 사회적 분할의 선들을 경계로 민주주의, 정의. 인권을 무력화시키는 억압과 착취를 근간으로 유지된다. 그러한 억압과 착취는 '계급'만으로는 설명하기 어렵다. 이것은 두 가지 의미에서 그렇다. 억압받고 착취 받는 주체들의 존재를 계급만으로 설명하기 어렵다는 존재론적인ontological 의미에서 그렇고, 주체들은 중첩되는 다양한 위치로부터 자신들의 처지를 받아들이거나 정의하며, 그것에 기초해 저항한다는 인식론적epistemological 차원에서도 그렇다.

존재론적 차원은 자본주의에 대한 구조적 분석과 그 안에서의 다양한 위치들에 관심을 갖는다. 인식론적 차원은 다양한 위치들에 서 있는 사람들이

---

1 서영표, 「영국의 생태마르크스주의 논쟁」, 『동향과 전망』77, 2009; 한국환경사회학회 엮음, 『환경사회학이론과 환경문제』, 한울아카데미, 2013에 「인간사회와 자연의 관계: 생태마르크스주의의 인간주의와 자연주의 대립」으로 축약되어 재수록.

자본주의를 어떻게 체험하고 인식하고 있는지를 분석하려 한다. 그리고 이 두 차원 모두에서 우리는 자유롭고 민주적인 사회에 살고 있으며, 정의와 인권이 보장되고 있다는 강력한 지배이데올로기들이 순간적으로 힘을 잃게 되는 체험의 순간, 즉 탈구의 순간들을 경험하게 된다. 결코 계급으로 환원될 수 없지만 자본주의체계의 모순을 드러내는 무수히 많은 엇나감의 순간들 말이다. 문제는 이 엇나감의 순간들이 항상 체계에 대한 저항으로 전화되는 것은 아니라는 것이다. 한숨과 한탄으로 끝날 수도 있고, 자신보다 약한 집단을 향한 원한으로 표출될 수도 있다. 이탈리아의 사상가 안토니오 그람시 Antonio Gramsci의 (대항)헤게모니론과 리더십에 대한 논의가 받아들여지는 지점이 여기다. 나는 이것을 실천적 지식(일상의 경험과 탈구의 체험으로부터 생겨나는 지식)과 과학적 지식(구조적 분석에 근거한 체계 비판) 사이의 관계로 다루려고 했다. 칸트를 패러디한 나의 주장은 '실천적 지식이 없는 과학적 지식은 공허하고, 과학적 지식이 없는 실천적 지식은 맹목이다'로 요약될 수 있다.

　실천적 지식과 과학적 지식 사이의 긴장 속의 상호작용은 과학 자체에 대한 새로운 정의를 동반한다. 우리가 받아들이고 있는 과학은 전문적으로 훈련받은 사람들의 전유물이다. 보통사람들의 삶을 전혀 반영하지도, 설명하지도 못하지만 엄격하게 정의된 관찰과 비교의 기준을 충족시키고, 수학적 설명을 만족시켜야만 한다. 우리는 이것을 과학주의적 태도와 경제학적 논리라고 부를 수 있다. 수학적 설명은 대개 피와 살을 가진 인간이 아닌 이념적으로 정의된 가공의 인간을 상수로 설정하고 거기로부터 함수와 그래프로 세상사를 설명하는 경제학적 토대와 밀접하게 관련되어 있다. 그리고 협소한 과학의 정의는 곧 사회적 문제의 근원보다는 드러난 상처부위를 덮는데 능숙하다. 기술적 해결만을 정당화하는 것이다. 이러한 땜질에 능한 사람들이 전문가들인 것이다.

　과학주의적 태도와 경제학적 논리가 부정되고 극복되는 계기 또한 탈구로부터 주어진다. 우리의 일상은 전문가들이 설계한 과학주의적 설명에 의해 지배된다. 우리의 삶은 경제학자들이 제시하는 숫자와 그래프에 의해 좌지우지 된다. 그리고 그것이 우리의 생존과 얼마나 무관한지 깨닫는 다양한 체험을 하게 된다. 이것이 탈구다. 하지만 탈구가 곧 체계에 대한 저항으로 나가는 것은 아니다. 국가는 나로부터 너무 멀리 떨어져 나를 개인으로 고립시켜 두려움을 떨게 만들며 탈구의 체험이 곧바로 저항의 대상으로 소환할 수 없는 그런 대상이다. 그래서 주목해야 하는 것이 지역local 정치다. 개별적인 탈구의 경험이 저항으로 발전하고, 다양한 저항이 '우리'와 '그들' 사이의 적대를 통한 연대로 나가는 과정은 구체적인 체험에 뿌리 내리고 있어야 하는 것이다. 대부분의 사람들에게 삶의 영역인 지역은 도시가 되어 버렸기 때문에 도시적 체험과 실천이 중요한 관심 대상으로 부각될 수밖에 없다.

지역(많은 경우 도시)의 장소성에 근거해 탈구를 적대를 통한 연대로 발전시키는 운동은 협소한 과학주의와 전문가주의를 깨는 것이다. 이러한 비판과 극복을 제도정치에 적용하면 서로 상호작용하는 세 가지 정치 전략을 도출할 수 있다. '대중의 정치주체화', '국가의 민주화', '시장의·사회화'가 그것이다. 어찌 보면 추상적으로 표현된 너무나 당연한 요구라 어떤 영감도 주지 못하는 주장처럼 들릴 수도 있다. 하지만 앞에서 언급한 필요의 사회학과 지식의 정치, 지배적 과학에 대한 비판과 탈구와 연대, 저항을 전제로 한 '대중의 정치주체화', '국가의 민주화', '시장의 사회화'는 지금 우리가 겪고 있는 온갖 사회적 병폐를 극복할 수 있는 새로운 사회적 모델을 고민하는 출발점을 제시할 수 있다고 믿는다.

저항적 실천의 장소로서의 지역(도시)에 주목하는 것은 공간의 생산과 변형을 정치적 주제로 받아들이는 것이다. 그리고 공간의 생산과 변형은 마르크스주의를 비롯한 과거의 비판이론이 주목하지 않았던 일상을 중요한 정치의 장으로 재인식하는 것이기도 하다. 나아가 공간과 일상을 주제화하는 것은 우리들의 몸body과 감정과 무의식, 그 이면에 자리한 집합적 기억을 이론적 대상으로 대면하는 것이기도 하다. 이 책에 묶인 모든 글이 아직은 미완성이고 공동 작업에 대한 호소에 머물고 있지만, 특히 몸, 감정, 무의식에 대한 논의는 초보적 단계에 머물고 있다. 한 가지 지적하고 싶은 것은 이미 사회학, 심리학, 정치학, 철학 분야에서, 사회변혁의 거시적 이론과는 무관하게 축적되어 온 몸, 감정, 무의식에 대한 이론적 성취를 필요의 사회학, 지식의 정치학, 과학주의 비판을 경유해 대항헤게모니 전략에 흡수해 내는 것이 중요하다는 것이다.

우리가 흔히 경험주의, 또는 실증주의라고 부르는 협소한 과학주의적 태도는 이러한 통합 자체를 거부할 것이다. 경험적으로 검증될 수 없는 구조에 대한 이론화는 독단으로 비춰질 것이기 때문이다. 그러나 여기서 제시하고 있는 '통합'은 교조적 마르크스주의자들이 생각했던 것처럼 완결적인 것이 아니다. 학문적 담론을 포함한 인간의 모든 담론적 실천은 언어를 매개로 할 수밖에 없고 언어는 결코 실재 그 자체를 완벽하게 재현할 수 없다. 그래서 인간의 담론적 실천은 적대와 투쟁을 내포할 수밖에 없고, 실재를 향한 끊임 없는 전진이 있을 뿐이다. 경험주의와 실증주의의 비판을 수용하지만 그것의 철학적 지반은 거부하는 것, 마르크스주의의 구조적 분석에 대한 열망은 고수하지만 그것의 독단주의는 거부하는 것, 그리고 그럼으로써 마주칠 수밖에 없는 지속적인 망설임과 흔들림, 불안을 이론적 실천 안으로 받아들이지만 포스트모더니즘의 지적 허무주의를 넘어서는 것이 이 책이 추구하는 지향점이라고 할 수 있다.

1부는 불만의 도시와 저항을 다룬다. 가장 첫 번째 장인 '상품화된 도시, 몸과 마음의 긁힘'은 최근에 쓰여 진 글 중 하나다. 그래서 위에서 새로운 연구주제로 제시된 몸과 무의식, 집단적 기억이 다소 거칠게 제시되어 있다. 정치적 장으로서의 도시는 필자의 첫 번째 단행본인 『런던코뮌』으로부터 이어져 온 일관된 연구 주제라고 할 수 있다. 이 책의 주제는 1981~86년까지 존재했던 런던의 노동당 좌파 정부에 대한 이론적 검토였다. 이후 프랑스의 공간이론가 앙리 르페브르Henri Lefebvre를 비판적으로 검토하면서 이미 『런던코뮌』에서 제시했던 필요의 사회학을 르페브르의 도시에 대한 권리와 연결하여 이론화하려고 시도했다. 이러한 시도가 2장 '도시에 대한 권리와 충족되지 않은 필요'이다. 르페브르에 대해 호의적이기는 했지만 '도시'와 '인권'의 두 가지 핵심 개념을 다루는 르페브르의 태도를 비판하고 필요개념을 통해 그의 사상을 재해석하려고 했다. 르페브르에 대한 비판적 검토는 이 책에 실려 있지 않은 '추상적 공간과 구체적 공간의 갈등'(『공간과 사회』)에서 더 자세하게 다루었다. 제주의 공간이용과 공간구조의 변화를 주제로 필요개념과 공간의 생산을 결합하여 일면 지배 이데올로기가 관철되는 것처럼 보이는 일상 속에서 저항의 근거를 찾으려고 시도했다. 그리고 일상에서 저항근거를 찾아야 한다는 생각은 1부의 3장 '풀뿌리 지역정치의 딜레마'에서 보다 자세하게 다루어진다. 저항의 근거는 일상의 도처에 널려 있지만 그것을 '비정상' 또는 '일탈'로 낙인찍는 상식에 의해 은폐된다. 그래서 우리는 일상에서 직면하게 되는 탈구의 순간, 그리고 연대의 정치를 통해 '당연한 것'을 낯설게 하는 실천에 나서야 하며, 그러한 실천의 목표는 저항의 정치, 즉 '불가능한 것'을 '가능하게 하는' 정치여야 하는 것이다.

1부가 도시와 공간에 대한 고민의 흔적이었다면 2부는 사회운동을 지식의 정치학과 관련시킨 글들로 구성되었다. 2부의 첫 번째 글인 '사회운동의 이론적 이해'는 1960~70년대 분출한 새로운 사회운동을 해석하는 이론적 입장들을 교차하면서 1부에서 제시된 도시운동과 필요의 사회학에 부합하는 지식구성이론을 탐색한다. 합리적 선택이론rational choice theory에 근거한 미국식 사회운동이론과 탈물질주의와 포스트모던의 조건을 근거로 한 유럽식 신사회운동론 모두를 비판한 후, 영국 신좌파 그룹 내에서 과학적 마르크스주의의 근거를 제시했던 프랑스의 마르크스주의 철학자 루이 알튀세르Louis Althusser와 민중문화를 통해 역사를 다시 해석하려 했던 영국의 역사가 에드워드 톰슨Edward Thompson을 대질시키고 양자 사이의 통합을 끌어내려고 했다. 사실 이 주제는 『런던코뮌』에서 처음 시도되었다. 다만 『런던코뮌』에서는 아직 알튀세르-톰슨의 그람시적 종합이 다양한 사회운동이론에 대한 비판적 평가와 종합에 이르지는 못했었다.

그 다음 5장은 사회운동이론을 통해 살펴본 지식구성의 정치를 기후변화를 둘러싼 담론투쟁으로 발전시키려는 시도다. 1부에서 분명해졌듯이 거대한 체계에 대한 투쟁은 일상의 떨림과 진동으로부터 생겨나고 그것은 충족되지 않은 필요를 통해 저항과 연대를 발전할 수 있다. 그리고 그러한 발전의 과정은 우리가 알고 있는 '협소한' 과학으로는 포괄되기 어렵다.

2부의 마지막 글인 6장 "'사회적인 것', 통치의 기술 또는 저항의 계기'는 체계를 비판했던 사회운동이 가진 비판정신을 희석시키고 있는 최근의 시민운동을 다루고 있다. 서양의 속담처럼 우리는 '목욕물과 함께 아기도 버리는' 잘못을 반복적으로 범하고 있다. 이미 밝혔듯이 21세기의 사회주의는 철학적 지반은 달리하지만 경험주의-실증주의와 공유하고 있던 경직된 과학주의적 태도를 버려야 한다. 그리고 거대이론이 간과했던 일상, 몸, 감정, 무의식을 주목해야 한다. 하지만 그것이 곧 정치는 고작해야 4년을 기준으로 세상을 바라보는 부패한 정치인과 관료의 손에 맡기고, 경제는 주식배당이 돌아오는 1년을 기준으로 모든 결정을 내리는 탐욕스러운 자본가의 손에 맡긴 채, 그들이 방치하거나 관리하기 어려운 영역을 '생활정치' 또는 '사회적 경제'라는 이름으로 양보 받는 것에 만족하는 것일 수는 없다. 우리는 여전히 구조적 분석을 포기할 수 없으며 국가의 민주화와 시장의 사회화, 그리고 대중의 정치주체화를 실현할 대항헤게모니 전략이 필요하다.

3부는 일상의 체험과 체계에 대한 저항 사이에 존재하는 다양한 계기들에 주목한다. 저항의 장소, 주제, 방식 모두를 다시 생각해본다. 저항의 다양한 장소는 이미 1부에서 다루어졌다. 따라서 3부의 주제는 새로운 저항의 주제와 방식, 그리고 그것에 근거한 과학주의 비판이다. 우선 7장은 지금까지 종속적 주체를 만들어내는 굴종의 영역, 허위의식을 만들어내는 영역으로 간주되었던 '소비'를 저항 정치의 주제로 재해석한다. 이러한 시도 역시 『런던 코뮌』으로부터 시작된 필요의 사회학에 근거하고 있음은 물론이다. 벤튼의 지적 동료로 이미 소개된 케이트 소퍼의 대안적 쾌락주의alternative hedonism 를 필자 자신의 필요개념과 그람시의 헤게모니 개념을 통해 재해석하고 소비로부터 저항정치를 끌어내려 시도한다.

소비는 일상의 영역이며 탈구의 영역이다. 일회적인 탈구는 연대나 저항으로 발전하지 못하고 불만의 누적, 더 심한 경우에는 좌절로 귀결된다. 그리고 그러한 좌절은 종종 체계나 지배자가 아닌 사회적 약자로 규정된 동료 시민을 향해 표출된다. 인종주의와 종교적 갈등, 여성혐오와 외국인에 대한 혐오가 그렇다.(불만과 좌절의 극우적 표출에 대해서는 이 책에 실리지 않은 논문 '포퓰리즘의 두 가지 해석'(『민족문화연구』, 출간될 단행본 수록 예정)에서 자세하게 논의하였다) 대항 헤게모니전략이라고 부르든 사회주의적 전략이라고 부르든, 사람들이 느끼고 있는 불만(이 책에서 충족되지 않은 필요라고 개념화한)은 우리들 사이의 질시와 혐오가 아닌 체계에 대한 적대로 향하게 하는 리더십의 계기를 반드시 포함해야 한다. 2부에서 오늘날의 시민운동과 좌파운동을 비판한 이유는 이러한 리더십을 발휘하고 있지 못하기 때문이다. 그래서 8장 '불만, 탈구, 연대-포스트마르크스주의의 유산'은 에르네스토 라클라우Ernesto Laclau의 포스트마르크스주의를 경유해서 다양한 불만의 계기들을 필요의 사회학을 통해 저항으로 발전시킬 수 있는 지식의 정치학을 고민한다. 이론적 수준에서 이러한 시도는 포스트마르크스주의와 비판적 실재론을 종합하려는 노력의 일환이다. 혹자는 이러한 시도를 절충이라고 비난할 수도 있다. 하지만 이론적 순수성을 지키기 위해 현실 개입 능력을 상실하느니 차라리 절충을 선택하는 것이 더 현명한 것일 수 있다.

9장 "강요된 공동체'를 넘어 '성취되어야 할' 연대'는 8장에서 제시된 불만-탈구-저항-연대의 과정을 1부의 도시, 2부의 사회운동에서 논의된 것과 관련지어 새로운 지역정치 모델을 제시하고 있다. 과학적 지식과 실천적 지식의 생산적 긴장productive tension, 국가 장치 안에 있지만 그것에 저항하는 정치, 그리고 제도정치와 사회운동의 상호작용을 지역정치의 모델로 제시한다. 2부 6장에서 검토된 시민운동으로 한정된 사회운동이 직면한 체제 안으로서의 포섭 위험을 경계하면서도 현실과 동떨어진 이념적 좌파로 전락하지 않을 수 있는 길을 모색한다.

1부

불만의 도시와 저항

1장

상품화된 도시, 몸과 마음의 긁힘

1. 머리말

도시의 삶은 이중적이다. 한편으로는 편리하다. 도시는 잘 구획되어 있으며, 쉽게 편의시설에 접근할 수 있다. 그리고 원하는 것은 언제든지 '구매'할 수 있다. 사람들의 몸의 감각은 이렇게 빈틈없이 촘촘히 짜여 있는 도시의 공간구획과 시간표에 익숙해져 있다. 하지만 다른 한편으로 도시에 거주하는 사람들은 언제나 피곤하다. 공간과 시간이 너무나 체계적으로 짜여 있어 시간표에 따라 장소와 장소를 옮겨 다니며 공간을 체험하는 사람들은 항상 스트레스에 노출되어 있다. 편리하게 느끼지만 '자연적인 존재'로서의 인간의 몸과는 어울리지 않는 공간적 리듬이 파열음을 내는 것이다. 우울증과 불특정 다수를 향한 분노, 자기 파괴의 충동과 약자에 대한 적대감 표출은 그런 파열음이 드러나고 있는 모습이다.

공간체험의 파열음은 도시적 생활이 가져다는 주는 '자기 선택'의 환상을 통해 은폐되거나 완화된다. 사람들은 촘촘히 짜인 시간과 공간 속에 살면서도 모든 선택이 자율적이고 능동적이라고 착각한다. 스마트폰과 SNS는 이러한 '자율'을 보장하는 확실한 증거로 인정받는다. 하지만 우리에게 주어진 자율성이란 삶이 집합적으로 체험되는 공간으로부터 후퇴하여 지극히 개별화된 가상의 공간으로 물러나는 대가로 얻어지는 것이다. 저기 바깥에 우리의 몸과 마음, 그리고 정신을 식민화하는 거대한 공간적 구조가 존재하고 있다. 그리고 우리들 스스로가 그것을 유지하는 실천에 참여하고 있기도 하다. 그 구조가 만들어내고 있는 적대와 모순은 개인들의 체험으로 분산되어 '자율성의 환상'과 '이기적 충동' 속으로 사라진다.

우리 세대에게 주어진 역사적 책무는 이렇게 자율성의 환상과 이기적 충동 속으로 사라지고 마는 도시의 모순을 집합적 운동으로 만들어 내는 것이다. 하지만 우리가 만들어야 할 집합적 운동은 과거에 그랬던 것처럼 구조적 모순을 법칙으로 설명하고 규범적으로 주어진 목표를 제시하는 것에 멈추어서는 안 된다. 사람들은 자본주의적 도시의 논리에 의해 길들여져 있어 스스로를 갉아먹는 적대를 명확하게 인지하지 못하지만 몸의 리듬, 그리고 역사적으로 만들어져 온 '우리'라는 집합적 정체성이 그러한 논리와 충돌하는 작고 미세한 떨림과 엇나감을 체험한다. 새로운 도시혁명, 자본이 지배하는 도시가 아니라 '인간다움'이 기준이 되는 그런 도시로 전환하는 정치운동은 이렇게 작은 떨림과 엇나감을 역사적 운동으로 전환시키는 것이어야 한다.

2. 근대적 도시의 탄생, 그리고 우리가 살고 있는 도시의 풍경

우리가 여전히 고전으로 가르치고 있는 19세기 사회학 저작의 저자들에게 '도시적인 것the urban'은 매우 낯설고 두려운 것이었다. '농촌적인 것the rural'을 특징으로 하는 전통사회는 작은 공동체들로 분절되어 있었고 그렇게 분절되어 있던 공동체 안의 구성원들은 강한 소속감과 연대의식을 가지고 있었다. 뒤르켐Emile Durkheim이 '기계적 연대mechanical solidarity'라고 부른 그것 말이다.[2] 이에 반해 공동체보다 개인이 우선하는 도시의 문화는 불

2　에밀 뒤르켐, 『사회분업론』, 민문홍 옮김, 아카넷, 2012.

안한 것이었다. 사람들 사이의 관계는 형식적이고 부분적이며, 그래서 이기적이었다. 하지만 도시화가 비관적인 것만은 아니었다. 도시의 공기는 자유로웠고, 공동체라는 이름으로 강요되었던 억압적 질서에서 풀려난 개인에게는 자율과 자유가 주어졌다.[3] 물론 그것은 신분적 속박으로부터의 자율과 자유였을 뿐 새롭게 도래한 무자비한 경쟁, 그리고 종교와 신분이라는 외피를 벗어던진, 좀 더 노골적인 착취의 세계에 던져지기 위한 자유였을 뿐이었지만 말이다.

근대적 도시는 세 개의 경쟁하는 이데올로기를 만들어냈다. 먼저 '보수주의'는 새롭게 도래한 도시적 삶을 불편해하고 불온한 시선으로 바라봤다. 그들이 원하는 것은 종교가 사회를 규율하고 신분제가 유지되는 안정적인 질서로 다시 돌아가는 것이었다. 이에 반해 '자유주의'는 자본주의적 도시의 어두운 면을 일시적인 병리현상으로 바라보았다. 그것은 이행기에 나타날 수밖에 없는 현상이지만 조만간 치유될 것이었다. 자유주의자들에게 개인주의와 경쟁은 불온한 것이기 보다 선한 것이었다. 폭발적인 생산력의 발전을 가능하게 할 것이기 때문이었다. '사회주의'는 자본주의적 도시화가 불러온 사회적 변화의 긍정적인 면을 기꺼이 인정하는 동시에 그것이 동반한 새로운 사회적 갈등의 양상에 주목한다. 그것은 곧 치유될 일시적인 현상이 아니었다. 새롭게 등장한 자본주의 사회가 안고 있는 구조적 모순은 자본주의가 극복되지 않고서는 해결될 수 없는 것이기 때문이었다.

이제 그 누구도 19세기의 보수주의를 지지하지 않는다. 하지만 보수주의는 전통으로의 회귀가 아니라 현재 존재하는 자본주의적 질서 그 자체를 비판하는 모든 생각을 '공상'으로 몰아가는 자유주의와 교배되어 새롭게 태어났다. 시장의 논리와 원자적 개인의 합리성을 신봉했던 자유주의자들은 날것 그대로의 자유주의로는 체계를 지탱할 수 없다는 자각을 하게 되고 일시

3　게오르그 짐멜, 「대도시의 정신적 삶」, 『짐멜의 모더니티 읽기』, 김덕영·윤미애 옮김, 새물결, 2005.

적으로 사회주의적 요소를 수용한다. 20세기 중반 출현했던 국가의 개입과 시장의 결합이 바로 그것이다. 이러한 타협과 혼합이 깨어진 후 자유주의는 착취, 불평등, 사회적 갈등을 곧 치유될 병리적 현상으로 바라보기를 멈추고 그 자체로 이윤을 창출할 수 있는 새로운 투자처로 전환시킨다. 시장의 자유는 한때 전통으로부터의 자유를 의미했지만 이제 기득권과 함께 지켜져야 하는 질서의 중심축이 되어버린 것이다. 이러한 보수주의와 자유주의의 이종교배의 최근 모습을 우리는 신자유주의라고 부른다.

앞서 서구사회가 경험한, 그리고 우리가 뒤늦게 압축적으로 경험한 근대화는 '노동'을 사회의 중심으로 옮겨놓았다. 지배계급이 과거에 누렸던 특권을 쉽게 내려놓지는 않았지만 노동자들은 집단적인 힘을 통해 노동의 가치를 인정받으려는 투쟁에 나설 수 있는 역량을 갖추게 되고, 때때로 승리의 기쁨을 맛보게 된다. 도시는 공장노동자들의 이동경로를 고려해야만 했으며 밀집된 형태의 노동자 거주지의 위생을 개선해야만 했다. 또한 노동자들의 여가는 새로운 사회적 쟁점으로 등장하고 '유급휴가'가 보장된다. 당연히 귀족과 중간계급의 특권이었던 휴양지로의 여행이 대중화되고 그것에 부응하는 휴양도시들이 등장하기 시작한다.[4]

20세기 후반, 우리가 신자유주의라고 부르는 역사적 전환은 이러한 경향을 역전시켰다. 자본주의의 새로운 국면에서 노동은 '잠깐 동안' 누렸던 중심성을 상실한다. 노동력의 재생산을 보장하기 위해 충족되어야 했던 필요들needs은 돈을 벌기 위한 새로운 수단으로 인식된다. 주택, 학교, 병원, 공원, 에너지, 대중교통은 노동을 가능하게 하기 위한 사회적 인프라의 성격을 상실하고 그 자체로 이윤을 만들어내는 사업이 되어버린 것이다.[5] 노동의 가치가 중심에 있을 때조차 자본주의적 도시는 상품적 가치의 극대화를 추구

---

4 Selina Todd, *The People: The Rise and Fall of the Working Class*, John Murray, 2015.

5 앙리 르페브르, 『공간의 생산』, 양영란 옮김, 에코리브르, 2011.

했다. 하지만 신자유주의적 시대만큼 노골적이지는 않았다. 노동의 가치가 인정받지 못하고 투자와 이윤만이 최고의 가치로 숭상되는 사회에서 기본적 필요충족을 위한 수단은 경쟁력과 효율의 이름으로 가차 없이 잘려 나가게 된다. 도시경관은 좀 더 많은 소비를 조장하는 광고판과 지속적인 개발을 상징하는 크레인, 토지의 가치를 극대화하는 고층빌딩에 의해 회복 불가능할 정도로 손상된다.[6]

노동의 가치를 인정받지 못하고 노동자의 권리가 침해되며 안정된 일자리가 사라지는 것은 새로운 도시경관이 조장하는 쉼없는 소비와 부합되지 않는다. 비정규직과 시간제 노동자들은 충분한 구매력을 가지지 못하기 때문이다. 그래서 이 새로운 도시경관은 부채를 조장한다. 이제 필수품이 된 스마트폰과 자동차는 '할부'라는 이름의 부채이며, 일상의 소소한 소비마저도 '신용credit'이라는 멋들어진 이름 뒤에 빚이라는 본성을 감춘 부채 위에서만 가능하다. 도심은 금융회사들이 차지한다. 그리고 끝없는 노동의 긴장, 경쟁과 비교에 녹초가 되어가는 사람들은 빚이라는 수렁에 빠져드는 스스로를 자각하지 못한 채 백화점과 대형할인매장에 진열된 상품을 구매하면서 소비라는 '환각제'를 들이마신다. 마치 모든 것이 본인의 의지에 따른 결정인 것처럼 느껴진다. 소비를 통해 스스로를 가꾸고 창조해간다고 생각하게 된다. 19세기 사람들 중 날카로운 통찰력을 가졌던 소수가 급격한 도시화를 처음 맞닥뜨렸을 때 느꼈던 두려움이 이제 완전히 실현된 것처럼 보인다. 공동체적 유대를 상실한 원자화된 개인, 사회를 유지할 수 있는 도덕적인 기반이 완전히 붕괴된 적자생존과 승자독식의 사회가 우리가 살고 있는 세상인 것이다.

---

6   데이비드 하비, 『반란의 도시』, 한상연 옮김, 에이도스, 2014.

3. 패배자를 양산하는 사회, 좌절하는 사람들

금융화 단계의 신자유주의 사회에서 계급이나 성차, 인종적 차이는 (이념적으로)부정된다. 오직 능력을 인정받기 위해 자기계발에 노력하는 개인들과 그것에 실패하는 개인들이 있을 뿐이다. 그럼에도 불구하고 여전히 존재하는 계급투쟁, 성차별, 인종적 차별에서 연원하는 갈등은 병리적인 것이며 비정상적이라고 낙인찍힌다. 그리고 그런 낙인은 사람들의 의식을 파고들어 매일의 행위를 통해 차별의 논리가 은밀하지만 더욱 강력하게 작동하도록 한다. 차별이 부정되지만 여전히 차별받고 있는 사람들은 누군가를 차별함으로써 존재 의미를 획득하게 된다. 그리고 한발 더 나아간다. 때로는 요란하게 때로는 조용히 속삭이는 자본과 화폐의 논리가 만들어 낸 원자로서 존재하는 수많은 '나'는 '그들'을 향한 투쟁보다는 동료 노동자와의 경쟁에 몰두한다. 정규직과 비정규직 사이의 갈등, 외국인노동자를 향한 혐오가 만연한다. 민주주의를 신봉하는 소통능력을 갖춘 근대적 시민은 사라지고 교환가치로만 간주되는 집과 토지의 가치를 극대화하기 위해 동료 시민과의 아귀다툼에 빠져든다. 공(共)적인 것(commons)와 공(公)적인 것(the public)의 개념은 흐릿해진다. 지배계급은 이러한 현상을 일탈과 병리적 현상으로 지탄하지만 방조한다. '그들'을 향한 적대가 '우리' 안의 소모적인 적대로 해소되고 있지 않은가.

도시는 이렇게 조장된 허구적 적대에 의해 '위험'으로 가득 찬 공간으로 재정의되며 항시적인 '감시'의 장치들을 장착하게 된다. 가상의 공격자에 대한 '공포'는 '위험'을 또 하나의 축적 영역으로 전환시킨다. 그러나 몸과 기억의 떨림과 진동은 멈추지 않는다. 당연하고 자연스러운 것을 강요하는 질서와 공존하기 어려운 몸의 리듬과 집합적 기억의 '원초적' 저항 말이다.

점차 '오른쪽'으로 수렴되는 정치지형은 이러한 사태를 악화시킨다. 좌파로 자임했던 정치집단들이 스스로를 '신자유주의적 질서 안'의 좌파로 재정 의함으로써 우경화되었다.[7] 몸과 기억의 떨림은 끊임없이 불만을 쌓지만 그 것이 표출될 수 있는 정치적 통로는 차단당하고 있는 것이다. 종종 반복되는 광장과 길 위의 집합적 행동은 일회적인 사건으로 끝나버리고 만다. 떨림과 진동으로부터 생겨날 수밖에 없는 국지적 저항들은 '민족'과 '국가'의 허구적 이고 강요된 연대 앞에 이기적이라고 지탄받을 뿐이다. 자본주의 자체의 모 순을 지적하면 이미 종말을 고한 유토피아에 기댄 선동으로 공격받는다. 자 본주의적 시장경제 말고는 대안이 없다는 '당연한' 사실을 부정하는 정신 나 간 '좌파'로 낙인찍히게 되는 것이다.

불만은 표적을 상실한다. 엉뚱한 곳을 향할 수밖에 없다. '한발 제겨디딜 곳조차 없는' 상황에 처한 '나' 자신을 향한 불만의 표출은 자기파괴로 치닫 는다. OECD 최고의 자살률을 '자랑하는' 한국의 모습을 보라. 경쟁의 논리 를 내면화한 신자유주의적 행위자들은 불만을 투영할 '약자'를 찾아나서기도 한다. 여성과 외국인노동자에게 대한 혐오가 만연하게 된다. 극우적 선동이 득세할 수 있는 완벽한 조건이 갖추어진 것이다. 극우적 포퓰리즘의 선동은 좌절과 불만을 완충해줄 사회적 유대가 침식된 채 오직 개인으로서만 경쟁과 강도 높은 노동을 견뎌내야 하는 사람들, 하지만 그 불만을 이야기할 기회를 차단당한 사람들의 감정상태와 쉽게 공명한다. 이런 상황을 연출하고 방조하 거나 선동한 정치엘리트들은 이러한 포퓰리즘을 비난하며 그 안에 내포되어 있는 좌절과 불만을 비껴간다. 자신들이 관리하고 통제할 수 있는 갈등만을 정치적 의제로 삼은 후 나머지는 모두 공식적 정치의 장에서 몰아낸다.[8]

극단적인 경쟁의 논리, 극우적 선동, 엘리트 정치는 오직 '나'의 이기적 이 익만을 추구하는 시대의 반영이다. 불행히도 이기적인 무수히 많은 '나'는

---

7 Chantal Mouffe, *Agonistics: Thinking the World Politically*, Verso, 2013.

8 Ernesto Laclau, *On Populist Reason*, Verso, 2005.

자신을 드러내줄 수 있는 개성을 가지지 못한다. 정체성의 시대가 표방되지만 개인의 특징은 사라지고 역사는 상실된다. 왜 모두들 대학에 가려고 할까? 특별한 이유는 없다. 다들 그렇게 하니까. 왜 공무원이 되고 싶은 대학생들이 그렇게 많은 것일까? 자신의 개성과 적성과는 무관하다. 안정적 직장이기 때문일 뿐이다. '나'의 서사, '나'의 역사, '나'의 정체성은 공기 중으로 사라져버린다.[9] 어떻게 하면 '그들'과의 적대를 통해 다시 역사와 서사를 가진 '우리' 속의 '나'를 회복할 수 있을까?

4. 몸과 기억의 떨림: 도시에 대한 권리 또는 충족되지 않는 필요

아무리 자본의 논리가 공간이 가지는 두께와 부피를 평평하게 만들어 조각을 내어 상품을 만든다 하더라도 우리의 몸은 그렇게 분절화되고 평면화된 공간의 폭력을 온전히 받아들일 수 없다. 몸은 의식보다 더 예민하게 시-공간의 폭력에 반응한다. 비록 그 민감한 반응이 만들어내는 좌절과 불만의 에너지를 한쪽 구석에 밀어 넣고 있지만 말이다.

몸과 함께 우리의 기억, 아마도 집단적 무의식이라고 부를 수 있는 집합적 기억도 자본의 논리를 불편해한다. 원시시대 나약한 인간이 거친 환경과 맹수들 사이에서 생존하고 진화할 수 있었던 것은 '협동'의 힘이었을 것이다. 아마도 인간이 가진 가장 큰 힘인 언어조차도 그러한 협동의 산물이었을 것이다. 그래서 러시아의 아나키스트 크로포트킨Pyotr Alekseevich Kropotkin은 진화에서 살아남은 '종', 즉 적자the fittest는 협동하는 종이라고 했다. 인간은 그렇게 진화한 것이다. 그는 진화와 역사를 관통하는 유대와 상호부조의 흔적을 추적한다. 이것이 무의식 속에 저장된 집합적 기억을 형성하는 것은 아

---

9   알래스데어 매킨타이어, 『덕의 상실』, 이진우 옮김, 문예출판사, 1997.

닐까?[10] 그리고 집합적 기억은 서구사회가 성취했던 복지국가처럼 좀더 생생한 체험으로 지금의 현실에 저항하기도 한다. 사람들이 성취한 보편적 '인간다움'에 대한 기억으로 남아 있는 것이다.

2차 세계대전 이후 전세계가 합의한 인간다움의 기준은 '유엔권리선언'에 명시되어 있다. 인간은 누구나 정치적 인정과 참여의 권리를 가지며 인간으로서의 존엄을 유지하기 위한 생활을 보장받아야 한다는 것이다. 1960년대 후반 르페브르Henri Lefèbvre가 도시에 대한 권리rights to the city를 제창한 것은 이러한 맥락에서였다. 국적, 인종, 종교, 언어, 성별에 관계없이 인간이라면 누구나 보장받아야 할 권리는 역시 국적, 인종, 종교, 언어, 성별에 관계없이 도시에 거주하는 모든 사람에게 보장되어야 하는 것이다. 그것은 근대적 도시화가 가져온 밝은 면인 자유로운 개인들 간의 소통, 전통에 의한 강요가 아니라 능동적 실천을 통해 연대, 그리고 차이를 전제한 공존의 미덕을 발전시키면서 그에 동반되었던 어두운 면(이기주의의 만연과 사회적 유대의 상실)을 일소하는 것이기도 하다. 그리고 도시에 대한 권리를 얻는 사회적 투쟁은 곧 도시가 가지고 있는 집단적 기억의 장소들이 지니는 두께와 부피를 보존함으로써 작품으로서의 도시를 가꿔나가는 것이기도 하다. 그리고 도시의 건조 환경built-environment이 자연생태계와 갖는 신진대사를 회복함으로써 몸의 리듬을 되찾는 과정이기도 하다.[11]

하지만 권리는 일상의 진동과 떨림을 표현하기에는 다소 추상적인 개념이다. 전문가 담론에 가깝다. 주택, 도로와 교통수단, 학교와 돌봄시설, 병원, 쓰레기 처리, 상하수도, 전기와 가스 공급, 소음과 대기오염을 통해 체험되는 인간다움에 대한 위협은 권리처럼 분석적이고 추상적인 개념으로 설명하

---

10   표트르 알렉세예비치 크로포트킨, 『만물은 서로 돕는다』, 김영범 옮김, 르네상스, 2005.

11   Henri Lefèbvre, *Writings on Cities*, Malden, MA: Blackwell, 1996; 강현수, 『도시에 대한 권리: 도시의 주인은 누구인가』, 책세상, 2010.

기 어렵다. 그건 '충족되지 않은 필요'로 체험된다고 말해야 한다. 체험이라는 말에 담겨진 감정과 정서에 대한 이해가 있어야 몸과 무의식의 떨림을 따라갈 수 있기 때문이다.[12]

신문을 가득 메운 기사들은 주택난과 주거불안정에 관한 것들이다. 교통 정체와 사고 소식이 끊이지 않는다. 공교육의 붕괴와 사교육시장의 확장은 또 어떤가. 돈이 없어 치료받지 못하는 사람들을 위한 모금 캠페인을 하지만 왜 그런 일이 일어나야 하는지에 대한 질문을 던지지 않은 채 점점 영리를 위한 산업이 되어가는 의료서비스를 지켜본다. 동네 가게와 시장을 외면하고 백화점과 대형할인매장에 진열된 잘 포장된 상품들로 눈길을 돌릴 때 필연적으로 발생할 수밖에 없는 엄청난 양의 쓰레기 문제는 결국 어떤 동네가 매립장을 받아들일 것인가 하는 지역이기주의로 발현된다. 상하수도 서비스와 전기와 가스를 둘러싼 불평등과 민영화의 위협은 계속된다. 이 모든 쟁점은 보편적 권리 담론이 '인권'으로 요약한 당연히 누려야할 '삶의 질'이 위협받고 있다는 것을 보여준다. 그리고 사람들은 그것을 충족되지 못한 필요로 체험하고 있는 것이다. 몸의 요구와 보편적 담론으로 주어진 집단적 기억이 충족되지 못한 필요의 체험과 충돌하는 순간들을 떨림과 진동으로 느끼고 있는 것이다.

5. 탈구dislocation, 연대, 그리고 저항

몸과 기억을 둘러싼 떨림은 신자유주의적 행위자에게는 분열증으로 경험된다. 한편으로 강박적으로 이기적이고 경쟁적인 '나'에 집착하지만 다른 한편으로는 연대를 갈망하고 몸의 리듬을 회복하기를 갈구한다. 이러한 분열

---

12 '충족되지 않은 필요 개념'에 대해서는 이 책의 2장을 보라.

증은 항상적인 불안을 초래한다. 문제는 이러한 불안이 해소될 수 있는 기회가 거의 없다는 것이다. 그러나 떨림과 진동은 필연적으로 엇나감을 초래한다. 아주 짧고 단속적이지만, 그래서 오래 지속될 수 없지만 하루하루는 한숨과 욕설, 원망과 분노의 순간으로 점철되어 있다. 짧고 강렬한 광고가 펼쳐놓는 삶을 향해 미친 듯이 달려가고 있지만 결코 그곳에 도달할 수 없다는 현실을 자각하는 순간이 있을 수밖에 없는 것이다.

정치철학자 에르네스토 라클라우Ernesto Laclau를 따라 이러한 엇나감을 탈구脫臼, dislocation라고 부를 수 있을 것이다.[13] 당연한 것이라고 생각했던 것이 당연하지 않은 것으로 자각되는 순간, 자연스럽다고 믿었던 것이 자연스럽지 않은 것으로 느껴지는 순간 말이다. 그리고 그것은 실존적이고 감정적인 떨림의 한가운데서 체험된다. 떨림은 곧 몸과 기억의 저편에 쌓여 있지만 뭐라고 표현해야 할지 모를 막연한 불만과 좌절이라는 진앙을 가진다.

사실 엇나감 또는 탈구의 순간을 계속 유지하는 것은 엄청난 비용이 드는 위험한 선택이다. 앞을 향해 달리기 바쁜 사람들로부터 도움의 손길을 기대할 수 없는 조건에서 낙오자 또는 패배자로 전락할 것이 분명하기 때문이다. 개별적으로 고립된 저항은 낙인을 초래할 뿐이다. 그럼에도 도시의 삶은 그러한 탈구의 순간을 공유할 수 있는 다양한 마주침의 순간들도 제공한다. 마주침의 계기들은 우발적일 수 있다. 계획되지 않은 시위현장이나 파업현장에 참여하는 것은 좌절과 불만이 결코 개인적인 것이 아니라는 공감대를 형성해줄 수 있다. 밀양, 강정, 성주, 그리고 광화문에서 그러하듯이 말이다. 예기치 않게 겪게 되는 사고와 재난은 세월호의 고통스러운 경험처럼 의식의 전환을 촉발하기도 한다. 탈구의 순간은 때때로 계획된 노력에 의해 성취되기도 한다. 협동조합과 마을은 불만과 좌절을 공감하고 함께 치유하기 위

13　Ernesto Laclau, "New Reflections on the Revolution of Our Time," *New Reflections on the Revolution of Our Time,* Verso, 1990. 이 책 8장에서 자세하게 논의할 것이다.

한 노력이라고 할 수 있다.

떨림이 탈구를 경과하고, 탈구의 계기들이 공유되어 사회적 저항과 투쟁으로 발전하는 과정에서 시간과 공간이 정치적 의제로 떠오른다. 신자유주의의 물결은 사람들이 '지금과 다른 세상'을 상상할 수 있는 시간을 빼앗는다. 끊임없이 일자리를 걱정해야 하고 바로 다음주, 다음 달의 삶을 고민해야 하며, 쉴 없이 러닝머신 위를 달리는 사람처럼 앞만 보고 뛰어야 하기 때문이다. 가끔씩 옆을 힐끔거리지만 그것은 타자와의 비교로부터 오는 좌절을 더할 뿐이다. 탈구는 이런 맹목적인 달리기를 회의하게 하고, 탈구의 공유는 그러한 회의가 함께 모여 논의되고 숙의될 수 있는 시간과 공간에 대한 요구로 진화한다. 르페브르가 주장한 것처럼 도시의 거주자는 도시의 정치적 사안에 참여할 수 있는 권리를 요구할 수밖에 없고 그러한 참여는 시간과 공간의 재구조화를 통해서만 가능하기 때문이다. 자본의 리듬으로부터 몸의 리듬을 되찾고 '상상'의 여유를 쟁취하는 '시간투쟁'은 모이고 이야기하고 '놀이할 수 있는' 공간을 쟁취하는 투쟁이기도 한 것이다.

자본과 화폐의 도구적 합리성을 내면화한 고립된 원자로서의 개인들의 합리적인 선택이 사회 전체적으로는 비합리적인 결과를 초래한다. 생존 자체의 조건을 갉아먹는 결과를 초래할 수 있다는 것이다. 토지의 가치를 극대화하기 위한 난개발은 노동보다는 투자(더 정확히 말하면 투기)를 통한 지대와 이자라는 이름의 불로소득을 추구하는 합리적 선택에 따른 것이다. 하지만 이러한 합리적 선택은 도시가 품고 있는 두터운 역사와 문화를 파괴한다. 토지의 교환가치를 극대화하는 과정에서 역사의 흔적과 숨결은 고려대상이 아닌 것이다. 신체적 리듬보다는 상품의 유통과 소비를 위해 계획된 도시경관은 사람들의 자연스러운 이동과 마주침을 방해한다. 서로와 서로를 연결해주는 골목은 사라지고 공간과 공간을 절단하는 도로가 도시를 할퀴고 지나간다. 자동차라는 철갑으로 보호받는 개인들은 동료인간(보행자)을 장애물로 간주한다. 아이들이 뛰어놀고 사회성을 훈련할 공적 공간은 자동차로 가득 차고, 자동차가 내뿜는 매연과 소음은 우리의 몸을 병들게 한다. 백화점과 할인매장, 멀티플렉스에 모인 사람들은 같은 장소에 있을 뿐 융합되지 못한다. 지하철 역사驛舍 안을 떠밀려 가는 수많은 사람들은 좌절과 불만을 공유하지만 서로를 밀치고 떠미는 '몸뚱이들'일 뿐이다. 백화점의 사람들은 멋들어진 포장지에 싸인 채 소비주의적 욕망으로 소곤거리는 상품진열대 사이를 헤집고 다니지만 서로 이야기하지 않는다. 바코드로 찍힌 이미 결정된 가격은 그 어떤 흥정도 허용하지 않는다. 그들이 지금의 삶과는 다른 무엇인가를 공유하고 소통하려면 '불법적으로' 도로를 점거하거나 거대한 도시 한 귀퉁이의 '합법적으로' 허용된 광장에서만 만나야 한다. 떨림과 탈구를 공유할 공간을 갖는 것은 매우 비싼 대가를 치르지 않고서는 얻을 수 없는 일인 것이다. 새로운 도시투쟁이 출현하게 되는 것이다.

이러한 투쟁은 시간을 잘게 쪼개진 단위로 통제하는, 그리고 공간을 자본과 화폐의 논리에 따라 평면화하고 분절화하는 시장과 국가라는 표적과 조우하게 한다. 시장과 국가 안에서 군림하는 엘리트들은 그런 통제와 분절화를 필연적이라고 주장한다. 그리고 필연을 거부하는 것은 유토피아에 불과하다고 비난한다. 하지만 우리 몸과 기억의 떨림은 그 '불가능하다는 강변'이 허구라는 것을 체험한다.

6. 불가능한 것과 가능한 것의 경계

자본주의적 체계의 불가피성을 주장하는 지배계급의 논리는 허술하지 않다. 자본과 화폐의 논리를 내면화하기 오래전부터 우리 의식에 스며들어 있는 근대적 합리성의 맹목성은 매우 강력하기 때문이다. 첫 번째로 우리는 '자연과학적 태도'를 우월한 것으로 교육받아왔다. 이런 입장에 서면 매일의 삶에서 느끼는 감정처럼 원인과 결과를 명확하게 구분할 수 없는 생각들은

'비과학적'이다. 국가의 관료들과 기업에 고용된 전문가들이 제시하는 것처럼 경험적으로 입증 가능한 변수들 사이의 관계만이 과학적인 것이다. 두 번째, 여기에 '경제학적 논리'가 더해진다. '과학주의적 태도'가 제시하는 명확성은 숫자로 표현되었을 때만 성취될 수 있다고 믿어진다. 도시의 공간, 일상의 시간, 사람들 사이의 유대조차 비용과 편익으로 계산되어 숫자로 제시되어야 한다. '과학주의적 태도'와 '경제학적 논리'는 우리 삶의 방향을 결정하는 힘을 소수 엘리트의 손에 맡기게 한다. 그들의 사고방식은 경험적 명확성과 수학적 확실성 바깥(사실 우리 삶의 대부분은 이 바깥에 위치한다)을 무시한 채 자신이 통제하고 관리할 수 있는 문제들을 기술적으로technical 해결하려 한다. 이것이 우리가 암묵적으로 받아들이고 있는 세 번째의 지배적 이데올로기인 '기술적 해결'의 논리다.[14]

자본과 화폐의 논리는 이러한 지배적 이데올로기와 공모관계에 있다. 이것에 저항하는 것은 쉬운 일이 아니다. 그러한 저항은 불가능한 것, 실현 가능하지 않은 것, 유토피아로 비난받는다. 지배적 이데올로기는 자본과 화폐의 논리가 평평하게 만들어 찢어발긴 공간이 우리 몸과 기억을 불편하게 한다고 해도 시장경제의 대안이 없는 한 받아들일 수밖에 없다고 주장할 것이다.

하지만 역사는, 비록 힘겨운 투쟁의 결과로 얻어지기는 했지만, 유토피아가 현실이 되는 드라마를 여러 번 연출했다. 실현 가능성 여부는 계급투쟁의 결과이며 힘 대결에 따라 달라질 수 있는 것이었다. 이런 관점에서 도시는 공적인 필요충족 기제를 보장받으려는 시민들의 지속적인 투쟁으로 유지되어 왔다고 할 수 있다. 평범한 사람들은 노동에 대한 정당한 댓가를 요구했고 그것을 성취해왔다. 국가의 관심 바깥에 있었던 도시 차원의 위생, 보건, 교육, 주거의 문제 해결이 노동하는 절대다수 민중의 정당한 요구로 받

---

14 과학주의적 태도, 경제학적 논리, 기술적 해결의 논리, 전문가주의는 기후변화를 둘러싼 담론투쟁과 관련하여 5장에서 보다 자세하게 다루어질 것이다.

아들여지게 되는 것이다. 도시사회학자 마누엘 카스텔Manuel Castells이 제시했던 탈상품화된 집합적 소비collective consumption는 그런 투쟁의 일시적 승리가 가져온 결실이었다. 물론 카스텔의 분석처럼 집합적 소비 그 자체가 새로운 도시 문제를 만들어내고 도시 사회운동을 촉발했지만 말이다.[15] 최소한 복지국가 시절에는 기본적 필요가 집합적인 형태로 충족되어야 한다는 것은 유토피아이기는커녕 당연하고 자연스러운 사실이었다.

신자유주의적 반격은 그 당연하고 자연스러운 것을 유토피아라고 사납게 몰아붙였다. 탈상품화되었던 기본적 필요충족은 다시 상품의 세계로 내던져졌다. 계급 간 힘관계가 달라졌고 정상과 비정상을 가르는 기준 자체가 역전된 것이다. 그러나 그것은 새로운 드라마의 예고편일 뿐이었다. 그렇게 주어진 새로운 정상과 비정상의 틈바구니에서 도시를 횡단하며 느껴지는 몸과 기억의 떨림이 생겨난다. '자연스러움', '당연함', '정상'은 끊임없이 몸의 체험과 집단적 기억 앞에 소환된다. 자본의 거대한 힘 앞에 무력해진 것처럼 보이는 사람들이 다시 한번 필요충족을 탈상품화해야 한다는 열망을 분출한다. 하지만 이번에는 공적인 것the public과 국가의 통제를 혼동하지 않으려 한다. 민주주의와 참여가 결핍된 공적인 것은 필요충족에 대한 독재dictatorship on the needs에 다름 아니기 때문이다. 촘촘히 작동하고 있는 자본의 논리, 교환가치의 논리에서 벗어나 몸의 리듬을 회복하고 근대적 인간다움의 기준을 충족하면서도 맹목적 근대화 과정에서 상실된 연대의 유대를 되살려내려는 실천, 동시에 개인의 자율적인 공간과 시간을 확보하는 새로운 도시혁명을 향한 사회적 투쟁의 시대가 열리고 있는 것이다.[16]

15　Manuel Castells, *The Urban Question*, London : Edward Arnold, 1977.
16　'가능한 것'과 '불가능한 것'의 경계를 둘러싼 정치적 실천은 아래 3장에서 다시 논의된다.

7. 급진적 도시정치의 기억

새로운 도시혁명은 도시를 단위로 진행되기 때문에 도시행정 단위가 시간과 공간을 둘러싼 사회적 투쟁의 주요 변수가 된다. 도시정치의 무대인 동시에 중요한 행위자라는 의미에서 그렇다. 도시행정 단위는 그 자체가 중요한 행위자이지만 그 안에서 다양한 행위자 사이의 이해관계가 부딪힌다. 그래서 갈등의 중재자인 동시에 갈등의 당사자, 때때로 갈등의 형성자일 수 있다. 따라서 새로운 도시혁명의 촉진자 역할을 하는 도시정부는 매우 모순적인 위치에 있게 된다. 국가기구 일부로서의 역할을 수행하지만 그것을 시민에게 개방하고 스스로가 가지고 있는 전통적인 권력형식을 약화시킴으로써 급진적 성격을 강화하는, 일면 모순적으로 보이는 역할을 수행해야 하는 것이다.

이런 역할을 시도했던 사례는 많다. 성공적이었던 경우도 있었다. 성공적이었기 때문에 지배계급에게 용인될 수 없었던 경우도 있었다. 지배계급의 논리는 '대안은 실현 불가능하다, 그래서 대안은 없다'이지만 그들은 언제나 실현 가능한 대안을 목격할 때마다 정치적으로 행동했다. 힘과 무력을 동원하거나 불법을 감행하거나, 또는 최소한 정치적으로 부담스러운 개입을 시도하거나. 그럼에도 불구하고 성공적인 사례들은 사람들의 기억 속에 남는다. 여러 가지 급진적 실험의 자양분이 되기도 한다. 1차 세계 대전과 2차 세계 대전 사이 붉은 비엔나Red Vienna, 이탈리아 협동조합운동의 중심인 붉은 볼로냐Red Bologna, 1980년대 중반 풀뿌리사회운동과 신좌파운동으로 좌경화되었던 영국 노동당 좌파의 급진적 런던광역시의회Greater London Council, GLC 실험, 브라질 노동자당에 의해 주도되었던 뽀르뚜 알레그레Porto Alegre의 참여예산제도Participatory Budgeting System, 그리고 세계사회포

럼에서 토론되었던 무수히 많은 작은 실험을 기억하고 있는 것이다.[17]

물론 이러한 실험들이 '완벽하게' 성공적이었던 것은 아니었다. 한편으로 급진적 도시정치는 도시 엘리트 집단에 의한 자원의 재분배에 그칠 위험에 직면한다. 우리는 이런 경향을 후원주의paternalism라고 부른다. 다른 한편으로 밑으로부터 조직된 풀뿌리 운동들이 국가장치의 억압적 성격에 환멸을 느끼고 제도 바깥으로 탈주하는 경향을 보이기도 한다. 위로부터의 정치적 개입과 밑으로부터의 운동 사이에 긴장이 나타날 수밖에 없었던 것이다. 따라서 두 경향 사이의 긴장, 긴장 속의 균형을 찾는 것이 급진적 도시정부의 가장 중요한 과제였다고 할 수 있다.

1981~86년 사이에 존재했던 좌파적 성향의 GLC에 참여했던 활동가들은 이런 긴장을 잘 알고 있었다. 마거릿 대처Margaret Thatcher의 비민주적 조치에 의해 폐지될 때까지 5년 동안 시정부는 복지국가의 관료적 성격을 비판하면서도 시민의 확대된 참여를 통한 복지의 확장을 추구했다. 런던시정부가 가용할 수 있는 자원을 위로부터 재분배하기 보다는 시민이 능동적으로 시정에 참여할 수 있게 지원하는 자원으로 사용하고자 했던 것이다. 보수진영, 특히 보수언론의 파상공세에 맞서 풀뿌리 조직들을 런던 시정의 주체로 세우기 위해 다양한 개입을 시도했다. 이러한 시도를 '시민의 정치주체화empowering the citizen'전략이라 부를 수 있을 것이다.[18] 국가와 시장에 만족할 수 없는, 즉 국가와 시장에 의해 충족되지 못한 필요를 체험하는 사람들은 탈구 → 저항 → 연대의 과정을 거치면서 스스로를 도시사회운동으로 조직하고 있었다.[19] 주택, 의료, 가스, 전기, 교육, 교통 등 카스텔이 집합적 소비

---

17 GLC에 대해서는 졸저 『런던코뮌: 지방사회주의의 실험과 좌파 정치의 재구성』, 이매진, 2009 참조.

18 이 책에서 맥락에 따라 '시민의 정치주체화'와 '대중의 정치주체화'라는 다른 표현을 사용했지만 같은 것을 의미한다.

19 탈구-저항-연대의 연쇄에 대해서는 이 책 9장을 보라.

라고 불렀던 도시 문제들을 둘러싸고 다양한 지역행동이 생겨나고 있었던 것이다. 이러한 운동들이 불평등한 자원, 정보, 지식을 급진적으로 재분배하는 도시정부를 만나게 되면 도시정치의 가장 중요한 행위자로 성장하게 된다.

따라서 '시민의 정치주체화'는 필연적으로 '국가의 민주화democratizing the state'를 동반한다. 몸, 시간, 공간을 둘러싸고 발생하는 도시문제는 시장과 국가가 인정하지 않은 필요의 충족을 요구하는 사회적 투쟁들이 국가장치 그 자체에 스며들 수 있도록 하는 제도적 변형으로 연결되었다. 이것은 국가장치 안에서 국가에 반하는, 그래서 국가정치를 급진적으로 민주화하는 과정이었다.

'국가의 민주화'와 '시민의 정치주체화'는 민주주의를 무력화하고 사회적 유대의 토대를 허무는 시장의 힘에 맞서게 된다. 이윤과 효율을 내세워 학교와 병원을 파괴하고, 도시경관을 해치며, 종국에는 사람을 이윤창출의 도구로 전락시키는 시장을 통제하지 않고서는 몸의 리듬을 회복하는 시간과 공간의 재조정은 불가능하기 때문이다. 신자유주의적 자본주의의 힘이 너무나 강력해서 우리의 삶을 구석구석까지 시장의 논리로 재편한 것처럼 보이지만 우리의 몸과 기억의 떨림은 여전히 비-시장(시장의 배후지로 남아 있는 영역), 탈-시장(시장으로부터 벗어나려는 실험들), 그리고 반-시장(시장을 비판하는 체계적 전환 시도)의 사회적 관계들을 만들어낸다. 국가의 힘에 눌리고, 시장의 힘에 포획되어 실패하는 경우가 다반사이지만 '이미-언제나' 시장에서 벗어나 있고, 시장에 저항하는 힘들은 존재한다. 이것이 완벽해 보이는 체계의 빈틈이라면 GLC가 시도했고, 새로운 도시혁명을 기획하는 급진적 도시정부가 추구해야 하는 것은 이 빈틈을 헤집고 들어가 시장을 사회적으로 통제할 수 있는 근거들을 만드는 것이다.[20]

20　'국가의 민주화', '시장의 사회화', '대중의 정치주체화'는 이 책 전체를 통해 반복적으로 강조될 것이다.

8. 유토피아를 꿈꾸는 무모함, 아니 현명함

그람시Antonio Gramsci는 유기적 위기organic crisis를 정세적 위기conjunctural crisis와 구분한다. 그는 체계가 기존의 방식으로는 더 이상 지탱될 수 없는 상태를 유기적 위기라고 불렀다. 모든 사람들은 언제나 자신이 살고 있는 '현재'를 결정적이고 유기적인 위기로 체험할 가능성이 높다. 그러나 그러한 주관적인 판단을 넘어 체계가 한계에 도달하여 전환이 절실히 요구되는 위기는 분명히 있다. 우리가 살고 있는 시대가 바로 그런 유기적 위기의 시대이다. 경제적 위기, 정치적 위기, 생태계의 위기, 그리고 사회통합의 위기가 중첩되어 나타나고 있다. 결국 삶의 방식 자체가 더 이상 지탱 가능하지 않다는 증거가 속출하고 있다.

결정적 위기, 다층적 위기의 시대를 체감하면서도 그것의 원인을 제대로 진단하지 못하고 제거하지 못하는 것은 근대사회가 주조해 낸 우리의 세계관에 너무나 강력하게 짓눌리고 있기 때문이다. 근대의 지평에 갇혀 있는 협소한 과학과 객관의 이름으로 정당화된 매우 얕게 인식된 '가능'과 '불가능'의 경계 말이다. 우리가 살고 있는 도시는 과학과 객관의 기준이 철저하게 무시하고 있는 무수한 몸부림과 아우성으로 가득 차 있다. 그런 몸부림과 아우성은 언제나 과학과 객관 바깥의 공상과 상상의 영역으로 밀려난다. 비과학적이고 주관적이라는 비난과 함께. 이제 그런 몸부림과 아우성 속에서 새로운 과학의 패러다임이 출현한다. 추상적이어서 내용이 텅 비어 있는 '약한 객관성weak objectivity'이 아니라 삶의 체험, 그리고 기억과 몸의 떨림과 진동에 공감하는 '강한 객관성strong objectivity'을 추구하는 과학 말이다.[21]

탈자본주의 사회를 향한 새로운 도시혁명은 과학과 객관의 폭력에 의해

---

21 샌드라 하딩, 『누구의 과학이며 누구의 지식인가-여성들의 삶에서 생각하기』, 조주현 옮김, 나남출판사, 2009를 참고하라. 보다 자세한 설명은 테드 벤턴과 이언 크레이브, 『사회과학의 철학』, 한울아카데미, 2014 중 9장을 보라.

비가시적인 상태로 눌려 있는 몸부림과 아우성을 가시화하는 투쟁일 것이다. 낡은 근대의 기준으로 그것은 무모한 짓이다. 하지만 근대가 나은 도구적 합리성의 폭주를 막지 못했을 때 직면하게 될 파국을 생각해본다면, 그리고 그것을 막을 수 있는 유일한 방법은 도구적 합리성 밖으로 탈출하는 것이라면 그 무모함은 현명한 선택일 것이다. 시간과 공간에 가해지는 폭력과 조우하면서 겪게 되는 작은 떨림과 진동의 울림을 '과학주의적 태도'와 '경제학적 논리', 그리고 '기술적 해결'을 뚫고 나가는 거대한 역사적 운동으로 만드는 도시혁명은 '그들'의 기준에서는 공상이겠지만 '우리'에게는 너무나 사실적이다. 우리는 다른 세상이 필요하고, 그것을 열망하고 있다. 그리고 그런 '다른 세상은 가능하다!' 우리의 몸과 기억이 그렇게 말해주고 있다.

2장

도시에 대한 권리와 충족되지 않은 필요

1. 머리말

1장에서 논의된 자본의 도시 속의 몸과 기억의 떨림을 보다 체계적으로 설명하려는 것이 이번 장의 목적이다. 앞장에서 언급되었듯이 이러한 논의에서 앙리 르페브르는 매우 중요한 이론적 지위를 갖는다. 따라서 자본주의적 도시와 도시운동의 관계를 설명하기 위해서 르페브르의 '도시에 대한 권리right to the city'를 살펴보는 것은 어쩌면 당연한 수순이라고 할 수 있다. 르페브르의 도시에 대한 권리 개념에 대한 필자의 생각이 우호적인 것만은 아니다. 그렇다고 반대편에 서 있는 것도 아니다. '우호적 비판'이라고 위치 지울 수 있을 것이다.

르페브르에 따르면 도시화의 부정적 모습에도 불구하고 도시는 창의적 상상과 진보의 공간이기도 하다. 도시는 밀접한 사회적 관계와 다양한 정체성이 결합될 수 있는 공간이기 때문이다. 르페브르가 주장하는 도시에서의 정체성과 다양성은 시장주의에 의해서 유포되고 있는 이기적이고 경쟁적인 행위자들의 양산을 의미하는 것이 아니다. 도시에서 역동적이고 다양성을 존중하는 사회적 유대가 창조될 수 있다고 주장하는 것이다. 비록 국가와 시장에 의해 포획되어 있지만 도시는 교환가치와 상품화의 논리에 저항하는 사회적 투쟁의 근거를 만들어 내는 공간이기도 한 것이다. 도시가 본래적으로 갖고 있던 작품성, 만남과 마주침, 다양성, 그리고 사용가치가 모두 자본주의적 교환가치로 분절화 되는 경향은[22] 도시를 상품이 아닌 작품으로 만들어 내고 향유할 권리[23], 그러한 과정에 참여할 수 있는 권리, 도시공간과 환경을 전유할 수 있는 권리[24]를 요청하게 한다. 생태적 위기를 경험하고 있는 우리 시대에 정체성과 다양성이 보장되고 밀접한 사회적 연대가 실현되는 도시를 창조하는 것은 곧 사회적으로 정의롭고 생태적으로 지속가능한 문명의 새로운 패턴을 창출하는 것이기도 하다.

자본주의적 경쟁과 이윤논리에 따라서 획일화되고 파괴되고 있는 도시를 생각할 때 르페브르의 주장에 대해 토를 달 하등의 이유가 없어 보인다. 자율과 참여를 통해 도시를 변혁하자는 주장에 이의를 제기할 수 있겠는가? 하지만 문제가 전혀 없는 것은 아니다. 이론적 수준에서 르페브르에게서 영감을 얻은 '도시에 대한 권리' 담론의 문제는 무엇인가? 그것은 르페브르를 실천적 운동과의 연관 속에서 훌륭하게 소개하고 있는 강현수가 정확하게 지적하고 있듯이 '주장'을 구성하고 있는 두 개의 열쇠 말인 '도시'와 '인권'이 대단히 논쟁적인 개념이라는 데 있다.[25] 과연 르페브르가 주장하듯이 우리는 '도시혁명urban revolution'을 경과해서 도시 그 자체가 가지는 '도시성urbanity'을 경험하고 있는가의 문제가 제기되는 것이다.[26] 이것은 르페브르

---

22 Lefebvre, Henri, *The Urban Revolution*, Minneapolis & London : University of Minnesota Press, 2003, pp. 118~119.

23 Lefebvre, Henri, *Writings on Cities*, Malden, Massachusetts : Blackwell, 1996, pp. 65~66.

24 같은 글, p. 173.

25 강현수, 『도시에 대한 권리-도시의 주인은 누구인가』, 책세상, 2010.

26 Lefebvre Henri, *Writings on Cities*, Malden, Massachusetts : Blackwell, 1996, p. 126 ; Lefebvre Henri, *The Urban Revolution*, Minneapolis & London : University of Minnesota Press, 2003.

를 따라 도시 문제를 '도시성'으로 이해해야 할 것인가, 아니면 생산, 재생산, 소비 그리고 정치가 도시라는 공간을 통해 드러난 것으로 설명해야할 것인가라는 이론적 질문이기도 하다. 언뜻 보기에 두 입장 사이에 큰 차이가 없어 보이지만 어떤 입장에 서는가에 따라 도시문제가 가지는 정치적 의미와 '도시' 바깥의 쟁점들과의 연관을 생각하는 데에서 상당히 다른 방향으로 나갈 수도 있다.[27]

권리 또는 인권은 어떤가? 인권이론가들이 대체로 동의하고 있듯이 인권은 자유권에서 사회권으로, 사회권에서 연대권 또는 인정recognition에 대한 권리로 확장되어 왔다. 그리고 이러한 확장의 역사는 수많은 사람들의 땀과 피로 점철되어 왔다.[28] 하지만 논쟁의 여지는 있다. 역사에서 수 없이 나타났던 사회운동 중 대부분은 '권리'라는 추상적 '자격'을 위해 싸우지 않았다. 삶 속에서 드러난 욕구와 필요가 억압적 체제와 부딪힐 때 생겨난 저항들이었다는 것이다. 권리는 이렇듯 역동적인 힘이 더 이상 '봉기'의 힘으로 작동하지 못하도록 체제 안의 '구성'의 힘으로 치환하는 역할을 했다고 볼 수 있다. 권리의 신장과 확대가 무의미하다는 것이 아니다. 그리고 법제화된 권리체제가 소용없다는 것도 아니다. 권리는 또 다른 저항과 투쟁이 기대고 설 수 있는 담론적 무기로 작동할 수 있기 때문이다. 그럼에도 불구하고 권리담론이 가지는 한계는 분명해 보인다. 주어진 체제 안에서 허용된 '어떤'것을 주장claim할 수 있는 자격일 뿐이다. 결국 권리가 허용하는 저항은 주어진 '권

---

27   소자는 르페브르가 오랫동안 잊혀 있었던 이유가 도시공간이 가지는 생성의 힘을 강조한 것에 있었다고 본다. 마르크스주의자들과 사회과학자들에게 르페브르의 입장은 '공간결정론'으로 비춰졌을 수 있다. Soja Edward W, *Seeking Spatial Justice*, Minneapolis & London: University of Minnesota Press, 2010, p. 97.

28   조효제, 『인권의 문법』, 후마니타스, 2007.

리'의 해석과 적용을 둘러싼 절차에 한정될 뿐이다.[29]

'도시'와 '권리'라는 열쇠 말이 가지는 이러한 한계가 '도시에 대한 권리'라는 종합을 통해 극복 가능할까? 각각이 가지는 한계는 그대로 유지되고 '도시'가 21세기 진보정치에게 주는 상상력과 창의적 정신이 그 한계 안에 갇히는 것은 아닐까? 아래에서는 이러한 질문에 대해 논의해 보도록 하겠다.

2. 도시, 도시성, 도시문제

하비David Harvey에 따르면 도시의 맥락에서 '자본축적의 규칙'과 개인, 공동체, 가족, 국가장치를 둘러싼 "사회, 정치, 문화 형태들의 소란은 서로 강한 연관성"을 가진다.[30] 더욱이 경제적 생산 및 사회적 재생산과 관련된 공동체 내부의 쟁점들은 대개 시민들에 의해 가까운 것으로 경험되며, 그렇기 때문에 도시 안의 공동체는 직접 행동과 정치적 참여를 촉진할 수 있다. 이런 의미에서 북친Murray Bookchin같은 아나키스트는 참여 민주주의가 증진될 수 있는 신사회운동의 장소로서 도시 공동체를 강조한다.[31] 그만큼 현대 정치이론과 사회이론에서 도시는 중요한 의미를 갖는다.

---

29 도시와 정의를 논의하는 책의 서문에서 메리필드와 스윈지도우는 정의(권리담론)가 가지는 이러한 한계를 지적하고 있다. Andy Merrifield & Erik Swyngedouw eds, *The Urbanization of Injustice*, Washington Square, New York: New York University Press, 1997, pp. 8~9; Elson, Diane, "Women's Rights Are Human Rights': Campaigns and Concepts", Lydia Morris ed.*Rights:Sociological Perspectives*. London: Routledge., 2006, pp. 107~108.

30 Harvey, David, *The Urban Experience*, Baltimore: The Johns Hopkins University Press, 1989, p. 247.

31 Bookchin, Murray, "New Social Movements: The Anarchic Dimension", David Goodway ed. *For Anarchism*, London: Routledge, 1989.

하지만 이상의 언급이 도시가 무엇인지, 그것이 복잡한 전체 사회구조와 맺는 관계는 무엇인지를 설명하고 있지는 않다. 도대체 도시란 무엇인가? 도시라는 실체는 그 자체로 정의될 수 있는가? 르페브르의 답은 긍정적이다. 도시성은 단순히 도시로의 인구집중과 건조환경built environment의 확장이 아니라 사고방식과 생활양식 자체의 도시적 전환이다. 이것이 그가 말하는 '도시혁명'이다.[32]

카스텔Manuel Castells은 이에 대해 비판적이다. 그에 따르면 "도시 사회학은 어떤 구체적인 현실 대상을 갖지 않는다."[33] 물론 도시는 존재하고 전세계 대부분의 사람들이 도시 공간에서 산다.[34] 도시와 도시 생활이 지배적이라는 사실은 누구도 부정할 수 없는 사실이 되어 버렸다. 그럼에도 불구하고 카스텔이 도시가 그 자체로 정의되거나 규정될 수 없다고 주장한 핵심이유는 도시 생활이 그것으로부터 상대적으로 자율적인 역사성과 시간성을 지니는 경제, 문화, 이데올로기, 정치의 요인들을 포함하는 복잡한 사회구조로서 이해되어야만 하기 때문이다.[35] 이는 도시가 그 사회의 일반적 특징을 포함하는 사회의 특수한 공간으로 이해될 수 있음을 의미한다. 한마디로 도시는 전체 사회의 축소판인 것이다.

---

32   Lefebvre, Henri, *The Urban Revolution*, Minneapolis & London: University of Minnesota Press, 2003.

33   Castells, Manuel, "Theory and Ideology in Urban Sociology", C. G. Pickvance ed. *Urban Sociology: Critical Essays.* London: Tavistock, 1976, p. 73; Castells, Manuel, *City, Class and Power,* London: Macmillan, 1978, p. 181; Castells, Manuel, *The Urban Revolution*, London: Edward Arnold, 1977, p. 124; Castells, Manuel, "Towards a Political Urban Sociology", M. Harloe ed. *Captive Cities.* London: John Wiley, 1977, p. 65..

34   Hopwood, Bill and Mary Mellor, "Visioning the Sustainable City", *Capitalism, Nature, Socialism* 18(4)., 2007.

35   Castells, Manuel, *The Urban auestion*, London: Edward Arnold, 1977, p. 177; pp. 234~237, p. 449.

카스텔은 도시사회학의 대상으로서의 도시는 도시 그 자체의 '도시성'이 아니라는 타당한 지적을 했지만 도시사회학의 대상을 '집합적 소비collective consumption'로 규정하면서 더 이상의 창의적 사고를 막아 버리고 만다. 자칫 도시성을 비판하면서 도시(더 나아가 사회)가 가지는 공간성을 부정하는 데 까지 나갈 수 있기 때문이다. 하지만 공간과 도시(사회)의 변증법을 전제로 카스텔의 주장을 적극적으로 해석한다면 도시는 집합적 소비나 자본의 순환 과 같은 특정한 측면으로만 해석될 수 없는 복합적 구조라고 할 수 있다. 이 러한 복합적 구조는 '외적 관계성external relationality'과 '내적 복합성internal complexity'을 통해 구조화된다고 할 수 있다. '외적 관계성'은 영토적 국가 안 에서의 정치-경제-지리적 위치, 인근 비도시 지역(농촌)과의 관계, 그리고 지구화된 자본의 흐름 속에서의 위치로 설명될 수 있다.[36] 르페브르처럼 추 상적인 도시성을 정의할 수 있겠지만 현실에 존재하는 도시는 이러한 관계 에 의해 대단히 특수한 모습을 띨 수밖에 없다. 르페브르 자신도 도시를 분 석하기 위해서는 지구적 수준global level, 혼합된 수준mixed level, 사적인 수 준private level의 겹쳐짐을 제안하고 있기도 하다.[37] 그에게 도시는 언제나 전 체로서의 사회와 그것의 역사와 관계 맺을 수밖에 없는 것이다.[38] 도시에 대 한 권리를 적극 옹호하고 있는 퍼셀마저도 도시의 경계는 사회적 투쟁을 통 해 정의되어야 한다고 말한다. 정치적 투쟁을 통해 사회적으로 구성된다는

36 Massey, Doreen, "Space/Power, Identity/Difference: Tensions in the City", Andy Merrifield & Erik Swyngedouw eds. *The Urbanization of Injustice.* Washington Square, New York: New York University Press, 1997, pp. 102~103.

37 Lefebvre, Henri, *The Urban Revolution*, Minneapolis & London: University of Minnesota Press, 2003, 4장.

38 Lefebvre, Henri, *Writings on Cities*, Malden, Massachusetts: Blackwell, 1996, pp. 100~101.

것이다.[39] 도시가 가지는 공간적 성격만을 강조하면 "공간과 사회적 관계의 사회적 생산이라는 더 큰 동학"을 무시하게 되며 "깊은 사회-정치적 문제"를 은폐할 수도 있다는 것이다.[40] 도시는 정치적 투쟁이 전개되는 특수한 형식인 것이다.[41] 르페브르 자신도 도시권의 내용으로 다양한 서비스, 도시 공간, 장소 등을 언급하고 있지 않은가?[42] 도시에 대한 권리가 내포하고 있는 것은 "사회적 삶의 모든 측면이 가지는 공간성"을 분명히 하고 "공간적으로 의식화된 실천과 정치를 통해 세상을 보다 나은 것으로 바꾸는 효과적인 방법"을 그러한 공간적 측면과 연결시키는 것이라고 해석할 수 있는 것이다.[43]

'내적 복합성'은 각 도시가 가지는 역사적 전통과 사회적 대립의 문제이기도 하지만 '외적 관계성'의 영향으로 생겨난 다양한 갈등과 적대들이 이러한 역사적, 문화적 전통과 혼융된다는 사실을 나타낸다. 특정한 문화적 전통 위에 생겨난 도시 안에는 계급갈등, 성적갈등과 같은 사회적 모순이 외적인 충격으로부터 생겨난 지역갈등, 인종갈등 등 다양한 대립과 적대와 결합하면

39　Purcell, Mark, "Excavating Lefebvre: The Right to the City and Its Urban Politics of the Inhabitant". *GeoJournal* 58, 2002, p. 105.

40　Dikeç, Mustafa, "Police, Politics, and the Right to the City", *GeoJournal* 58(2-3), 2002, p. 95.

41　Dikeç, Mustafa, "Justice and the Spatial Imagination", *Environment and Planning* A 33, 2001, p. 1790.

42　Lefebvre, Henri, *Writings on Cities*, Malden, Massachusetts: Blackwell, 1996, p. 34.

43　하비는 도시는 자본주의가 가지는 구조적 문제가 드러나는 수동적 장소 passive site가 아니라고 주장한다. 하지만 하비는 도시성을 절대화하지 않는다. 도시는 자본주의적 모순이 드러나는 공간이지만 도시는 그 모순에 도시적 특성을 부여한다고 해석할 수 있다. Harvey, David. 2012. *Rebel Cities: From the Right to the City to the Urban Revolution,* London & New York: Verso, 2012, pp. 117~119; Soja, Edward W, *Postmetropolis: Critical Studies of Cities and Regions*, Oxford & Malden: Blackwell, 2000, p. 352.

서 '내적 복합성'을 구성한다.[44]

외적 관계성과 내적 복합성에 의해 만들어진 '구체적' 도시의 실재는 어떤 이론으로도 완벽하게 이해할 수 없는 동적인 대상이다. 하지만 이러한 '역동성'과 '구체성'에 이론적으로 접근하기 위해서는 어느 정도의 도식화를 피할 수는 없을 것이다. 그러나 그 역동성과 구체성을 '도시성'으로 과잉개념화해서도 안 되고, 집합적 소비라는 하나의 측면으로 환원해서도 안 된다. 필자는 외적 관계성과 내적 복합성의 전제 아래 도시문제가 발생하는 다섯 개의 영역을 제시하고자 한다. ① 생산production, ② 재생산reproduction, ③ 소비 consumption, ④ 거버넌스governance ⑤ 정체성identity. 이러한 범주가 새로운 것은 아니다. 도시에 대한 권리를 옹호하는 하비는 오스망의 파리계획을 설명하면서 도시(화)의 문제를 잉여자본, 실업과 관련시키고 도시를 소비, 관광, 쾌락의 중심으로 제시하고 있다.[45] 하비는 미국의 교외화suburbanization는 라이프스타일의 급격한 변동이며 이것은 생산과 소비패턴의 변화를 동반하고 정체성의 변화까지 초래했다고 주장하고 있는 것이다.[46] 르페브르의 관심도 공간 그 자체에 있었던 것이 아니라 공간을 생산하는 과정, 그리고 이렇게 생산된 공간이 사회적, 경제적, 정치적 관계의 동적인 과정에 가지는 함의였다는 해석도 가능하다.[47] 도시는 공간, 정체성, 권력 사이의 긴장의 장소인 것이다.[48]

---

44 이러한 내적 복합성과 관련한 런던에 대한 메시의 분석 Massey, Doreen, *"World City"*, Cambridge: Polity Press, 2007을 참고하라.

45 Harvey, David, "The Right to the City". *New Left Review* 53, 2008, p. 26.

46 같은 글, p. 27.

47 Dikeç, Mustafa, "Justice and the Spatial Imagination", *Environment and Planning* A 33, 2001, p. 1793.

48 메시의 공간과 시간, 정체성에 대한 논의는 Massey, Doreen, *For Space*, London: Sage, 2005를 보라 ; Massey, Doreen, "Space/Power, Identity/ Difference: Tensions in the City", Andy Merrifield & Erik Swyngedouw

우선 간략하게 각 영역을 정의하고 나서 이들 사이의 관계에 대해서 살펴보자. '생산'은 도시 안에 존재하는 제조업 부문을 말한다. 물론 최근의 경향은 '생산'의 영역이 농촌지역과 해외로 이전되고 있지만 도시 안에 존재하는 생산부문은 여전히 존재한다.[49] 생산은 필연적으로 일자리 또는 노동시장을 포괄한다. '재생산'은 출산, 육아, 교육, 주거 등 인간의 생존과 다음세대의 재생산과 결부된 영역이다. 시장경제 아래서 '재생산'은 '소비'와 구별하기 어렵다. 재생산과 관련된 대부분이 곧 소비의 문제로 다가오기 때문이다. 하지만 소비는 시장을 통한 개별적 소비와 함께 공공부문을 통해 제공되는 집합적 소비를 포함한다. 카스텔이 도시사회학의 대상으로 정의한 것이 바로 집합적 소비였다. 하지만 최근의 경향은 집합적 소비 부문이 사유화 되면서 재생산의 문제는 곧 개별적 소비의 문제로 인식되는 경향이 강하다.

앞에서 암시된 것처럼 생산과 재생산은 시장과 국가에 의해 매개된다. 그런데 시장은 일정한 소비력을 갖춘 사람들, 즉 지배적 계급들의 필요needs에만 반응하고 국가는 그러한 시장을 보조하고 시장이 반응하지 않는 사회적 약자들의 필요를 충족시키는 역할을 제대로 수행하지 못한다. 이러한 충족되지 않은 필요로부터 저항과 사회운동이 발생한다. 생산현장에서의 노동자운동, 주거, 교육, 에너지 등을 둘러싼 투쟁이 생겨난다. 소비가 더 이상 필요를 충족시키는 것이 아니라 끝없는 욕망의 사슬만을 만들어 낸다는 사실이 드러날 때 강력한 저항이 생겨나는 것이다. 여기서 저항의 대상이 되는 국가는 중앙정부 일수도 있지만 지방자치정부일 가능성이 더 높다. 지방정부를 둘러싼 이러한 갈등을 분석하기 위해 콕번은 지방국가local state라는 개

---

eds., *The Urbanization of Injustice*. Washington Square, New York: New York University Press, 1997, pp. 113~115.

49 제조업이 도시로부터 농촌으로 이전되거나 국내소비를 위한 제조업이 해외로 이동하는 것은 개별 도시들이 생산과 소비를 매개로 경험하는 외적 관계성을 강화한다.

념을 사용하기도 했다.[50]

지금까지의 논의는 네 번째 영역인 거버넌스의 문제와 자연스럽게 연결된다. 시장 안에는 민주주의가 없으며 가격신호는 사회적 약자의 필요를 반영하지 않는다.[51] 따라서 시장으로부터 발생하는 이러한 불평등을 완화하고 조정하기 위한 공적 개입이 요청될 수밖에 없다.[52] 쟁점은 공적 개입의 방법과 규모에 관한 것이다. 지배적 담론은 공적개입을 시장을 보조하는 것에 국한하려고 한다. 반면 이에 대한 저항적 힘은 시장에 대한 개입의 규모를 확장하려 한다. 이 과정은 국가의 제도적 장치에 국한된 의사결정과정을 다양한 주체들의 참여를 보장하는 확장된 민주적 의사결정과정으로 변화시키려는 운동을 동반할 수밖에 없다. 이것은 거버넌스의 구조자체를 바꾸려는 운동이라고 할 수 있다.[53] 생산, 재생산, 소비의 영역에서 발생하는 사회적 갈등은 종국에는 제도의 문제로 귀결되고 운동의 힘이 제도를 압도할 때 제도 자체를 변화시키게 되는 것이다. 역사적으로 도시 공간은 이러한 새로운 정치가 실험되는 공간이었다. 하비가 도시를 자본주의의 생존을 둘러싼 정치적 투쟁과 계급투쟁의 장으로 이해하는 것은 이러한 이유에서이다. 하비가 비록 도시에 대한 권리를 주장하고 있지만 그의 글에서 도시는 '도시성'으로 이해될 수 없으며 사회적 투쟁이 드러나는 구체적 장소로서의 성격을 갖는 것이다.[54] 도시의 권리를 주장하는 르페브르의 개념 자체가 거주의 권리, 일상의 권리로 이해되어야하며, 굳이 도시에 국한될 필요가 없다는 퍼셀의 주

---

50 Cockburn, Cynthia, *The Local State*, London: Pluto Press, 1977.

51 클라인, 나오미, 『슈퍼브랜드의 불편한 진실』, 살림출판사, 2010.

52 Devine, Pat, *Democracy and Economic Planning*, Cambridge: Polity Press, 2010.

53 Harvey, David, "The Right to the City", *New Left Review* 53, 2008, p. 37.

54 같은 글, p. 28.

장도 같은 맥락으로 이해할 수 있다.[55]

거버넌스가 일상에서 경험된 불만과 저항이 제도정치와 연결되는 수직적 축이라면 충족되지 않는 필요를 경험하는 사회적 약자들 사이의 차이에서 발생하는 갈등과 소통은 수평적인 축이다. 프레이저Nancy Fraser와 호네트Axel Honneth는 이것을 인정recognition 투쟁이라고 명명했다.[56] 필자는 이것을 정체성을 둘러싼 갈등과 투쟁으로 간주한다. 같은 노동자라도 남성과 여성의 위치와 거기에 따른 정체성은 다를 수밖에 없다. 이러한 정체성으로부터 충족되지 못한 필요에 대한 인식도 달라진다. 예를 들어 남성노동자들이 생산영역에서의 임금과 작업장 안전에 초점을 맞춘다면 여성노동자들은 재생산의 영역에 초점을 맞추는 경향이 강하다. 정규직 노동자와 비정규직 노동자, 국내 노동자와 이주노동자의 정체성과 그들이 경험하고 느끼는 충족되지 않은 필요도 다를 수밖에 없다. 도시는 이러한 정체성이 서로 충돌하지만 때로는 서로 소통하고 연대를 형성하는 공간인 것이다.

문제는 이들 차이가 적대적 대립으로 드러나게 되고 종국에는 고립된 개인들 간의, 시장이라는 정글에서의 경쟁으로 귀결된다는 것에 있다. 르페브르가 주장하는 도시에 대한 권리 실현은 이들 사이의 대립을 발생시키는 '독점적 시장'과 '관료적 국가'의 기제를 비판하고 우회할 수 있는 정치적 전략을 구축하는 것에 달려 있다. 이러한 맥락에서 도시에 대한 권리는 자본과 자본친화적인 지방국가local state가 후원하는 개발자들이 제시하는 도시의 모습에 저항하는 도시사회운동을 중요한 행위자로 내세울 수밖에 없다.[57]

55　Purcell, Mark, "Citizenship and the Right to the Glocal City : Reimagining the Capitalist World Order", *International Journal of Urban and Regional Research* 27(3), 2003, p. 583.

56　Fraser, Nancy and Axel Honneth, "Redistribution or Recognition?", *A Political-Philosophical Exchange* , London : Verso, 2003.

57　소위 신자유주의 시대에 앞에서 논의한 다섯 가지 영역은 금융을 매개로 상호

마르크스주의의 언어로 표현하면 도시 문제는 곧 다양한 주체들의 경험을 통해 인식된, 그러나 시장과 국가를 통해서는 표현될 수 없는 사용가치(필요)와 교환가치(이윤)논리 사이의 모순의 표출이다. 이러한 모순은 외적 관계성과 내적 복합성 즉 생산, 재생산, 소비, 거버넌스, 정체성의 문제를 통해서 첨예하게 드러난다. 하지만 도시문제는 자본과 국가의 헤게모니 아래서 발생하는 '불균등한 지리적 발전uneven geographical development'의 조건 위에서 이해되어야 한다는 사실이 중요하다.[58] 산업화 이후의 단계로 도시사회urban society의 도래와 도시혁명을 주장하면서 도시문제에 대한 과잉된 해석으로 치우쳤지만, 기존의 마르크스주의가 자본주의 동학의 공간적 차원을 주목하지 못한 것에 대한 르페브르의 비판은 마르크스주의적 패러다임 안으로 이러한 지리적 공간을 도입한 중요한 기여를 했다고 할 수 있다. 사회구조가 도시에 투영되지만 도시는 단순히 그것을 반영하는 것이 아니라 독특한 현상을 발생시키는 것이다.[59]

관계를 맺으며 유지되고 있다. 금융은 자본주의 체제 안에서 각 영역을 매개하는 역할을 수행하지만 최근의 경향은 금융부문에 다른 부문이 종속되는 경향이 강해지고 있는 것이다. 하비가 분석하고 있는 자본축적의 위기와 공간적 조정spatial fix은 이러한 금융의 우위를 잘 보여준다. Harvey, David, *The Urbanization of Capital*, Oxford: Blackwell, 1985; Harvey, David, *Rebel Cities: From the Right to the City to the Urban Revolution*, London & New York: Verso, 2012, 2장; Harvey, David, "The Right to the City", *New Left Review* 53, 2008, p. 33, 39.

58 같은 글, p. 36.

59 Lefebvre, Henry, *Writings on Cities*, Malden, Massachusetts: Blackwell, 1996, p. 112.

3. 권리와 인권, 지배적 담론?

인권의 역사는 장구한 투쟁의 역사였다. 서구사회의 인권은 중세봉건적인 질서에 맞서는 부르주아들과 민중계급의 지속적인 저항의 산물이었다. 지금은 당연하게 여겨지는 보통선거권과 정치사상의 자유마저도 수많은 사람들의 피의 대가로 얻어진 것이다. 물론 마르크스가 지적했듯이 인권담론은 정치적 해방을 가능하게 했지만 경제적 영역에서의 불평등에 눈 감음으로써 사회적 해방, 인간 해방으로까지 나가는 데는 실패했다. 정치적 공동체에서 시민의 권리를 보장했지만 그것은 경제적 영역을 사회적 통제로부터 벗어나게 했고 결국 경제적 불평등은 정치적 영역에서의 권리 보장을 무력하게 만들었기 때문이다.[60]

20세기의 역사는 마르크스가 지적한 제한된 영역에서의 권리 보장이 조금씩 확장되어가는 과정이었다. 양차 대전과 사회주의권의 성립에 따라 권리 이론은 소유권과 정치적 자유 중심에서 사회경제적 권리까지 포함하는 것으로 발전하게 된다. 1948년 12월 10일 발표된 UN인권선언UN Declaration of Universal Rights은 이러한 발전을 잘 표현하고 있다.[61] 마셜T. H. Marshall은 시민의 권리 안으로 사회경제적 권리가 포함되어야 함을 주장함으로써 자유주의 권리이론을 급진화시킨 대표적인 이론가였다.[62] 또한 1960년대 이후 신사회운동과 포트스모더니즘의 도전에 의해서 다양한 소수자의 권리의 중요성이 대두되기 시작했다. 이미 'UN권리선언'에도 표현되어 있

---

60   Marx, Karl. 1975, *"On the Jewish Question"*, *Early Writings*. London : Penguin, 1975.

61   프리만, 마이클, 『인권: 이론과 실천』, 아르케, 2004, 56~66쪽과 류은숙, 『인권을 외치다』, 푸른숲, 2009, 17~30쪽을 보라.

62   Marshall, Thomas H, "Citizenship and Social Class", *Sociology at the Crossroads and Other Essays,* London : Heinemann, 1963.

듯이 인종, 성별, 나이, 국적, 언어 등의 차이에 의해 차별 받아서는 안 된다
는 사실이 흑인 인권운동, 여성운동 등의 대두와 함께 정교화되기 시작한다.

　인권의 역사에서 중요한 특징 두 가지를 지적할 수 있다. 첫째, 인권담론
의 확장은 언제나 지배적 담론의 비판과 변형을 의미하지만 동시에 지배적
담론과의 타협에 의해서 가능했다. 사회경제적 권리와 다양한 정체성의 인
정은 자본주의 체제의 한계 내에서, 그리고 자유주의적 철학적 한계 내에서
재구성되었다. 둘째, 인권담론의 확장이 타협에 의해 가능했지만 지배계급
의 도덕적 의무와 양보에 의한 것은 아니었다. 부르주아의 투쟁에 의해서 소
유권과 자유적 권리가, 프롤레타리아트의 저항에 의해서 사회경제적 권리
와 노동권이, 다양한 사회적 소수자들의 투쟁에 의해 정체성의 권리가 지배
적 담론을 확장, 변형시켰다는 것이다. 즉 저항과 투쟁이 없었다면 지배계
급은 결코 어떠한 양보도 하지 않는다는 것이다. 인권의 역사는 저항·투쟁
이 지배적 질서 안으로 수용되는 역사에 다름 아닌 것이다.[63] 하비의 지적처
럼 지배적 담론이 되어버린 인권은 헤게모니적 신자유주의적 시장 논리 또
는 합법성과 국가행위의 지배적 양식에 대해 근본적으로 도전할 수 없는 것
이다.[64]

　현대 정치철학의 중심인물인 롤스John Rawls가 제시한 '공정으로서의 정의
justice as fairness'론을 비판적으로 검토함으로써 권리이론, 특히 자유주의적
권리 담론이 가진 한계에 대해서 생각해 보자. 롤스의 주장은 다음의 원칙으
로 요약될 수 있다.

63　인권 개념이 지배적 패러다임으로서 가지는 억압적 성격에도 불구하고 그것
　　을 매개로 투쟁해야만 하는 조건을 여성주의 입장에서 분석한 글은 Elson,
　　Diane, "Women's Rights Are Human Rights': Campaigns and Concepts",
　　Lydia Morris ed. *Rights: Sociological Perspectives*, London: Routledge.,
　　2006, pp. 107~109을 참조하라. 엘슨은 궁극적으로 여성의 종속적 위치를
　　재생산하는 지배적인 질서에 대한 변화가 필요하다고 주장한다.

64　Harvey, David, "The Right to the City", *New Left Review* 53, 2008, p. 23.

"첫 번째 원칙

각자는 모든 사람에게 적용될 수 있는 유사한 자유의 체제와 양립가능한
동등한 기본적 자유의 가장 확장된 전체 체제에 대한 동등한 권리를 가
져야 한다.

두 번째 원칙

사회적, 경제적 불평등은 다음과 같은 두 가지에 조응하도록 조정되어야
한다.

(a) 최소 수혜자에게 가장 큰 이익이 돌아가야 하고

(b) 기회의 공정한 평등의 조건 아래 공직과 직위가 모든 사람들에게 개

방되어야 한다." [65]

첫 번째 원칙은 '자유의 원칙', (a)는 '차등의 원칙', (b)는 '공정한 기회평
등의 원칙'이라고 불리며 첫 번째 원칙은 두 번째 원칙보다 우선하고 (자유
의 우선성), 두 번째 원칙 내에서는 '공정한 기회평등의 원칙'이 '차등의 원
칙'보다 우선한다.[66]

롤스의 도덕적 이상은 개인의 자유에 초점을 둔다. 자유의 원칙을 가장 우
선에 두면서 재분배의 원칙을 정당화할 수 있는 철학적 원리를 찾으려는 것
이 롤스의 이론적 고투이다. 그러나 현실의 행위자들은 차등의 원칙을 선
택하지 않을 것이다. 따라서 그의 이론 안에서 재화의 불평등한 분배에 따
라 발생하는 사회적 갈등을 피하는 사회의 조화는 가설적으로 설정된 '원초
적 입장original position'에 위치한 사회 구성원들의 자율적인 선택에 의해 유
지된다. 개인의 자율성과 재분배의 원칙을 논리적으로 조화시킬 수 있게 되

---

65 Rawls, John, *A Theory of Justice*, Oxford : Oxford University Press, 1972, p.
302.

66 같은 책, pp. 302~3; 킴리카, 윌, 『현대 정치철학의 의해』, 동명사, 2006, p.
79; Kukathas, Chandran & Philip Pettit, *Rawls : A Theory of Justice and Its
Critics*, Cambridge : Polity Press, 1990, p. 36.

는 것이다. 후기에 공동체주의적 비판을 수용하면서 교의로서가 아닌 '중첩적 합의overlapping consensus'를 가능하게 하는 정치적 원리로서의 정의론으로 이동했을 때에도 이러한 핵심 주장에는 변화가 없었다.[67]

롤스의 입장은 다음과 같이 비판할 수 있다. 첫째, 원초적 입장에서 나타나는 것처럼 롤스는 초역사적인 도덕적 이상을 전제한다. 무지의 장막veil of ignorance에 가려져 기본정보와 기초재primary goods에 대한 지식 말고는 아무것도 모르는 원초적 상황의 행위자들 사이의 합리적 계약에 의해 구성된 사회에서는 공정으로서의 정의가 사회의 기본질서를 유지하는 원리가 될 것이라는 생각 자체가 매우 추상적이다. 롤스가 근대 자본주의의 도덕원리를 탐색하고 있다고 할지라도 그가 제시한 가설적 상황, 즉 행위자들이 자신의 사회적 조건에 무지한 원초적 입장의 가설적 설정은 근대적, 정치적, 경제적 조건으로부터 출현한 정의의 관념을 초역사화하는 것에 다름 아니다. 개인적 자유와 자기실현의 원리는 근대 정치이론의 구성물일 뿐이다. 도시를 둘러싼 논쟁의 맥락에서 이러한 한계는 권리가 구성되는 공간적 차원을 고려하지 못하는 것으로 나타난다. 롤스의 정의론은 '부정의의 공간적 변증법spatial dialectics of injustice'을 다룰 수 없는 것이다.[68]

둘째, 이러한 도덕적 원리들은 선험적으로 가정될 수 없기 때문에 공동체 안에서 공유되고 교육됨으로써 유지된다. 이것이 마이클 샌들Michael Sandel과 같은 공동체주의자들이 롤스를 표적으로 삼는 주된 이유이다.[69] 물론 샌들이 문화적이고 역사적으로 구성된 도덕원리로 제시한 것은 원초적 상황

---

67   Rawls, John, *Political Liberalism*, New York: Columbia University Press, 1993.

68   Dikeç, Mustafa, "Justice and the Spatial Imagination", *Environment and Planning* A 33, 2001, p. 1788.

69   Sandel, Michael, *Liberalism and the Limits of Justice*, 2nd Edition. Cambridge: Cambridge University Press, 1998.

에서 행위자들이 선택한 것과 크게 다르게 보이지 않는다. 철학적 추론의 과정은 다를지라도 롤스와 샌들은 조화로운 자유주의 사회를 공유하고 있다고 할 수 있다. 특히 후기 롤스가 초기의 강한 자유주의원칙을 완화함으로써, 즉 철학적 교의로서의 포괄적 자유주의에서 정치적 자유주의로 한발 물러남으로써 양자 사이가 상당히 좁혀졌다고 할 수 있다.

셋째, 롤스는 가설적 상황에 근거한 이미 고정된 도덕 원리를 제시함으로써 도덕원리가 자유주의의 그것을 넘어서 발전할 수 있는 가능성을 부정한다. 사회주의 사회라고 불리든, 공산주의 사회라고 불리든, 또는 코뮌주의 사회라고 명명되든, 자본주의 이후의 사회는 자유주의적 원리와는 다른 도덕적 원리를 구성할 수 있을 것이다. 애초에 롤스가 공리주의와 자유지상주의를 비판하면서 복지국가적 요소를 자유주의이론에 도입하려 했던 것은 자본주의를 비판하려는 것이 아니라 이에 대한 도전을 자유주의적 틀 내에서 대응하려는 것에 있었다. 이에 반해 르페브르의 도시에 대한 권리가 담고 있는 내용은 저항하고 투쟁할 수 있는 권리이다.[70] 뒤에서 다시 논의하겠지만 이러한 투쟁의 권리는 역설적으로 '권리' 개념 안에 담아두기 어려운 내용을 포함하는 것이다. 다를 수 있는 권리로서의 도시에 대한 권리는 정치적 투쟁을 통해서 성취되는 것이며 '권리담론'은 이러한 정치적 투쟁을 촉발하는 부분적 계기일 뿐인 것이다.[71]

지금까지 롤스가 제시한 자유주의적 정의이론을 비판적으로 살펴보았다. 정의이론은 권리이론을 동반할 수밖에 없으므로 앞의 논의는 자유주의적 권리이론에 대한 비판을 함축한다고 할 수 있다. 이러한 논의에 기초해서 도시의 권리와 관련하여 자유주의 권리담론이 가지는 한계에 대해서 생각해 볼 수 있을 것이다.

---

70 Dikeç, Mustafa, "Justice and the Spatial Imagination", *Environment and Planning* A 33, 2001, p. 1790.

71 같은 글, p. 1791.

첫째, 자유주의 권리이론은 개인이 모두 동등한 가치를 가치며 이러한 가치는 합리적 주체를 전제한다. 사회적 행위 이전에 이미 가설적으로 완결된 자기 정체성을 가진 주체가 전제되는 것이다. 이런 맥락에서 도시에 대한 권리가 자유주의적 권리담론을 넘어서기 위해서는 사회적 유대, 자연과의 관계, 라이프스타일, 기술, 미적 가치 등을 포괄하는 집합적 의미를 담아내야 한다.[72] 인간은 육체적 존재이며 신체적, 문화적, 사회적인 한계 안에서 구성되는 존재이다. 그렇기 때문에 개인은 협동적, 상호의존적인 존재인 것이다. 당연히 개인을 넘어선 공동체적 권리담론이 요청된다.

둘째, 자유주의 권리이론의 내용은 매우 추상적이고 형식적이다. 내용이 결여된 절차적 권리에 한정된다. 현실에서 절차적 권리를 행사하기에는 지식과 자원이 부족한 사회적 약자들에게는 있으나마나 한 것이다. 도시의 공간 생산에 대한 결정에 참여할 수 있는 권리를 가진다해도 경제적, 정치적 권력을 가진 집단이 지식과 정보를 독점한다면, 유명무실한 것에 불과하다.[73] 이러한 추상적 권리를 넘어서는 내용을 도시에 대한 권리 안에 담으려 할 때, 왜 굳이 '인권'담론에 기대려 하는지에 대한 질문이 제기될 수밖에 없다.

셋째, 개인주의적인 자유주의 권리담론은 권리의 침해가 개인이 아닌 집합적 조직으로 발생할 때 이에 대해 적절하게 대응할 수 없다. 환경적으로 유해한 물질을 배출하는 기업에 의한 권리 침해, 국가권력의 구조적 폭력에 의한 권리 침해는 책임소재가 개인에게서 찾아질 수 없는 문제이다. 책임소재를 개인에게서 찾는 자유주의 권리담론은 이러한 구조적 조건과 관련된 권리침해 문제에 비판적으로 접근할 수 없다. 당연히 구조적 문제에 대한 비판적 접근은 이미 상정된 고립된 권리주체들 사이의 계약이 아니라 사회전

72　Harvey, David, "The Right to the City", *New Left Review* 53, 2008, p. 23.

73　Purcell, Mark, "Excavating Lefebvre : The Right to the City and Its Urban Politics of the Inhabitant", *GeoJournal* 58, 2002, p. 104.

체에 대한 공동체적 비판과 토론을 통해서만 성취될 수 있다.

넷째, 자유주의 권리이론은 합리적 주체들의 의도된 행위만을 대상으로 구성되지만 구체적 현실에서는 다수 행위자들의 의도하지 않은 결과로서 드러나는 권리 침해가 나타난다. 이렇듯 의도하지 않는 결과로서의 권리침해에 대해 대응하기 위한 길 또한 고립된 개인을 넘어서는 집단적 토의과정을 찾아야만 한다.[74]

지금까지의 논의에서 알 수 있듯이 권리담론, 특히 인권담론은 사회적 약자들이 그들의 이해관계가 무시되고 그들의 필요가 충족되지 못할 때 기댈 수 있는 보편적 원리일 수 있다. 하지만 '인권'은 일종의 비어 있는 기표empty signifier이다.[75] 2003년 이라크를 침공한 부당한 전쟁을 감행하면서 조시 부시George Bush와 토니 블레어Tony Blair가 내세운 근거가 민주주의와 인권이었다. 여기서 우리 모두는 인권을 정의하는 데 애를 먹게 된다. 인권의 내용은 결국 힘관계에 달려 있고 인권의 내용을 채우고 규정하는 것은 전문가들의 손에 달려 있다. 인권 전문가들 중 유독 법을 전공하는 사람들이 많은 이유가 바로 여기에 있다. 이점에서 르페브르가 꿈꾸는 참여와 자치를 구현하기 위해 권리담론에 기대는 것은 충분치 않아 보인다.

하비는 도시에 대한 권리를 옹호하면서 현재 상태 안에 잠재하는 새로

74　Benton, Ted, "Do We Need Rights? If So, What Sort?", Lydia Morris ed. *Rights: Sociological Perspectives*, London : Routledge, 2006.

75　라클라우와 무페의 설명에 따르면 비어 있는 기표는 헤게모니 구성, 즉 부분적인 의미의 고정fixation을 가능하게 하는 기표이다. 존재하지 않는 보편성을 표상해야 하기 때문에 이 기표는 비어 있어야 한다. Laclau, Ernersto and Chantal Mouffe, *Hegemony and Socialist Strategy*, 2nd edition. London : Verso, 2001 ; Laclau, Ernesto, *Emancipation(s)*, London : Verso, 1995. 하비는 최근에 출간된 책의 서문에서 도시에 대한 권리를 비어 있는 기표라고 표현하고 있다. Harvey, David, *Rebel Cities:From the Right to the City to the Urban Revolution*, London & New York : Verso, 2012, p. xv.

운 사회의 윤곽을 강조한다.[76] 하비는 이러한 윤곽을 찾아내는 것은 상상력과 열망에 달려 있다고 말한다. 그리고 현실에 저항하는 행위를 동기부여하는 이상ideal의 중요성을 강조한다.[77] 혹자는 도시에 대한 권리를 사회적 투쟁과 해방적 정치기획이 구성되는 계기로서 제시하기도 한다. 공간과 도시 그 자체가 중요한 것이 아니라 도시에 대한 권리를 통해 드러내지는 부정의 injustice와 이에 따른 도시공간의 정치화가 관건인 것이다. 이럴 경우 도시에 대한 권리는 성취되어야 할 목표가 아니라 새로운 정치주체 형성을 자극하는 계기라고 할 수 있다.[78]

여기서 문제는 이상으로서의 권리가 사회적 투쟁의 규범적 준거점은 될 수 있지만 보통 사람들이 행위에 나서고 다른 삶을 상상하도록 하기에는 부족하다는 것이다. 대안적 삶의 모습인 참여와 자치는 전문가만의 소위 '과학적' 담론에 의지해서는 안 된다. 구체적 삶 속에서 생겨나는 '실천적' 지식의 힘이 드러나야 한다.[79] 도시라는 공간 안에 존재하는 다양한 갈등의 영역에서 새로운 생산방식을 고민하고, 재생산과 관련된 필요를 시장의 바깥에서, 때로는 국가에 저항하고 때로는 국가의 도움을 받아 자율적 영역 안에서 충족하며, 시장의 힘에 맡겨져 있는 소비의 영역을 사용가치의 원리를 통해 재

76　Harvey, David, *The New Imperialism*, Oxford: Oxford University Press, 2003, p. 941.

77　같은 책, pp. 939~940.

78　Dikeç, Mustafa, "Police, Politics, and the Right to the City", *GeoJournal* 58(2~3), 2002, p. 96; Lefebvre, Henry, *The Urban Revolution*, Minneapolis & London: University of Minnesota Press, 2003, p. 140.

79　페인스타인은 정치경제학적인 도시 분석의 한계를 추상성, 정의의 경제적 평등으로의 환원, '인간행동을 추동하는 주관적 인식' 부정이라고 지적하고 있다. 그녀가 언급한 대표적인 이론가는 하비와 카스텔이다. Fainstein, Susan, "Justice, Politics and Creation of Urban Space", Andy Merrifield & Erik Swyngedouw eds., *The Urbanization of Injustice*, Washington Square, New York: New York University Press, 1997, pp. 22~24.

조직화하는, 그리고 이러한 새로운 실천을 통해 거버넌스의 구조를 전변시
켜내는 과정은 전문가들의 권리담론의 해석만으로는 도달할 수 없다.[80] 수
많은 정체성을 권리의 담지자라는 평면적 주체로 환원하는 것은 다양한 정
체성을 인정하는데 어려움을 겪을 뿐만 아니라 자본주의 사회 이후의 새로
운 주체성을 상상하는 것을 불가능하게 할 수도 있는 것이다.[81] 권리의 주체
는 곧 법률적 절차에 묶여 있으며, 아무리 집단적 주체를 주장한다고 하더라
도 권리체제 안에서 작동하고 있는 원리는 집단적 주체를 개별적 권리주체
로 분해하는 경향을 가진다. 권리 담론이 추상적이어서 보통사람들의 문화
적 세계와 동떨어져 있고, 절차에만 한정되어있다면, 아무리 '권리'를 체험
된 경험lived experience과 사회적 관계를 통해 구성되는 것으로 해석하더라도
르페브르의 주장은 논란의 여지를 남긴다.[82] 결론적으로 르페브르가 도시의
권리를 통해 제기하고자 했던, 또는 촉구하고자 했던 정치는 '권리'를 통해

---

80 르페브르는 지속적으로 전문가주의와 전문가 담론을 뒷받침하는 기술주의에
　　대해 비판했다. Lefebvre, Henry, *Writings on Cities*, Malden, Massachusetts:
　　Blackwell, 1996, p. 98; Lefebvre, Henry, *The Urban Revolution*,
　　Minneapolis & London: University of Minnesota Press, 2003, p. 63, 136,
　　142.

81 이런 맥락에서 강현수가 권리담론이 "대중들에게 정서적, 경험적으로 공감대
　　를 갖기 쉽다."고 언급한 것은 재고되어야 한다(강현수, 「도시 연구에서 정의
　　와 권리 담론의 의미와 과제」, 『공간과 사회』35, 2011, 7쪽). 역사적인 민중
　　투쟁은 권리와 정의라는 담론에 의해 촉발된 것(같은 책, 16쪽)이 아니라 체
　　험된 고통과 불만으로부터 터져 나온 것이었다. 이러한 투쟁을 매개하는 이데
　　올로기적 외피는 역사적 조건에 따라 다양하게 나타날 수 있으며, 때로는 종
　　교적 신비주의에 의해 지도될 수도 있다. Engels, Friedrich, *The Peasant War
　　in Germany*, New York: International Publishers, 1966; 이현재, 「여성주의
　　적 도시권을 위한 시론-차이의 권리에서 연대의 권리로」, 『공간과 사회』34,
　　2010, 22쪽.

82 Dikeç, Mustafa, "Justice and the Spatial Imagination", *Environment and
　　Planning* A 33, 2001, p. 1791.

온전히 표현될 수 없는 것이다. 물론 르페브르의 주장이 급진적으로 재해석될 풍부한 내용을 담고 있고 실제로 많은 이론가들이 이러한 급진화 작업을 수행해 오고 있다. 하지만 '권리'담론을 더욱 확장시키고 급진화시키기 위해서는 이것을 비판하면서도 수용할 수 있는 좀 더 큰 담론이 요청된다고 할 수 있다. 이 글에서는 이러한 담론으로 필요 개념을 제시할 것이다.[83]

4. 필요needs 개념의 발전[84]

이 절에서는 도시에서 뿐만 아니라 자본주의 사회에서 생겨나는 다양한 저항의 계기를, 권리가 아닌 필요needs개념을 통해 이론화할 수 있다는 주장을 개진하겠다. 이미 하비는 도시에서의 정의를 논하면서 사회적 필요social needs에 대해서 언급했다.[85] 이러한 주장은 르페브르의 주장에 근거하고 있음이 분명하다.[86] 이 절의 목적은 이렇듯 도시에서의 투쟁을 근거 짓기 위해

---

83 강현수가 잘 보여준 것처럼 도시에 대한 권리가 실제 도시사회운동의 근거가 되고 있으며 다양한 소통과 연대의 기초가 되고 있다는 반론도 가능할 것이다. 하지만 그러한 운동이 가지는 성격을 어떻게 볼 것인가는 또 다른 논쟁거리일 수밖에 없다. 이 글은 담론적 수준에서의 개입이기 때문에 구체적 운동사례가 가지는 성격을 분석하는 데까지 나갈 수는 없다. 다만 도시에 대한 권리 운동의 성공사례들에서도 충족되지 않은 필요로부터 생겨난 구체적 운동이 더욱 중요할 수 있다는 것, 그리고 구체적 운동이 '도시에 대한 권리 선언'으로 축소되고 있을 수 있다는 것을 지적하고 싶다. 강현수, 『도시에 대한 권리-도시의 주인은 누구인가』, 책세상, 2010.

84 필자의 필요개념은 이 책 전체를 관통하는 이론적 토대라고 할 수 있다. '대중의 주체화', '국가의 민주화', '시장의 사회화'의 삼중 전략, 그리고 과학적 지식과 실천적 지식 사이의 생산적 긴장과 함께 여러 장에 걸쳐 논의된다.

85 Harvey, David, *Social Justice and City*, London : Edward Arnold, 1973, pp. 101~105.

86 Lefebvre, Henry, *The Urban Revolution*, Minneapolis & London : University of Minnesota Press, 2003, p. 159 ; Purcell, Mark, "Excavating Lefebvre :

사용되었지만 충분히 정교화되지 않았던 필요needs 개념을 발전시키는 것이다. 필요개념은 잠재적 저항의 계기, 도시에 국한하자면 생산, 재생산, 소비, 거버넌스, 정체성의 영역에서 발생하는 잠재적이고 맹아적인 저항의 가능성(이러한 인식을 실천적 지식이라고 부르자)이 서로 간의 불필요한 적대를 넘어 구조적 조건에 대한 투쟁을 향한 연대를 구축할 수 있는 과학적 지식의 개입을 가능하게 한다고 제안할 것이다. 과거의 사회변혁이론 대부분이 추상수준이 높은 규범적 차원에서 사회변화의 당위를 설명하고 변혁주체를 정의했다면 우리에게 '필요'한 것은 사람들의 구체적인 경험을 매개로 실천적 지식과 과학적 지식이 융합할 수 있는 사회비판의 준거점을 찾는 것이다.[87] 이런 맥락에서 필요개념은 '보편적 계급으로서의 노동자계급'이라는 정통 마르크스주의의 준거점이 초래할 수 있는 독단론 또는 '객관적 이익objective interests' 개념이 동반할 수 있는 권위주의로의 이끌림을 해결할 가능성을 제공해줄 수도 있다.[88] 동시에 필요개념은 자본주의 이후의 사회를 기획하는데서 사회주의뿐만 아니라 여성주의, 평화주의, 생태주의의 이론적 자원을 동원할 수 있게 한다. 또한 필요개념은 자유주의적으로 구성된 권리담론을 그 극단까지 몰고 감으로써 재해석할 수 있는 (담론적) 헤게모니투쟁을 가능하게 할 수 있다. 아래에서 이러한 주장의 논거를 살펴보도록 하겠다.

The Right to the City and Its Urban Politics of the Inhabitant", *GeoJournal* 58, 2002, p. 106.

87 도시의 사회정의social justice를 논하면서 근대적 급진이론의 한계를 논하고 있는 소자의 글(Soja, Edward W., "Margin/Alia: Social Justice and the New Cultural Politics", Andy Merrifield & Erik Swyngedouw eds., *The Urbanization of Injustice*. Washington Square, New York: New York University Press, 1997, pp. 183~187)을 보라.

88 르페브르의 도시거주자는 노동계급을 의미한다. Lefebvre, Henry, *Writings on Cities*, Malden, Massachusetts: Blackwell, 1996, p. 156, 158; 이에 대한 비판은 Purcell, Mark, "Excavating Lefebvre: The Right to the City and Its Urban Politics of the Inhabitant", *GeoJournal* 58, 2002, p. 106.

우선 필요개념과 관련된 이론적 혼란을 해명해야 한다. 필요개념은 욕구wants 또는 욕망desire 개념과 혼동될 수 있기 때문이다. 아래에서 논의되겠지만 필요에 대한 인식은 완전히 객관적으로 구성될 수 없다. 필요는 사회적, 문화적 맥락에 의존하기 때문이다. 그렇다면 필요의 인식과 정의는 주관적으로 인식되는 욕구 또는 욕망과 크게 다르지 않을 수 있다. 그러나 주관적인 감정을 있는 그대로 인정하고 묘사하는 것을 넘어 그것에 비판적으로 접근하기 위해서는 주관적 인식을 넘어서 객관적인 비교와 비판을 가능하게 하는 개념이 요구된다. 주관적인 측면을 보여주면서도 객관적인 측면을 동시에 드러내 줄 수 있는 개념이 요청되는 것이다. 이러한 점에서 욕구와 욕망 개념보다는 필요개념을 좀 더 적절한 개념으로 제시할 수 있다.[89] 아래에서 자세하게 설명되듯이, 필요개념은 생존survival과 번성flourishing을 위해 반드시 충족되어야 하는 요소들을 표현하지만, 동시에 다양한 해석의 가능성을 열어두기 때문이다. 때때로 필요개념을 고정된 최소한의 생존조건으로 해석하는 경우가 있는데, 이러한 입장은 과도하게 객관적인 이론으로 기울게 된다. 반면 주관적인 욕망과 욕구의 다양성만을 강조할 경우 합리적 절차를 통한 서로 다른 욕구와 욕망 사이의 조정이 불가능해진다. 주관적인 욕구와 욕망의 추구를 해방으로 인식하는 탈현대적 상대주의로 기울게 되는 것이다.[90] 탈현대적으로 묘사된 욕구와 욕망의 세계는 홉스가 묘사한 '만인의

---

89 궁극적으로 욕구·욕망과 필요 개념은 같은 '대상'에 대한 서로 다른 정의로 인식될 수도 있다. 이럴 경우 각각의 개념이 어떤 이론적 체계 안에 위치하는가가 중요하다. 예를 들어 욕구·욕망은 자본주의적 시장 경제를 옹호하는 입장에서 개별 행위자가 가지는 소비 행위의 근거로 인식된다면 필요개념은 자본주의를 근본적으로 비판하는 입장에서 인간과 동물이 공유하고 있는 최소한의 생존의 조건과 인간사회의 번성의 요청할 수 있는 근거로 제시된다. 만약 후자의 이론적 체계 안으로 욕구·욕망 개념을 끌어 들인다면 이것과 필요개념이 가지는 차이는 보다 명확해진다.

90 Soja, Edward W, "Margin/Alia: Social Justice and the New Cultural

만안에 대한 투쟁' 상황과 다르지 않다. 차이는 오직 탈현대적 조건에서 출현한 개인적 윤리(성찰성?)에 대한 호소에 있을 뿐이다. 탈현대이론은 정치를 개인윤리로 치환해 버리는 오류를 범하게 되는 것이다.[91]

이런 맥락에서 필요개념의 객관성은 '최소한'으로 정의되어야 하며 이렇듯 최소한으로 정의된 필요개념을 둘러싼 민주적 과정을 통한 주관적 인식들 사이의 대화와 토론의 중요성이 인식되어야 한다.[92] 물론 '객관성'을 언급하는 것은 언제나 권위주의적 입장으로 경도될 가능성을 내포한다. 객관적인 토대를 찾는 작업은 주관적인 인식을 '그릇된false' 것으로 비판함으로써 일상의 경험으로부터 발생하는 맹아적 저항을 이미 정의된 규범적 잣대로 폄하할 수 있기 때문이다. 이러한 위험을 피하기 위해서는 몇 가지 이론적 장치들이 필요하다.

첫째, 필요개념의 최소한의 객관성을 보여주기 위해서는 필요 개념의 하위범주로 '기본적 필요basic needs' 개념을 발전시킬 필요가 있다. 기본적 필요란 인간이 생물학적 존재로 생존하기 위해 요구되는 필요의 최저선을 의미한다. 물론 기본적 필요의 충족은 그 자체로 정의될 수 없고 항상 그것을 충족시키는 방법과 결부될 수밖에 없다는 점에서 초역사적 범주로 정의될

Politics", Andy Merrifield & Erik Swyngedouw eds. *The Urbanization of Injustice.* Washington Square, New York: New York University Press, 1997; Benton, Ted, "Commentary on the Recent Developments", *Philosophy of Social Science*, 2nd edition. London: Palgrave, 2011.

91 Sayer, Andrew, *Realism and Social Science*, London : Sage, 2000.

92 최소한으로 정의해야 한다는 것이 필요를 낮은 수준에서 정의해야 하다는 것을 의미하지는 않는다. 즉 '생존'을 위한 최소의 필요만을 정의해야 한다는 의미가 아니다. 과도한 객관주의와 독단론을 피하기 위해 실재를 인정하면서도 인식론적 상대주의를 배제하지 말아야 한다는 주장일 뿐이다. Bhaskar, R, *The Possibility of Naturalism*, London: Verso, 1998[1979].

수는 없다.[93] 이러한 충족 방법의 차이에도 불구하고 굳이 '기본적' 필요를
정의하는 것은 종종 기본적 필요조차 충족시키지 못하는 사회체제를 비판하
기 위한 최소한의 기준을 제시함과 동시에 그것이 인간종을 넘어 비인간종
과 공유되고 있다는 점을 강조하기 위해서이다. 인간을 동물과 자연으로부
터 완전히 독립적인 존재가 아닌 자연 안에 배태된 존재로 파악하기 위함이
다.[94] 너스바움Martha Nussbaum이 인간의 몸body의 경험은 문화적으로 형성
되지만 영양분과 이와 관련된 필수요소requirements는 문화적으로 다양할 수
없다고 지적한 것도 같은 맥락에서 이해할 수 있다.[95] 한편에서 사치품이 공
급되지만 식수를 공급받지 못해서 설사병으로 사망하는 아동들이 존재하는
현실은 기본적 필요 개념에 근거해 비판되어야 한다. 인간의 욕망 충족을 위
해서 동물종의 서식지를 파괴하는 행위 또한 기본적 필요 개념에 위배되는
것이다. 궁극적으로 인간이 동물과 기본적 필요를 공유하고 있다면 동물 서
식지의 파괴와 생태계의 교란은 동물적 존재로서의 인간의 기본적 필요 충
족을 위협하는 것으로 파악될 수 있기 때문이다.[96]

---

93 Sayers, Sean, *Marxism and Human Nature*, London: Routledge, 1998.

94 이러한 주장은 서영표, 「영국의 생태마르크스주의 논쟁」, 『동향과 전망』 77,
    2009에서 이미 논의되었다; Benton, Ted, *Natural Relations*, London:
    Verso, 1993.

95 Nussbaum, Martha C, "Human Functioning and Social Justice: In Defense of
    Aristotelian Essentialism", *Political Theory* 20(2), 1992, p. 217.

96 롤스의 기초재primary goods를 기본적 필요basic needs로 해석할 수 있다. 그
    의 기초재는 '자유와 기회, 소득과 부, 그리고 자존감의 기반'을 포함한다. 롤
    스에 따르면 이러한 기초재는 모든 사람에게 보장되어야 한다. 롤스의 주장
    은 전통적인 사회민주주의의 복지전략과 통한다. 사회민주주의자들의 주장
    은 기본적 필요는 공적인 개입에 의해 충족시키고 그것을 넘어서는 필요는
    시장을 통해서 (개인의 자율적 선택이라고 말할 것이다) 충족되어야 한다는
    것이었다. Hewitt, Martin, *Welfare and Human Nature: the Human Subject in
    Twentieth -Century Social Politics*, London: Macmillan Press, 2000, ch.2. 문

이러한 필요개념의 객관성은 서로 다른 구체적 투쟁들 사이의 연대의 근거를 제공하기 위한 노력으로 해석될 수 있다. 하비가 운동의 특수주의particularism를 넘어선 보편적 근거를 찾으려는 것도 이러한 노력의 일환이다. 하비가 특수주의를 넘어서는 근거로 웰빙/(그것을 침해하는)위해harm를 보편성의 기초로 제시하는 것은 필요의 정치학과 일맥상통하는 것으로 이해될 수 있다. 하지만 그가 이 길을 끝까지 밀고 나가지 못하고 여전히 추상적인 보편성 담론discourse of universality에 머물고 있는 점은 비판되어야 한다.[97] 보편적이지만 추상적인 기준에 의지함으로서 도시공간을 경험하고 살아가고 있는 구체적인 행위자들의 행위를 촉발하는 감성적 차원을 결여하고 있는 것이다.[98]

둘째, 인간은 기본적 필요를 충족시키는 독특한 방식을 가진다. 이것을 '인간적' 필요라고 명명하겠다. 인간적 필요는 두 가지 특징을 가진다. 하나는 그것의 목록과 충족방식이 역사적으로 발전한다는 것이며 다른 하나는 동시대에서도 문화적으로 다양하다는 것이다. 문화적으로 다양할 뿐만 아니라 사회적 위치와 관점에 따라 서로 다른 필요들이 인식된다. 여성주의 관점

제는 롤스가 아무리 개인의 자유와 자율을 우선한다고 해도 '필요'의 정의 자체가 민주적 토의와 합의를 거쳐야 한다는 점을 간과하고 있다는 것이다. 그리고 시장은 토의가 가능한 포럼의 장소가 아니라 경제적 힘만이 작동하는 억압과 착취의 공간임을 보지 못한다.

97 이에 대한 더 자세한 논의는 Harvey, David, *Justice, Nature & Geography of Difference*, Oxford: Blackwell, 1996, 4부를 참고하라; Harvey, David, "The Environment of Justice", Andy Merrifield & Erik Swyngedouw eds., *The Urbanization of Injustice*. Washington Square, New York: New York University Press, 1997, pp. 95~97.

98 Smith, Neil, "Social Justice and New American Urbanism: The Revanchist City", Andy Merrifield & Erik Swyngedouw eds., *The Urbanization of Injustice*, Washington Square. New York: New York University Press, 1997, pp. 132~133.

이론feminist standpoint theories이 주장하듯이 경험적, 실천적으로 인식된 필요는 사회 계급 또는 사회 세력의 관점으로부터 서로 다르게 인식될 수 있다.[99] 그리고 이러한 역사적 발전은 인간의 특수한 역량capacities의 발전을 동반한다. 인간은 스스로를 객관적으로 파악하고 일반화할 수 있는 능력을 갖게 되는 것이다.

우선 역사적 차원에 대해서 살펴보자. 기본적 필요가 사회비판을 위한 최저선이라면 인간적 필요는 인간의 복지와 안녕의 기준을 제시한다. 생존survival이 아닌 번성flourishing을 향한 역사적 발전의 기준을 제시한다. 기본적 필요가 최소한의 필요조차도 충족시키지 못하는 사회에 대한 비판의 근거라면 인간적 필요는 필요를 충족시키는 방법과 절차에 대한 비판의 근거를 제시한다.[100] 현대인들은 권위주의적이고 비민주적인 필요충족이 아니라 개인의 자율적인 참여와 공동체적 경험을 통한 필요충족을 원한다고 주장해야 한다. 인간의 역사는 필요의 목록뿐만 아니라 필요충족의 방식 자체의 변화발전을 둘러싼 투쟁의 역사였다.[101]

99　벨 훅스와 영의 입장도 이와 유사하다고 볼 수 있다. Hooks, bell, *Yearning: Race, Gender and Cultural Politics*, Boston : South End Press, 1990 ; Young, Iris Marion, *Justice and the Politics of Difference*, Princeton : Princeton University Press, 1990, Harding, Sandra, *Science Question in Feminism*, Ithaca and London : Cornell University Press, 1986.

100　너스바움도 유사한 구분을 하고 있다. 두 개의 구분되는 문턱threshold을 제시하는데, 첫 번째는 그 이하는 인간적 삶 이하로 떨어지는 문턱이고, 두 번째 것은 그 이하는 좋은good 인간의 삶을 누릴 수 없는 문턱이다. Nussbaum, Martha C, "Human Functioning and Social Justice : In Defense of Aristotelian Essentialism", Political Theory 20(2), 1992.

101　역능개념을 발전시키고 있는 너스바움의 문제는 기본적 필요가 인간적 필요가 혼재되어 있고 인간적 필요에서 필요의 목록과 필요충족의 방식을 혼동한다는 것에 있다. 이 글에서 개진되고 있는 필요개념은 민주적 소통과 계획의 근거가 됨으로써 자원과 지식의 급진적 재분배 전략으로 나갈 수 있으며 이것은 곧 주체들의 역능을 발전시키는 것과 관련된다. 이에 대한 좀 더 심도 있는 연구가 요청된다.

다음으로 공시적 다양성에 대해서 생각해 보아야 한다. 인간적 필요를 충족시키는 방법과 절차에 대한 비판은 곧 현재 존재하는 구조적 조건(시장자본주의와 관료적 국가 등)에 대한 비판을 암시한다.[102] 필요는 사회적 위치와 문화적 차이에 따라 다르게 인식될 수밖에 없지만 시장과 국가는 이것을 단일한 기준으로 환원하려 한다. 즉 시장 기제를 통해 화폐로 표현되는 가격으로 환원하는 것이다. 소위 현실로 존재했던 사회주의 전략은 다양한 필요에 대한 인식을 시장의 가격기제가 아닌 중앙집중적 계획으로 대체하려 했다. 가격을 통한 필요의 표출은 우리가 일상에서 경험하고 있는 필요충족의 실패에 의해 비판될 수 있으며 중앙집중적 계획은 사회주의의 역사적 실험의 실패에 의해 비판될 수 있다. 따라서 필요의 공시적 다양성에 대한 인식은 시장과 관료적 국가를 비판하면서, 동시에 중앙집중화된 계획에 대해서도 비판적인 이론적 패러다임 구축을 추구한다.

필요개념을 통해 구성된 새로운 비판이론의 핵심은 다양한 필요는 오직 확장된 민주주의적 토론과 대화를 통해 드러내 질 수 있을 뿐이라는 것이다. 이러한 민주적 과정을 통해 서로 다른 위치와 문화로부터 인식된 필요들이 논의되고 사회정책에 반영될 수 있다.[103] 그리고 이러한 민주적 과정은 개인적 소비를 조장하는 욕망을 넘어서는 것이기 때문에 집합적인 필요까지를 고려할 수 있는 개인들의 역능capacities 또는 capabilities발전의 과정이기도 하

102　Lefebvre, Henry, *The Urban Revolution*, Minneapolis & London: University of Minnesota Press, 2003, p. 163.

103　계획과 참여민주주의의 결합에 대해서는 Devine, Pat, "Participatory Planning through Negotiated Coordination", *Science and Society* 66(1), 2002; Devine, Pat, *Democracy and Economic Planning*, Cambridge: Polity Press, 2010과 Elson, Diane, "Market Socialism or Socialisation of the Market", *New Left Review* 172, 1988; Elson, Diane, "Socialising Markets, not Market Socialism", *Socialist Register*, Merlin, 2000을 참조하라.

다. 여기서 중요한 점은 (인간적 필요와 기본적 필요 모두를 포함한) 필요개
념이 서로 다른 필요의 인식과 정의 사이에 소통을 가능하게 할 객관적 토대
를 제공해줄 수 있으며 이러한 토대를 제공하려는 시도가 실천적 지식에 개
입하는 과학적 지식 구성의 계기를 형성한다는 점이다.[104] 이것은 페인스타
인이 지적한 도시의 권리를 둘러싼 논쟁의 쟁점, 즉 유물론적 분석과 포스트
구조주의적 차이의 정치 사이의 긴장 또는 민주주의와 다양성의 옹호 사이
에 생겨날 수 있는 긴장을 해소하는 길이기도 하다.[105] 필요개념을 통해 정의

---

[104] 너스바움은 '인간 삶의 형식의 구성'의 수준에서 필요(물론 그녀는 역
능capability이라는 개념을 선호한다. Nussbaum, Martha C, "Human
Functioning and Social Justice: In Defense of Aristotelian Essentialism",
Political Theory 20(2), 1992, pp. 216~220)와 기본적인 인간의 기능적
역능basic human functional capabilities의 목록(같은 글, p. 222)을 제시
한다. 너스바움 주장의 핵심은 인간적 필요와 관련한 본질주의적essentialist
입장이다. 그러나 그녀는 역능과 기능을 구분함으로써 개인의 자율성과 문
화적 다양성을 억압하는 본질주의로부터 거리를 두려한다. 그녀의 목록은
기능이 아닌 역능의 목록이며 이러한 구분을 하는 이유는 선택choice의 여
지를 두기 위한 것이라고 주장한다(같은 글, p. 225). 하지만 너스바움의 주
장은 규범적 성격이 강하다. 실제의 경험을 통해 구성되는 실천적 지식과 그
것으로부터 생겨나는 현실에 대한 저항의 동기를 이론화하기에는 한계가 있
어 보인다. 또한 이러한 경험으로부터 생겨나는 저항의 계기가 어떻게 정치
적 전략(과학적 지식)과 결합되어야 하는지에 대해서도 답하지 못한다. 이
것은 능력이론이 기본적으로 추상적이며 자유주의적이고 개인주의적인 이
론 안에 머물고 있기 때문인 것 같다(Dean, Hartley, *Understanding Human
Need*, Bristol: The Policy Press, 2010, pp. 85~86). 역능이론을 창시한
센Amartya Sen은 너스바움과 달리 역능의 목록을 제시하는 것을 꺼려한다.
공적인 포럼과 논의를 통한 숙의적 과정deliberative process을 강조한다. 하
지만 센은 독립된 실체로서의 개인의 자율성을 벗어나지 못함으로써 역능
이 인식, 정의, 토의되는 공론의 장을 추상적으로만 이해하는 경향이 강하다
(같은 책, pp. 86~87).

[105] Fainstein, Susan, "Justice, Politics and Creation of Urban Space", Andy
Merrifield & Erik Swyngedouw eds., *The Urbanization of Injustice.*

에 대한 옹호가 개인주의적 정치 또는 정체성의 정치로 제한되는 것을 넘어
설 수 있는 이론적, 실천적 근거를 찾을 수 있다는 것이다.[106]

셋째, 욕망과 욕구의 충족은 개인의 소비행위로 인식된다. 그러나 앞에서
언급되었듯이 필요개념은 과학적 지식의 개입(민주적 토론을 위한 기준제
시와 기본적 필요와 인간적 필요 충족을 방해하는 정치적, 경제적 제도에 대
한 분석)을 통해 실천적 지식이 개인을 넘어서는 공동체적 필요를 공론의 장
으로 끌어내 올 수 있게 한다. 앞에서 지적했듯이 신자유주의 사회에서 모든
필요충족(필자의 정의에 따르면 필요가 아니라 욕구와 욕망)은 시장에서의
가격으로 환원된다. 그러나 현실에서는 가격으로 표현될 가능성조차 봉쇄
되는 기본적 필요와 인간적 필요들이 존재한다. 이윤을 창출하지 못하는 필
요는 가격 신호를 통해 표현될 가능성을 원천적으로 봉쇄당하는 것이다. 토
지소유자들과 개발업자의 이윤추구의 욕망은 잘 드러나지만 세입자들의 주
거와 관련된 최소한의 필요(종종 기본적 필요에 해당한다)는 드러나지 않는
다. 승용차 운전자들의 도로와 주차공간에 대한 욕구는 인식되지만 어린이
들의 놀이공간과 안전에 대한 필요는 그렇지 않다. 환자들의 필요는 제약회
사들과 병원들의 이윤추구에 종속될 수밖에 없다. 식품안전성에 관련된 소
비자들의 필요는 무시되고 대형할인마트들의 이윤추구만이 옹호된다. 비록
특정한 항목의 필요가 시장을 통해 표현된다고 하더라도 비싼 가격을 지불
해야 하는 경우가 많다. 필요는 그것이 인간적 필요든 기본적 필요든 생존과
복지를 위해 보편적으로 보장되어야 하는 것임에도 불구하고 구매력에 따

Washington Square, New York: New York University Press, 1997, pp.
25~28.

106 Smith, Neil, "Social Justice and New American Urbanism: The Revanchist
City", Andy Merrifield & Erik Swyngedouw eds., *The Urbanization of
Injustice,* Washington Square. New York: New York University Press,
1997, pp. 134~135.

라 차등적으로 충족되는 것이다. 처음부터 필요의 충족이 공적 서비스가 아닌 시장에 맡겨지는 순간 특정한 사회적 지위에서 정의되는 방식으로 제공될 소지가 크다. 출산과 육아에 대한 여성의 필요는 시장을 통해 인식되지만 그 방식은 일정정도 이상의 지불능력이 있는 여성들만이 구매할 수 있게 제공된다. 시장의 가격신호는 인간의 생존, 안녕과 번성에 필요한 '의미'를 고려하지 못한다. 그 의미는 개개 인간이 속한 공동체 안에서 정의되고 공유되는 것으로 결코 추상적인 가격기제가 인식할 수 없다. 이러한 시장을 통해 표현되거나 충족될 수 없는 필요가 존재하는 곳이 소자가 말하는 '제3의-공간Third space'일 수 있다.

소자는 '제3의-공간'은 실재적이고 상상된 공간real-and-imagined spaces이라고 표현한다.[107] 역설적으로 보이는 이 표현은 지배적인 논리에 의해 눌려 있지만 그것을 넘어설 수 있는 가능성을 담고 있는 공간을 의미한다. 충족되지 않은 필요는 자본주의적 기제를 통해 드러나지 않는다. 그것을 인식하기 위해서는 상상력이 필요한 것이다. 하지만 그러한 상상은 '환상'이 아니라 현실에 존재하는 가능성을 인식하는 과정일 뿐이다. 대안적인 공간의 창조는 곧 삶과 직결된 사회적 관계로서의 '공통적인 것'(the common)을 만들어내는 투쟁에 의해서만 가능하다는 하비의 주장도 같은 맥락에서 이해할 수 있다.[108] 소자가 주장한 것처럼 도시라는 특수한 공간은 이러한 잠재적 저항이 도처에 존재하는 그러한 공간인 것이다.[109] 이것이 르페브르가 가능한 것과

107　Soja, Edward W, "Margin/Alia: Social Justice and the New Cultural Politics", Andy Merrifield & Erik Swyngedouw eds. *The Urbanization of Injustice*. Washington Square, New York: New York University Press, 1997, p. 192.

108　Harvey, David. 2012. *Rebel Cities: From the Right to the City to the Urban Revolution*, London & New York: Verso, 2012, p. 73.

109　소자의 자세한 논의는 Soja, Edward W, *Thirdspace*, Oxford: Blackwell, 1996을 참고하라. 이런 맥락에서 생태경제학과 참여민주주의를 결

불가능한 것 사이의 변증법이라고 부른 것이다. 르페브르의 유토피아주의가 변증법적 방법을 통해 실재적인 근거를 갖게 되는 이유이기도 하다.[110]

필요개념은 과거와 현재, 그리고 미래를 연결하는 공동체의 필요가 정의되고 토론될 수 있는 토대를 제공할 수 있다. 또한 보편적으로 보장되어야 할 특정 필요항목의 불평등한 충족 방식을 드러냄으로써 적대와 연대의 선을 구성하는 정치 전략 구성의 근거로 제시될 수 있다.[111] 나아가 필요의 역사적 맥락과 미래 세대의 필요를 인식할 수 없는, 그리고 이윤 추구의 기준을 절대시함으로써 기본적 필요조차 제공하는데 실패하는 자본주의적 경제, 정치, 사회 제도에 대한 비판의 사실적 근거를 제공한다. 이러한 사실적 근거는 근대 시민혁명의 결과로 주어진 보편적 이데올로기들, 즉 민주주의, 정의, 인권 등의 개념을 급진화함으로써 자본주의 이후 사회를 실현할 수 있는 역사적 동력을 형성할 수 있다. 민주주의는 형식적으로만 주어지는 것이 아니라 다양한 필요들이 표현되고 소통되며, 그것을 충족시킬 수 있는 제도적 틀을 만들어 가는데 필요한 원리이다. 능력 있는 주체들을 만들기 위한 자

합하려는 시도로는 Ozkaynak, Begum, Pat Devine & Dan Rigby, "Operationalising Strong Sustainability: Definitions, Methodologies and Outcomes", *Environmental Values* 13, 2004; Martinez-Alier, J. et al, "Weak Comparability of Values as a Foundation for Ecological Economics", *Ecological Economics* 26, 1998을 참조하라. 기존 질서안의 구멍과 틈, 그곳으로부터 생겨나는 가능성 the possible은 르페브르가 지속적으로 강조하는 것이기도 하다. Lefebvre, Henry, *Writings on Cities*, Malden, Massachusetts: Blackwell, 1996, p. 156.

110　Lefebvre, Henry, *The Urban Revolution*, Minneapolis & London: University of Minnesota Press, 2003, p. 105, pp. 144~145.

111　이와 관련하여 단일한 공동체를 상정하는 권리담론을 비판하면서 제시한 차이의 권리와 연대를 주장하는 이현재의 주장이 중요하다. 하지만 그가 상정하고 있는 공론장이 규범적 차원을 넘어 실현되기 위해서는 이 글에서 제시된 필요개념에 의해 보완되어야 한다. 이현재, 「여성주의적 도시권을 위한 시론-차이의 권리에서 연대의 권리로」, 『공간과 사회』34, 2010, 25~28쪽.

원, 지식, 정보의 급진적 재분배는 이러한 민주주의를 실현하기 위해 필수적이다. 이로써 우리는 개인주의적으로 정의된 수동적 의미의 인권개념을 넘어서 인간의 복지well-being와 번성flourishing을 말할 수 있게 된다. 르페브르가 주장한 것처럼 이러한 원리에 기초한 사회는 진정한 의미의 자주관리self-management 사회일 것이다.

마지막으로 지적되어야 하는 것은 다양한 필요의 표현과 민주적 토론은 필요충족을 완전히 공적인 장에 포함시키는 것을 의미하지 않는다는 사실이다. 필요를 집단적으로 경험하지만 개별 행위자들은 가능한 한 개인의 자율적 공간과 시간을 원한다. 개인의 자율적 영역은 아마도 현대의 인간적 필요목록에 포함될 수 있을 것이다. 그러나 이것은 소비주의가 조장했던 개인의 자율적 선택과는 다른 것이다. 소비사회의 풍요가 개인의 자율적 선택을 가능하게 했다고 주장했지만 사실상 시장에의 종속을 의미했던 것과는 달리 공적인 장에서의 민주적 토론을 통한 필요충족 방식의 계획과 조정은 개인의 자율적 영역의 확장을 그 계획과 조정에 포함시킬 수 있다.

필자는 필요개념을 통해 객관적으로 정의되는 완결적인 필요목록을 제시하려 하지 않았다. 몇몇 이론가들이 매우 좁게 정의된 필요의 완결된 목록을 제시하려고 시도하기도 했었다. 이런 경우 필요 목록은 관료와 정치인, 그리고 전문가들에 의한 정책 수립의 근거를 제시할 뿐이다. 특히 빈곤한 나라들에 대한 소위 '원조'의 차원에서 고안된 목록들이 대부분이었다. 이러한 시도들과는 달리 필자가 의도한 것은 생존과 번성의 재정의를 민주주의의 급진화와 결합하는 것이었다. 필요개념에 주목하는 이유는 필요의 목록 작성을 위한 것이 아니라 다원적이고 민주적인 자본주의 비판을 시도하기 위한 것이다. 물론 이러한 시도를 완결적이라고 제시하지는 않겠다. 하나의 이론적 시도를 완결적인 것으로 제시하는 것 자체가 필자가 본문에서 제시한 서로 다른 필요의 정의들 사이의 민주적 토론의 가능성을 닫아 버리는 것일지도 모른다.[112]

---

112   필요 개념에 대한 최근논쟁은 Dean, Hartley, *Understanding Human Need*,

5. 잠정적 결론 – 도시, 필요, 사회운동

　2절에서 밝혔듯이 도시는 도시 그 자체로 정의될 수 없는 '외적 관계성'과 '내적 복합성'의 결과로 생겨나는 복합적 구성물이다. 도시는 생산, 재생산, 소비, 거버넌스, 정체성을 둘러싼 다양한 갈등의 공간이고 그 갈등으로부터 생겨나는 다양한 운동의 공간이기도 하다. 이런 의미에서 지구상에 존재하는 수많은 도시들은 그 나름의 동학을 가질 수밖에 없다. 추상적인 도시의 특징을 개념화할 수 있겠지만 그것은 이미 도시 자체의 성격이 아니라 지리적, 정치적, 경제적, 문화적 관계의 복합적 구성물인 것이다.

　도시에서 발생하는 갈등은 다양한 집단적 주체들에 의해 경험된다. 그리고 그 경험은 정치적 갈등을 발생시킨다. 도시 안에 존재하는 사회적 약자들의 입장에서 그러한 정치적 갈등은 불만과 저항의 표출이다. '도시에 대한 권리'론은 권리의 개념을 통해 사회적 약자들의 투쟁을 정당화하고 발전시키려 한다. 그러나 권리담론은 기본적으로 자유주의적 담론이며 투쟁과 저항을 체제 안의 법률적 절차에 가두는 담론이다. 사회적 투쟁의 결과로 구성된 보편적 이데올로기(비어 있는 기표)로서 사회적 투쟁들의 규범적 준거점으로 기능할 수는 있겠지만 체제 그 자체를 벗어나는 상상력을 질식시킬 수 있다. 권리 담론은 독점적 시장과 관료적 국가 아래서는 충족되지 않는 수많은 필요로부터 생겨나는, 그래서 관료적 국가와 독점적 시장을 벗어나려는 실험을 동반하는 저항을 체제 안의 '요구'로 순화시키는 기능을 한다. 따라서 같은 저항과 투쟁을 가리키지만 그것을 체제를 넘어서는 정치로 발전시킬 수 있는 개념이 요청되는 것이다. 본문에서는 그러한 대안적 개념으로 '필요'를 제시했다. 하지만 이러한 주장이 권리개념이 가지는 의의를 완전히 부정하는 것으로 읽혀져서는 안 된다. 앞에서도 언급했듯이 권리담론은 보

Bristol: The Policy Press, 2010을 참고하라.

편적 원리, 또는 보편적 이데올로기로서 사회적 투쟁이 기댈 수 있는 규범적 기준을 제시한다. 이 글에서 강조된 것은 이러한 규범적 기준이 '추상적 원리'이기를 그치고 구체적인 투쟁의 지침으로 작동하는 것은 삶의 경험에 기초한 대중적인 투쟁이 생겨날 때이며 그러한 투쟁은 일상의 충족되지 않은 필요로부터 생겨날 수밖에 없다는 것이었다.[113] 계몽사상가들에 의해 제시된 인권개념은 소유권에서 정치적 권리, 사회적 권리, 정체성의 권리로 발전해왔으며 이러한 발전은 역사적인 조건 속에서 발생한 사회운동의 충격에 의해 가능했다. 그러한 운동은 권리담론을 전면에 내세우기는 했지만 그것의 발생과 성장은 곧 충족되지 않은 필요로부터 시작되었음을 알아야 한다. 필요의 정치는 인권의 정치를 포괄하는 것이다. '비어 있는' 기표인 인권개념은 역사적이고 구체적인 내용을 가져야만 하는 것이다. 이러한 입장은 최근에 제시된 하비의 입장과 크게 다르지 않다.

> "[도]시에 대한 권리를 주장하는 것은 그 효과에서 더 이상 존재하지 않는 어떤 것(비록 과거에 정말 존재했다고 하더라도)에 대한 권리를 주장하는 것이다. 더욱이 도시에 대한 권리는 비어 있는 기표이다. 모든 것은

---

[113] 권리 개념 자체가 사회적으로 구성되는 범주이고 자유주의의 한계를 급진적으로 재구성할 수 있는 계기가 될 수 있다는 주장이 제기될 수 있다. Bartholomew, Amy, "Should a Marxist Believe in Marx on Rights?", *Socialist Register*, 1990; Boyd, Christopher M. J, "Can a Marxist Believe in Human Rights?", *Critique* 37(4), 2009; Mitchell, Don, *The Right to the City: Social Justice and the Fight for Public Space*, New York: Guilford Press, 2003. 같은 맥락에서 서영표는 E. P. 톰슨의 사회이론을 논의하면서 법, 권리 등이 가지는 사회적 투쟁에서의 의미를 다룬다. 하지만 톰슨의 주장은 법과 권리와 같은 보편적 권리에 호소하고 있는 만큼 구체적인 삶에 대한 인민의 경험과 해석, 그리고 이에 대한 투쟁의 기록으로 채워져 있음을 기억해야 한다. 필자는 이점을 필요의 정치학으로 정교화하려는 것이다. 서영표, 「영국 신좌파 논쟁에 대한 재해석-헤게모니 개념에 대한 상이한 해석」, 『경제와 사회』80, 2008.

누가 그것에 의미를 채우는가에 달려 있다. 금융가와 개발업자도 그것을 주장할 수 있으며 그렇게 할 수 있는 모든 권리를 가지고 있다. 그러나 그렇다면 노숙인과 불법 체류자들도 그렇게 할 수 있다. 우리는, 마르크스가 『자본』에서 말했던 '동등한 권리들 사이에서 힘이 결정한다'는 사실을 인식하면서, 어쩔 수 없이 누구의 권리가 인정되고 있는가의 문제에 직면할 수밖에 없다. 권리의 정의 그 자체가 투쟁의 대상이며, 투쟁은 그것을 물질화 하는 투쟁과 동시에 진행될 수밖에 없다."[114]

하비가 인식하고 있는 것은 도시에 대한 권리가 구체적인 운동이 체제를 넘어선 투쟁으로 발전하기 위해 기댈 수 있는 보편적인 이념일 뿐이라는 것이다. 도시에 대한 권리 주장은 착취적인 계급권력과 국가권력을 전복하는 과정의 '중간역'일 뿐이다.[115] 하지만 하비가 아직 알지 못하는 것은 권리를 물질화하는 투쟁은 권리담론 그 자체만으로 충분하지 못하다는 것이다. 따라서 도시에 대한 권리에 관한 하비의 주장은 이글에서 제시하고 있는 필요의 개념과 결부될 때 실천적 의미를 얻게 될 것이다.

르페브르의 말처럼 도시는 창의적 공간이다. 창의적 공간은 도시에 거주하는 다양한 주체들의 경험으로부터 나오는 '다른 삶'에 대한 상상에 의해 채워져야 한다. 그리고 그러한 상상은 구체적 경험과 동떨어진 추상적 규범이 아닌 시민들의 '다른 삶'을 향한 열망으로부터 생겨난 기획project과 계획 planning으로 발전되어야 한다. 따라서 경험적 사실로부터 집단적 행위자의 동기를 끌어내고, 그것으로부터 비판과 대안을 제시할 수 있는 규범적 방향을 도출할 수 있게 하는 일관된 이론적 틀이 필요하다. 권리 개념은 그것이 아무리 해방적 방식으로 재구성되더라도 사회적 투쟁과 새로운 공간생산을

---

114 Harvey, David. 2012. *Rebel Cities: From the Right to the City to the Urban Revolution*, London & New York: Verso, 2012, p. xv.

115 같은 책, p. xviii.

위한 규범적 기준에 미달하기 때문에 그러한 역할을 수행할 수 없다.[116] 인권은 필요 개념에 기초한 포괄적인 사회비판이론 안에서 재해석될 때에만 그것이 가진 급진적 잠재력을 발휘할 수 있을 것이다.

필요개념은 구체적인 경험으로부터 오는 좌절과 열망, 그것을 넘어서려는 상상이 정치적 기획과 계획으로 발전할 수 있는 기초개념으로 발전되어야 한다. 이것이 이 글이 주장하는 필요의 사회학이며 필요의 정치학이다. 도시문제는 도시에서 생겨나는 다양한 필요들로부터 생겨나고 그것을 둘러싼 집합적인 사회운동의 근원지이다. 이러한 사회운동은 자본주의적 질서 안에서 충족되지 못하는 필요로부터 생겨나기 때문에 자본주의 사회의 계급적 적대가 표출되는 통로이기도 하다. 필요의 정치학은 사회적 약자의 필요충족을 억압하는 관료적 국가와 독점적 시장의 계급적 성격을 드러내주고 이로부터 투쟁의 다양한 경로를 인식하지만 계급환원론의 경직된 해석을 넘어설 수 있을 것이다. 집합적 사회운동은 도시정치의 주체로 성장할 수 있고 그것은 제도정치를 변화시키고 시장의 힘을 사회적으로 통제할 수 있는 잠재적 힘을 형성할 수 있다. 필자가 런던의 급진적 지방정부의 실험을 통해 보여주려고 했던 것이 바로 이러한 필요의 정치학이었다.[117]

116　Dikeç, Mustafa, "Justice and the Spatial Imagination", *Environment and Planning* A 33, 2001, pp. 1799~1803.

117　서영표, 『런던코뮌』, 이매진, 2009.

3장

풀뿌리 지역정치의 딜레마

1.민주주의에 대한 근본적 질문

선거 때면 수많은 정치인들이 공약을 발표하고 그럴듯한 약속을 한다. 거리는 플래카드와 선전물, 시끄러운 홍보차량으로 가득 찬다. 하지만 민주주의 정치의 핵심이라고 할 수 있는 정책대결과 합리적인 토론은 보이지 않는다. 한국 정치에서 새삼스러울 것도 없는 사실이지만 그 정도가 더욱 심해지고 있다. 국민의 주권을 이야기하고, 복지가 쟁점이 되고, 모든 정치인들이 민주주의의 화신인 것처럼 스스로를 내세우지만 그러면 그럴수록 국민은 동원과 통치의 대상으로 전락하고, 시장과 경쟁의 논리가 복지의 토대인 사회적 연대를 허물고 있는 현실을 목도하게 된다. 민주주의는 공허한 구호에 머물고 정치는 실종된다. 이제 우리에게 정치란 백화점에 진열된 상품 중에 하나를 고르는 것이 되어버린다. 차이가 있다면 그렇게 고른 상품이 구매자의 소유가 아니라는 것이다. 그리고 대부분 포장지에 표시되어 있는 성분과 용도와는 완전히 다른 내용이 들어있지만 반품을 할 수 없다.

왜 이런 지경에 이르게 되었을까 반문해 본다. 가장 기본이 되는 것들에 대한 반성적 질문이 결여되어 있기 때문은 아닐까? 우리는 민주주의의 의미에 대해서, 민주주의를 어떻게 실현시킬 수 있는가에 대해서 치열하게 고민한 기억이 없다. 민주주의의 기본은 제도적인 질서 안에서 주권자인 국민의 참여를 최대한 보장하는 것이다. 그래서 민주주의 정치는 어떤 제도적 질서가 그러한 참여를 보장할 수 있는가, 그리고 어디까지 보장할 수 있는가에 대한 논쟁에 달려 있다. 민주주의는 무조건적인 '화합'과 '통합'이 아닌 갈등과 대결을 먹고 자란다는 것이다. 민주주의는 사회가 안고 있는 갈등과 모순이 표현되는 방식이며 서로 다른 이해관계를 가진 사회집단들 간의 투쟁을 내포하기 때문이다. 이렇게 본다면 통합과 화합을 민주주의의 전부로 내세우는 집단은 현실의 모순과 갈등을 은폐하는 민주주의의 적으로 규정되어야 한다.

한국사회는 참여로서의 민주주의에 대해서도 깊이 성찰하지 못했다. 흔히 정치공동체의 규모가 커져서 직접민주주의는 실현 불가능한 꿈이라고 이야기 된다. 하지만 민주주의를 표방하는 정치는 그런 한계 안에서 어떻게 참여의 통로를 만들 수 있는가를 논의하고 창출해야 한다. 민주주의는 주권자인 국민이 여러 가지 다양한 길을 통해 스스로 통치할 수 있는 기예를 훈련하고 터득할 수 있는 기회를 주어야 한다. 민주주의는 고정된 이념이 아니라 능력 있고 자기통치적인 덕성을 갖춘 시민들이 만들어지는 발전적 과정을 설명하는 원리여야 하는 것이다.

정치공동체의 규모를 핑계로 직접참여를 부정하는 사람들이 내세우는 근거는 '효율성'이다. 우리가 살고 있는 자본주의 사회에서 효율성은 곧 비용의 문제다. 수많은 정책 결정과정에서 참여와 토론은 비효율적이며 따라서 많은 비용을 발생시킨다. 하지만 그들이 주장하는 효율은 자본주의 정신, 즉 목적합리성으로 무장한 사람들이 가정하는 좁은 의미의 효율성일 뿐이다. 예를 들어 이야기해 보자. 제주 강정의 해군기지 건설과 밀양의 송전탑 건설이 계획되고 추진되는 과정에 민주적인 토론과 합리적 절차에 따른 합의의 과정은 없었다. 정책입안자들은 정책결정과정에서 민주적 토론은 비생산적이며 비효율적인 끝없는 논쟁만을 야기했을 것이라고 주장할 것이다. 하지만 이렇게 (효율적이라고 주장되는) 일방적 결정의 결과는 오랜 기간 사회적 갈등을 초래한다. 지역의 공동체는 쪼개지고 도저히 수긍할 수 없는 결정과정에 대한 저항과 그것을 공권력이라는 이름으로 억압하는 과정에서 생겨나는 경제적 비용, 그리고 더 중요하게는 사회적 비용은 어떻게 할 것인가?

민주적 절차가 결여된 정책의 효율성은 결코 '효율적'이지 않다. 개발 사업에 참여하는 건설기업과 해군, 한국 전력의 회계장부 상으로는 효율적일지 모르지만 사회적 관점에서 보면 엄청난 자원의 낭비이며 사회적 비용이 발생하는 것이다. 더구나 최소한 형식적으로나마 민주화되어 있는 정치제도에서 민주주의를 우회하면 정책결정과정은 사적 연줄망에 의존하는 정치로 기운다. 민주적 절차를 통하지 않는다는 것은 효율성을 내세운 경제적 이윤 극대화의 원리가 공공성을 침식하더라도 그것을 감시하고 비판할 수 없다는 것을 의미한다. 부정과 부패가 국민의 감시로부터 벗어난 자본–권력의 밀실에서 거래된다는 것이며 이는 곧 효율성의 핑계 아래 국민의 호주머니에서 세금을 강탈하는 것이다.

왜 우리는 부정과 부패로 얼룩진, 우리의 생명과 안전을 담보로 한 '그들'만의 권력 나눔과 돈 잔치를 용인하고 있는 것일까? 왜 효율과 경쟁력이라는 허울뿐인 선동에 속아 넘어가고 있는 것일까? 왜 '저들'이 '우리'편이 아니라는 것을 직관적으로 알고 있으면서도 '저들'이 내세우는 공권력 앞에 무력해지고 '우리'가 아닌 '나'로서 권력을 대면하고 있는 것일까? 이제부터 왜 억압적 권력을 경험하는 '우리'들은 집합적 주체가 되지 못하고 권력이 호명하는 대로 흩여져 고립된 '시민'으로 미끄러져 들어가는지에 대해서 따져보아야 한다. 이것은 한국의 민주주의가 어디서부터 뒤틀렸는지를 생각해 보는 것이다.

2. 지역 정치를 고민해야 하는 이유

한국사회의 '왜곡된' 민주주의는 '왜곡된' 지역정치 구조로부터 연원한다. 한국사회가 겪고 있는 부정과 부패의 근원은 우리가 흔히 '풀뿌리'라고 부르는 부와 권력 사슬의 말단에 자리 잡고 있는 '그들'만의 철옹성에 있다는 것이다. 지금까지 지역정치를 이야기하는 사람들의 근거는 중앙의 정치는 크고 강력해서 공략하기 어려우니 풀뿌리로부터 새로운 정치를 실현하자는 것이었다. 이 주장은 반만 맞는 말이다. 지역은 중앙의 그것보다 더 강력하고 더 끈끈하게 유착된 기득권집단이 똬리를 틀고 앉아 권력과 부를 공유하는 곳이기 때문이다. 곧 부정하고 부도덕한 권력의 단단한 기초를 제공하는 것이 지역인 것이다. 그래서 지역은 '악'인 중앙에 반대되는 '선'이 아니다. 그럼에도 한국사회를 바꾸기 위해 지역으로부터 시작해야 한다는 주장이 반은 진실인 것은 바로 이 기초에 '또 다른' 정치의 뿌리를 내리지 않고서는 한 발자국도 앞으로 나갈 수 없기 때문이다.

앞에서도 언급했듯이 우리는 흔히 지역 정치를 '풀뿌리' 정치라고 부른다. 풀뿌리가 상징하는 것은 다양성과 밑으로부터의 민주주의다. 이런 의미라면 한국의 지역정치는 '풀뿌리' 정치가 아니라 기득권이라는 거대한 거목을 지탱하는 '나무뿌리' 정치라고 해야 한다. 한국사회를 민주적으로 개조하는 정치가 그 뿌리를 파고드는 수 없이 많은 '잡초'들의 뿌리 내림이어야 하는 이유가 여기에 있다. 상식적으로 잡초들이 거목의 뿌리를 파고들어 그것을 쓰러트리는 것은 가능해 보이지 않는다. 그러나 사람들을 좌절하게 하고 분노하게 하는 현실을 직시할 때, 잡초뿌리에 의한 거목의 고사가 불가능하다고 생각하는 것은 부정의와 불평등을 당연한 것으로 동의해 주는 것이다. 착취와 억압을 당연한 것으로 받아들이거나 상식이 불가능하다고 주장하는 착취와 억압에 도전하거나! 이것 말고 선택지는 없다.

하지만 한국 정치 현실에서는 '풀뿌리 내리기'를 시도하는 운동조차 나무뿌리에 기생하는 '잔뿌리 정치'로 전락하고 만다. 풀뿌리로 나무뿌리를 이길 수는 없다는 비관주의와 당장 가시적인 무엇인가를 얻으려는 조급증은 '풀뿌리 정치'가 아닌 '잔뿌리 정치'를 추구하게 한다. 지역운동은 나무 주변 이곳 저것에 제멋대로 자라고 있는 무수히 많은 풀들을 보지 못한 채 나무뿌리에 붙어 잔뿌리로 생존하려 한다는 것이다. 거대한 나무가 수분과 영양분을 빨아들이는 토양과 얕지만 거기에 뿌리 내리고 있는 다양한 종류의 잡초들의 힘은 거대한 나무를 쓰러트릴 수 있는 잠재적 힘을 가지고 있다는 것을 깨닫지 못한다.

3. 공모자, 하지만 피해자, 그리고 저항하는 사람들

지역 기득권연합의 나무뿌리 정치는 대지 위로 뻗어나 있는 나무줄기에 영양분과 수분을 공급한다. 문제는 나무뿌리를 통해 영양분과 수분을 빼앗기고 있는 토양이 바로 그 나무를 지탱하고 있으며 주변의 잡초들은 영양분과 수분의 아주 적은 부문만을 나누어 쓸 수 있을 뿐이라는 것이다. 지역주민들은 지역 기득권 동맹의 착취의 대상이면서 동시에 그것을 지탱하는 토대의 역할을 하고 있다는 것이다.

한편으로 지역주민은 집합적인 행위자로 권력의 토대가 되지만 개인으로 돌아가면 권력의 희생양이며 착취의 대상이 된다. 다른 한편 지역 주민들은 집합적으로 지역공동체의 대의에 동의하지만 일상의 개인으로 돌아가면 사적이익을 추구하는 자본주의적 주체가 된다. '당연시 되는' 기존 질서 아래서 이데올로기적으로 동원된 사람들은 새누리당-새정치민주연합의 기득권 동맹(2014년 당시)을 지지한다. 그들의 이해관계와는 아무런 관계도 가지지 않지만 기득권 동맹의 나무가 넘어지면 자신들의 생존마저 위협받을 것이라고 생각하기 때문이다. 하지만 그들이 지지의 대가로 돌려받는 것은 더욱 강력해진 기득권 동맹이며 그것은 더욱 많은 양분과 수분을 빨아들인다. 사람들은 '당연한 질서'로 받아들여지는 보수정치의 이데올로기적 공모자인 동시에 현실적 피해자인 것이다.

정치의 장에서 공모자-피해자인 보통사람들이 경제적 영역에서는 또 다른 분열증에 시달린다. 개별적 주체로서 사람들은 지극히 이기적인 행위자가 되어야 한다. 이기적이고 경쟁적인 행위자만이 능력 있는 주체이기 때문이다. 하지만 집합적으로 이들은 경쟁보다는 협동과 연대를 갈망한다. 경쟁의 압력은 개별로 파편화된 주체가 감당할 수 없을 정도로 강력하기 때문이다. 항상 패배자로 전락할 지도 모른다는 두려움과 불안에 시달리는 사람들은 현실의 이기적 주체와 공존하기 어려운 이데올로기적인 연대성을 갈망하고 있는 것이다.

사람들은 현실에서 체계로부터 착취 받고 억압받지만 자본주의적 실천을 통해 이 체계를 재생산하는데 동참하고 있다. 체계를 유지하는 정치에 집합적으로(이데올로기적으로) 동원되고 있지만 동시에 그것을 벗어나고자 하는 이데올로기적 열망을 갖고 있는 것이다. 이러한 분열증적 주체성으로부터 벗어나는 길은 권력의 희생자임을 깨닫고 권력에 저항하는 집합적 주체가 되는 것이며, 개별적 주체로 파편화시키는 자본주의적 질서에 맞서 동료 인간들과의 공통의 경험을 통해 주체의 서사적 통일성을 회복하는 것이다. 이러한 '뒤집음'은 공통의 체험과 실천을 통하지 않고서는 성취될 수 없다. 지역정치local politics는 공모자-피해자로부터 저항적 주체로 전화할 수 있는 공통의 체험과 실천을 가능하게 한다.

2014년 진도 앞바다에서 침몰한 '세월호'는 한국사회의 민낯을 여실히 보여주었다. '그들'이 '우리'와 얼마나 다른 세상에 살고 있는지 더 이상 숨길 수 없게 되었다. 그리고 국민의 80% 이상이 이런 사고는 다시 발생할 거라고 생각한다. 모든 것이 바뀌어야 한다고 생각하지만 현실에서는 아무것도 바뀌지 않을 것이라고 체념하고 있는 것이다. 현실의 체험은 자본과 그것과 결탁한 권력을 적대적인 대상으로 인식하지만 이데올로기적으로는 우리가 살고 있는 사회는 변하지 않는 고정된 것으로 가정된다. 집합적 주체로서 국가권력과 탐욕스러운 자본에 분노하지만 개인의 삶으로 돌아오면 하루하루 먹고살기에 바쁜 일상인으로 이웃을 밟고 올라서야만 하는 자본주의적 정글의 동물이 되어야 한다. 바로 이러한 역설적인 상황이 다시 지역정치를 말해야 하는 이유이다. 자본과 권력이라는 나무의 뿌리에 기생하는 잔뿌리가 아니라 나무뿌리를 고사시킬 수 있는 다종다양한 잡초가 더 넓게 더 깊이 토양에 뿌리내리게 하는 지역정치를 주장해야 하는 이유인 것이다. 지역정치에서 억압과 착취의 경험은 고립된 개인의 경험이 아닌 집합적 체험이 되고, 그럼으로써 우리 안에 내재화된 자본의 논리를 넘어서 잊힌 연대의 정서를 회복할 수 있을 것이다. 이렇게 회복된 연대의 정서는 고립된 개인으로 느껴야 하는 분노와 좌절의 내적 에너지를 공적인 정치적 실천으로 끌어 낼 수 있고 그렇게 함으로써 자본주의적 착취와 권위주의적 권력구조를 변형시킬 수 있는 정치적 힘을 축적할 수 있게 한다.

억압적이고 권위주의적인 국가권력과 극도의 긴장을 부과하는 자본주의적 시장의 힘으로부터 생겨나는 분노와 좌절의 내적 에너지가 공적인 장에서 정치의 힘으로 전환되지 못할 때 사람들은 자살과 우울증 같은 자기 파괴의 길로 들어서거나 엉뚱한 곳으로 그러한 에너지를 표출한다. 사회적 약자에 대한 무자비한 공격과 언어적 폭력은 희생자가 또 다른 희생자를 공격하는 일상의 파시즘적 증상으로 나타나게 되는 것이다. 그리고 자본은 이러한 분노와 에너지를 뒤틀린 소비주의적 욕망으로 변형시켜 우리들의 몸과 마음을 잠식한다. 불행히도 한국사회는 국가와 시장이 만들어낸 분노와 좌절을 공적인 장의 정치로 전환시킬 통로를 가지지 못한 채 높은 자살률, 사이버공간에서 일상화된 타자에 대한 공격과 폭력, 성장과 소비의 파괴적 신화에 붙들려 있다. 이런 조건에서 우리는 말하고, 대화하고, 비판하고, 체험할 수 있는 정치의 장이 필요하다. 누군가가 국가와 민족의 이름으로 우리를 억압하지 않는, 민중과 진보의 이름으로 우리를 대표하겠다고 주장하지 않는, 그래서 우리가 우리 스스로 안으로 쌓여가기만 하는 부정적 에너지를 긍정적으로 표출할 수 있는 '공적' 공간이 필요한 것이다.

4. 세월호, 그리고 우리의 분노와 좌절

'부정적' 에너지의 '긍정적' 표출의 첫 번째 장애물은 권력과 자본, 즉 억압적 국가와 독점적 시장일 것이다. 하지만 권력과 자본은 처음부터 투쟁의 대상이기 때문에 결정적 장애물은 아니다. 부정적 에너지의 긍정적 표출을 가로막는 결정적인 장애물은 사람들의 마음속에 쌓여 있는 분노와 좌절의 에너지를 제대로 파악하지 못하고 방전되게 하는 진보좌파의 무능이라고 할 수 있다.

여기서 다시 '세월호 참사'를 언급할 수밖에 없다. 2014년 4월 16일 이후 한 달간의 체험은 한국사회의 문제점들을 모조리 보여주었다. 기득권 집단이 얼마나 부정의하고 부패해 있는가, 국가와 국민을 이야기하지만 어떻게 공적 제도를 통해 '그들'끼리의 사적 이권을 나눠먹고 있는가가 여실히 드러난 것이다. 세월호 침몰이라는 우발적 사건이 민주주의 국가라는 이데올로기 속에 감추어졌던 권력과 자본의 속살을 여지없이 드러낸 것이다.

이제 '세월호'는 우발적이지만 사람들의 마음속에 눌려 있던 분노와 좌절의 에너지가 개인적 자기 파괴와 타자에 대한 파시즘적 공격이 아닌 국가를 향한 목소리로 모아질 수 있는 잠정적인 결절점으로 작용하고 있다. '세월호'가 파편화된 좌절과 분노의 경험이 '등가인 연쇄'의 상징적 중심으로 원초적인 연대의 감정을 되살리고 있는 것이다. 그러나 이러한 연쇄는 대단히 불안정할 수밖에 없다.[118] 2014년 5월 9일 안산의 고등학생들이 촛불집회에서 이야기한 것처럼 지방선거가 치러지고 월드컵이 시작되면 '세월호'라는 상징은 우리의 기억 속에 희미한 윤곽으로만 남게 되고 서서히 잊힐 가능성이 컸다. '세월호'로 만들어진 연쇄는 소비자와 유권자로 호명하는 자본과 국가의 이데올로기적 영향력 아래 파편화된 주체들이 분노와 좌절의 에너지를 잠정적으로 모아내는 것을 가능하게 했지만 여전히 분노와 좌절이라는 부정성을 넘어서지 못하고 있는 것이다.

여기서 이야기하는 정치의 긍정성은 파괴나 해소가 아니라 창조를 의미한다. '나'의 파괴와 '타자'의 부정이 아닌, 그리고 절규를 통한 일회적인 해소 또는 배설이 아닌 현실의 물적 운동을 통해 새로운 대상을 만들어 내는 정치를 가리킨다. 세월호참사에 앞서 수많은 사람들이 사고의 위험을 경고했다. 하지만 국가의 관료들과 자본가들은 그러한 경고에 귀 기울이지 않았다. 사고 현장에서 희생자 가족들과 진도 지역 어민들은 구조방법에 대해 많은 이야기를 했지만 정부와 해경은 역시 귀 기울이지 않았다. 그리고 이러한 사실을 알리는 것조차 국가의 권위에 도전하고 공공질서를 위협하는 것으로 느낄 만큼 기존 질서의 치부가 극명하게 드러났다. 만약 우리가 이러한 상황에 대해 청와대와 정부부처, 대통령과 특정 정치인들을 비난하고 그들에게 분노를 표출하는 것에 머문다면, 그리고 선거를 통한 '정권 심판'이라는 공허한 구호에 휩쓸려 투표장의 표 찍기에 만족한다면, 종국에는 지방선거와 월드컵을 거치면서 다시 일상으로 돌아간다면, 분노와 좌절의 부정성을 결코 넘어서지 못하고 '해소'의 길로 들어서게 될 것이다.[119]

---

118 등가연쇄의 개념에 대해서는 이 책 8장에서 다시 언급할 것이다.

119 2016~7년 박근혜-최순실 게이트와 대통령 탄핵 국면에서 우리는 2014년과 유사한 상황에 직면해 있다. 조기 대선은 블랙홀처럼 모든 것을 빨아들일 것이다. 이에 대해서는 서영표, 「변화를 향한 열망, 하지만 여전히 규율되고 있는 의식: 2016년 촛불시위에 대한 하나의 해석」, 『마르크스주의 연구』 14(1), 2017을 참고하라.

부정적 해소가 아닌 긍정적인 창조는 어떤 것일까? 모두가 알고 있는 것처럼 관료의 손으로 관료제도를 개혁할 수 없다면, 규제완화가 참사를 불러왔지만 정부는 여전히 그것을 추진하고 있다면, '그들'에게 우리의 생명과 안전을 맡길 수 없다. 그렇다면 정부의 정책결정 과정이 국민들에게 투명하게 공개되어야 함을 요구해야 한다. 일회적인 것이 아니라 제도적으로 보장된 민주적 참여와 감시가 이루어져야 한다는 것이다. 민주적 참여가 '선언'으로 머물지 않기 위해서는 민주적 참여를 가능하게 할 수 있는 정보와 자원의 급진적 재분배가 보장되어야 한다. 만약 이렇게 '당연한' 주권자의 권리 요구에 반대하는 집단이 있다면 그들은 '민주주의의 적'으로 규정되어야 한다. '그들'이 적으로 규정될 때, '그들'이 터하고 있는 현행의 제도는 투쟁의 대상이 된다. 제도 안으로부터 제도의 확장을 요구하는 운동은 제도의 틀을 넘어 체계의 성격을 둘러싼 사회적 실천으로까지 발전하게 되는 것이다. 그리고 체계의 성격을 둘러싼 적대의 선이 명확해지면 질수록 '우리'를 묶어주는 연대의 힘은 더욱 강력해 질 수 있을 것이다.

우발적으로 드러나는 체계 자체의 균열만으로는 부정적인 힘으로써의 좌절과 분노의 에너지가 창조적인 정치적 실천으로 발전하지는 않는다. 분노와 좌절의 에너지가 체계의 균열과 만날 때, 민주주의라는 이상과 현실의 착취 사이의 간극이 체험될 때 그 에너지가 제도 안으로 넘쳐 들어갈 여러 갈래의 길이 있어야 한다. 비록 그 길들이 잘 닦인 넓고 평탄한 길이 아닐지라도 솟구치는 에너지가 방향 없이 흩어져 공기 중으로 사라지지 않고 흐를 수 있는 통로가 있어야 한다는 것이다. 그람시라면 이것을 '진지'라고 불렀을 것이다.

진보좌파는 이러한 길을 닦는 사람들이어야 한다. 그런데 한국의 진보좌파는 '우리'의 길을 내기보다는 제도 안의 대로를 달리는 자동차에 올라타려는 시도를 반복했다. 제도 바깥의 에너지가 제도의 외벽 사이에 뚫린 구멍으로 흘러들어가는 것을 목격할 때마다 그것을 자기 자동차의 연료로 공급받을 궁리만 했다. 제도의 철옹성은 그 정도의 작은 균열로는 무너지지 않는다. 이미 준비된 수많은 작은 침투로가 없이는 예기치 못한 균열은 손쉽게 수리된다. 그리고 잘 닦인 대로를 달리는 자동차는 진보좌파를 일상의 분노와 좌절로부터 격리시킨다.

진보좌파 안에는 제도 안의 대로를 추구하는 집단만 있는 것은 아니다. 그러한 시도가 결국에는 체제 안으로 흡수될 수밖에 없다고 주장하면서 '혁명'의 깃발을 높이 세우는 사람들도 있기 마련이다. 하지만 이들의 선택은 제도의 철옹성 바깥에 깃발을 꽂고 그것을 지키는 것에 몰두할 뿐이다. 때때로 맨몸으로 성벽을 기어오르는 '용감함'을 보이기도 하지만 사람들의 눈에 띠지 않는다. 이들에게는 우발적인 계기에 의해 드러나는 체계의 약한 고리와 항상적으로 존재하는 분노와 좌절의 에너지를 다양한 실천의 연대 구축으로 전화시킬 수 있는 능력이 없다.

기존 질서를 당연한 것으로 받아들이게 하는 지배 이데올로기가 강력하게 작동하지만 적대와 모순은 완전히 감추어질 수 없기에 일상의 다양한 계기는 순간적이고 국지적인 저항의 계기들을 만들어 낸다. 국가와 시장이 결합된 자본주의적 구조가 가지는 힘은 자본주의적 주체를 형성해 내는 힘에 있다. 착취와 폭력의 '피해자'인 사람들을 시장에서의 개별화된 소비자로, 국가권력 앞에 고립된 개별 시민으로 호명한다. 자본주의로부터 착취 받고 그것과 결합된 국가권력에 의해 억압받지만 체계에 동의하고 순응하게 만드는 것이다. 실존적으로 경험하는 적대는 문화적인 코드에 의해 현실로 되돌아온다. 하지만 이러한 현실로의 복귀와 순응이 적대적 경험 그 자체를 소멸시키지는 못한다. 적대적 경험은 언제 어디서나 발생한다. 진보좌파의 역할은 이러한 순간이 순간으로 끝나지 않도록 하는 것이다.

이러한 역할은 '국가의 민주화'와 '시장의 사회화'라는 두 개의 전략으로 제시될 수 있다. '국가의 민주화'는 제도 안으로의 다양한 침투로를 만들고 그 길을 통해 제도 내부의 기득권층이 독점하고 있는 자원, 정보, 지식을 급진적으로 재분배하는 것으로부터 시작한다. 국가를 민주화하는 길은 다양한 형태의 사회운동과 이에 기반 한 제도적 개입을 통해 국가의 성격을 변화시키는 과정이며 이 변화의 방향은 국가가 개입할 수 있는 모든 분야에서 자원, 정보, 지식을 급진적으로 재분배함으로서 국가 자체에 저항할 수 있는 정치적 주체들을 창출하는 것이다. 진보좌파가 추구해야 하는 것은 국가로 하여금 그 스스로에 반하는 사회적 힘을 육성하도록 하는 것이어야 한다. 언뜻 모순적으로 들리는 이 주장은 사회주의적인 지방정치에서 불완전하게나마 실험되었던 것들이다. 국가는 그 자체로 계급들의 이해관계가 부딪히는 계급투쟁의 장이며 그렇기 때문에 힘 관계에 따라 성격이 달라질 수 있는 여지를 가지고 있다.

'시장의 사회화'는 시장의 힘을 자원을 배분하는 기본원리로 놓아 둔 채 그 외곽에 '사회적' 경제라는 방어막을 만드는 것에 머물지 않는다.[120] 가격신호로 움직이는 시장의 메커니즘이 이윤창출이 아니라 사회적 필요 충족을 위해 작동하도록 이해당사자들이 생산의 계획과 분배에 참여할 수 있도록 하는 것이다. 다양한 사회적 집단의 필요가 생산과 분배를 계획하는 과정에 반영될 수 있도록 해야 한다는 것이다. 민주적 참여를 통해 사회적으로 통제되지 않는 시장의 힘은 다양한 집단의 필요와 욕구에 반응하지 않는다. 그렇기 때문에 생산과 필요충족 사이에 커다란 간극이 생길 수밖에 없고 자원은 '비효율적'으로 사용된다. 생태적으로 지속 불가능한 낭비가 초래되는 것이다.

시장을 사회화하는 길은 여러 갈래로 이루어질 수 있다. 협동조합과 지역공동체와 연결된 사회적 기업이 활성화되는 것은 그 중 하나의 길일 수 있다. 이와 함께 중앙정부와 지방정부의 다양한 수준에서 생산과 분배의 계획에 이해당사자들이 참여하고 토론할 수 있는 제도가 마련되어야 한다. 개별 도시에서도 기업의 운영과 도시계획에 관해 이해당사자들이 직접 참여할 수

---

120 사회적 경제에 대한 비판은 이 책 6장을 보라.

있어야 한다. 이러한 생각을 비효율적이고 실현 불가능한 유토피아라고 비
판할 수 있다. 하지만 시장의 힘이 자원을 최적으로 배분할 것이라는 주장
만큼 허무맹랑하지는 않다. 우선 기술적으로 가능하다. 이미 첨단의 정보기
술은 대형 할인매장이나 백화점 고객의 구매유형으로부터 개인의 소비습관
과 기호를 관리하고 있지 않은가? 자본주의 기업들이 더 많은 욕망과 소비
를 조장하기 위해 이러한 기술을 사용하고 있다면 시장이 사회적으로 통제
된 사회에서는 개인 또는 집단의 필요와 욕구가 표현되고 논의될 수 있는 수
단으로 사용될 수 있다. 가능한 만큼 참여와 계획의 단위가 작은 행정단위로
나누어지고, 필요와 욕구 충족의 기제는 최대한 공식적 영역이 아닌 비공식
적 영역으로 옮겨져야 한다.

그러나 자본주의 국가는 그 본성상 자본의 힘을 완전히 벗어나지 못한다.
그래서 국가의 민주화 과정은 언제나 '대중의 정치주체화' 과정과 병행되어
야 한다. 처음부터 국가의 민주화는 밑으로부터 사회운동의 압력이 제도정
치 안으로 넘어 들어오는 것으로부터 시작한다. 그 힘으로 국가장치 내부에
존재하는 균열의 빈틈을 벌려내고 그 틈을 통해 자원, 정보, 지식이 사회로
흘러 들어가게 해야 한다. 이렇게 사회로 흘러 들어간 자원, 정보, 지식은 일
상의 분노와 좌절로부터 출현한 운동의 등가적 연쇄를 더 확장하고 더 강하
게 만드는 토대가 되어야 한다. 결국 국가의 민주화와 대중의 정치주체화는
동전의 양면인 것이다.

'국가의 민주화', '시장의 사회화', '대중의 정치주체화'는 따로 분리될 수
있는 과제가 아니라 서로가 서로를 전제하는 복합적인 과제이다. 사회운동
은 이러한 종합을 시도하는 것을 목표로 해야 한다. 시장의 사회화와 대중의
정치주체화가 결여된 국가의 민주화만을 추구할 때 민주화는 형식적인 것
에 그치고 대중은 정치적 들러리로 전락하고 만다. 권력 불평등의 근원인 경
제적 착취는 그대로인 채로 남아 있기 때문이다. 국가의 민주화와 대중의 정
치주체화가 없는 경제에의 개입은 고작해야 경제민주화라는 이름아래 추진

되는 분배 불평등의 형식적 완화에 머물 수밖에 없다. 그리고 국가의 급진적 민주화와 시장의 사회화가 없는 대중의 정치주체화 전략은 소수, 그것도 자원, 정보, 지식을 가진 선택받은 소수가 국가와 시장으로부터 이탈하는 것에 불과하다.

한국의 진보좌파는 지역의 중요성을 이야기하면서도 풀뿌리를 내리기보다는 나무의 뿌리에 기생하려 하거나, 나무줄기에서 뻗어 나온 구석지고 왜소한 가지를 차지하는 것이 진보인 것처럼 착각 또는 오도하거나 주변의 잡초들과 어울리지 못하고 고립되어 고사되어 가는 한 송이 꽃이 되고 싶어 한다. 분노와 좌절의 부정적 에너지가 긍정적 에너지로 표출되는 것을 가로막는 결정적인 장애물이 진보좌파인 이유가 여기에 있다.

5. 수많은 세월호들

앞에서 우발적인 사건에 의해 체계의 위기가 드러나고 일시적이나마 분노와 좌절의 에너지가 표출될 수 있는 통로가 만들어질 수 있다고 했다. 그리고 진보좌파가 위기 이전에 체계의 성벽을 이곳저곳으로 관통하는 작은 길들을 닦아 놓지 않으면 그 에너지는 긍정적인 정치적 창조로 모아지지 못한다는 점을 지적했다.[121] 그런데 우발적으로 초래되는 결정적 위기 이전에도 수없이 많은 갈등들이 체계가 제대로 작동하고 있지 않다는 불협화음의 신호를 보낸다는 것이 중요하다. 그러한 신호들이 감지되는 곳에서 작은 침투로가 만들어질 수 있다. 우리는 이미 수많은 세월호들의 침몰을 겪어 왔던 것이다. 부안, 용산, 강정, 제주, 핵발전소 등등. 역시 앞에서 지적했듯이 진보정당과 시민운동을 포함하는 진보좌파는 그곳으로부터 작은 길을 내려하

121　이러한 통로를 만들어 내는 과정은 이 책 8장과 9장에서 자세하게 논의된다.

기보다는 현장에서 얻은 자원을 제도 안의 대로에 진입하는데 사용함으로써 소진해 버리고 말았다.

세월호들은 국가안보, 공공의 이익, 전력수급이라는 국가적 계획, 국가경제의 경쟁력 확보처럼 거시적인 계획들의 추진 속에 좌초하고 침몰했다. 거기에는 전문가들의 의견과 수많은 숫자와 도표, 그리고 그래프로 치장되어 '합리성'의 외피를 두른 계획서들이 있다. 하지만 그러한 계획들에는 사업추진의 결과를 온몸으로 부딪쳐 경험해야 하는 보통 사람들의 체험에 대한 배려가 없다. 처음부터 이해당사자들stakeholder의 목소리가 반영될 여지는 없다. 국가는 언제나 '전체'의 이름으로 그들의 체험과 경험을 억압하면서 그것을 '합리성'으로 정당화한다. 이 과정에서 무수히 많은 '잠재적' 이해당사자들은 사건을 경험하고 있는 사람들과 단절된 채 암묵적으로 국가의 합리성에 동조하게 된다. 지금 당장 나의 문제가 아니기에 침묵하는 것이다. 언젠가 내가, 나의 가족이 피해자가 될 지도 모른다는 생각은 하지 않는다. 여기에 더해 국가와 자본은 구체적인 현장의 사람들이 가지고 있는 연대의 정서를 경제적 보상이라는 화폐의 논리로 붕괴시킨다.

일상화된 위험에 대해서 조금 더 이야기해보자. 우리는 위험 사회에 살고 있다. 위험이 일상화된 사회라는 의미도 있지만 고도로 발전한 과학기술에 의존하는 우리의 삶이 위험을 동반할 수밖에 없다는 뜻이기도 하다. 위험 사회 안에서 시스템은 위험의 신호를 끊임없이 보내고 있지만, 그리고 우리는 일상에서 그 위험을 체험하고 있지만 비용과 효율만이 중요한 관료들과 전문가들의 세상에서는 그 소리가 들리지 않는다. 비용과 효율 때문에 위험의 신호들은 체계적으로 은폐되고, 현장과 일상의 목소리는 일방적으로 묵살된다.

우리는 흔히 위험을 대비하는 중첩되는 안전망의 구축과 함께 책임성 높은 조직문화를 만들어 낸다면 재난을 예방할 수 있다고 생각한다. 하지만 아무리 철저하게 대비한다고 해도 피할 수 없는 불확실성이 있을 수밖에 없다. 사고와 재난은 언제나 있을 수밖에 없다는 생각이 오히려 그것을 예방할 수

있게 한다는 것이다. 우리가 살고 있는 세계의 사회적, 자연적, 기술적 환경
은 모두 매우 복합적인 관계들의 망으로 구성되어 있다. 이것을 완벽하게 통
제한다는 것은 불가능하다. 이러한 복합적 관계의 일부분인 기술적 관계를
맹신하면서 위험 관리 시스템을 '팽팽하게' 만드는 것은 위험을 방지하기보
다는 위험이 재난이 될 가능성을 높이는 것이다. 아주 작은 시스템의 오작동
이나 오류가 팽팽한 연결의 연쇄반응을 통해 걷잡을 수 없는 재난으로 발전
할 수 있는 것이다.

사태를 더욱 위험스럽게 하는 것은 기술적으로 고도화된 위험 예방 시스
템에 대한 과도한 신뢰가 수량적 통계에 대한 '맹신'과 결합되어 있다는 것
이다. 위험은 항상적이지만 수량적 통계는 위험이 존재하지 않는다고 말할
때 잠재된 위험의 깊이는 커질 수밖에 없다. 객관적 지식에 대한 집착이 상
황에 대한 이해를 방해하게 되는 것이다.[122] 거기에 소통이 부재한 관료적 체
제가 덧붙여진다면, 그리고 결과적으로 위험을 예방할 최후의 보루인 사람
을 마치 기계처럼 다루고 안전교육도 제대로 시키지 않는 소모품으로 생각
한다면 그 결과는 최악의 재난으로 드러날 것이다. 한국사회는 바로 이러한
재난 사회에 근접하고 있는 것이다.

이러한 조건에서 우리가 해야 할 일은 위험을 체험하고 느끼는 당사자들,
즉 시민과 노동자 모두의 경험적 지식이 위험 관리체계의 핵심이 되도록 하
는 것이다. 경험적 지식의 소통과 토의는 항상적으로 경험할 수밖에 없는 작
은 사고들을 매개로 이루어질 수밖에 없다. 그러한 경미한 사고와 신호들은
자칫하면 큰 재난으로 전화할 수도 있는 체계의 문제가 드러나는 경로이며
이에 대해 축적된 현장의 경험과 지식이 체계 안에 형성된 공론의 장에서 이
야기되고 소통될 때 중대한 사고가 발생할 가능성을 결정적으로 감소시킬
수 있다. 실수와 사고는 있을 수밖에 없으며, 오류가 없는 것보다 오류를 통

---

122 수량적 통계에 대한 맹신은 협소한 과학관 비판으로 발전될 수 있다. 이에 대
　　한 자세한 논의는 이 책 5장을 보라.

해 학습기회를 갖는 것이 재난예방 가능성을 높인다는 것이다. 불가능한 '객관성'과 '완벽한 기술적 통제'라는 환상에 사로잡혀 다양한 현장 노동자들의 경험을 주관적이고 비과학적이라고 폄하하기보다는 그들의 실천적 지식을 민주적 방식으로 모아내는 것이 위험을 줄일 수 있는 길인 것이다.

체계의 다양한 수준에서 위험의 소리를 들을 수 있는 사람들은 현장 노동자의 경험적 지식이며 위험에 직면한 시민들의 체험이다. 따라서 위험과 재난을 방지하는 것은 그러한 목소리와 체험이 정책결정과정에 반영될 수 있도록 자원과 정보를 급진적으로 재분배하는 것이어야 한다. 여기서 지역정치의 중요성이 다시 한 번 대두된다. 지역의 정치는 문명의 이기를 향유하기 위해 동반될 수밖에 없는 주변의 위험을 '타락한' 전문가들과 정치인들의 손에 맡겨 두지 않고 시민의 문제로 토의하는 것이기 때문이다. 이것을 가로막는 집단은 '사회의 공적'으로 규정되어야 한다.[123]

6. 지역정치와 저항적 주체의 출현

지역 정치의 핵심은 고립된 '나'가 아니라 '우리'를 회복하는 것이다. 그리고 '우리'를 회복하는 과정은 '그들'을 확인하는 과정이기도 하다. 하지만 '나'를 '우리' 안에서 찾는 과정은 결코 쉽지 않다. 지배적인 문화, 우리의 일상생활, 학교, 직장, 심지어 구매행위까지 경쟁 논리가 스며들어 있어 그것 없이는 손가락 하나 까딱할 수 없고 발자국 하나 뗄 수 없게 되어 버렸다. 연대와 행복한 삶을 열망하는 우리들 자신이 연대와 행복한 삶을 불가능하게 하는 실천들을 통해 스스로를 억누르는 체계를 재생산하고 있지 않은가? 우리의 몸은 이미 자본주의적으로 길들여진 순응적 신체이며 우리의 의식은

---

123 여기서의 논의는 실천적 지식과 과학적 지식의 상호작용을 통해 설명될 수 있다. 이에 대한 자세한 논의는 이 책 4장을 보라.

자본이 불러주는 이름에 대답하는 종속적 주체이지 않은가? '대안은 없다
There is no alternative!'

하지만 대안이 없어 보이는 것 자체가 사람들이 지배적인 사회적 관계와 이데올로기에 익숙해져 있기 때문이다. 매일 매일의 삶에서 사람들은 억압, 착취, 불공정을 경험한다. 지금의 체계는 엄청난 모순과 갈등을 안고 있는 것이다. 하지만 사람들은 억압, 착취, 불공정을 경험하는 그 순간 갖게 되는 분노와 좌절을 표출해서는 안 된다고 생각한다. 그러한 표출의 대가는 본인이 져야하기 때문이다. 직관과 체험으로 체계의 모순을 알고 있지만 그것에 도전하지 못하게 하는 개별화된 주체, 이것이 지배적 이데올로기와 사회메커니즘의 결과인 것이다.

이제 이렇게 말해야 한다. '다른 세상은 가능하다Another world is possible!' 그리고 다른 세상은 가능하다는 근거는 지배적 이데올로기의 결과로서 구성된 종속적 주체의 '몸'과 '의식' 안에 모순적 상태로 존재한다고 이야기해야 한다. 순응적 주체로 자본의 논리에 의해 길들여진 몸일지라도 자본의 논리를 견뎌내지 못한다. 이윤만을 추구하는 장삿속에 의해 공급되는 오염된 식품, 현대 문명이 만들어낸 편리함 때문에 초래된 대기오염과 소음, 실업과 직업 불안정에 따른 스트레스, 계속된 경쟁과 긴장을 요구하는 업무 때문에 겪게 되는 신체적·정신적 고통은 불만, 좌절, 분노의 에너지를 몸 안에 쌓이게 한다. 동물적 존재로서의 인간이 문명화를 가장한 순응과 '현실원리'를 견디는 데는 한계가 있을 수밖에 없다. 무제한적으로 '쾌락의 원리'를 포기하라고 강요하는 자본의 논리는 '몸'이라는 외적 한계에 부딪힐 수밖에 없는 것이다.

이데올로기적으로 자본주의 사회에 살고 있는 사람들은 동등한 권리를 가진 시민으로 대접받는다. 모든 것은 본인의 선호preference에 따른 자율적 결정을 통해 이루어지는 것처럼 보인다. 하지만 지배적 이데올로기의 공정함과 평등함, 자율성은 실제 삶의 불공정, 불평등, 타율성의 체험과 대면할 때

깨어지게 된다. 단속적이고 짧은 순간이지만 이러한 균열 또는 탈구의 계기는 무수히 많다. 이러한 균열 또는 탈구가 개별적이거나 소수만의 체험으로 드러날 때 체계는 사회전체의 이름과 공공성의 이름으로 무마시킨다. 무마된다고 하더라도 균열과 탈구를 경험한 사람들은 결코 그 이전으로 돌아갈 수 없다. 불만, 분노, 좌절을 마음 속에 품고 살게 되는 것이다. 때때로 균열과 탈구가 소수를 넘어 다수의 체험으로 나타날 수 있다. 2008년의 촛불시위가 그랬고 2014년 세월호참사에 의해 초래된 전국민적 정부비판이 그렇다. 이런 경우는 공정, 평등, 자율로 포장된 '정상성'이 거짓된 이데올로기였음이 폭로된다.

자본의 논리에 의해서 산산이 부서지고 있지만 인간은 원시시대부터 공동체 없이는 생존할 수 없는 '사회적 동물'이었다. 지금 소위 신자유주의시대 인간들 사이의 신뢰와 연대마저도 보험과 상조의 금융적 관계가 되어버리는 세상에 살고 있지만 바로 그러한 사회적 관계가 동반할 수밖에 없는 극도의 긴장과 피곤함은 연대와 협동을 열망하게 한다. 직장에서는 어쩔 수 없다고 하지만 거주지에서만큼은 이웃과의 유대를 회복하고 싶어 한다. 각종 동호회와 사이버공간의 다양한 모임도 그런 열망의 반영일 수 있다. 그리고 우리의 마음 깊이에는 역사적으로 켜켜이 쌓여온 사회적 존재로서 희미한 연대의 기억을 가지고 있다. 이 희미한 기억이 몸이 견디지 못하고 지배적 이데올로기가 정당화하지 못하는, 그래서 개인으로서 감당할 수 없는 착취와 억압의 체험으로 생겨나는 연대에의 열망과 만나게 되는 무수히 많은 '지금-여기'가 또 다른 세상이 출현할 수 있는 근거가 되는 것이다.

개인들에게 연대의 기억과 연대에의 열망은 파편화되고 분절화 된 개인의 삶을 사회적 유대 속에서 되찾으려는 시도로 나타난다. 거대한 기계의 부품처럼 취급받는 것이 아니라 '나'의 역사, '나'의 서사narrative를 가지려 한다는 것이다. 초등학교에서 고등학교까지 나의 역사와 서사를 가능하게 하는 동료인간들과의 소통과 유대는 성공의 유일한 잣대가 되는 좋은 대학에 가기 위해 박탈당한다. 대학에 가게 되면 더 좋은 직장을 얻기 위한 목숨을 건 또 한 번의 경주가 시작된다. 대부분 인턴과 비정규직의 불안정한 삶에 시달린다. 좋은 직장에 들어간다고 해도 경쟁이 끝나는 것은 아니다. 승진을 위한 경쟁, 밀려나지 않기 위한 경쟁이 기다리고 있다. 이 모든 과정에 삶의 주체로서 '나'는 빠져 있다. 인간에게 '나'의 정체성, 스스로 삶의 조건을 해석하고, 동료인간들과 소통하고 협력하는 주체에 대한 열망은 결코 사라질 수 없다. 그래서 현대인은 심각한 분열증에 시달리고 있는 것이다. '나'를 잃어버리고 살지만 '나'의 이익만을 추구하며, '나'의 존재 근거인 사회적 연대와 협력을 허무는 실천에 참여하고 있는 것이다.

또 다른 세계를 가능하게 하는 근거는 여기서 끝나지 않는다. 위험의 체험을 다루면서 언급했듯이 우리가 살고 있는 체계는 지속적으로 무언가 잘못되고 있다는 '경고음'을 보낸다. 위험의 경고음을 무시하고 눈앞의 이윤만을 추구하면 작은 위험들이 누적되어 커다란 재난으로 치닫게 된다. 원자력 발전소의 예를 들어보자. 원자력 발전소의 작은 사고들이 계속 보도된다. 사용연한을 늘려 가동되고 있는 원자력 발전소도 문제려니와 만연한 부품납품 비리도 잦은 사고의 원인으로 지목된다. 이러한 경고음에도 불구하고 정부와 수자원·원자력공사는 근본적인 문제는 없다고 한다. 이미 소위 '원자력 마피아'의 구성원인 전문가들도 같은 이야기를 반복한다. 세월호를 아무런 문제가 없다고 판정했던 전문가들처럼. 그리고 여전히 원자력이 깨끗하고 경제적이며 안전한 에너지원이라고 주장한다.

원자력은 결코 안전한 에너지가 아니다. 백번 양보해서 불가피하게 원자력에 의존할 수밖에 없다고 한다면 그것이 가지는 위험이 국민들에게 정확하게 전달되어야 한다. 원자력 발전에 대한 모든 정보와 지식을 원전마피아가 독점하고 있는 상태에서 예기치 못한 사고가 발생하게 된다면 국민들이 겪게 될 고통은 가늠하기 어려울 정도다. 사고 위험에 대한 정보와 지식이 공개되어 논의된다면 원자력 발전을 더 이상 추진할 수 없다. 정보와 지식은 원자력 발전에 엄청난 액수의 정부지원(국민의 세금)이 되고 있다는 것, 우라늄의 체굴, 폐기물 처리에 많은 비용이 든다는 것, 사용 후 발전소의 폐기에 천문학적 액수의 비용이 소요된다는 사실이 알려지게 할 것이고, 그렇게 되면 원자력이 '경제적인' 에너지원이라는 주장이 거짓말임이 드러나게 될 것이다. 온실가스를 배출하지 않는 청정 에너지원이라는 주장도 우라늄 체굴과 정련, 발전소 건설, 폐기물 저장고 건설, 발전소 폐쇄 과정에서 배출되는 온실가스를 고려하면 거짓말이다. 더구나 수 십 만년 동안 완전히 격리시켜야 하는 고준위핵폐기물을 보관할 방폐장은 아직 건설계획조차 없다. 청정한 에너지라는 것도 허구인 것이다.

이렇게 위험을 은폐하고 경제적이지도 않고 청정하지도 않은 원자력 발전이 계속 추진되고 있는 이유는 막대한 이윤을 챙기는 원자력마피아가 정책 결정을 좌지우지하고 있기 때문이다. 우리는 2011년 후쿠시마 원전사고를 통해 원자력 발전이 얼마나 위험한지를 학습했다. 이렇게 위험한 에너지원에 투자되는 막대한 재원을 중장기적 에너지전환 정책의 수립에 맞추어 재생가능 에너지로 돌린다면 단계적으로 원자력발전의 비중을 줄일 수 있다는 것도 알고 있다. 이미 독일은 그러한 길에 접어들고 있다. 그리고 재생가능한 에너지 체제로의 전환은 풍력, 태양력, 바이오매스 등 에너지원을 다변화할 수 있고, 다변화된 에너지원은 지역적으로 분산되어 소규모로 공급될 수 있다. 수도권과 도시의 에너지 공급을 위해 밀양의 할머니, 할아버지들의 생존권을 위협할 이유가 없어지는 것이다.

원자력발전소를 둘러싼 정치는 중앙정부와 전문가들만의 담론을 넘어선 지역의 풀뿌리 정치가 되어야 한다. 그리고 에너지 소비지의 주민과 생산지 주민들 사이의 공감과 소통, 연대의 정치가 되어야 한다. 이것은 합리적이며 실현가능한 주장이며 지속가능한 에너지생산과 소비의 길이다. 이 길을 가로막는 자들은 공감능력을 결여한 자들이며 자신들이 가지고 있는 이권을 유지하는 것을 합리적이라고 '선동'하는 집단들일 수밖에 없다.

7. 가능한 것과 불가능한 것의 경계 – 정치 패러다임의 전환

　지역의 정치, 풀뿌리 정치의 과제는 거창한 것이 아니다. 한 마디로 요약하자면 '인간다움'을 실현하는 정치이다. '유엔권리선언'과 '헌법'에 명시되어 있는 민주주의와 인권의 원리를 실현하자는 것이다. 하지만 문제가 그리 간단하지는 않다. 헌법에 명시되어 있는 권리 요구가 현실 정치에서는 유토피아적이고 실현 불가능하다고 비난 받는다. 권리의 실현은 항상 미래로 연기되고, 이념은 실현 불가능한 이상으로 밀려난다.

　거꾸로 추론해보자. 우리사회에서 불가능한 것은 무엇일까? 우선 우리가 살고 있는 신자유주의적 자본주의 체제에서는 세월호참사와 같은 대형 재난을 막을 수 없다. 즉 재난을 막는 것이 '불가능'하다는 것이다. 어린 학생들에게 놀 수 있는 시간과 공간을 주고 인간은 사회적 동물이라는 것을 가르치는 것이 불가능하다. 앞선 세대와 다음 세대와의 역사적 유대감과 공감을 형성하는 것도 불가능하다. 땅값과 집값에 집착하는 사람들은 노인 요양 기관을 혐오시설이라고 부르며 추모공원, 심지어는 재난으로 희생된 사람들의 추모시설까지 혐오시설이라고 반대하고 있다. 오염되지 않는 먹을거리, 안전한 식품을 구매하는 것은 불가능하지는 않더라도 대단히 어려운 일이 되었다. 식품도 생존이 아닌 돈을 버는 수단이 되었기 때문이다. 아이들을 마음 놓고 밖에 내보내는 것도 불가능하다. 거리를 가득 매운 자동차는 규칙을 지키지 않고 정부는 보행자의 안전보다 자동차를 위해 도시를 계획하고 공간을 배분하고 있다. 이 목록은 끝이 없다. 이것이 지금 우리가 살고 있는 사회이다. 살만한가? '최소한의' 인간다움이 보장되고 있는가?

　인간다움과 현행as usual의 체계는 공존할 수 없다. 사람들은 일상을 통해 이러한 사실을 직관적으로 알고 있다. 세월호 참사를 겪어도 한국사회는 바뀌지 않을 것이라고 직관적으로 알고 있지 않은가? 지역정치는 이러한 직관이 공감 능력의 회복, 연대성의 구현으로 발전하는 통로가 되어야 한다. 직관이 공감이 되고, 연대성으로 발전하는 길은 참여와 체험을 경유해야 한다. 참여와 체험이 공유될 수 있는 장소가 지역정치인 것이다.

국민의 안전을 지키고 공익을 대변하는 중립적인 국가는 존재하지 않는다. 국가는 계급적이며 기득권 세력의 이해관계를 대변하기 때문이다. 노골적으로, 그리고 배타적으로 그들의 이익을 대변하는 것은 곧 권력을 정당성을 허물고 체계 자체를 붕괴시키기에 그것을 방지하는 한에서만 공익을 대변한다. 이러한 계급적 성격은 민주주의의 외피와 운명공동체로서의 국가라는 이데올로기로 은폐된다. 한국의 국가는 권력의 정당성을 확보하고 공공성의 이데올로기로 스스로를 감추는데 서투르다. 권위주의적 정치의 잔재와 노골적인 사적 이익 추구가 강하게 결합되어 있어 위기가 닥치면 여지없이 천박함의 밑바닥이 드러난다. 재난조차도 돈벌이가 되는 세상에서 국민의 안전보다는 이윤추구가 더 앞서게 되는 것이다. 사명감을 가진 공무원은 찾기 힘들고 책임회피와 전가만이 보일 뿐이다. 그리고 재난 복구의 책임은 국민의 몫으로 돌아온다. 우왕좌왕 갈피를 잡지 못하는 정부는 자원봉사와 성금모금에 의존하며 자신의 책무를 내려놓는다. 그리고 정부의 무능과 여기에 동조하는 보수적 언론의 문제를 지적하는 것은 공권력에 대한 도전으로 받아들여진다. 국가는 제 역할을 못하고 국민에게 책임을 전가하지만 그 국민이 국가를 비판하거나 스스로 문제를 해결하려고 하는 것은 견제 받는다.

이러한 국가는 '우리의 국가'가 아니다. 우리에게는 존재 이유가 없는 국가라는 것이다. 우리에게 필요한 것은 국민에게 권력을 나누어주고 책임을 지우는 것만큼 참여하고 결정할 수 있는 권리를 부여하는 국가이다. 이것이 앞에서 언급한 대중의 정치주체화이다. 그리고 대중의 정치주체화는 국가의 오류가능성을 인정하고 보다 많은 사람들의 의견과 지혜를 모아 오류의 정도를 줄여내도록 하는 것이다. 이것이 국가의 민주화이다. 민중의 정치주체화와 국가의 민주화는 대중의 자발적 참여와 그것을 보장하고 고양하는 민주화된 국가가 시장의 힘, 맹목적으로 이윤만을 추구하는 시장의 원리를 사회적으로 통제하는 것으로 나가야 한다. 이것이 시장의 사회화이다.

이러한 시장의 사회화, 국가의 민주화, 민중의 정치주체화의 정치가 실험되고 제도화되고 발전되는 곳이 바로 지역정치다. 지역정치는 정치의 민주적 성격이 급진화 되는 장이다. 그리고 민주주의는 지방정부 관료와 정치인, 언론인, 지역주민 모두의 책임성을 강화하는 과정이기도 하다. 민주적 참여를 통해 상호견제하고 최종적으로 풀뿌리 주민에게 결정권을 부여하는 정치만이 책임성을 보장할 수 있다. 이렇게 강화된 민주주의와 책임성은 정치의 공공성을 강화하게 할 것이다. 민주성, 책임성, 공공성의 목적은 체계의 유지가 아니라 인간다움의 실현이어야 한다. 혹자는 이상주의라고 비웃을 것이다. 하지만 민주성, 책임성, 공공성이 강화되는 국가의 민주화, 시장의 사회화, 민중의 정치주체화가 없이 제2의 세월호가 출현하는 것을 예방할 수 있다고 주장하는 것이 환상이 아닐까?

당연하고 실현가능한 것을 요구하는 것을 이상주의라고 생각하는 것은 '습관'이다. 사람들은 통치 받는 것에 익숙해 있다. 사람들은 문제가 생기면 스스로를 탓하는 것에 익숙해져 있다. 사람들은 체계를 바꾸는 것은 불가능하다고 생각하는데 익숙해져 있다. 이제 우리는 스스로 판단하고 결정하는 것에 익숙해져야 한다. 수동적으로 권력에 순응하는 것을 불편하게 생각해야 한다. 이것도 습관이라면 국가가 강요하는 '습관'을 벗어나 자기통치의 '습관'에 익숙해질 수 있게 하는 정치의 장이 필요하다. 그것이 바로 지역정치인 것이다. 자기통치를 위한 시간을 갖는 것, 비판과 참여를 위한 정치적 공간을 갖는 것이 당연한 권리가 되어야 하고 그것에 익숙해져야 한다. 그래서 지역정치는 '습관의 정치'가 되어야 한다.

습관은 오랜 시간을 거쳐야만 몸에 달라붙는다. 우리 몸에 달라붙어 있는 습관은 소비의 습관, 체념의 습관, 복종의 습관이다. 낡은 습관을 버리고 새로운 습관에 익숙해지는 것은 고통스러운 과정일 것이다. 그러나 거기에는 고통만 있는 것은 아니다. 새로운 습관의 씨를 뿌리고, 뿌리가 내리게 하고, 올라온 줄기에서 가지가 뻗어 나오게 하고, 잔뿌리가 뻗어나가서 서로 뒤엉키게 하는 과정에서 성취될 자기통치의 경험은 희열과 즐거움을 가져다 줄 것이다.

2부

저항적 실천과 지식의 재정의

4장

사회운동의 이론적 이해

1. 머리말

1980년대 사회운동은 사회학의 가장 각광받는 분야였다. 사회운동이론에 관한 많은 논문이 쏟아져 나왔고, 다양한 실제 운동에 대한 분석 논문들이 출간되었다.[124] 사회학이 '사회'에 관한 학문이라는 아주 당연한 사실로부터 이러한 현상을 설명할 수 있다. 사회학 이론은 이론가들 내부의 아카데믹한 논쟁이 아니라 실재하는 사회와의 대화로부터 이론발전의 힘을 얻어왔다고 할 수 있다. 1960~70년대 분출한 여성운동, 환경운동, 평화운동, 인권운동이 사회학의 깊이를 더하는데 커다란 역할을 했다는 것이다.[125]

80년대 말과 90년대 초의 역사적 변혁기를 거치고 난 후 사회운동에 관한 관심은 시들해 졌다. 사회학의 관심은 지구화시대의 정체성, 이동(이주)으로 옮아갔으며 집합적 행위보다는 개인적이고 자율적인 (소비)행위와 주체성의 문제가 대두되기 시작했다. 집합적 행위에서 쟁점이 될 수밖에 없는 구조적 분석과 집단적 정체성에 대한 탐색은 낡은 '근대적' 문제설정으로 치

---

124   Snow, David A, "Framing Processes, Ideology, and Discursive Fields", David A. Snow, Sarah A. Soule & Hanspeter Kriesi eds., *The Blackwell Companion to Social Movements*, Oxford: Blackwell Publishing, 2007, p. 5.

125   Benton, Ted, *Natural Relations*, London: Verso, 1993.

부되었다.[126] 이러한 사회학적 관심의 이동은 '포스트모더니즘'이라는 이름으로 드러났다.

포스트모더니즘의 이론적 도전이 비판적 사회이론에 중대한 영향을 미친 것은 부정할 수 없는 사실이다. 비판사회이론의 준거점이었던 마르크스주의조차 그 안에 권위주의, 성차별주의, 계급환원론의 경향을 가지고 있었다. 포스트모더니즘은 이러한 경향에 대한 근본적 도전이었다고 할 수 있다. 하지만 근본적 도전에 의해 기존의 모든 환원론과 결정론, 그리고 토대주의 foundationalism를 부수면서 비판사회이론이 발 딛고 서야 하는 실재조차 부정해버렸을지도 모른다는 우려가 제기되기 시작했다. 다양한 사회운동이 제기하는 쟁점들이 가지는 등가적 중요성을 인정한다고 해도 이러한 투쟁을 연결시켜주고 연대하게 하는 '담론을 넘어서는' 근거가 필요했던 것이다. 신자유주의적 세계화에 의해 초래된 인민들의 고통은 담론적인 구성물이 아니지 않는가? 기후변화라는 생태적 문제는, 비록 다양한 해석에 열려 있지만, 우리가 공통으로 경험하고 있는 실재가 아닌가? 이제 사회학은, 특히 비판적 사회이론은 다원주의와 정체성의 정치를 부정하지 않지만 그것이 발생하는 공통의 사회적 조건에 대한 이론적 성찰로 되돌아 올 수밖에 없는 것이다.

사회운동이론은 이러한 사회학 이론의 궤적을 그대로 따라왔다고 할 수 있다. 마르크스주의적 패러다임으로부터 포스트모더니즘까지, 구조적인 혁명이론으로부터 정체성의 정치론까지. 그리고 이제 소비와 경쟁이 '보편적 규범'으로 받아들여지고 있으며, 다양성과 정체성마저도 소비주의에 포획되고 있는 시대에 그 다양성과 정체성을 추구하기 위해서 공통의 역사적 조건에 대한 분석은 회피될 수 없다는 것이 분명해지고 있다. 그러나 아직까지 사회운동이론이 이러한 현실인식을 수용하면서 새롭게 정립되고 있지 못한 것

---

126 이러한 추세에 대한 비판적 논평으로는 Sayer, Andrew, *Realism and Social Science*, London : Sage, 2000을 보라.

이 현실이다. 이 글의 주제는 새롭게 요청되고 있는 사회운동이론을 정립하기 위해 지금까지 축적되어온 이론적 자원들을 비판적으로 검토하는 것이다. 그러한 검토가 있어야 새로운 사회운동 패러다임을 제시할 수 있을 것이다.

본격적인 논의에 앞서 다양한 사회운동이론이 출현한 계기에 대해서 간략하게 언급하는 것이 필요하다. 사회운동이 분출하던 1960년대 이후 집합적 행위로서의 사회운동은 사회과학의 매우 중요한 연구주제가 되었다는 것은 앞에서도 지적했다. 풀뿌리 운동과 자율적인 운동의 경험은 사회과학자들로 하여금 사회학이론의 주요 관심 대상이었던 집합적 행위이론을 다시 생각하도록 했다. 비판의 주요대상은 '마르크스주의'와 '집합행동론'이었다. 후자는 '대중사회', '지위불일치', '기대상승' '상대적 박탈'에 관한 이론을 포함한다.[127] 이러한 이론적 입장들이 공유하고 있는 것은 사회운동은 개별적 행위자들의 불만discontent 또는 grievance으로부터 발생한다는 것, 그리고 사회운동을 통해 드러나는 집합적 행위는 '비합리적irrational'이라는 점이다.[128] 이러한 고전적 사회운동 이론은 사회운동을 평범한 정치적 행동과 구별하는데 전자는 허위적이고 비합리적이라는 것이다. 이러한 구별은 다원주의적인 미

---

127 McAdam, Doug, *Political Process and the Development of the Black Insurgency*, Chicago: University of Chicago Press, 1982, pp. 6~11; Zald, Mayer N, "Looking Backward to Look Forward: Reflections on the Past and Future of the Resource Mobilization Research Program", Aldon D. Morris and Carol McClurg Mueller eds., *Frontiers in Social Movement Theory*, New Haven and London: Yale University Press, 1992, pp. 327~330; McAdam, Doug, John D. McCarthy and Mayer N. Zald, "Social Movements", Niel Smelser ed., *Handbook of Sociology*, Beverly Hills, CA: Sage, 1988, pp. 695~696.

128 Jenkins, J. Craig and Charles Perrow, "Insurgency of the Powerless: Farm Worker Movement(1946~1972)", *American Sociological Review* 42:, 1977, p. 250.

국 정치체제를 당연하게 받아들이는 정치적 태도 때문일 수 있다.[129] 다원주의적 모델에서 정치적 자원은 공정하게 배분되며, 모든 정치적 주체와 집단들은 정치적 장으로 진입할 수 있다고 가정한다.[130] 자원동원이론과 정치적 기회구조론, 그리고 정치과정이론은 이러한 고전적 패러다임에 대한 대응이라고 할 수 있다.[131]

마르크스주의적 패러다임은 민중 운동을 혁명과 결부시킨다. 혁명은 곧 민중이 자본주의 사회를 전복하는 것이다. 고전적 모델과는 반대로 마르크스주의는 사회운동은 존재할 수밖에 없는 합리적인 집합행동이며 긍정적인 의미를 가진다고 주장한다. 그러나 마르크스주의적 패러다임을 통해 우리 시대의 사회운동을 설명하는 데에는 몇 가지 어려움이 있다. 다수의 마르크스주의자들은 사회운동의 기원을 경제적 모순으로부터 도출하며 운동과 혁명을 오직 계급을 통해서만 설명하려는 경향이 있다. 잘 알려져 있는 것처럼 자본주의 사회에는 노동자계급과 자본가계급이 대립하고 있으며 혁명의 주체는 노동자계급이라는 도식이 그것이다. 또한 마르크스주의자들은 국가를 계급지배의 중심으로 보고 혁명을 위한 투쟁의 에너지가 국가를 향하도록 한다. 1960년대 이후 국가로부터 거리를 둔 지역적이고 특정한 장소에서 발생해 온 다양한 사회운동의 동학과 메커니즘을 설명하는 데 어려움을 겪을 수밖에 없는 것이다. 유럽의 신사회운동은 이러한 경향을 비판하고 등장한

---

129 McAdam, Doug, *Political Process and the Development of the Black Insurgency*, Chicago: University of Chicago Press, 1982, p. 18.

130 같은 책, p. 5; Jenkins, J. Craig and Charles Perrow, "Insurgency of the Powerless: Farm Worker Movement(1946~1972)", *American Sociological Review* 42, 1977, p. 251.

131 자원동원 이론에 대한 개략적인 설명은 정철희, 「미시동원, 중위동원, 그리고 생활세계제도-사회운동론의 재구성을 위한 시론」, 『경제와 사회』25, 1995, 216~245쪽과 임희섭, 『집합행동과 사회운동의 이론』, 고려대학교 출판부, 1999, 7장을 참고하라.

새로운 사회운동이라고 할 수 있다.[132]

21세기 새로운 조건에서 집합적 행위를 설명할 수 있는 사회운동이론을 구성하기 위해서는 이러한 각각의 이론적 도전은 얼마나 성공적이었는지, 그리고 각각의 이론적 기여에도 불구하고 설명되지 못하고 남겨진 것은 무엇인지를 분명히 해야 한다. 이것이 본론에서 다루어져야 하는 주제이다.

2. 자원동원이론과 사회적 구성주의

1) 자원동원이론

자원동원이론은 앞에서 지적했듯이 집합행동론을 비판하면서 등장하기 시작했다. 자원동원이론은 집합행동을 출현하게 하는 '불만'은 모든 사회에 존재한다고 주장함으로써 사회운동이 예외적 상황에 출현하는 비합리적 행위가 아님을 밝히는 데 주력했다.[133] 이렇게 언제나 존재하고 있는 '불만'은

---

132 신사회운동 이론에 대한 요약된 설명은 정철희, 「미시동원, 중위동원, 그리고 생활세계제도-사회운동론의 재구성을 위한 시론」, 『경제와 사회』25, 1995, 225~227쪽과 임희섭, 『집합행동과 사회운동의 이론』, 고려대학교 출판부, 1999, 8장; 최병두, 「환경운동의 철학적 기초와 전망: 마르크스주의와 신사회운동론의 재검토」, 『이론』 6, 1993, 235~256쪽을 참고하라. Boggs, Carl, *Social Movements and Political Power*, Philadelphia: Temple University Press, 1986, pp. 57~65; Laclau, Ernersto and Chantal Mouffe, *Hegemony and Socialist Strategy*, 2nd edition. London: Verso, 2001.

133 McCarthy, John D. and Mayer N. Zald, "Resource Mobilization and Social Movements: A Partial Theory", John D. McCarthy and Mayer N. Zald eds., *Social Movements in an Organizational Society*, New Brunswick, NJ: Transaction, 1987, p. 18; McAdam, Doug, *Political Process and the Development of the Black Insurgency*, Chicago: University of Chicago Press, 1982, p. 21.

외적으로 주어지는 자원과 연계될 때 사회운동으로 발전할 수 있다.[134] 즉 사회운동은 "집합적 항의 행위를 지지하는 가용한 자원 수준의 급격한 증가"로부터 발생한다는 것이다.[135] 자원동원이론은 사회적 불만이 자원과 연결될 때 사회운동으로 전화한다는 주장을 기업가 행위와 비유하기까지 한다. 기업가처럼 사회운동의 조직가들은 자원을 적절하게 조직함으로서 운동을 발전시킬 수 있다는 것이다.[136] 자원동원 이론가들이 '자원'의 개념을 명확하게 정의하고 있는 것은 아니다. 그래서 "너무 광범위하게 적용하여 엄밀성이 결여되었다."는 비판을 받기도 한다.[137] 하지만 자원동원론에서 가장 중요한 자원은 돈과 노동(시간)인 것처럼 보인다.

자원동원이론이 집합행동론을 비판하기 위해 내세운 이론적 지침은 사회운동에 참여하는 사람들은 합리적인 선택에 의해서 그렇게 한다는 것이다. 자원동원 이론가들은 올슨Macur Olson이 제기한 '무임승차자free rider' 문제를 논의함으로써 자신들의 이론적 입장을 개진한다. 올슨에 따르면 합리적 행위자는 운동에 참여하지 않는다. 합리적이지만 이기적인 개인행위자에게 운동에 참여하는 비용은 그것이 가져다주는 편익보다 크기 때문이다. 이러한

---

134   Jenkins, J. Craig and Charles Perrow, "Insurgency of the Powerless: Farm Worker Movement(1946~1972)", *American Sociological Review* 42:, 1977, p. 251; Kriesi, Hanspeter, "Political Context and Opportunity", David A. Snow, Sarah A. Soule & Hanspeter Kriesi eds., *The Blackwell Companion to Social Movements*, Oxford: Blackwell Publishing, 2007.

135   McAdam, Doug, *Political Process and the Development of the Black Insurgency*, Chicago: University of Chicago Press, 1982, p. 21.

136   McCarthy, John D. and Mayer N. Zald, "Resource Mobilization and Social Movements: A Partial Theory", John D. McCarthy and Mayer N. Zald eds., *Social Movements in an Organizational Society*, New Brunswick, NJ: Transaction, 1987, p. 18.

137   정철희, 「미시동원, 중위동원, 그리고 생활세계제도—사회운동론의 재구성을 위한 시론」, 『경제와 사회』25, 1995, 221쪽.

논리에 따르면 합리적 행위자는 무임승차자가 되기를 선택할 수밖에 없다. 본인은 참여하지 않지만 집합적 행동의 결과로 얻어지는 편익은 향유하는 선택을 한다는 것이다. 이러한 딜레마를 해결하기 위해 올슨은 '선택적 유인 selective incentive'과 강제를 끌어 들인다.[138] 합리적이고 자율적인 선택을 강조하는 자원동원이론에서 강제는 관심대상이 아니기 때문에 주된 논의 대상은 '선택적 유인'일 수밖에 없다.

선택적 유인이 사회운동 발생을 설명하는 핵심변수로 등장하게 되면 분석의 초점은 집합적 행위 그 자체에서 운동 지도자들의 능력의 문제로 옮겨가게 된다. 선택적 유인을 제공하는 주체는 운동의 지도자이며 이들이 조직의 구성원들과 시민들에게 물질적 유인을 통해 운동에 참여하는 것이 보상을 가져다준다는 확신을 주느냐 마느냐가 사회운동의 핵심변수가 되기 때문이다.[139] 즉 불만은 언제나 존재하지만 보통사람들은 운동을 조직할 능력을 가

---

138   Olson, Mancur, "The Free-Rider Problem from The Logic of Collective Action", Jeff Goodwin and James M. Jasper eds., *The Social Movements Reader: Cases and Concepts,* Chichester: Wiley-Blackwell, 2009; Tilly, Charles, *From Mobilization to Revolution,* Reading, MA: Addison-Wesley, 1978, p. 27, 62, 74; McCarthy, John D. and Mayer N. Zald, "Resource Mobilization and Social Movements: A Partial Theory", John D. McCarthy and Mayer N. Zald eds., *Social Movements in an Organizational Society,* New Brunswick, NJ: Transaction, 1987, p. 18; Mueller, Carol McClurg, "Building Social Movement Theory", iAldon D. Morris and Carol McClurg Mueller eds., *Frontiers in Social Movement Theory,* New Haven and London: Yale University Press, 1992, p. 6; Ferree, Myra Marx, "The Political Context of Rationality: Rational Choice Theory and Resource Mobilization", Aldon D. Morris and Carol McClurg Muellereds., *Frontiers in Social Movement Theory,* New Haven and London: Yale University Press, 1992, p. 30.

139   Tarrow, Sydney, *Power in Movement,* Cambridge: Cambridge University Press, 1998, p. 15.

지고 있지 못하며, 특정한 역사적 시기에 운동을 위한 자원이 증가하면 운동의 조직자들은 이 기회를 활용하여 참여가 이득이라는 믿음을 갖게 한다는 것이다.[140] 운동조직가들이 사업가에 비유되고 사회운동이 기업처럼 다루어지는 이유가 여기에 있다. 자원동원이론에서 중요한 것은 행위를 촉발하는 조직적 요인들이며, 사회운동의 조직organization은 사회운동 그 자체보다 중요한 것처럼 다루어진다.[141] 결론적으로 올슨이 제기한 무임승차자의 딜레마는 상대적으로 많은 양의 자원을 가지거나 동원할 수 있는 엘리트에 의해 지도되는 운동조직을 통해 해결된다는 것이다.[142]

태로우와 맥아담은 자원동원이론의 대표적 이론가인 메카시와 잘드를 비판한다. 메카시와 잘드가 그려내고 있는 사회운동 조직이 이익집단interest group과 크게 다르지 않다는 것이다.[143] 또한 맥아담은 메카시와 잘드가 사회운동을 설명하는 데서 엘리트의 중요성을 과도하게 강조한다고 지적한다. 이런 관점에서는 운동의 대중적 기반이 가지는 중요성을 과소평가할 수밖에

---

140   McCarthy, John D. and Mayer N. Zald, "Resource Mobilization and Social Movements: A Partial Theory", John D. McCarthy and Mayer N. Zald eds., *Social Movements in an Organizational Society*, New Brunswick, NJ: Transaction, 1987, p. 23.

141   같은 글, p. 21.

142   Tarrow, Sydney, *Power in Movement*, Cambridge: Cambridge University Press, 1998, p. 16; McAdam, Doug, John D. McCarthy and Mayer N. Zald, "Opportunities, Mobilizing Structure, and Framing Processes – Toward a Synthetic, Comparative Perspective on Social Movements", Doug McAdam John D. McCarthy and Mayer N. Zald eds., *Comparative Perspectives on Social Movements*, Cambridge: Cambridge University Press, 1996, p. 4.

143   같은 책, P. 16; McAdam, Doug, *Political Process and the Development of the Black Insurgency*, Chicago: University of Chicago Press, 1982, p. 25.

없다는 것이다.[144] 달리 표현하면 메카시와 잘드는 보통사람들의 문화 또는 민중적 문화가 가지는 동적인 성격을 무시하고 있는 것이다. 사회에 편재하는 불만이 해석되고 집합적 행위의 동기로 발전하기 위해서는 문화적 해석이 있어야 하는 것이다. 즉 비용과 편익을 계산하는 합리적 선택으로부터 사회운동이 발생한다고 설명하는 자원동원이론의 주장과는 달리 사회운동이 출현하기 위해서는 '불만에 대한 집합적 정의'가 있어야만 한다. 불만은 주관적인, 하지만 집합적인 정의를 통해 감지되는 것이다.[145] 페리가 사회운동에 참여하는 행위를 동기화하는 '맥락적 프레임contextual frame'으로 '도덕적 신봉moral commitment'과 '가치'를 강조하는 것은 이런 이유에서이다.[146] 사회운동을 설명하기 위해서는 문화적 요인들에 대해 고려해야만 하는 것이다.

2) 사회적 구성주의

앞에서 살펴보았듯이 자원동원이론은 합리적 행위와 자원의 동원에 초점을 맞춤으로써 의미구성과 구조적 불평등을 주변적 문제로 간주하는 경향을

144 엘리트에 대한 강조는 리더십의 중요성으로 드러난다. 이에 대한 논의는 홍성태,「사회운동과 리더십 - 운동리더십의 이론화를 위한 시론적 모델」, 『한국사회학』46(2), 2012, pp. 1~33를 보라. McAdam, Doug, *Political Process and the Development of the Black Insurgency*, Chicago: University of Chicago Press, 1982, p. 29.

145 McAdam, Doug, *Political Process and the Development of the Black Insurgency*, Chicago: University of Chicago Press, 1982, pp. 33~34.; Klandermans, Bert, "The Social Construction of Protest and Multiorganizational Fields", Aldon D. Morris and Carol McClurg Mueller eds., *Frontiers in Social Movement Theory*, New Haven and London: Yale University Press, 1992, p. 77.

146 Ferree, Myra Marx, "The Political Context of Rationality: Rational Choice Theory and Resource Mobilization", Aldon D. Morris and Carol McClurg Muellereds, *Frontiers in Social Movement Theory*, New Haven and London: Yale University Press, 1992, pp. 34~35.

가진다.[147] 불평등을 주변적 문제로 간주하는 것은 마르크스주의적 사회운동이론에 의해 비판받았다. 의미구성의 문제에 대해서는 사회구성주의social constructionism로 묶여질 수 있는 이론적 경향으로부터 비판이 제기되어 왔다.[148] 논쟁의 와중에 자원동원이론의 대변자인 잘드조차도 문화, 이데올로기, 전략적 프레이밍이 중요하다는 점을 인정하기도 한다. 그는 "상징, 프레임, 이데올로기는 대립의 과정에서 형성되며 변화한다"고 주장하기도 했다.[149]

사회적 구성주의의 요점은 집합적 행위는 사람들이 '사건에 의미를 부여하고 상황을 해석'하도록 하는 문화적 요인의 매개 없이는 불가능하다는 것이다.[150] 갬슨과 메이어는 운동이 발생하고 성장하는 '정치적 기회구조political opportunities' 조차도 사람들의 상황 해석에 달려 있다고 말한다.[151]

---

147 Mueller, Carol McClurg, "Building Social Movement Theory", iAldon D. Morris and Carol McClurg Mueller eds., *Frontiers in Social Movement Theory*, New Haven and London: Yale University Press, 1992, p. 4.

148 Snow, David A, E. Burke Rochford, Jr., Steven K. Worden and Robert D. Benford, "Frame Alignment Processes, Micromobilization, and Movement Participation", *American Sociological Review* 51, 1986, pp. 464~481; Snow, David A, "Framing Processes, Ideology, and Discursive Fields", David A. Snow, Sarah A. Soule & Hanspeter Kriesi eds., *The Blackwell Companion to Social Movements*, Oxford: Blackwell Publishing, 2007.

149 Zald, Mayer N, "Culture, Ideology, and Strategic Framing", Doug McAdam, John D. McCarthy and Mayer N. Zald eds., *Comparative Perspectives on Social Movements*, Cambridge: Cambridge University Press, 1996, p. 262.

150 Klandermans, Bert, "The Social Construction of Protest and Multiorganizational Fields", Aldon D. Morris and Carol McClurg Mueller eds., *Frontiers in Social Movement Theory*, New Haven and London: Yale University Press, 1992, p. 77.

151 Gamson, William A. and David S. Meyer, "Framing Political Opportunity",

사회적 구성주의는 스노우와 벤포드에 의해 체계적으로 설명된다. 그들은 사회운동 과정에서 문화적 요소가 가지는 중요성을 설명하기 위해 '프레임 조정 과정frame alignment process'이라는 개념을 도입한다.[152] 이들의 핵심 주장은 두 가지 사실에 기초를 둔다. ① 일상 속의 사람들은 해석적 틀interpretive frames을 통해 세계를 인식한다. ② 사회운동 조직과 활동가들은 동원하고자 하는 집단에게 인정을 받거나 그들이 일상으로부터 벗어나 집합적 행위에 나서게 하기 위해 그 사람들이 행위하는 세계에 프레임을 부여하기도 한다.[153]

프레임 조정과정은 개별적 행위자들이 사회운동 조직이 제시하는 해석적 프레임을 통해 집합적 행위에 나서게 되는 과정을 설명한다. 여기서 중요한 것은 해석적 프레임은 행위자들의 문화적 세계에 뿌리 내리고 있어야 한다는 점이다. 사회운동조직이나 리더들의 발명품이 아니라는 것이다. 프레임을 통해 행위자들과 운동조직이 어떻게 접속하는지 조금 더 세분화하면 네 가지 단계로 구분할 수 있다. ① 프레임 연결frame bridging, ② 프레임 증폭frame amplification, ③ 프레임 확장frame extension, ④ 프레임 변형frame transformation이 그것이다.[154]

Doug McAdam, John D. McCarthy and Mayer N. Zald eds., *Comparative Perspectives on Social Movements*, New York: Cambridge University Press, 1996, p. 276; Snow, David A, E. Burke Rochford, Jr., Steven K. Worden and Robert D. Benford, "Frame Alignment Processes, Micromobilization, and Movement Participation", *American Sociological Review* 51, 1986, p. 477.

152 Snow, David A, E. Burke Rochford, Jr., Steven K. Worden and Robert D. Benford, "Frame Alignment Processes, Micromobilization, and Movement Participation", *American Sociological Review* 51, 1986.

153 같은 글, p. 466.

154 같은 글, p. 467.

자원동원이론과 사회적 구성주의가 공유하고 있는 생각은 모든 사회에는 사회운동으로 발전할 수 있는 불만이 '충분히' 존재한다는 것이다. 자원의 동원과 비용－편익 계산을 앞세우는 자원동원이론과는 달리 사회구성주의는 특정한 집단이 품고 있는 불만이 사회운동 조직의 프레임에 의해 자극되어 표출되어야 함을 강조한다. 이것이 프레임 연결이다. 하지만 프레임 연결의 단계에서 등장하는 것은 '감정적 풀sentiment pool'로서 공통의 불만과 지향을 가지고 있지만 그것을 표출하거나 집합적 이익을 추구하는 데까지 발전하기에는 조직적 기반이 부족한 사람들이다.[155] 따라서 '감정적 풀'로 묶여진 사람들은 보다 명확하게 불만의 의미를 인식하는 단계까지 나가야 한다. 여기서 사회운동 조직은 가치와 믿음과 같은 인식적 틀을 명확히 하고 활성화해야 한다. 이것이 프레임 증폭의 과정이다.[156] 인식의 틀이 명확해지고 활성화된다고 하더라도 운동조직이 목표로 하는 집단에 속한 사람들의 관점, 이익, 또는 감성을 포괄하기 위해 제안된 프레임의 경계를 넓히지 못한다면 참여자들을 이끌어 내기 어렵다. 이렇게 주어진 프레임 경계를 넓혀 내는 것을 프레임 확장이라고 부를 수 있다.[157] 이 단계에 멈추어 선다면 사회운동은 대중적 호소력을 가지기 어렵다. 불만과 쟁점을 공유하고 있는 집단의 프레임이 보통사람들의 해석적 프레임, 공유되고 있는 라이프스타일 또는 관행과 공명하지 못한다면 범위가 좁은 집단을 벗어난 영향력을 가지기 어렵다. 따라서 운동조직은 스스로의 프레임을 변화시켜야 한다. 이것이 프레임 변형이다.[158]

스노우 등이 사회운동이 생겨나는 원인으로서 문화적 요인들에 주목하고 있는 것은 중요한 통찰이다. 하지만 그들의 설명도 만족스럽지 않아 보인다.

---

155 같은 글, p. 467.

156 같은 글, pp. 469~472.

157 같은 글, pp. 472~473.

158 같은 글, pp. 473~476.

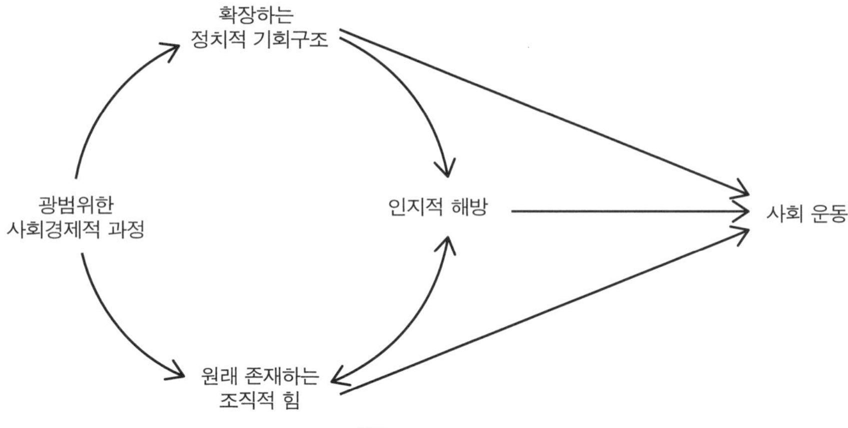

그림 1 운동 출현의 정치과정 모델[159]

자원동원이론 비판으로부터 출발했지만 그들의 초점이 대중의 문화와 의식세계 안에 항상적으로 존재하는 저항의 힘과 동학보다는 운동조직가의 전략에 맞추어져 있다는 점에서 그들의 비판대상을 완전히 넘어서고 있지 못하기 때문이다. 사회구성론자들에게 문화적 요인들은 보통사람들이 운동에 참여하도록 설득하는 운동조직가들에 의해 이용되는 '자원'의 의미를 넘어서지 못한다는 점에서 자원동원이론과 큰 차이를 보이지 않는다는 것이다. 이러한 실용적 관점에서 몇몇 이론가들은 프레이밍 과정의 수단으로 대중매체의 중요성을 강조한다.[160] 자원동원 이론가들이 프레이밍과정을 수용하고

---

159 McAdam, Doug, *Political Process and the Development of the Black Insurgency*, Chicago: University of Chicago Press, 1982, p. 51.

160 정치과정의 시장화에 대한 논평은 Burnham, Peter, "New Labour and the Politics of Depoliticisation", *British Journal of Politics and International Relations* 3(2), 2001과 Finlayson, Alan, *Making Sense of New Labour*, London: Lawrence and Wishart, 2003을 참고하라. 두 사람은 영국을 대상으로 탈정치화 과정을 분석하고 있다. Klandermans, Bert and Sjoerd Goslinga, "Media Discourse, Movement Publicity, and the Generation of Collective Action Frames", Doug McAdam, John D. McCarthy and Mayer N. Zald eds., *Comparative Perspectives on Social Movements*, New York:

그것을 자신들의 이론적 전망에 도입할 수 있다고 주장할 수 있는 이유가 바로 여기에 있다.[161] 그들에게 해석적 틀은 동원구조의 구성요소로 이해되는 것이다.

맥아담은 조금 다른 각도에서 해석적 틀과 구조적 요인들을 연결하려고 한다. 그의 정치적 과정 모델political process model은 문화적 측면을 이론화하기 위해 '인지적 해방cognitive liberation'이라는 개념을 사용한다. 〈그림 1〉에서 볼 수 있는 것처럼 '넓은 사회경제적 과정'은 '정치적 기회'를 확장하고 '이미 주어져 있는 조직의 힘'에 영향을 미친다. 이러한 변화는 인지적 해방에 필수적인 '인지적 신호cognitive cue'의 역할을 한다. 이것은 사회운동에의 참여가 이익을 증대시킨다고 사람들을 설득하는 것이다.[162] 이러한 주장은 자원동원이론과 문화적 구성주의를 결합하려는 시도라고 할 수 있다. 그러나 맥아담의 정치적 과정 모델 또한 대중문화와 대중 의식의 동학이 가지는 잠재적 힘을 인식하는 데는 성공적이지 못하다. 그의 입장에서 인지적 해방은 단지 정치적 기회구조와 동원구조의 변화가 가져온 결과일 뿐이다. 따라서 그가 집합적 정체성collective identity에 대해 언급할 때조차, 그의 관심은 선택적 유인selective incentive에 있을 뿐이다. 즉 그에게 선택적 유인은 물질적 유인뿐만 아니라 인지적 또는 문화적 유인도 포함하고 있는 것이다.[163]

Cambridge University Press, 1996.

161   McAdam, Doug, John D. McCarthy and Mayer N. Zald, "Opportunities, Mobilizing Structure, and Framing Processes–Toward a Synthetic, Comparative Perspective on Social Movements", Doug McAdam John D. McCarthy and Mayer N. Zald eds., *Comparative Perspectives on Social Movements*, Cambridge: Cambridge University Press, 1996.

162   McAdam, Doug, *Political Process and the Development of the Black Insurgency*, Chicago: University of Chicago Press, 1982, p. 48~51.

163   Friedman, Debra and Doug McAdam, "Collective Identity and Activism: Networks, Choices, and the Life of a Social Movement", Aldon D. Morris

결과적으로 그가 합리적 선택 모델이 전제하는 원자론적인 행위자 설명에 대해 비판적이라고 할지라도, 합리적 선택이론으로부터 완전히 벗어난 것은 아닌 것이다.[164]

3) 기술적technical 분석의 한계

지금까지 살펴본 사회운동이론을 비판적으로 검토하기 위해서는 운동이 발생하는 '사회구조'와 사회운동의 관계, 그리고 사회를 유지하는 지배적인 담론체제(이 글에서는 이데올로기적 구성체라고 부를 것이다) 안의 (지배적 이데올로기와 그것으로 환원될 수 없는 민중적 이데올로기 사이의) 이데올로기 투쟁에 대해서 생각해 보아야 한다. 이데올로기투쟁은 사회운동의 발생과 전개를 설명할 수 있는 서로 다른 지식구성의 수준을 내포한다.

철학자 알튀세르Louis Althusser의 표현을 빌자면, 과잉결정된overdetermined 사회구조는 사회운동이 발생하는 장field으로 사회운동과 사회구조 사이의 복합적인 상호작용의 산물로 드러난다. 이것은 경제적, 정치적, 성적 적대 등 다양한 적대적 관계를 포함한다. 이러한 적대들은 역사적으로, 그리고 구조적으로 제한된 지평 안에서 움직인다. 그리고 적대는 이데올로기투쟁에 의해서 매개된다. 이러한 이데올로기적 투쟁은 이데올로기적 구성체 ideological formation안에서 전개되는데, 이것은 곧 지배적 이데올로기와 민중

---

and Carol McClurg Mueller eds., *Frontiers in Social Movement Theory*, New Haven and London : Yale University Press, 1992, p. 156.

164 프레임을 적용한 국내 연구로는 최인이,「노동조합운동전략으로서의 프레이밍과 정체성 구성 - 단체교섭 전략에 대한 분석을 중심으로」,『동향과 전망』 70, 2007, 273~313쪽과 이수진·이철,「96·97년 노동자 총파업에 대한 사회운동론적 분석」,『한국사회』 8(2), 120쪽, 113~142쪽을 보라. Mueller, Carol McClurg. 1992. "Building Social Movement Theory", iAldon D. Morris and Carol McClurg Mueller eds., *Frontiers in Social Movement Theory*, New Haven and London : Yale University Press, 1992, p. 7.

적 이데올로기의 뒤섞임과 뒤틀림, 그리고 투쟁에 다름 아니다. 여기서 이데올로기적 구성체는 사회구조 전체를 구성하는 하나의 요소가 된다.[165]

사회운동과 그것이 발생하는 사회구조의 상호작용, 그리고 그것을 매개하는 이데올로기구성체의 적대적 투쟁이 비판사회과학이 분석해야 하는 대상이다. 등가적인 담론적 실천과 정체성의 정치를 넘어서야 하는 것이다. 따라서 이러한 분석은 '과학적' 지식을 추구한다. 여기서 과학적 지식은 두 측면을 가진다. 하나는 비판적critical 분석이고 다른 하나는 기술적technical 분석이다. 비판적 분석은 현재 존재하는 사회질서와 이데올로기적 구성체에 대한 비판을 의미한다. 이러한 분석은 복합적인 사회적 총체와 그것의 상대적으로 자율적인 심급들을 설명하고 이해하려고 한다. 다른 한편 기술적 분석은 사회적 행위자(사회운동의 조직가)가 그 안에서 사회적 요인들 간의 인과관계를 찾으려고 시도하는 특정한 상황에 대한 분석을 의미한다.

사회운동의 과정에서 중요한 것은 과학적 지식과는 다른 성격을 가지는 문화적cultural 지식이다. 문화적 지식은 분석만으로 얻어질 수 있는 것이 아니다. 이것은 문화적으로 주어진, 다시 말하면 언제나 이미 당연한 것으로 주어진 지식이다. 이러한 지식의 수준은 이데올로기적 구성체 안에 존재한다. 하지만 문화적 지식이 발휘되는 것은 각자가 처한 구체적 조건 속에서이다. 문화적 지식은 실존적existential 지식의 계기, 즉 구체적 경험을 통하지 않고서는 존재할 수 없는 것이다. 사람들은 그들의 일상을 문화적 지식을 통해 경험한다. 그리고 일상적 삶의 상황은 복합적인 사회적 총체가 재생산되는 장소이다. 실존적 지식은 문화적 지식이 복합적, 사회적 정체를 만나는 상황들에서 구체적 경험으로부터 생겨나는 것이다.[166]

---

165   Althusser, Louis, *For Marx*, London: NLB, 1977/1965; Althusser, Louis and Etienne Balibar, *Reading Capital*, London: Verso, 1979/1965.

166   문화적 지식과 실존적 지식에 대해서는 이 장 후반에서 자세히 논의 될 것이다.

자원동원이론이나 정치적 기회구조론은 사회구조와 사회운동 사이의 관계를 탐색한다. 자원량의 증가나 정치적 구조의 변화는 사회운동을 만들어내는 구조적 요인들이다. 하지만 이러한 패러다임은 과잉결정된 사회구조를 구성하는 복합적 관계를 다룰 수 없다. 사실상 자원의 증가는 정치적이고 이데올로기적 투쟁에 의해 영향 받을 수밖에 없다. 더 중요하게는 이러한 투쟁은 경제적 모순과 갈등을 둘러싸고 전개되는 경향이 있다. 비록 경제적 모순이 정치적-이데올로기적 투쟁을 결정하지는 않지만 전자는 정치적-이데올로기적 투쟁이 전개되는 지진대에 진앙일 수 있는 것이다. 자원동원이론과 정치적 기회구조론은 모순의 이러한 복합성에 주의를 기울이지 않는다.

사회구성주의는 이데올로기적, 또는 문화적 요인들에 주목한다. 상황의 인식은 구조적 요인들에 의해 결정되는 것이 아니라 이데올로기적 변수들에 의해 강하게 영향 받기 때문이다. 이러한 인식에도 불구하고 사회구성주의적 패러다임은 기술적 분석의 측면에서 이데올로기적 요인들에 접근한다. 계급투쟁을 비롯한 다양한 사회적 투쟁에 의해 매개되는 이데올로기적 구성체의 불안정성과 긴장을 단순화하는 경향이 생겨나게 된다. 결과적으로 사회구성주의적 패러다임은 자원동원론을 넘어서지 못하는데, 이데올로기적 요인은 엘리트의 조작을 기다리는 자원으로 인식될 뿐이기 때문이다.

과학적 지식과 관련하여 지금까지 살펴본 사회운동에 대한 이론적 패러다임은 기술적 분석에만 집중하는 경향이 있다. 경제적, 정치적 체계와 이데올로기적 구성체를 포함하는 사회구조에 대해 비판하고 문제 삼지 않는다는 것이다. 비판적 분석은 현재 존재하는 사회구조에 대한 비판이어야 한다. 비판적 분석의 결여는 자원동원이론, 정치적 기회구조론, 사회구성주의가 공유하는 정치적 다원주의pluralism에서 연원하는 것 같다. 맥아담이 지적했듯이 자원동원이론은 집합적 행동이론이 보여준 사회운동에 대한 다원주의적 이해를 극복하려는 시도였을 수는 있지만 결국에는 그 안에 머물고 만 것이다.[167]

167　McAdam, Doug, *Political Process and the Development of the Black*

다원주의에 관해 맥퍼슨의 이야기를 들어 볼 필요가 있다. 맥퍼슨은 두 가지 종류의 다원주의가 있다고 주장한다.[168] 하나는 '소유적 다원주의 possessive pluralism'이고 다른 하나는 '발전적 다원주의developmental pluralism' 이다. 전자는 '소비자의 효용을 극대화하는 인간 모델'을 전제한다.[169] 따라서 소유적 다원주의는 '경쟁하는 정당과 압력단체'에 기초한 현존 정치질서가 민주적 체제에게 유일하게 열려진 선택지라고 주장한다.[170] 그리고 개별적 행위자들의 다양한 이익은 정치적 과정을 통해 대변될 수 있다고 생각한다.[171] 반면에 발전적 다원주의는 '개개인이 가지는 잠재성의 완전하고 자유로운 발전'을 강조한다.[172] 맥퍼슨에 따르면 발전적 다원주의는 '시위, 행진, 시민불복종' 등의 비제도적 정치행위를 옹호할 수 있다.[173] 하지만 맥퍼슨이 발전적 다원주의를 옹호하는 것은 아니다. 다원주의적 틀 내에서 다양한 정치적 행위는 정치인과 정부가 책임이 있는 '선거적 승인electoral sanctions'을 통해서만 영향력을 발휘할 수 있기 때문이다.[174] 이러한 입장은 불평등을 유지시키는 사회체제 그 자체를 비판하는 데까지 나가지 못한다. 맥퍼슨은 다음과 같이 질문한다. '다양한 정치적 행위가 진실로 참여적인 체제를 창출하기 위해 현재 존재하는 정치적, 경제적 권력 구조를 충분히 약화시킬 수 있

Insurgency, Chicago: University of Chicago Press, 1982, p. 17.

168 Macpherson, C, *The Rise and Fall of Economic Justice and Other Papers*, Oxford: Oxford University Press, 1985.

169 같은 책, pp. 95~96.

170 같은 책, p. 94.

171 같은 책, p. 93.

172 같은 책, p. 94.

173 같은 책, p. 98.

174 Macpherson, C, *The Rise and Fall of Economic Justice and Other Papers*, Oxford: Oxford University Press, 1985. p. 98.

다고 예측할 수 있는가?'[175]

　자원동원이론은 '구성원members'의 정치의 정상성normality을 비판한다. 하지만 이 이론의 초점은 오직 정치의 형식form에 있을 뿐이다. 즉 비록 도전자가 제도화된 정치와는 다른 정치형식을 선택할 수는 있지만, 그것의 내용은 제도의 구성원들의 그것과 큰 차이가 없는 것이다. 자원동원이론에게 불만은 구조적 모순과 불평등한 사회적 관계로부터 나오는 것이 아니다. 도전자들이 원하는 것은 정치체의 구성원들이 당연하게 가지고 있는 채널일 뿐이다. 사회구성주의, 정치적 기회구조론, 정치과정모델 등도 유사한 이데올로기적 지반 위에 서 있다고 할 수 있다.

　요약하자면 자원동원이론, 정치적 기회구조론, 사회구성론, 정치과정 모델은 소유적 다원주의와 발전적 다원주의 사이에서 진동하고 있다고 할 수 있다. 이러한 한계는 이 모든 접근을 기술적 분석에 가두어 둔다. 더욱이 기술적 분석의 지배는 문화적 지식이 수행하는 역할을 이해하는 것을 어렵게 만든다. 심지어 사회적 구성주의에서조차 문화적 요인은 오직 기술적 분석의 대상일 뿐이다. 문화적 지식은 기술적 분석의 결과가 아니다. 이것은 문화적으로 주어진 민중의 삶의 방식인 것이다. 톰슨Edward Palmer Thompson은 이것을 '평민 속의 관습customs in common'이라고 표현했다.[176] 그람시의 헤게모니가 구성되는 방식처럼 문화적 지식은 지배계급의 이데올로기와 피지배계급의 이데올로기가 부딪치고 경합되는, 끊임없는 변형에 노출되어 있는 보편적 프레임universal frames으로 작용한다.

　사회운동은 이러한 사람들의 관습과 문화의 세계에 뿌리 내리는 것이다. 그러한 민중적 문화 속에서 경험되는 구체적 사실은 보편적 원리 또는 이데

175　같은 책, pp. 98~99.

176　Thompson, E. P, *Customs in Common*, London : Merlin, 1991 ; Thompson, E. P, *The Making of the English Working Class*, London : Penguin, 1991〔1963〕.

올로기를 지배적이지 않은 방식으로 해석할 수 있는 잠재력을 가지고 있으며 사회운동의 역할은 이러한 해석을 가능하게 하는 조건을 만들어 주는 것이다. 사회적 구성주의자들조차 이렇듯 복잡한 이데올로기투쟁의 양상을 제대로 이론화하는 데 실패하고 있다고 할 수 있다.

3. 신사회운동이론 – 마르크스주의를 넘어선 급진정치

1) 신사회운동이론의 정체성 정치

미국적 전통과 비교했을 때, 유럽의 신사회운동론은 사회운동을 사회질서 외부에 위치시키는 경향이 강하다. 즉 신사회운동론은 현재 존재하는 사회체제에 대해 도전한다. 특히 신사회운동론자들은 (앞에서 제시된 표현을 따르자면) 문화적 지식과 실존적 지식에 의해 매개되는 헤게모니투쟁으로 가득 찬 이데올로기적 구성체에 초점을 둔다. 이론적으로 말하면, 신사회운동론자의 대다수는 마르크스주의와 비판적 분석의 정신을 공유한다. 하지만 동시에 마르크스주의에 대해서 비판적인 태도를 유지한다. 그들은 마르크스주의가 가지는 비판적 측면이 소위 경제적 결정론과 계급환원론에 의해 약화된다고 본다.[177] 그들은 마르크스주의가 가지는 이러한 부정적 측면으로부터 거리를 두기 위해 보다 유연한 방법으로 사회를 이론화한다. 사회와 개인적 정체성의 우발성contingency을 강조하게 되는 것이다. 이러한 우발적 성격은 결코 경제적 토대나 계급의 구조적 위치로 환원될 수 없다고 주장한다. 따라서 그들의 주된 관심은 담론분석이며 정체성의 정치인 것이다.

신사회운동론의 전제는 물질적 생산이 지배적인 사회원리였던 근대사회

---

177 Boggs, Carl, *Social Movements and Political Power*, Philadelphia : Temple University Press, 1986, pp. 57~65; Laclau, Ernersto and Chantal Mouffe, *Hegemony and Socialist Strategy*, 2nd edition. London : Verso, 2001.

로부터의 실질적인 단절이다. 소위 탈현대적 또는 탈산업 사회는 가치체계의 변화를 동반한다. 예를 들어 투렌은 '산업적 사회운동과 오늘날의 갈등 사이의 상당히 깊은 차이'를 지적한다.[178] 그에 따르면 우리는 '사회적 삶의 새로운 사회유형'으로 진입했다.[179] 멜루치는 이러한 변화의 중요한 원인으로 정보기술의 발전을 제시한다. '시간과 공간, 사람들 사이의 관계, 심지어는 태어남과 죽음'까지도 '정보의 처리'를 통해 구성될 수 있다고 말한다.[180]

이러한 사회적 조건의 변화를 초래한 가장 중요한 요인으로는 '산업사회의 깊은 위기'가 지목된다.[181] 보그는 1945년 이후 근대자본주의의 발전의 주된 양상은 중앙집중화된 국가권력이 경제뿐만 아니라 일상을 규제하는 소위 코포라티즘체제였음을 강조한다. 이것은 국가가 커다란 주도권을 쥐고 있었던 케인즈주의적 복지체제였다.[182] 이 시기를 지배한 사회적 원리는 양적인 물질적 성장이 최종적인 목표인 생산력주의였다. 생산력주의 아래에서 자연생태계, 평화로운 국제관계, 삶의 질, 심지어는 민주주의마저도 부차적인 문제였다. 그리고 이 체제는 생산성을 위한 노동자의 규율을 요구했다. 그리고 이렇듯 강화된 규율은 물질적 풍요로 보상되었는데, 이것을 분배하는 주체 또한 국가권력이었다. 결과적으로 국가는 작업장뿐만 아니라 교육, 주택, 보건, 문화적 소비, 식품생산 그리고 근린생활까지 개입하게 되는 것

---

178   Touraine, Alain, "An Introduction to the Study of Social Movements", *Social Research* 52(4), 1985, p. 778.

179   같은 책, p. 780.

180   Melucci, Alberto, "A Strange Kind of Newness: What's 'New' in New Social Movements?", Enrique Larana, Hank Johnston, and Joseph R. Gusfield eds., *New Social Movement: From Ideology to Identity*. Philadelphia: Temple University Press, 1994, p. 101.

181   Boggs, Carl, *Social Movements and Political Power*, Philadelphia: Temple University Press, 1986, p. 23.

182   같은 책, p. 24.

이다.[183] 이러한 경향은 풍요를 대가로 한 사회적 통제의 강화였다는 것이 신사회운동론자들의 진단이다. 더욱이 근대적 자본주의는 인간적 필요가 아닌 만들어진 허구적 필요에 근거한 소비자본주의를 추구함으로써 사람들의 심리적 측면까지 자본의 논리에 의해 통제하게 된다고 분석한다.[184]

복지체제는 경제성장이 지속될 때에만 유지 가능했다. 현실에서 이러한 일은 발생하지 않았다. 일단 성장이 둔화되자, 이 체제는 지탱될 수 없었다. 정부의 재정적자는 눈덩이처럼 불어났고 사회통합을 유지하던 정당성의 위기가 발생했다. 여기에 복지국가시기를 거치면서 변화된 사람들의 정서가 더해졌다. 보통사람들은 단순한 물질적 풍요에 만족하지 않게 되었다.[185] 그들은 더 높은 삶의 질과 자기 만족감을 원하게 된 것이다. 여기서 신사회운동론자들이 강조하는 것은 복지국가에 의한 '제도적 조정institutional manipulation'은 의도하지 않은 경향을 만들어 냈다는 것이다. 일상으로의 국가의 개입은 다양한 장소와 쟁점을 정치화한 것이다.[186] 이러한 정치화가 신사회운동의 사회적 토대가 된다.

앞에서 언급했듯이 복지국가에 의한 일상의 정치화와 사회적 위기는 정보통신혁명과 병행되었다. 자본은 정보통신혁명을 통해 새로운 축적체제를 구축하려했다. 멜루치는 이러한 사회적 조건의 변화는 '분산된 사회통제diffuse social control'와 자율적인 사회운동의 가능성을 동반한다고 본다.[187] 멜루치

---

183 같은 책, p. 28.

184 Katsiaficas, George, *The Imagination of the New Left: A Global Analysis of 1968*, Boston: South End Press, 1987, pp. 98~99.

185 Boggs, Carl, *Social Movements and Political Power*, Philadelphia: Temple University Press, 1986, p. 29.

186 같은 책, p. 29.

187 Melucci, Alberto, "A Strange Kind of Newness: What's 'New' in New Social Movements?", Enrique Larana, Hank Johnston, and Joseph R. Gusfield eds., *New Social Movement: From Ideology to Identity*.

에 따르면 자율적인 사회운동은 지구적 수준에서의 자본주의의 변형이 가져
온 의도하지 않는 효과로 볼 수 있다는 것이다. 국가의 개입에 의해 이미 정
치화된 다양한 영역이 정보사회의 특징에 의해 완전히 새로운 단계로 진입
하게 된다는 것이다. 그리고 사회의 우선적인 가치는 더 이상 물질적인 복지
가 아니게 되었다는 것도 강조된다. 사람들은 그들 자신의 공간, 결정, 정체
성, 창조성을 원하게 된다는 것이다.[188] 같은 맥락에서 라클라우와 무페 또한
자본주의의 팽창에 의해 초래된 '급진적 불안전성radical instability'과 '사회적
정체성에 대한 위협threat to social identities'이 새로운 정체성들로 구성될 수
있는 '집합적 상상imaginary의 새로운 형식'을 가져다준다고 주장한다.[189]

신사회운동론자들에 따르면 지금까지 논의된 사회적 변화는 사회적 투쟁
의 장을 작업장과 국가로부터 일상생활로 변화시켰다. 이러한 변화는 사회
적 투쟁의 쟁점 또한 변화시켰다. 이제 중요한 것은 문화적 정체성이라는 것
이 이들의 핵심 주장이다.[190] 우리시대 갈등의 핵심은 의미가 생산되고 재
전유되는 정체성인 것이다.[191] 라클라우와 무페 또한 이러한 의미의 생산과

　　　Philadelphia: Temple University Press, 1994, p. 101.

188　같은 글, pp. 101~102; Melucci, Alberto, "The New Social Movements:
　　　A Theoretical Approach", *Social Science Information* 19(2), 1980, pp.
　　　217~218.

189　Laclau, Ernersto and Chantal Mouffe, "Post-Marxism without apologies",
　　　E. Laclau, *New Reflections on the Revolution of Our Time*, London: Verso,
　　　1990, pp. 127~128.

190　Melucci, Alberto, "A Strange Kind of Newness: What's 'New' in New
　　　Social Movements?", Enrique Larana, Hank Johnston, and Joseph
　　　R. Gusfield eds., *New Social Movement: From Ideology to Identity*,
　　　Philadelphia: Temple University Press, 1994, p. 109; Touraine, Alain, "An
　　　Introduction to the Study of Social Movements", *Social Research* 52(4),
　　　1985, p. 774.

191　같은 글, p. 110.

재전유를 '담론적 실천discursive practice'이라는 개념을 통해 이론화하고 있다.[192]

2) 문화적 지식의 부분성

신사회운동론에서 문화적 투쟁을 강조하고 있는 것은 중요한 이론적 기여라고 할 수 있다. 집합적 행위를 설명하는 데서 문화적 요인이 매우 중요함에도 불구하고 그동안은 이에 대한 적극적인 이론화가 부족했던 것이다. 하지만 이러한 긍정적인 기여는 부정적인 효과에 의해 퇴색된다. 문화적 투쟁과 정체성 정치에 대한 과도한 강조는 그들로 하여금 사회적 구조와 사회운동 사이의 관계를 무시하게 만들었다.[193]

앞에서 알튀세르의 용어를 빌어 설명했듯이 사회구조는 경제, 정치, 이데올로기 등의 다양한 심급들의 복합적 상호관계를 내포한다. 신사회운동론자들이 이러한 상호관계에 대해 암시적으로 언급하고 있음에도 불구하고, 그들은 문화적 투쟁이 핵심이 되는 정보사회 또는 탈현대 사회라는 새로운 사회적 조건의 출현을 설명하는 데까지만 경제적 동학의 중요성을 강조한다. 즉 포스트모던한 사회적 조건을 창출한 것은 정보통신혁명에 기초한 새로운 생산양식에 의해 초래되었다고 주장한다.[194] 하지만 새로운 사회적 조건은

---

192 유럽의 신사회운동과 한국의 시민운동을 비교하고 있는 정태석,「시민사회와 사회운동의 역사에서 유럽과 한국의 유사성과 차이-유럽의 신사회운동과 한국의 시민운동을 중심으로」,『경제와 사회』72, 2006, 125~147쪽은 신사회운동이론을 이해하는데 도움을 줄 것이다. ; Laclau, Ernersto and Chantal Mouffe, *Hegemony and Socialist Strategy*, 2nd edition. London : Verso, 2001.

193 조대엽,「지식의 정치와 사회운동: 사회운동에 관한 지식형성론적 이해」,『비교사회』3, 2000, 98쪽.

194 Laclau, Ernersto and Chantal Mouffe, "Post-Marxism without apologies", E. Laclau, *New Reflections on the Revolution of Our Time*, London : Verso,

다양한 구조적 조건의 복합성 보다는 문화적으로 구성되는 정체성을 전면에 부각시킨다고 해석한다. 이제 새로운 조건을 분석하는 데에서 경제적 착취는 중요한 문제로 다루어지지 않게 되는 것이다. 정치적 또는 이데올로기적 투쟁은 경제적 모순으로부터 '절대적 자율성'을 획득하게 되는 것이다.

복합적인 사회구조에 대한 분석이 결여되어 있다는 것은 과학적 지식에 대한 추구를 포기하는 것이라고 해석될 수 있다. 물론 신사회운동론자들은 자신들의 분석이 '이데올로기적 구성체'와 '정치적인 담론구성체'에 대한 과학적 분석이라고 주장할 수 있다. 하지만 그들의 분석 결과는 '부분적' 지식에 머문다. 비판적 사회과학에서 추구하는 과학적 지식이 사회의 복합적 구조와 그 안에서의 사회운동의 발생과 전개라면 신사회운동이 관심을 가지는 대상은 구조의 부분에 머물기 때문이다. 복합적 구조에 대한 과학적 지식이 없다면 새로운 삶의 스타일과 탈현대사회의 문화가 정당화하려는 고삐 풀린 경쟁적 자본주의에 대해 분석할 수 없게 되는 것이다. 포스트모던의 조건은 우리에게 새로운 정체성의 정치를 열어준 것만큼 신자유주의적 자본주의 체제를 정당화하는 지배적 이데올로기를 내포하고 있는 것이다. 신사회운동론자들이 주장하는 정체성의 정치와 담론적 정치를 급진화하기 위해서라도 복합적 사회구조에 대한 분석이 반드시 필요한 것이다. 탈현대적 문화와 정보통신기술에 의해 정치가 일상생활 속으로 스며들었다고 하더라도 국가는 여전히 중심적 역할을 수행하고 있으며 경제적 착취와 계급투쟁은 회피할 수 없는 현실인 것이다.[195]

1990, pp. 127~128; Boggs, Carl, *Social Movements and Political Power*, Philadelphia: Temple University Press, 1986, pp. 31.

195 알렉스 켈리니코스는 이러한 과점에서 포스트모더니즘을 강도 높게 비판하고 있다. Callinicos, A, *Against Postmodernism: A Marxist Critique*, Cambridge: Polity Press, 1990. 이러한 비판은 앞서 소개한 세이어의 비판과도 통한다. Sayer, Andrew, *Realism and Social Science*, London : Sage, 2000. 이밖에도 Joseph, Jonathan, "Learning to Live(with Derrida)",

4. 사회운동의 새로운 패러다임을 위하여[196]

1) 사회구조와 사회운동

앞에서 사회운동을 설명하는 데 있어서 사회운동이 사회구조와 가지는 관계의 중요성을 강조했다. 사회구조는 그 안에서 사회적, 정치적, 그리고 개인적 주체성subjectivity이 구성되는 일련의 사회적 조건의 총체라고 할 수 있다. 이러한 조건과 관련하여 한 가지 사실이 지적되어야만 한다. (알튀세르의 주장처럼) 전체 사회구조 안의 다양한 하위구조들sub-structures이 상대적으로 자율적이며 서로 다른 시간성을 가지고 있다 해도 그것을 한계 짓는 경제적 동학을 기각해서는 안 된다는 것이다. 전체구조와 하부구조 모두는 적대 또는 적대적 모순을 포함하고 있다는 점을 잊어서는 안 된다.

예를 들어 여성에 대한 차별은 남성과 여성 사이의 적대적antagonistic 관계를 의미하며 이러한 적대적 관계는 자본주의적 모순으로 환원될 수 없는 것이다. 그럼에도 불구하고 이러한 적대는 한계를 설정하는 사회적 조건 속에서, 그리고 자본주의적 착취관계와의 접합을 통해서 드러난다. 즉 자본주의적 생산양식 안에서 가사노동과 작업장에서의 불평등이 가지는 의미에 대

Jonathan Joseph and John Michael Roberts eds., *Realism Discourse and Deconstruction*, London: Routledge, 2004을 참고하라.

196 정철희도 사회운동의 새로운 패러다임을 구성하는 이론적 종합을 시도했다. 정철희,「미시동원, 중위동원, 그리고 생활세계제도-사회운동론의 재구성을 위한 시론」,『경제와 사회』25, 1995. 하지만 미시-중범위-거시의 연계, 경험적 연구와 이론적 논의의 연결을 시도하고 있을 뿐 이 글에서 제시하고 있는 비판적 지식과 기술적 지식의 문제는 다루고 있지 않다. 지식의 문제와 관련해 본 글과 유사한 시도는 조대엽,「지식의 정치와 사회운동: 사회운동에 관한 지식형성론적 이해」,『비교사회』3, 2000에서 찾아볼 수 있다. 김성일,「대중지성의 출현에 따른 새로운 사회운동론 모색」,『문화/과학』57, 2009, 245~257쪽은 '새로운 사회운동론 모색'을 내세웠지만 대중지성론을 확인하는 단계를 넘어서지 못한 것으로 보인다.

한 이해 없이는 여성이 겪는 차별과 불평등을 설명할 수 없는 것이다. 물론 성적 불평등이 가지는 환원 불가능한 특징이 있다는 것은 분명하다. 하지만 '지금 여기서' 드러나고 있는 성적 불평등의 모습을 정확히 인식하기 위해서는 역사적-사회적 한계를 설정하는 자본주의의 사회적 조건을 고려해야만 하는 것이다.

생태적 파괴를 저지하기 위해 투쟁하고 있는 녹색운동에 대해서도 비슷한 주장을 제기할 수 있다. 생태적 위기는 지구적 수준에서 해결되어야 하는 긴급한 문제임에 틀림없다. 하지만 이러한 위기에 대한 대응은 고삐 풀린 자본주의적 경쟁과 성장전략에 의해 더욱 악화되고 있는 현실 인식 없이는 무력할 수밖에 없다. 개인적인 결단, 영성적 체험, 윤리적 소비 등의 문제로 해결될 수 없는 구조적 힘이 작동하고 있는 것이다. 최근 녹색좌파 또는 녹색사회주의의 등장은 녹색사상이 제기한 생태적 가치를 자본주의 사회의 구조적 문제와 결부시켜 이해하려는 흐름이 강해지고 있음을 보여주고 있다.[197]

앞 절에서 자원동원이론, 정치적 기회구조론, 정치과정모델, 사회구성주의적 패러다임을 비판한 근거는 이들이 모두 사회구조와 하위구조를 구성하고 있는 적대적 관계들을 인식하는데 실패하고 있기 때문이었다. 이 이론들은 적대적 관계가 사회구조 그 자체를 유지하고 변형하는 힘이라는 사실을 인식하지 못 한다. 비록 현재 존재하고 있는 사회질서를 비판하지만 그것은 정치적 대표와 참여 통로의 문제일 뿐 다양한 문화적, 정치적, 경제적 투쟁을 통해 드러나는 적대와 모순을 분석하지 못한다는 것이다. 그들에게 사회구조에 대한 분석은 기껏해야 단기적인 정치적 기회구조이거나 물질적이고 문화적인 자원을 포함하는 사회적 자원의 배분일 뿐인 것이다. 그리고 각각의 하위구조 내의 적대적 관계들조차 사회운동 조직가에 의해 이용되어야 하는 자원으로 간주될 뿐이다.

197　녹색운동의 좌경화에 대해서는 서영표, 「기로에서 선 영국 녹색당-운동과 제도정치, 녹색과 적색 사이의 긴장」, 『환경사회학연구ECO』16(2), 2012와 Wall, Derek, *The Rise of Green Left*, London: Pluto Press, 2010을 참고하라.

신사회운동론은 하위구조들 안의 독립적인 동학에 초점을 맞추고 있다는 점에서 앞의 이론들과는 다른 모습을 보인다. 하지만 신사회운동론은 각각의 하위구조, 또는 그 안의 적대적 투쟁들이 가지는 독립성을 절대적 자율성absolute autonomy의 단계까지 밀고 나간다. 비록 신사회운동론자들이 사회의 구조적 변동에 주목하고 있지만 그들은 하위구조들이 표현하고 있는 적대적 관계들이 전체 사회의 복합체가 내포하는 모순과 어떤 관계를 가지는지에 대한 과학적 분석 자체를 포기하는 경향이 강하다.

우리에게 필요한 사회운동론은 미국적 전통이 강조한 사회운동의 기술적 측면과 유럽적 전통이 강조한 정체성의 정치의 중요성을 인정하면서, 각각이 가지고 있는 강점을 종합할 수 있는 이론적 패러다임을 제시하는 것이다. 이러한 종합과 관련해 풀란차스의 주장은 매우 유용한 단서를 제공한다. 국가권력에 대해 논의하면서 풀란차스는 계급권력과 비계급권력의 관계에 대해서 언급한다.[198] 그의 주장에 따르면 국가는 '경제적, 정치적, 이데올로기적 권력'처럼 '이질적인 권력들heterogeneous powers'을 활용한다. 여기서 젠더관계와 같은 비계급권력은 계급권력으로 환원될 수 없지만, 국가와 개별 기업에 의해 계급관계로 매개되거나 재생산된다.[199] 달리 표현하면 비계급적 권력관계에서의 다양한 투쟁은 계급관계 안의 '계급투쟁'을 통해 의미를 얻게 되는 것이다.[200] 이러한 관계들과 투쟁들은 자본주의 사회 안에서 움직이게 된다.[201] 풀란차스의 주장은 알튀세르의 과잉결정된 사회구조에 기초하고 있다고 할 수 있다. 사회적 투쟁을 내포하는 각각의 권력관계는 하위구조에 위치하지만 하위구조는 역사적으로 구성된 사회적 복합적 총체를 넘어설 수 없다는 것이다.

---

198 Poulantzas, Nicos, *State, Power, Socialism*, London : Verso, 2000.

199 같은 책, pp. 43~44.

200 같은 책, p. 148.

201 같은 책, p. 116.

풀란차스의 주장은 주체성subjectivity 구성과 관련지어 논의될 수 있다. 발리바르에 따르면 개인성individuality은 정치적, 경제적 이데올로기적 과정을 통해 구성되는데, 여기서 중요한 것은 각각의 과정이 서로 간 자율적인 역사와 논리를 갖는다는 것이다.[202] 하지만 각각의 역사와 논리는 오직 상대적으로만 자율적이다. 복합적 사회구조의 효과아래 결합될 때에만 그 의미를 부여받기 때문이다. 이것은 특정한 사회는 다양한 심급들을 포함하고 이 각각의 심급들은 서로 다른 구조적 위치를 내포한다는 것을 의미한다. 경제적 심급에서의 계급위치, 정치적 심급에서의 다양한 정치적 위치, 문화적 또는 이데올로기적 심급에서의 젠더 정체성, 생물학적 심급에서의 성적 차이 등등. 물론 이러한 위치들은 결코 분리된 채 나타나지 않는다. 서로 다른 위치들은 언제나 과잉결정되기 때문이다.

관심을 개별적 행위자의 주체성으로 옮겨보자. 다양한 구조적 위치들의 상호작용은 개인에게 효과를 가진다. 이러한 효과의 결과가 주체 위치subject position인 것이다. 그리고 이러한 주체적 위치는 개별행위자가 구조적 위치들을 인식하고 해석하는 틀에 다름 아니다. 이런 맥락에서 스미스는 주체 위치를 개별행위자들이 사회구성체 안의 구조적 위치들을 해석하고 그것에 반응할 수 있도록 하는 '믿음의 앙상블ensemble of beliefs'이라고 설명했다.[203]

이러한 접근으로부터 집합적 정체성이 유추될 수 있다. 상대적으로 안정화된 주체 위치는 주어진 일련의 주체 위치가 인식되는 '집합적으로 공유된 문제틀'로서의 역할을 수행한다. 따라서 주체 위치의 구성은 진공상태로부터 가능하지 않으며 언제나 이미 존재하는 의미와 정체성의 지배적인 배열

---

202 Althusser, Louis and Etienne Balibar, *Reading Capital*, London: Verso, 1979/1965, p. 252.

203 Smith, A. M, *Laclau and Mouffe: The Radical Democratic Imaginary*, London: Routledge, 1998, p. 58.

로부터 구성된다.[204] 즉 집합적 정체성을 설명하기 위해서는 사회적 행위자가 넘어설 수 없는 구조적 한계가 논의되어야 하는 것이다. 스미스는 개인들은 '담론적 장 안에 구조적으로 위치지어진다'고 말한다. 그리고 담론적 장은 그것의 효과를 제한하는 구조에 의해 한계 지어진다. 모든 개별적 주체성은 이러한 제한하는 효과에 의해 구성된다.[205] 계급의 경우 혁명적인 집단 정체성은 '계급의 존재'로부터 나오지 않으며 '대중 운동, 실천, 이데올로기들'의 '복합적 과정'으로부터 출현하는 것이다.[206]

발리바르와 스미스는 구조적 분석(구조적 위치)을 보다 유연한 정체성 구성(주체위치)과 결합하려 한다. 여기서 각각의 하위구조 안의 구조적 위치들 사이의 적대적 모순이 바로 사회운동이 발생하는 장소들이다. 이러한 모순은 언제나 다른 하위구조의 모순들에 의해 영향을 받는다. 복합적인 상호작용의 결과가 개별적 정체성으로서의 주체 위치가 된다. 따라서 개별적 주체는 사회운동의 다양한 영역을 넘나들게 되는 것이다.

2) 이데올로기적 투쟁

앞에서 언급한 복수의 하위구조 안의 적대를 둘러싼 사회적 투쟁은 이데올로기에 의해 매개된다. 이데올로기 없이 사회적 실천과 투쟁은 존재할 수 없다. 이러한 이데올로기적 복합체를 분석적으로 분리하여 살펴보기 위해 이데올로기적 구성체ideological formation 개념을 사용할 수 있다. 이데올로기적 구성체를 통한 분석의 대상은 이데올로기적 복합체의 보다 거시적이고 구조적인 측면이다. 지배적 이데올로기와 대중의 이데올로기가 서로 결합되고 경쟁하면서 역사적으로 독특한 이데올로기적 총체를 만들어내는 과정이

204　같은 책, p. 71, 73.

205　같은 책, p. 157.

206　Balibar, Etienne, "In Search of the Proletariat : The Notion of Class Politics in Marx", *Masses, Classes, Idea*, London : Routledge, 1994, p. 145.

관심 대상인 것이다.

이데올로기적 구성체를 분석한 데서 가장 영향력 있는 이론적 자원은 안
토니오 그람시Antonio Gramsci의 헤게모니구성과정에 대한 분석이다. 그람시
의 관심은 헤게모니적 지배, 즉 민중적이고 민족적인 문화에 기초한 지배이
데올로기의 구성과 작동 방식이었다. 그는 이러한 이데올로기적 구성체에
대한 분석을 넘어서 그 안에 내포되어 있는 저항의 계기 또한 포착해내려 했
다. 그의 최종적인 목표는 대항헤게모니 전략을 구성하는 것이었다. 대항헤
게모니를 구성하기 위해서는 대중문화 또한 그 자체로 민족적인 문화와 민
주주의, 정의, 인권, 자유 등 보편적 이데올로기를 접합할 수 있는 잠재적 힘
을 가지고 있어야 한다. 비록 보편성의 이름아래 지배적 이데올로기에 포섭
되어 있지만 그 자체로 상대적 자율성을 갖는 대중 문화의 역동성이 포착되
어야 한다는 것이다. 따라서 헤게모니분석은 두 개의 측면을 갖는다. 하나는
지배적 이데올로기가 어떻게 헤게모니로 구성되는가를 분석하는 것이고 다
른 하나는 민중적 문화가 지배적 이데올로기의 효과에도 불구하고 가지고
있는 저항의 잠재적 힘에 관한 분석이다.[207]

지배적 이데올로기는 보편적 이데올로기를 통해 파워블록을 구성하는 계
급들의 이익을 보편적인 것으로 의미화한다. 민주주의, 자유, 평등이라는 보
편적 이데올로기는 소유적 개인주의와 경쟁적 자본주의 논리를 정당화하는
방향으로 작동하는 것이다. 그리고 이러한 이데올로기는 헤게모니적 효과를
가지기 때문에 대중의 의식을 중립화시킬 수 있는 것이다. 그람시가 강조하
는 것은 일면 완벽해 보이는 이러한 헤게모니는 결코 완전하지 않다는 것이
다. 그 안에는 무수히 많은 틈새와 균열이 존재하기 때문이다. 보편적 이데
올로기가 표상하는 민주주의, 자유, 평등은 실재에는 결코 존재하지 않기 때

<hr>

207　Forgacs, David, "Gramsci and Marxism in Britain", *New Left Review* 176,
　　1987, pp. 70~88; Joseph, Jonathan, *Hegemony : A Realist View*, London :
　　Routledge, 2002.

문에 이데올로기와 실재 사이의 항상적인 균열이 존재할 수밖에 없는 것이다. 이러한 균열과 간극이 자각되는 매 순간이 대항헤게모니가 형성되는 계기들일 수 있다.

지배적인 이데올로기로부터 상대적으로 자율적인 대중문화 또는 대중 의식은 '역설적'이다. 한편으로 대중 의식은 보편적 이데올로기가 표상하는 것이 실재한다고 믿는다. 이렇게 믿게 하는 것이 헤게모니적 권력의 힘이라고 할 수 있다. 대중 의식이 역설적인 것은 헤게모니적 효과로서의 이러한 믿음이 곧 지배적 이데올로기의 약속이 거짓임을 드러나게 하기 때문이다. 현실의 경험을 통해 사람들은 이념과 실재 사이의 간극을 인지하게 되는 것이다. 따라서 헤게모니적 지배의 또 다른 기제는 다양한 장소에서 다양한 계기를 통해 드러나는 이러한 자각이 집합적 행위로 발전하는 것을 저지하는 것이다. 사람들을 지속적으로 고립된 시민과 소비자로 호명하고 서로 간 연대와 협력보다는 경쟁을 일상으로 만들어 낸다.[208] 따라서 사회운동은 이데올로기와 실재의 간극의 자각이 개별화되고 고립되는 것을 넘어설 때 생겨난다.

상대주의적 편향을 괄호 친다면, 라클라우와 무페의 '헤게모니적(담론적) 실천' 개념은 이 글에서 제기하는 이데올로기투쟁에 대한 분석과 유사한 입장을 제시한다. 그들에게 '정체성의 장field of identities'은 완전히 고정되어 있지 않다.[209] 한 사람의 정체성은 담론적인 것 안에서 타자와의 관계를 통해서만 구성될 수 있다. 이러한 과정에서 대상은 정체성과 관련해서 '의미'를 획득하게 된다. 정체성은 의미의 해석자로서의 주체 위치를 함축하며 동시

---

208 고립된 소비자로의 전락과 '심리적 궁핍화'에 대해서는 Dickens, P, "Cognitive Capitalism and Species-Being", S. Moog and R. Stones eds., Nature, Social Relations and Human Needs: *Essays in Honour of Ted Benton*, London: Palgrave, 2008을 보라.

209 Laclau, Ernersto and Chantal Mouffe, *Hegemony and Socialist Strategy*, 2nd edition. London: Verso, 2001, p. 111.

에 의미는 정체성을 구성한다. 정체성을 통해 담론적 실천은 의미에 의해 매개되기 때문이다. 정체성이 영속적으로 고정되는 것은 불가능하다. 왜냐하면 정체성은 의미들 사이의 불안정한 접합에 의해서 구성되기 때문이다. 하지만 각각의 의미와 정체성이 비고정적인 방식으로 서로에게 영향을 미침에도 불구하고 모든 사람은 정체성을 가지며 모든 대상은 의미를 가진다. 따라서 라클라우와 무페의 관점에서 정체성과 의미는 긍정적은 방식으로 존재하지 않으며 언제나 '불가능한 대상impossible object'을 구성하려는 시도의 결과일 뿐이다. 이런 맥락에서 필연성은 부분적으로 고정된 정체성과 의미를 구성하려는 시도가 생겨나는 담론적 장의 한계를 설정할 뿐이다.[210]

라클라우와 무페의 '담론성의 장field of discursivity'은 이 글에서 제시한 이데올로기적 구성체와 유사하다. 그리고 담론적 실천은 지배적 이데올로기와 대중 이데올로기 사이의 이데올로기투쟁과 유사해 보인다. 라클라우와 무페에게 담론적 실천은 단순한 언어게임이 아니다. 그들에게 담론적 실천은 담론적 장 내부의 적대적 관계들과 분리될 수 없기 때문이다. 따라서 담론적 실천은 현재 존재하는 권력 관계를 유지 또는 전복하려는 행위자들의 헤게모니적 실천인 것이다.[211]

유사한 문제의식에도 불구하고 라클라우와 무페의 담론이론은 이 글의 주장과는 다를 수밖에 없는데, 그 이유는 라클라우와 무페가 사회적 조건, 즉 역사적으로 구성된 사회구조를 무시하기 때문이다. 그들의 주장은 '과잉결정 없는 최종심급에서의 정치적인 것 또는 이데올로기적인 것의 결정'인 것이다. 이데올로기적 구성체 또는 그들의 용어를 빌자면 담론의 장은 복합적인 사회구조의 부분으로만 이해될 수 있다.

210　　같은 책, pp. 105~127.

211　　같은 책, pp. 134~145.

3) 지식구성의 정치

지금까지 사회구조와 이데올로기 구성체 개념을 통해 사회운동이 생겨나고 성장하는 조건에 대해 살펴보았다. 이것은 적대적인 관계들이 사회운동으로 구성되는 객관적 상황에 대한 분석이었다. 이러한 객관적 조건에 대한 관심만으로는 사회운동을 온전히 설명할 수 없다. 이데올로기적 투쟁 또는 담론적 투쟁을 매개로 구성되는 정체성과 주체위치로부터의 조건에 대한 인식과 해석이 다루어져야 한다. 사회운동의 주관적 측면이라고 할 수 있다. 이데올로기투쟁이 가지는 인지적cognitive 차원이라고 할 수도 있겠다.[212] 사회운동의 인지적 측면이 중요하게 다루어져야 하는 이유는 사회운동이란 사회적 조건에 대한 해석을 통한 사회적 행위의 결과이기 때문이다. 그리고 이러한 사회적 행위의 결과는 주체위치를 변화시키게 한다.

인지적 측면은 세 가지 차원으로 나눌 수 있다. 앞에서 간략하게 언급했던 실존적, 문화적, 과학적 차원이 그것이다. 사회운동에 참여하는 행위자는 그 자신이 속한 문화적 관습을 통해 상황을 해석하고 그것에 대응한다. 이렇듯 문화적으로 주어진 관습을 통한 해석은 문화적 지식의 토대를 이룬다. 너무나 당연해서 의식하지 못 하지만 동시에 그 당연한 정도만큼 사회적으로 합의된 규범과 이상을 내포하고 있는 암묵적으로 주어진 해석의 틀이다. 앞에서 언급했던 보편적 이데올로기로서의 자유, 평등, 정의, 민주주의는 우리시대의 문화적 지식의 토대라고 할 수 있다. 톰슨의 역사분석에서 18세기 영국인들이 당연하게 여겼던 도덕경제moral economy처럼[213] 문화적 지식은 주어진 상황을 해석하고 거기에 반응하는 인지적 형식을 제공한다고 할 수 있는 것이다. 우리들 일상의 사회구조가 개별행위자들이 이러한 문화적 지

---

212   사회운동에 대한 인지적 접근은 Eyerman, Ron and Andrew Jamison, *Social Movements:A Cognitive Approach*, Cambridge : Polity Press, 1991을 보라.

213   Thompson, E. P, *Customs in Common*, London : Merlin, 1991.

식을 통해 만나는 순간들로 구성된다고 말 할 수 있는 것이다. 앞에서도 언급되었듯이 이러한 문화적 지식의 순간은 지배적 이데올로기에 의해 강하게 영향 받지만 그 자체로 적대와 모순을 배제하지 않는다.

실존적 지식은 구조와 행위가 문화적 지식을 통해 만나는 매 순간과 매 장소가 가지는 독특성으로부터 생겨나는 주체 위치의 변형·구성의 인지적 차원이다. 문화적 지식이 동원되고 적용되는 순간인 것이다. 하버마스는 생활세계에서의 관습적(문화적) 지식에 의한 행위가 문제가 되는 것은 의사소통이 방해 받을 때라고 했다. 그러한 순간이 타당성 주장이 제기되는 때라고 제시했다.[214] 이 글에서 제시되고 있는 사회운동이론은 문화적 지식의 '당연함'이 문제시되는 것은 문화적 지식이 제시하는 보편적 이데올로기가 현실의 적대, 모순, 갈등에 의해 탈구되는 때라고 주장한다. 이러한 항상적인 탈구가 인지되고 다루어지고, 때로는 다시 문화적 지식의 당연함으로 되돌아가게 하는 것이 실존적 지식의 차원인 것이다. 따라서 실존적 지식의 차원은 주체위치의 '변형'의 계기이기도 하지만 '구성'의 계기이기도 한 것이다.[215]

탈구가 문화적 지식의 당연함으로 되돌아가는 것을 저지하고 조직된 저항으로 고양되는 것은 공통의 사회적 조건에 대한 과학적 분석에 의해 가능하다고 할 수 있다. 과학적 지식은 문화적, 실존적 지식이 구성되는 구체적 경험으로부터 상대적으로 자율적이어야 한다. 왜냐하면 그것의 인지 대상이

---

214 Habermas, Jürgen, *The Theory of Communicative Action, Volume Two: the Critique of Functionalist Reason*, Cambridge: Polity Press, 1987.

215 웨인라이트도 지식이론을 다루면서 보통사람들이 자신의 주변 조건에 대해 인지하는 과정을 지식의 중요한 요인으로 다루고 있다. Wainwright, Hilary, *Arguments for a New Left*, Oxford: Blackwell, 1994, p. 104. 그녀는 지식을 암묵적tacit, 경험적experiential, 이론적theoretical 지식으로 분류하고 암묵적이고 경험적인 지식의 중요성을 강조하고 있는 것이다(같은 책, pp. 103~104). 이 글에서 제시된 문화적 지식과 실존적 지식은 웨인라이트의 주장에 바탕을 둔 것이라고 할 수 있다.

문화적-실존적 지식 자체를 성찰적으로 파악할 수 있어야 하며 이러한 성찰은 문화적-실천적 지식이 발생하는 전체 사회구조 또한 분석의 대상으로 삼아야 하기 때문이다. 따라서 과학적 지식은 그 자신의 개념구조, 즉 '문제설정'을 가져야만 한다.[216]

여기서 문제가 제기될 수 있다. 과학적 지식이 가지는 구체적 경험으로부터의 거리는 이론적 독단의 위험을 내포하기 때문이다. 하지만 과학적 지식은 사회조건에 관한 일상적인 인식들과 무관하게 생산될 수 없다. 다시 말해 과학적 지식은 그것과는 수준을 달리하는 지식(문화적, 실존적 지식의 수준)과의 관계를 반영하는 동시에 스스로를 구체적 경험(문화적, 실존적 지식의 구성과정)에 열어두어야 하는 것이다.[217] 문화적, 실존적 지식은 과학적 지식의 원재료인 것이다. 문화적, 실존적 지식이 없다면 과학적 지식은 텅 비어 있는 것이고, 과학적 지식이 없다면 문화적, 실천적 지식은 맹목적일 수 있는 것이다.

과학적 지식의 개방성은 또 다른 의미를 지닌다. 과학적 문제설정들이 다수 존재할 수 있다는 것이 그것이다. 특정한 과학적 문제설정의 설명력이 명백한 진리로서 과장되어서는 안 된다. 과학적 문제설정은 실천적·이론적 이데올로기를 경유하여 현실과 연결된다. 이러한 상호연관을 통해 과학적 문제설정 그 자체가 수정되지 않을 수 없다. 결국 과학 그 자체가 사회구조에 속해 있으며 사회의 모순 및 실천적·이론적 문제설정에 의해 영향을 받는다.

사회운동이 지식구성이론에 기여하는 바는 문화적-실존적 지식과 과학적 지식을 매개로 한 인간의 인지적 실천이 다양한 적대적 사회관계를 벗어날 수 없다는 사실이다. 적대적 관계는 서로 다른 도덕적, 정치적 관점으로부

---

216   Benton, Ted, *Philosophical Foundations of the Three Sociologies*, London: Routledge & Kegan Paul, 1977, p. 183, pp. 189~190.

217   같은 책, p. 189.

터 현실의 모순들을 해석하는 다양한 입장들로 드러난다. 다양한 해석을 둘러싼 적대는 이데올로기적 투쟁으로 개념화될 수 있을 것이다. 따라서 과학적 지식이 구성되는 인지적 실천은 이데올로기적 투쟁으로부터 자유로울 수 없다. 즉 인지적 실천들은 현실의 모순 및 사회적 적대와 분리될 수 없다. 이 때문에 사회운동이론은 사회구조와 개별 행위를 매개하는 다양한 사회세력들을 고려한다. 행위는 개인적 차원에서 이해될 수 없으며 사회 내의 위치에 따른 집단적 주체성을 통해 이해되어야 한다. 애초부터 문화적-실존적 지식은 인종·젠더 차별, 계급 착취 등이 야기한 지배에서 기원한 적대로부터 생겨나는 것이다. 더 나아가 문화적-실존적 지식으로부터 연원할 수밖에 없는 과학적 지식의 생산도 이러한 적대로부터 벗어날 수 없다.

실증주의자들이 주장하는 것처럼 과학은 누적적으로 구성되는 것이 아니라 대립하고 갈등하는 관점들로부터 발생한다. 이런 입장이 반드시 과학적 지식의 가능성을 부정하는 것으로 간주될 필요는 없다. 서로 다른 입장으로부터 제시된 해석들은 실재에 대한 서로 다른 해석들이며, 이것들은 동의된 과학적 기준(논리성, 정합성, 일관성, 증거)에 따라 검증될 수 있다. 검증은 실재에 대한 덜 허위적이고 조금 더 사실에 가까운 지식을 생산하기 위한 과학적 실천에 다름 아니다. 사회구조가 계급과 사회세력간의 적대의 장이며, 그 적대는 재화, 자원, 권력의 불평등한 분배에 따른 것이라면, 그리고 과학적 지식은 불평등이 생산되는 구조에 대한 분석이라면, 덜 허위적이고 조금 더 사실에 가까운 지식은 억압받고 착취 받는 계급과 사회세력의 관점으로부터 연원할 수밖에 없다는 것이 중요하다. 과학적 실천은 가치중립적일 수 없다. 그러나 가치 관련적인 과학적 실천이 상대주의로 경도될 수 없는 이유는 가치가 개입된 과학적 실천은 언제나 독립적으로 존재하는 실재에 대한 해석이기 때문이다.[218]

218　이러한 주장은 비판적 실재론critical realism에 근거한다. 비판적 실재론과

5. 결론

    지금까지 기존의 사회운동이론을 비판적으로 검토하고 각각이 가지는 기여와 한계를 살펴보았다. 사회운동은 정치적, 경제적, 문화적(이데올로기적) 적대와 모순 사이의 복합적 관계에 의해 구성되는 구조적 조건에 주목해야 한다고 주장했다. 종종 사회과학의 하나의 분과로서의 사회운동론은 정치체제와 경제체제를 이미 구성된 것으로 보고 그것을 유지하는 이념으로서 다원주의적 자유주의를 기정사실화한다. 사회운동은 이렇게 이미 주어진 질서에 편입되지 못한 주변부 집단이 이 질서 안으로 진입하기 위한 노력으로 이해되는 것이다. 그리고 이 진입과정은 운동조직가의 리더십에 달려 있을 뿐이다. 복합적인 이데올로기 투쟁의 양상에 주목한다고 해도 그 이데올로기투쟁의 재료가 되는 계급적 착취와 계급투쟁을 기각함으로써 담론적 환원주의로 경도되기도 한다. 이 글은 사회운동의 발생과 전개 과정에서 리더십이 중요한 변수임을 인정한다. 그리고 개인적, 집단적 정체성이 구성되는 문화적이고 담론적인 실천의 중요성도 인정한다. 하지만 사회운동의 발생은 운동엘리트들의 동원 전략 이전에 존재하는 대중의 삶으로부터 나오는 것이다. 현실을 의심 없이 받아들이게 하는 경향이 있는 문화적 지식의 차원은 송전탑건설, 부당해고, 제주 강정의 구럼비 파괴 등 무수히 많은 탈구의 순간 찾아오는 실존적 지식의 계기를 통해 흔들리게 된다. 물론 문화적 지식 그 자체도 모순과 적대로부터 자유롭지 않다. 종종 이러한 실존적 지식은 문화적 지식의 일상으로 되돌아가지만 집합적 경험을 통해 운동으로 발전한

사회운동에 대한 논의는 서영표,「비판적 실재론과 비판적 사회이론-사회주의, 여성주의, 생태주의의 분열을 넘어서」, 급진민주주의연구모임 데모스 엮음,『민주주의의 급진화』, 데모스, 2011과 서영표,「사회비판의 급진성과 학문적 주체성-급진민주주의론의 옹호를 위한 자기비판」,『경제와 사회』95, 2012를 참고하라.

다. 여기서 중요한 것인 실존적 지식이 개인적이지 않고 구조적이라는 인식이다. 이 마지막 계기가 과학적 지식이라고 할 수 있다.

과학적 지식이 의미하는 구체적 쟁점(문화적−실존적 지식 구성의 순간)을 통해 발생하는 탈구를 지속시킬 수 있는 (비록 잠정적이지만) 총체적인 시야 확보는 공통의 이해관계를 확인하는 것을 통해 구축되는 다양한 사회운동의 '연대'를 내포한다. 다양한 사회운동이 연대를 창출하지 못한다면 사회적 조건을 변형하기 보다는 국지적인 투쟁에 스스로를 가두고 제도가 허용하는 제한된 자원을 둘러싸고 상호경쟁을 벌일 수도 있다. 더 나아가 사회운동을 발생시키는 하위구조의 적대와 모순은 복합적 사회적 전체의 효과아래 있기 때문에 이 구조를 변화시키지 못한다면 사회운동은 기껏해야 압력단체나 이익단체의 역할을 벗어날 수 없을 것이다. 따라서 이 글에서 제기된 사회운동의 유물론적 해석과 지식구성의 정치는 사회운동 간의 연대를 가능하게 하는 정치모델을 찾는 작업으로 연결되어야 한다. 이것은 이론적 성찰과 경험적 조사 모두를 필요로 하는 과제라고 할 수 있다.

지금까지 제기되어 온 연대의 형식은 정치정당과 사회운동의 결합이었다. 사회운동이 총체적인 정치 전략의 부재로 어려움을 겪는다면, 급진적 정당은 민중적 기초의 부재로 인한 관료화 문제에 직면한다는 것이다. 따라서 양자가 모두 서로를 필요로 한다는 것이다. 하지만 현실에서 이 양자 사이의 실질적인 대화는 드물다. 고작해야 사회운동이 기존 정당운동에 주기적으로 흡수당하는 모습을 보여줄 뿐이다. 운동의 역량은 사라지고 주요한 활동가들만이 정치인으로 제도정치에 입성하곤 했다. 새로운 사회운동 이론의 과제가 이러한 악순환을 끊고 새로운 연대의 모델을 찾아내는 것일 수밖에 없는 이유가 여기에 있다. 이것이 비판적 사회이론과 사회운동 연구자들에게 주어진 새로운 과제이다. 사회운동에 대한 유물론적 분석과 지식구성의 정치는 그 출발점일 뿐이다.

5장

과학과 지식의 새로운 패러다임
: 기후변화 논쟁

1. 머리말

기후변화는 21세기 인류가 직면한 중대한 도전이다. 그만큼 기후변화는 학계와 정치권, 그리고 언론뿐만 아니라 일상에서까지도 중요한 문제로 인식되고 있다. 하지만 기후변화가 생각만큼 심각하게 받아들여지는 것은 아니다. 한편에서는 인류 절멸의 위기가 논해지지만 다른 한편에서는 그 절멸의 원인으로 지적되는 관행이 그대로 유지되고 있다. 이 글은 위기의 엄중함에도 불구하고 이러한 '관행대로as usual'가 지배적인 태도가 될 수밖에 없는 담론지형을 분석한다. 관행대로의 태도를 지탱하는 과학·기술적 해결에 대한 믿음, 그리고 더 나아가 기후위기를 새로운 축적 기회로 생각하는 지배적 입장을 살펴 볼 것이다. 그리고 이러한 지배적 입장이 딛고 서 있는 '믿음'을 비판적으로 검토할 것이다.

그 '믿음'의 근거는 단순화된 '자연과학적 통계모델'과 '경제학적 환원론'이다. 이러한 믿음에 사로 잡혀 있는 사람들은 자신들의 입장만이 '과학'이라고 주장하고 있으며, 과학의 핵심적인 특징을 '객관성'과 '중립성'이라고 내세운다. 하지만 복잡한 실재로부터 추상화된 변수들 간의 상관관계는 아무리 발전된 기법을 따른다고 해도 불확정적이고 우연성contingency을 피할 수 없다. 완벽한 객관성과 중립성은 그 자체로 정치적인 '환상'인 것이다. 정치적인 '환상'은 객관성과 중립성의 믿음이 이데올로기적으로 동원될 수 있도록 한다. 단순화된 환원(이 글의 경우에는 지구온난화와 이산화탄소로의 환원)은 공포의 조장과 외부에 존재하는 '가상의 적'의 상징적 구성을 통한 정치적 동원으로 귀결될 위험이 높다. 기후변화는 지구화된 신자유주의가 안고 있는 모순과 첨예한 적대를 부정하는 효과를 가진다. 인류가 직면한 거대한 재난 앞에 그것의 결정적인 원인은 정치적 의제에서 사라지게 되는 것이다.

지배적인 패러다임의 토대가 되는 과학·기술주의적 세계관과 경제학적 환원론, 그리고 이러한 생각들이 담론적으로 동원되는 양상을 분석하는 이유는 현재의 기후변화 대응체제가 문제를 잘못된 방법으로 인식하고 정의함으로써 역시 잘못된 처방을 내리고 있다는 비판을 제기하기 위해서이다. 지배적인 입장은 기후변화를 단순화하면서 특정한 부분만 과장한다. 이러한 단순화와 과장을 교정하기 위해서는 기후변화가 어떻게 체험되고 있는지에 대한 사회적 분석이 강조되어야 한다. 과학과 기술은 사회적 실천일 수밖에 없으며 경제학의 주체로 상정된 합리적인 개인은 존재하지 않는다. 이미 언제나 문화적으로 구성된 주체들은 기후변화를 문화적으로 체험한다. 결국 중립성과 객관성으로 무장한 단순화된 기후변화적응 모델은 소수의 전문가들의 머리에서 나온 단순화된 생각으로 새로운 축적모델이 될 수는 있겠지만 기후변화에 대한 효과적인 대응이 될 수는 없다. 기후변화는 곧 체계의 변화를 동반할 수밖에 없고, 사람들이 현실을 인지하고, 체험하고, 실천하는 방식의 변화 없는 체계의 변화는 불가능하기 때문이다.[219]

화석연료체계에 뿌리 내리고 있는 자본주의에 대한 비판과 탈자본주의 녹

---

[219] 본문에서 논의되겠지만 과학의 지배적 패러다임 비판이 과학의 부정으로 받아들여질 이유는 없다. 대안적 과학 패러다임을 찾으려는 노력의 일환이라고 할 수 있다. Benton, Ted & Ian Craib, *Philosophy of Social Science*, Basingstoke: Palgrave, 2011 참조.

색사회로의 이행을 '상상'하는 것이 다음 단계의 작업이다. 하지만 여기서 '상상imagination'은 '환상phantasy'이 아니다. 과학·기술주의적 세계관과 경제학적 환원론이 지배하는 세상은 '가능한 것'과 '불가능한 것'의 경계를 임의로 설정하고 사람들을 그 기준에 따라 행동하게 함으로써 지배적 질서를 유지한다. 사람들 몸에 달라붙는 규율권력disciplinary power은 스스로의 습관과 판단에 따라 몸과 의식, 그리고 사회적 관계를 불편하게 하고 위기에 빠트리는 질서를 '규범적'으로 당연한 것으로 간주하고 그 반대의 생각, 즉 만족과 충족, 그리고 공존과 사회적 연대를 향한 열망은 비정상적인 것으로 생각하도록 한다.[220]

기후변화를 넘어선 녹색사회를 기획하기 위해서는 바로 이러한 '가능'과 '불가능', '정상'과 '비정상'의 경계를 전복해야 한다. 이 글에서 제시하는 전복의 방식은 또 다른 규범적 기준과 이상적 목표를 끌어들이는 것이 아니라 삶의 체험 그 자체로부터 지배적 관념을 벗어날 수 있는 길이다.[221] 우리 모두가 생물학적 존재로서 가지고 있지만 언제나 이미 사회적으로 정의되고 인식되는 필요needs를 둘러싼 권력관계와 사회적 실천으로부터 체계를 비판하고 대안을 도출할 수 있다. 녹색사회의 기본원리는 이윤추구와 경쟁이 아니라 필요충족, 그리고 민주적 토론과 합의가 되어야 한다. 재화와 서비스의 생산, 유통, 소비, 운송, 사람의 이동과 주거, 그리고 최종적으로 이 모든 것의 토대가 되는 에너지 체계를 '필요를 기초로 하는 민주적 계획체계needs-based democratic planning system'에 적합하게 변화시켜야 하는 것이다.[222]

220　이 책 3장을 보라.

221　규범과 체험은 대립되지 않는다. 하지만 이론이 규범적인 것에 치우쳐 체험과 괴리되어 실천으로 나가지 못하는 것은 극복되어야 한다.

222　이 책 2장을 참고하라.

2. 기후변화, 어떻게 인식하고 있는가?

1) 기후변화: 현실

1990년 이래로 세계의 평균 온도는 상승하는 추세이다. 1976년 이래로 그 앞의 1세기 보다 세 배 가량 평균기온이 상승했다. 가장 더운 해는 모두 1990년대 이후로 기록되고 있다. 지구온난화의 원인이 되는 온실가스Green House Gas, **GHG**는 수증기, 이산화탄소CO_2, 오존O_3, 메탄CH_4, 프레온 가스CFCs, 질소산화물NOx 등이다. 이중 수증기와 이산화탄소가 열수용력의 약 90%를 차지한다. 그리고 이미 잘 알려진 것처럼 이산화탄소는 화석연료(천연가스, 석유, 석탄)의 연소를 통해 발생한다.[223]

지구온난화의 영향은 이미 파국적이다. 전 세계 산 정상부의 빙하와 만년설이 녹고 있다. 홍수와 가뭄이 번갈아 가며 나타나게 될 것이다. 북극의 빙하가 녹아내리면서 해수면이 상승하기도 한다. 열대의 뜨거워진 물이 산호초를 희게 변화시켜 해양생태계를 파괴하고 있기도 하다. 전반적으로 예측하기 어려운 기후패턴이 생겨나고 슈퍼 태풍에 의한 피해가 빈발하고 있다.[224] 그리고 이러한 피해에 노출되어 있는 나라들은 주로 저발전국가이기 때문에 국제적으로 기후부정의climate injustice의 문제가 심각해지고 있다.[225]

따라서 지금 국제사회에서 가장 큰 쟁점은 기후변화일 수밖에 없다. 개별적 국가의 문제가 아니며 국제적인 차원에서 장기적인 대책을 마련하지 않는다면 전 지구적 재앙이 초래될 것이라는 위기감과 공포가 퍼져나가고 있

---

223 Romm, Joseph, *Climate Change:What Everyone Needs to Know(r)*, Oxford : Oxford University Press, 2015, pp. 1~2.

224 같은 책, 2장.

225 Angus, Ian, *The Global Fight for Climate Justice - Anticapitalist Responses to Global Warming and Environmental Destruction*, London : Resistance Books, 2009.

다. 하지만 기후변화를 비롯한 생태위기의 지질학적 시간과 근대에 출현한 경제학적 시간 개념 사이의 격차는 공포감과 위기감에 한참이나 미치지 못하는 소극적이고 미적지근한 대응책만을 제시하도록 하고 있다. 대기 중에 누적된 온실가스의 양은 1800년대 산업혁명 이후 산업화에 성공한 선진국들의 책임이지만 각국 정부들은 기껏해야 10년을 넘지 못하는 경제주의적 시간범위 안에, 그리고 선거 정치에 묶여 있어 길어야 4~5년을 넘지 못하는 정치적 시간 지평 안에 갇혀 있기에 근본적인 대책을 제시하지 못하고 있다.

생태계에 커다란 부담을 안겨 준 근대화의 승자가 여전히 강대국으로 군림하고 있는 것이 문제다. 선진국으로 불리며 국제사회를 주도하고 있는 이들 나라들은 경제적 영향력과 정치적 힘을 바탕으로 자신들이 지고 있는 생태적 부채ecological debt를 인정하지 않은 채 저발전국에게까지 동등한 책임을 요구하고 있다. 하지만 이미 나타나고 있는 기후변화의 효과에 대해 적응할 수 있는 경제력과 기술력을 갖춘 선진국들과는 달리 온실가스 배출에 거의 책임이 없음에도 기후변화의 파국적 효과를 고스란히 감내하고 있는 나라들도 있다. 방글라데시와 같은 저지대 나라들은 홍수에 시달리고 태평양의 섬나라들은 해수면 상승으로 곧 사라질 운명에 처해 있다. 2005년 미국 동부를 강타한 허리케인 카트리나를 통해 증명된 것처럼 소위 선진국 안에서도 기후충격은 차별적으로 체험된다. 완화뿐만 아니라 적응adaption에서도 커다란 문제가 나타나고 있는 것이다.[226]

중국, 인도, 브라질 등 급속한 속도로 경제성장을 추구하는 나라들에게 환경파괴는 저발전 상태를 벗어나기 위해 어쩔 수 없는 선택으로 받아들여지고 있다. 이들 나라들에게 선진국들이 주도하는 기후변화 대응체제는 '사기'일 뿐이다. 신자유주의적 경쟁의 시대에는 환경적 가치뿐만 아니라 인권

226　Foster, John Bellamy, *The Ecological Revolution : Making Peace with the Planet*, New York : Monthly Review Press, 2009.

과 정의마저도 GNP로 표시되는 양적 성장에 종속되어 평가되는 경향이 극단적으로 강화된다. 경제적 성장growth을 최우선에 놓은 근대화의 약속은 한 번도 제대로 실현된 적이 없지만 그것 자체가 '위기'의 근원이 되고 있는 시대에서조차 이데올로기적 힘을 발휘하고 있는 것이다.[227] 이러한 근대적 사고는 기후변화에 대응할 수 있는 유연하고 다양한 통로를 차단하고 있다는 점에서 더욱 위험스럽다. 기후변화 대응원리인 감축contraction과 수렴convergence은 말뿐이고 결과는 그 반대 방향으로 나가고 있는 것이다. 온실가스 배출 감축에는 실패하고 있고 시장 기제를 활용한 탄소배출권 시장은 오염할 수 있는 권리를 금융상품화 함으로써 양극화를 악화시키고 있는 것이다.

2) 회의론과 기회론1(방어적 기회론)[228]

근대는 인간을 역사의 중심에 위치시키면서 시작되었다. 종교와 미신의 그늘 속에 가리어져 있었던 인간의 이성을 해방시키는 것이 근대 계몽주의의 목표였다. 신의 섭리라고 간주되었던 것을 인과적 법칙으로 설명하고, 그 법칙으로부터 미래의 사건을 예측할 수 있게 되었다. 과학적 법칙과 이에 기초한 예측은 거대한 자연의 힘을 인간의 통제 아래 놓을 수 있다는 확신을 가능하게 했다. 이러한 이성의 힘은 자연에 대한 지식이 누적되어 점점 완벽해 질 것이라는 철학적 입장을 강화시켰다. 감각적 경험을 통해 인지된 대상

---

227 McMichael, Philip, *Development and Social Change: A Global Perspective*, London: Sage Publication, 2011.

228 아래에서 기후변화에 대한 대응을 크게 네 가지 범주로 분류할 것이다. 기후변화를 부정하는 '회의론', 새로운 축적의 기회로 삼아야 한다는 '방어적 기회론', 기후변화는 인류절멸의 위기라고 생각하는 '파국론', 마지막으로 현 체계를 변화시킬 수 있는 기회라고 생각하는 비판적 '기회론'이 그것이다. 이 네 가지 범주는 필자가 기존의 입장들을 참고로 분류한 것으로 아직은 논란의 여지가 있을 수 있다.

에 대한 이해와 설명은 진보할 것이라는 믿음이 생겨난 것이다. 이러한 믿음은 경험주의empiricism와 실증주의positivism로 정립되었다. 언어라는 실존적 굴레에 갇혀 있는 인간에게 대상은 영원히 도달할 수 없는 것이며, 감각은 불완전하며, 그래서 우리는 기껏해야 대상을 불완전하게 재현representation할 뿐이라는 반성은 패배주의적 사고로 간주되었다.[229]

그리고 개별적 단위로 존재하는 단자monad 또는 원자atom인 인간은 그 자체로 합리적이라는 인간론이 자리 잡았다. 감각경험과 과학적 법칙을 신봉했지만 대상을 개념적으로만, 그리고 문화적인 해석을 통해서만 인지할 수 있는 인간을 지극히 '관념론적인' 방식으로 정의하게 된 것이다. 시간과 장소를 초월한, 그래서 역사적이고 지리적인 조건을 고려하지 않는 보편성universality이 과학의 이름으로 우월한 자리를 차지하게 된 것이다.[230]

사실fact은 가치value로부터 독립해서 혼자의 힘으로 서게 된다. 그런데 가치가 사라진 사실은 곧 사람들의 체험과 해석이 사라진 합리성 즉 목적-합리적 행위purposively rational action만을 합리적인 것으로 간주하게 한다. 모든 가치는 '현금지급'이라는 이름의 차가운 얼음물 속에 담겨져 버리게 되는 것이다. 20세기 비판 철학자들이 반성적으로 통찰 했듯이 목적합리성은 곧 도구적 이성instrumental reason을 절대화함으로써 또 다른 미신을 낳는다. 종교적 미신으로부터 해방을 추구했던 이성은 곧 스스로에 대한 미신, 과학기술에 대한 미신으로 치닫게 되는 것이다. 의심, 비판, 반성, 성찰은 주어진 목표를 달성하는데 동원되는 최적의 방법과 수단을 찾는 데만 적용될 뿐 목표 그 자체에 대해서는 적용되지 않게 된다. 결국 목표는 물신화되고 목표와 관계없이 과정만 도구적으로 합리화되면 과학의 이름을 부여받게 된다. 대량학살이 자행되는 수용소의 운영방식은 도구적으로 합리적이다. 대량살상 무

---

229   이 점에 대해서는 이 책 8장에서 자세하게 논의될 것이다.

230   Bhaskar, R, *The Possibility of Naturalism*, London: Verso, 1998〔1979〕.

기의 발명과 사용 또한 그렇다. 합리적인 기업의 운영방식은 노동자들의 생존권과는 무관한 그 자체의 논리를 갖게 된다.[231]

이러한 도구적 이성의 세계에서 자연은 인간의 욕망을 충족시키는 재화와 서비스를 제공해주는 효용성만을 가진다. 그 자체로 인간과 교호하고 공존하며, 함께 진화하는co-evolve 존재가 아니라 철저하게 객체화된 대상일 뿐이다. 그래서 프란시스 베이컨은 자연을 야수beast에 비유했다. 길들여져야 하는 대상인 것이다. 우리가 살고 있는 근대의 끝자락은 이러한 도구적 이성이 그 어느 때보다 강력한 힘을 발휘하고 있는 시대다. 물론 도구적 이성과 근대성에 대한 다양한 비판이 제기된다. 획일화된 도구적 세계관에 대해 다양한 정체성을 강조하는 포스트모던 비판이 제기된 지 오래다. 하지만 이러한 비판은 자연과 인간 사이의 교호관계를 회복하기 보다는 생태적 환경조차도 담론적으로 구성된다는 사회적 구성주의를 강화하면서 인간 예외론human exceptionalism을 벗어나지 못했다. 언어적 존재로서의 인간의 독특성이 과장되면서 자연적 존재로서의 특성이 제대로 인식되지 못하는 효과를 가지게 된 것이다. 자연을 식민지를 지배하듯이 통제할 수 있다고 착각하면 조만간 '자연의 복수'에 직면하게 될 것이라는 엥겔스의 경고는 받아들여지지 않고 베이컨의 '오만함'은 모습을 바꿔가며 유지되고 있는 것이다.[232]

231　Horkheimer. Max and Theodore Adorno, *Dialectic of Enlightenment*, New Your: The Seabury Press, 1972; How, Alan, *Critical Theory*, London: Palgrave Macmillan, 2003.

232　Dickens, Peter, *Society and Nature - Towards a Green Social Theory*, Temple University Press, 1992; Dickens. Peter, *Society and Nature : Changing Our Environment, Changing Ourselves*, Cambridge: Polity Press, 2004; Buttel, Frederick H, "Environmental Sociology and the Classical Tradition: Some Observations on Current Controversies", Riley E. Dunlap et al eds., *Sociological Theory and the Environment: Classical Foundations, Contemporary Insights*, Lanham, Maryland: Rowman & Littlefield Publishers, 2002.

기후변화를 부정하는 회의론은 이러한 인간예외주의 또는 인간중심주의의 연장선상에 있다.[233] 회의론자들은 인류가 지구상에 출현한 이후 위기가 아닌 적은 없었으며, 위기는 곧 진보의 또 다른 모습일 뿐이라고 생각한다. 그 위기는 야수로서의 자연이 인간에게 제기하는 '과제'일 뿐이다. 풀어야할 숙제가 생길 때 그 도전에 응전하면서 과학과 기술은 진보하게 된다는 것이다. 하지만 여기에서 그친다면 회의론은 기후변화를 새로운 축적의 계기로 생각하는 기회론(방어적 기회론)과 차별성이 없게 된다. 인간에 의한 기후변화를 인정하지만 기술적으로 극복가능하고 새로운 자본축적과 성장의 기회가 될 수 있다는 생각과 큰 차이가 없게 된다는 것이다. 그렇다면 회의론이 기회론과 다른 점은 무엇일까?

우선 뒤에 살펴볼 것처럼 회의론과 방어적 기회론의 실제 차이는 생각보다 크지 않다. 마치 신자유주의적 체제 내에서 신자유주의적 우파와 신자유주의적 좌파가 서로를 비판하고 경쟁하면서도 종국에는 시장자본주의의 틀을 벗어나는 모든 대안적 실천을 차단하듯이[234] 회의론과 방어적 기회론 사이의 논쟁은 기후변화를 둘러싼 적대적이고 소란스럽고 근본적인 논쟁처럼 보이지만 갈등을 정치적으로 관리 가능한 논란으로 한정하는 역할을 하고 있다. 물론 각 입장에 주어진 역할은 다르다. 회의론은 매우 이데올로기적이다. 예상 가능하듯이 회의론을 유포하는 개인과 단체들은 에너지 회사와 석유회사로부터 지원을 받는다. 정치적으로 매우 보수적이며 극단적인 시장자유주의를 옹호한다. 기후분야에 전문적인 지식이 없는 사람들이 담론을 주

233　White, Damian F. et al, "Anti-Environmentalism: Prometheans, Contrarians and Beyond", Jules Pretty et al eds., *The Sage Handbook of Environment and Society*, Los Angels, London, New Delhi and Singapore: Sage, 2007.

234　Mouffe, Chantal, *Agonistics: Thinking the World Politically*, London & New York: Verso, 2013.

도하는 경향을 보이기도 한다.[235] 여기에 IPCC처럼 공신력 있는 전문가 집단이 산업화 이후 인간의 인위적인 행위에 의해 온실가스가 축적되어 기후변화가 나타나고 있다는 증거를 제시한다. 지질학, 해양학, 기후학의 전문가들이 경험적 자료를 토대로 통계적으로 설명한다.

방어적 기회론은 전문가들의 공신력 있는 지식을 토대로 회의론을 공격한다. 과학적 지식의 정당성이 회의론의 '정치적' 성격을 비판할 수 있는 근거를 제시해준 것이다. 회의론은 인류가 직면한 파국적 상황을 인정하지 않는 무지하고 비합리적 집단으로 공격받는다. 이제 방어적 기회론의 정당성은 이 입장이 가지는 적합한 진단과 해결책보다는 문제가 많은 회의론과 대립된 위치로부터 '구성'된다. 회의론과의 대결 속에서 '합리성'을 획득하게 되는 것이다.

하지만 방어적 기회론이 서 있는 입장은 여전히 근대적 합리성의 영토다. 자연생태계의 위기를 기후변화로 좁혀서 바라보는 분석적이고 도구적인 세계관에서 조금도 벗어나지 못하고 있다. 인간중심주의와 도구적 합리성을 그대로 답습하고 있는 것이다. 기후변화는 인간 생존의 조건으로 여전히 객체이며 관리되고 조정되어야 할 대상이다. 시장은 합리적으로 자원을 배분하며 가격의 부재가 초래하는 자원의 낭비와 파괴를 방지할 수 있는 유일한 수단이라고 간주된다. 합리적인 원자로서의 인간은 이기적이라고 전제되며 이기적인 인간을 유인할 수 있는 통로는 시장원리 뿐이라는 것이다.

기후변화의 원인을 분석할 때 방어적 기회론은 회의론과 첨예하게 대립하는 듯 보이지만 회의론과의 대척점에서 정당성을 확보하고 난 후 해결책을 제시하는 단계에서는 회의론의 세계관으로 회귀한다. 처음부터 이 두 입장 사이의 차이는 크지 않았던 것이다. 기후변화는 성장과 축적의 자연적 한계,

---

235 Klein, Naomi, *This Change Everything:Capitalism vs the Climate*, New York : Simon & Schuster, 2014.

외적 한계로 다시 '외부화' 되고 위기에 대한 대응은 기업가와 소비자의 입장에서 도출되어야만 한다. 베이컨의 야수 길들이기 방식이 폭력적인 방식에서 세련된 방식으로 변화된 것은 아닐까?

하지만 기업가의 시간범위와 공간감각은 기후변화 대응에 부적절하다. 기후변화를 포함한 생태계 변화의 사이클은 지질학적 시간에 속하며 인간의 역사적 시간과는 큰 격차를 보인다. 과학과 기술의 발전과 합리적 사고의 진전은 역사적 시간 감각을 가능한 길게 해서 지질학적 시간과의 격차를 최대한 줄이려고 노력한다. 이렇게 확대된 역사적 시간감각은 현재의 행위가 처하고 있는 과거 역사와 지금의 행위가 초래할 미래의 (긍정적 또는 부정적) 효과를 예측하려는 시도를 가능하게 한다. 다음 세대에 나타날 경제적, 사회적 결과뿐만 아니라 자연적 결과에 대해 고민하는 것을 가능하게 하는 것이다.

기업가의 시간범위는 이러한 역사적 시간범위에 역행한다. 자본의 투자와 이윤회수의 주기로 축소되기 때문이다. 그나마 금융 세계화의 세계에서 시간범위는 투자자의 그것으로 더욱 축소된다. 주식과 채권, 온갖 파생상품에 투자한 사람들의 시간은 이윤이 배당되는 분기에 맞추어진다. 우리는 기업가의 태도를 단기주의short-termism이라고 부를 수 있다. 또한 기업가는 건물, 기계설비, 원료에 투자되어 고정된 자본이 감가상각 되어 소진되기 전까지는 낡은 생산방식과 에너지원을 포기하지 않는다. 지금 당장 혁신적인 에너지 기술과 녹색기술로 이행할 수 있는 기술적 기반이 갖추어져 있다고 해도 이윤의 논리는 그들의 발목을 잡는다. 이렇게 고정된 생산설비와 인프라스트럭처는 경로의존성path-dependence을 만들어 내며 기술적 혁신을 어렵게 한다.[236]

시간범위만 문제인 것이 아니다. 생태계는 국가와 행정단위로 구획되지

---

[236] O'Neill, John, *Markets, Deliberation and Environment*, London & New York: Routledge, 2007; Harvey, David, *Seventeen Contradictions the End of Capitalism*, Oxford: Oxford University Press, 2014.

않는다. 상호 연결되어 미세한 균형을 이루고 있다. 하지만 기업가의 공간감 각은 공간을 절단하고 서로 거래가능하고 대체가능한 교환단위로 간주한다. 숲과 대지, 초지와 농토, 도시의 공간은 잘게 쪼개지며, 기업가는 이 조각들 간의 차이를 이용하여 화폐적 가치를 극대화하는 방향으로 움직인다. 절단 된 공간의 소유권은 복잡하고 미세한 생태적 균형을 파괴하는 개발행위를 정당화한다. 이러한 논리 위에 화폐로 계산될 수 있다면(사실은 불가능하지 만) 한 곳의 자연파괴 행위는 그 장소로부터 멀리 떨어진 곳의 조림사업으로 상쇄될 수 있다는 생각이 정당화된다. 탄소배출권 시장에 기초한 교토체계 가 등장할 수 있게 되는 것이다.[237]

　지금까지의 논의로부터 방어적 기회론과 회의론의 공통지반을 찾아 낼 수 있었다. 이 두 입장의 상황인식은 생태위기를 자본주의 사회구조가 초래한 자연과 사회의 신진대사의 파열로 보기보다는 인간의 환경적 적응과정에서 발생한 국지적 문제로 바라본다.[238] 그들의 추론과정은 자본 축적 한계에서 출발한다. 주기적인 경기침체와 이에 동반되는 참혹한 전쟁이 케인스주의적 개입국가에 의해 돌파되었듯이, 그리고 전후의 케인스주의-포드주의적 축 적체계가 봉착한 이윤율 저하의 위기가 정보통신혁명과 신자유주에 의해 극 복되었듯이, 자본주의적 체제의 재생산 자체를 위기에 몰아넣고 있는 기후 변화는 녹색자본주의를 통해 극복 될 수 있다는 낙관주의가 저변에 깔려 있 다. 1960년대 본격적으로 드러나기 시작했던 제조업분야의 자본순환의 장 애가 교외화suburbanization라는 공간적 조정spatial fix으로 돌파된 것처럼 기

237　생태주의적 의식은 부족하지만 르페브르의 공간이론은 공간의 인위적 절단 에 대해 논의하고 있다. Lefebvre, Henri, *The Production of Space*, Oxford: Blackwell, 1991.

238　방어적 기회론과 회의론의 주장이 동일하다고 주장하는 것은 아니다. 기존 질서의 용인과 과학기술적 돌파라는 큰 방향에서 수렴된다는 것을 의미한 다. Foster, John Bellamy, *The Ecological Revolution : Making Peace with the Planet*, New York : Monthly Review Press, 2009.

후변화의 위기는 자연적 조정natural fix을 통해 넘어갈 수 있다는 생각이 팽배해 있는 것이다.[239] 결국 기후변화는 자본축적의 장애로 인식되며 해결책은 자연적 대상과 오염할 수 있는 권리를 교환 가능한 상품으로 쪼개어 자본주의 안으로 내부화하는 것이다.[240]

경제학자들이 생각하는 것처럼 시장은 자연스럽게 출현하는 것이 아니라 인위적으로 만들어져 부과되는 것이다. 자본축적의 장애는 이렇게 의도적으로 창조된 새로운 순환 통로를 통해 더 넓게, 그리고 더 깊게 확산된다. 그 과정에서 공공부문으로 탈상품화 되었던 재화와 서비스뿐만 아니라 공유재로 간주되었던 사회적 관계와 자연적 대상마저도 상품-화폐의 망 안으로 끌려 들어가게 되는 것이다. 이 과정은 21세기에도 지속되는 엔클로저enclosure로 불릴만하다. 원시적 축적primitive accumulation에 버금가는 탈취에 의한 축적accumulation by dispossession이 벌어지고 있는 것이다.[241]

하지만 이러한 자본의 논리가 전면에 드러나서는 안 된다. '녹색' 자본주의라는 겉포장 속에 감추어져야 한다. 이제 자본축적은 '녹색'기술과 '녹색'경영, '녹색'소비로 치장된다. 그리고 '녹색' 포장과 치장을 만들어 낼 수 있는 원리, 방법, 경로가 제시된다. 현세대의 필요를 충족하는 방식이 다음세대의 필요충족을 저해하지 말아야 한다는 지속가능 발전sustainable development이 천명되고 기술, 생산, 유통, 소비 과정에서 자연을 내부화하는 제도적 혁신을 추구하는 생태적 현대화ecological modernization만이 실현가능한 녹색전략으로 제시된다.

---

239 Harvey, David, *The Urban Experience*, Baltimore : The Johns Hopkins University Press, 1989.

240 최병두, 「자연의 신자유주의화 1 :자연과 자본축적 간 관계」, 『마르크스주의연구』6(1), 2009; Castree, Noel, "Neoliberalising Nature : Processes, Effects, and Evaluations", *Environment and Planning A*, 40, 2008.

241 Harvey, David, *The New Imperialism*, Oxford : Oxford University Press, 2003.

그러나 언제나 출발점으로 되돌아온다. 우리에게 중요한 것은 시장질서의 유지이고, 이기적 행위자들에게 가격신호를 통해 녹색의제를 실천할 동기를 부여하는 것이다. 당연히 생태적 현대화는 새로운 사업기회, 더 노골적으로 말하면 새로운 축적과 이윤창출의 기회에 다름 아니다.

3) 파국론과 기회론2(비판적 기회론)

회의론과 방어적 기회론이 사소한 차이에도 불구하고 격렬한 논쟁처럼 보이도록 하고 방어적 기회론이 대세를 장악할 수 있게 하는 데는 파국론이 전달하는 묵시론적apocalyptic 메시지가 커다란 역할을 한다. 이런 평가가 파국론과 회의론이 방어적 기회론을 위한 '음모'에 가담하고 있다는 식으로 이해될 필요는 없다. 논란의 과정에서 우연적으로 형성된 담론적 지형이 만들어낸 의도하지 않은 효과일 뿐이기 때문이다.

파국론은 흔히 신맬서스주의neo-Malthusianism로 불린다. 로마클럽이 1972년 발간한 『성장의 한계』에서 시작되어 자원과 인구문제를 중심으로 인류문명의 파국적 종말을 경고해 오고 있다. 이 보고서는 인구, 식량, 공업생산, 자원, 환경오염의 다섯 가지 변수를 프로그램화해서 100년 안에 성장의 한계에 도달할 것이라는 암울한 예측을 내 놓았다. 이런 맥락에서 흔히 생존주의survivalism라고 불리기도 한다. 지구생태계의 수용능력을 넘어서는 인구증가를 문제시하면서 '인구 폭탄'이나 '우주선 지구'와 같은 비유를 동원한다. 맬서스가 그랬던 것처럼 인구증가를 저발전 된 상태에 있는 사람들의 탓으로 돌리며 강제적인 인구통제정책을 제안하기도 했다. 실제로 중국이나 인도에서 강제적인 산아제한 정책이 실시되기도 했다.[242]

파국론은 생태위기의 원인제공, 위기의 체험, 위기에의 적응과 해결 과정

242　Dryzek John S, *The Politics of the Earth : Environmental Discourses*, 2nd Edition. Oxford : Oxford University Press, 2005, 2장.

모두에서 발생하는 불평등에 대해서 침묵한다. 인류공동의 책임을 앞세우지만 정작 생태계 변화의 피해자들에게 가해자의 낙인을 찍는다. 중심과 주변의 국제적 위계질서와 국가 내의 권력과 부의 불평등을 당연한 것으로 전제하며 권위주의적이고 군사적인 해결책도 마다하지 않는다. 파국론은 철학적으로 생태중심주의를 옹호한다. 인간예외주의 또는 인간중심주의와는 달리 인간을 거대하고 복잡한 생태계의 일부로 위치시킨다. 인간을 복잡한 체계의 일부로 생각하는 것을 넘어 인간이 복잡계 안에서 가지는 특권적 위치를 박탈한다. 모든 존재는 그 자체로 내재적 가치intrinsic value를 가지며 평등하다. 자연적 존재들은 인간에 '대해서만' 가치를 가지는 것이 아니라 그 자체로 가치를 갖고 있다는 것이다. 이러한 생태중심주의는 인간혐오misanthropy로 경도되기 쉽다. 생태계를 망치고 있는 암적 존재로서의 인간이라는 비유가 등장하게 되는 것이다.[243]

심층생태론deep ecology은 파국론과 동일시 될 수는 없지만 '복잡계 안의 인간'이라는 해석과 인간혐오 사이의 위태로운 경계 지대에 위치하고 있다. 의도한 바는 인간이 자연적 존재로서 생태계의 모든 존재들과 공존하고 모든 존재들을 존중해야 한다는 철학적 원리를 일깨워주는 것이었을 것이다. 하지만 심층생태론은 생태계를 위기에 빠뜨린 사회적 구조가 안고 있는 모순과 갈등, 사회적 투쟁, 그리고 불평등을 제대로 인식할 수 없다. 자연생태계의 부분인 인간은 추상적으로 인식될 뿐이며 지구생태계 교란의 책임자로 소환된다. 따라서 가해자와 피해자를 구분할 수 없으며 사회구조와 행위양식을 변화시킬 수 있는 계획을 제시할 수 없다. 기껏해야 자연의 가치를 깨닫는 영성적spiritual 체험이나 개인적 결단에 호소하는 것에 머문다.[244]

243　Benton, Ted, "Deep Ecology", Jules Pretty et al eds., *The Sage Handbook of Environment and Society*, Los Angels, London, New Delhi and Singapore: Sage, 2007.

244　Merchant, Carolyn, *Radical Ecology: The Search for A Livable World*, New

파국론의 의도하지 않은 효과는 확실해 보인다. 보통사람들이 선뜻 수용하기 어려운 인류절멸의 묵시론적 메시지는 지구생태계 위기를 과장하는 것으로 간주되어 현실적인 의제 설정에서 제외된다. 그리고 논쟁을 회의론과 방어적 기회론 사이로 한정시키는 효과를 가진다. 결과는 회의론과 방어적 기회론의 얄팍한 차이가 근본적인 대립의 공론장을 주도하게 되는 것이다. 지금까지 해 왔던 방식으로 생산하고, 소비하고, 이동하고 있지만 이에 대한 근본적인 비판은 차단되어 있다. 그럼에도 불구하고 약하지만 넓게 산포된 공포의 감정은 무엇인가를 실천해야 할 것 같은 감정 상태를 불러온다. 급격한 변화나 소비수준의 포기는 수용하기 어렵다. 그렇다고 기후변화를 부정하는 것은 마뜩치 않다. 이러한 감정 상태는 방어적 기회론으로 여론이 수렴되도록 한다.[245]

파국론이 가져다 준 충격이 부정적으로만 나타난 것은 아니었다. 사회과학의 다양한 분과에 영향을 주면서 환경문제가 중요한 의제로 다루어지도록 했다. 파국론적 경향 그 자체의 의미와 그것의 출현이 가져온 (의도하지 않은) 정치적 효과는 다른 차원에서 접근할 필요가 있는 것이다. 특히 사회학은 느리지만 매우 의미 있는 방식으로 반응하기 시작했다. 사회학은 출현한 지 200년이 채 되지 않는 어린 학문분과이다. 새로 출현한 학문분과가 자신의 존재이유를 설득하기 위해 선택한 방식이 '사회학주의'였다. 그것은 자연적인 현상과 심리적인 차원과는 다른 '사회적인 것'의 독특함을 내세우는 것이었다. 결과적으로 사회를 자연과 구분하는 이원론이 강하게 자리 잡기 시

Yor: Routledge, 1992, pp. 102~105; Dryzek John S, *The Politics of the Earth : Environmental Discourses*, 2nd Edition. Oxford: Oxford University Press, 2005, pp. 191~193.

245 이런 감정 상태는 공정무역, 생태관광, 탄소 상쇄 제도에 참여하게 한다. 그러나 케빈 스미스의 분석처럼 여기에 멈추어 선다면 이러한 대응은 무언가를 하고 있다는 자기 위안을 넘지 못할 수 있다. 스미스 케빈, 『공기를 팝니다』, 이매진, 2010.

작했다. 물론 이러한 이분법은 사회학만의 책임은 아니었다. 서구의 학문적 전통을 규정지었던 사회(의식)와 대상(연장)을 구분하는 데카르트적인 이원론은 뿌리 깊은 것이었다.[246]

철학적 이원론과 사회학주의를 강화하는 역사적 원인에는 여러 가지가 있겠지만 두 가지 중요한 사실만 언급하겠다. 첫째, 우선 토머스 맬서스Thomas Malthus의 유산이 있다. 현대적 관점에서 보면 맬서스가 '자연의 한계'를 지적한 것은 충분히 받아들여질 수 있다. 하지만 그가 인구증가와 토지생산성의 한계를 대비시키는 과정에서 동원한 보수적이고 권위주의적이며 인종주의적 사고는 사회학자들을 불편하게 했다. 이러한 불편함이 앞에서 지적한 계몽주의적 전통과 인간예외주의가 결합되면서 '자연적 한계'를 언급하는 것만으로도 '맬서스'라는 보수주의의 낙인이 찍힐 수 있었다.[247] 둘째, 사회학은 현실에 대한 비판적 개입을 목표로 하는 학문분과이며, 최소한 사회가 안고 있는 문제점들을 진단하고 이에 대한 처방을 시도한다. 이러한 사회학적 시각에서 생물학이 사회진화론과 우생학이라는 이름으로 끼친 악영향은 매우 심각한 것이었다. 생물학으로부터의 의식적인 거리두기는 필연적이었다. 사회와 자연의 이분법적 이해라는 철학적 기초에 사회학은 자연과학과 달라야 한다는 정치적 동기가 더해진 것이다.[248]

『성장의 한계』의 출간에서 시작된 파국론의 경향이 신맬서스주의라고 불리어진 것은 이런 이유 때문이었다. '맬서스'라는 낙인은 결코 영광스러운

---

246 Buttel, Frederick H, "Environmental Sociology and the Classical Tradition: Some Observations on Current Controversies", Riley E. Dunlap et al eds., *Sociological Theory and the Environment: Classical Foundations, Contemporary Insights*, Lanham, Maryland: Rowman & Littlefield Publishers, 2002.

247 Benton, Ted, "Marxism and Natural Limits: An Ecological Critique and Reconstruction", *New Left Review* 178, 1989.

248 같은 책.

것이 아니었다. 이 글에서 회의론이라고 부르는 우파적 경향뿐만 아니라 좌파 진영으로부터도 격렬한 비판이 잇따랐다. 파국론이 가지고 있었던 '맬서스주의'가 날것 그대로 사회학과 화학반응을 할 수 없었기 때문이었다. 격렬한 논쟁을 경과하면서 기후변화를 포함한 (하지만 결코 기후변화로 환원될 수 없는) 생태적 위기의 체험과 파국론이 가져온 '공포'와 '충격'은 서서히 사회학에 스며들기 시작한다. 이러한 상호작용은 파국론이 야기한 충격을 흡수하면서 그것으로부터 거리를 두는 방식으로 진행된다. 이 과정에서 회의론과 다양한 입장의 방어적 기회론, 그리고 근본생태론도 나타난다. 하지만 이러한 흐름들과는 구별되는 이론적 입장이 함께 성장한다. '비판적 기회론'이라는 이름으로 묶일 수 있는 생각들이 출현한 것이다.

비판적 기회론은 기후변화와 생태위기를 근대사회가 안고 있는 근본적인 문제를 해결할 수 있는 계기로 생각한다. 사회는 다양한 종류의 불평등을 안고 있다. 사회는 국제적인 위계질서, 계급, 젠더, 인종을 매개로 한 사회적 불평등과 투쟁으로 가득 차 있다. 생태위기는 이러한 구조적인 문제들로부터 발원한다. 사적소유와 시장의 원리는 위계질서와 불평등을 야기하는 제도적 질서의 핵심으로 지목된다. 따라서 비판적 기회론은 기후변화를 기존 질서가 더 이상 지탱될 수 없는 '유기적 위기'의 징표로 간주한다. '탈 post'이라는 접두어가 가지는 의미가 커진다. '탈'탄소, '탈'화석연료, '탈'자본주의가 성취되지 않고서는 위기를 탈출할 수 없다는 강력한 비판이 제기되기 시작한다.[249]

비판적 기회론은 '자연적 존재'로서의 인간이 가지고 있었던 자연과의 신진대사를 회복하는 것을 목표로 한다. 하지만 세상의 모든 존재가 내재적 가치를 가진다는 것을 자각하고 의미를 부여하는 것은 인간의 독특한 역사적

---

[249] 나오미 클라인의 최근 저작에서 밝힌 입장도 비판적 기회론이라고 할 수 있다. Klein, Naomi, *This Change Everything*: *Capitalism vs the Climate*, New York : Simon & Schuster, 2014.

역량historical capacities이라는 의미에서 생태중심주의에 대한 반론을 제기한다. 그리고 이러한 역사적 역량을 방해하는 것은 현재 존재하고 있는 사회적 질서라고 주장한다.[250] 이러한 비판적 입장은 방어적 기회론과 회의론의 '사이비' 대립의 효과로 형성된 기존 질서 내에서의 해결책이라는 '합의'에 위배된다. 이미 설정된 '가능한 것'의 경계 바깥으로 밀려나게 되는 것이다.

하지만 비판적 기회론만 밀어 내는 것은 어려운 일이다. 현실적 근거를 가지고 있기 때문이다. 비판적 기회론이 극단적인 파국론의 곁에 나란히 놓여질 때 이 합리적 근거는 가려진다. 여기서 회의론-방어적 기회론-파국론의 삼각동맹이 가동된다. 회의론과 방어적 기회론의 '사이비' 대립은 시장의 기제를 이용하는 기술적 조정으로 수렴되는 현상을 초래한다고 했다. 그리고 '사이비' 대립에 진정성의 외피를 부여하는 것은 파국론이 가지고 있는 과도한 근본주의·보수주의라고도 했다. 이제 유일하게 실현가능하고 합리적인 해결책으로 인정받은 방어적 기회론은 파국론을 비현실적인 비관주의로 공격하면서 동시에 비판적 기회론을 유토피아주의로 몰아세운다. 이 두 입장은 '비현실적'이라는 공통점을 가지게 된다. 좌우의 극단으로 밀어내면서 스스로를 가운데에 위치시킨다. 이제 방어적 기회론은 중립적이고, 합리적이며, 실현가능한, 그리고 대부분의 사람들에게 수용 가능한 입장이 된다.

---

250 비판적 기회론에는 사회생태론social ecology, 에코페미니즘eco-feminism, 에코마르크스주의eco-Marxism, 에코사회주의eco-socialism가 포함될 수 있을 것이다. 각각의 이론적 전통 내부와 사이의 논쟁 지형은 매우 복잡하다. 하지만 이러한 입장들 모두는 생태적 위기를 체제전화의 계기로 생각하는 공통점을 가지고 있다. Merchant, Carolyn, *Radical Ecology: The Search for A Livable World*, New Yor: Routledge, 1992, pp. 133~154; Mellor, Mary, *Feminism and Ecology*, Cambridge: Polity Press, 1997.

3. 기후변화에 대한 지배적 패러다임 – 비판

　비판적 기회론을 주변으로 밀어내고 실현 불가능한 유토피아로 고립시킬 수 있는 삼각동맹의 뿌리는 매우 깊다. 우리 모두의 의식 속에 깊숙이 내려 앉은 '정상'과 '비정상'의 생각은 단순한 관념에 그치는 것이 아니라 매일의 수행performance을 통해 끊임없이 재생산되면서 몸에 달라붙고 무의식에 스며든다. 동시에 생산, 유통, 소비, 이동, 주거 등의 모든 일상을 규제하는 공간적 구성이 '정상'과 '비정상'을 가르는 기준을 생산하는 구조적 조건으로 작동한다. 비판적 기회론이 제기한 문제는 바로 이러한 일상의 의식과 무의식 모두를 규제하는 정상과 비정상의 기준을 변화시켜야 하며 그러기 위해서는 구조적 조건을 변형하는 실천적 개입이 필요하다는 것이었다.

　구조적 조건을 변화시키기 위해서는 우리가 암묵적으로 받아들이고 있는 일상의 언어와 논리를 떠받치고 있는 '당연함'의 실체를 밝혀내야 한다. 이 글에서 '당연함'으로 수용되고 있는 원리는 '과학주의적 태도', '경제학적 논리', '기술적 조정'으로 요약될 것이다. '과학주의적 태도', '경제학적 논리', '기술적 조정'이라는 생각과 행동의 틀이 생태위기로 모아질 때 나타나는 현상이 '이산화탄소 환원론'이다. 통계적 수치로 표현되는 선형적linear 예측모델은(과학주의적 태도) 대상을 서로 교환 가능한(분리 가능하고 계산 가능한) 단위로 환원하는 경제적 논리와 친화력을 갖는다. 자연과학적 선형모델과 경제학적 모델은 당면한 위기를 기술적으로 돌파할 수 있다는 기술주의적 사고와 결합된다. 그리고 이러한 결합은 가능한 선택지로서의 방어적 기회론으로 모아진다.

1) 지배적 패러다임의 기초

① 과학주의적 태도

우리가 수용하고 있는 서구적 과학의 기본은 분류와 분석이다. 자연과 사회 모두 매우 복잡한 구조를 가지고 있지만 과학은 그러한 복잡한 관계들을 이론적, 실험적으로 통제하고 변수들 간의 관계를 찾아내고 그것의 인과성을 따져 물어야 한다. 인간의 감각은 불완전하고 문화적 가치와 정치적 판단에 오염될 수 있기에 과학은 방법적으로 그러한 편견을 배제할 수 있는 장치들을 발전시켜야 한다. 가장 유력한 것은 오직 감각적 경험(관찰과 실험)에 의지하여 논리적으로 구성된 가설을 검증하고 법칙을 정립하는 것이다. 이렇게 정립된 법칙은 현실 속에서 사건을 예측하고 그것의 부정적 효과를 사전에 예방할 수 있는 개입을 가능하게 한다. 계몽주의 시대의 과학자들은 대상은 조화로운 상태로 인간의 과학적 활동에 의해 조금씩 그 비밀을 드러내고 종국에는 과학적 법칙 아래 굴복될 것이라고 생각했다. 우리는 이러한 세계관을 갈릴레오와 뉴턴으로부터 물려받은 '과학주의적 태도'라고 부를 수 있다.[251]

과학주의적 태도는 자연계와 사회 모두 수학적 명료함에 기초해 설명될 수 있다고 믿는다. 과학은 계몽의 힘으로 인류를 미신의 상태에서 벗어나게 했지만 이러한 '성공'은 과학적 지식이 가지는 불완전성을 잊고 스스로에 대한 과대평가로 치닫게 된다. 과학적 지식의 불완전성은 감각경험의 불완전성에서 연원한다. 과학주의적 태도는 이러한 불완전함을 과학적 방법을 통해 극복할 수 있다고 주장했고, 여전히 주장하고 있지만 그것은 신의 이름으로 지식을 정당화하는 것만큼이나 근거 없는 믿음이다. 언어의 감옥에 갇혀 있는 인간은 대상을 완벽하게 재현할 수 없고 언제나 불완전한 상태로 인식

---

251   Benton, Ted & Ian Craib, *Philosophy of Social Science*, Basingstoke: Palgrave, 2011.

대상에 근접하는 것 이상으로 나갈 수 없다. 인식은 대상과 의식 사이의 간극을 전제로 할 때에만 가능하기 때문이다. 이러한 간극은 과학이 언제나 사회에 묻혀있다embedded는 것을 의미한다. 즉 가치중립적인 인식은 원래부터 불가능하다는 것이다.[252]

과학적 인식이 표방하는 중립성과 지식의 객관성을 의심하는 태도, 즉 과학주의적 태도에 대한 비판적인 '태도'는 자칫 과학의 포기로 귀결될 수도 있다. 예를 들어 극단적인 사회구성주의로 드러난 포스트모더니즘은 객관적 지식 자체를 포기함으로써 과학의 근거 자체를 허물었다. 하지만 과학주의적 태도에 대한 비판이 항상 '과학'의 포기일 이유는 없다. 인식 자체의 불완전성을 받아들이고, 과학도 하나의 사회적 실천이라는 것을 인정한다면 과학적 지식의 지위는 다양한 인지적 실천들 사이의 민주적 토론을 통해 확보될 수 있다.[253]

방어적 기회론의 토대가 되는 기후모델은 위에서 비판한 수학적(통계적) 모델에 기초하고 있다. 과학적 지식의 구성은 추상화과정을 거칠 수밖에 없다는 점을 인정하더라고 선형적이고 통계적인 모델은 예측 자체의 불완전성과 상이한 해석의 가능성을 차단한다. 즉 기후변화가 문화적으로 체험되는 사회적 차원이 개입할 여지를 두고 있지 않다는 것이다. 역사적 조건과 문화적 맥락, 그리고 지리적 위치를 고려하지 않은 보편적 모델은 '실천'이 아닌 '권력'으로서의 과학을 상징한다. '00% 확실하다'는 통계적 예측은 오류가능성을 인정하는 것처럼 보이지만 숫자의 힘으로 지식의 보편성을 강요하고

---

252 Harding, Sandra, *Objectivity & Diversity: Another Logic of Scientific Research*, Chicago: Chicago University Press, 2015.

253 이미 1930년대 말 앙리 르페브르는 이러한 비판적 태도로 유물변증법dialetical materialism을 재해석했다. Lefebvre, Henri, *Dialectical Materialism*, London: Jonathan Cape, 1968(불어원본은 1938년); Sayer, Andrew, *Realism and Social Science*, London: Sage Publication, 1999.

있는 것이다. 서로 분리될 수 없고, 숫자로 된 단위로 측정될 수 없는 대상을 분석적으로 나누고 비교함으로써 상호작용의 복잡한 효과와 부분의 효과로서의 전체, 전체라는 조건 속에서의 부분을 놓치게 되는 것이다. 백번 양보해서 측정과 비교는 과학적 실천의 핵심이라는 것을 인정한다고 해도 수학적 모델은 발견과 논의를 위한 자료인 것이지 그 자체로 절대적인 진리로 군림할 수 없다.[254]

  '실천'으로서의 과학은 처음부터 개념 의존적이며 행위 의존적이다. 그리고 이제 과학주의적 태도를 탄생시켰던 물리학에서조차 선형적인 수학모델은 받아들여지지 않는다. 원자의 세계에는 중력이 지배하는 뉴턴의 조화로운 세계가 나타나지 않는다. 단일한 수학적 원리에 의해 세상을 설명하는 것, 감각적 경험을 통해 법칙을 정립하고 그 법칙에 근거해서 예측한다는 것은 물리학에서부터 부정되고 있는 것이다. 우리는 이것을 과학의 종말이라고 말하지 않는다. 과학이 보편성과 중립성의 '신화'에서 풀려 나와 실천으로 나가고 있다고 해야 할 것이다. 그런데 우리는 여전히 전문가들이 만들어 놓은 선형적인 수학적 모델을 절대적이고 보편적인 진리로 받아들이고 있는 것은 아닐까?

  ② 경제학적 논리

  과학주의적 태도는 기후변화를 설명하는데 공조관계를 맺는 사회과학의 파트너를 경제학에 한정하도록 한다. 깔끔하고 명확한 수학적 설명을 혼란에 빠트리는 다양한 해석과 논란에 문을 열어주기 보다는 '단순성'과 '명확성'이라는 공통점을 가진 경제학을 선택한 것이다. 과학주의적 태도가 기후

---

254 Hulme, Mike, "Geographical Work at the Boundaries of Climate Change", *Transactions of the Institute of British Geographers* 33(1), 2008, pp. 6~7; Ravetz, Jerome & Silvio Funtowicz, "Post-Normal Science-An Insight Now Maturing", *Futures*. vol. 31, 1999.

변화의 진단(원인, 과정, 효과) 단계에서 지배적인 영향력을 행사한다면 경제학적 논리는 기후변화에 대한 대응을 도출하는데 핵심적인 역할을 수행한다. 과학주의적 태도가 자연생태계를 분리 가능한 변수들로 나누고 이 변수들 사이의 다양한 조합으로 예측모델을 도출했듯이 경제학적 논리는 복잡한 사회적 관계를 이미-언제나 합리적으로 기회비용을 계산하는 원자로서의 인간이라는 '가정'에서 출발한다. 경제학적 논리가 전제하는 인간은 그래서 언제나 '이기적'이다.

경제학적 태도는 생태위기를 극복하기 위해서는 이제까지 가격 지불 없이 마음대로 사용할 수 있었던 자연자원에 소유권을 부여하고 가격을 부과하도록 유도한다. 환경정책 수립과정에서도 이해당사자들(주로 지역주민)이 개발과 환경보전 중 어느 쪽에 더 많은 돈을 지불할 의사가 있는지에 대해 조사하는 비용-편익분석cost-benefit analysis을 적극적으로 활용한다. 화폐적 가치로 환산하는 것(즉 자본주의적 시장의 원리를 확대 적용하는 것) 말고는 서로 다른 이해관계를 조정할 수 있는 현실적인 방법이 존재하지 않는다는 전제 위에 비용-편익분석은 최선의 방법으로 제시된다. 교토체계에서 탄소배출권을 할당해서 소유권을 부여하고 그것에 가격을 설정하는 것은 이러한 논리를 극명하게 보여 준다. 탄소배출권은 탄소배출을 감축하는 것과 다양한 상쇄offset 배출권을 서로 교환가능한 단위로 계산할 수 있다는 경제학적 논리에 기초하고 있다.[255] 개별적인 상쇄활동이 어떤 문화적 맥락에서 수행되고 있는지, 이산화탄소의 양으로 환원될 수 없는 사회적 불평등과 인권 문제와 어떻게 연관되고 있는지는 관심사가 아니다. 경제학에서 그런 것은 변수로 고려되지 않기 때문이다. 종종 이러한 입장에 선 사람들에게 생태위기는 경제적 가치로 환원되고 성장과 자본축적의 또 다른 계기로 전락한다. 탄

---

255 Lohmann, Larry, "Financialization, commodification and carbon: the contradictions of neoliberal climate policy", *Socialist Register* 48, 2012, pp. 90~100.

소배출권 시장의 활성화와 대체에너지 연구개발은 대표적인 사례이다.[256]

③ 기술적 조정

기후변화의 위기를 극복하는데서 기술적 진보는 매우 중요한 역할을 할 수밖에 없다. 그러나 기술은 중립적이지 않다. 과학주의적 태도와 경제학적 논리에 갇혀 있는 기술적 조정technical fix은 기후변화의 위기를 돌파하는데 제대로 된 역할을 하지 못할 가능성이 높다. 현대의 과학적 수준과 기술적 진보는 태양열, 태양광, 바이오에너지, 풍력, 조력 등의 다양한 에너지원을 지역적 특수성에 맞게 활용할 수 있는 토대를 갖추고 있다. 낭비되는 에너지를 줄이고 지속가능한 형태의 유연하고 효율적인 에너지 체계로의 이행이 가능한 것이다. 하지만 이러한 이행은 과학주의적 태도와 경제학적 논리로부터 벗어났을 때 가능한 것이다.

과학주의적 태도에 의해 기후변화와 생태위기는 분석의 대상이 되며, 경제학적 논리는 여기에 상품화의 논리를 덧입힌다. 기술적 조정은 경제학적 논리에 의해 해석된 생태위기에 대응하기 위한 인간의 기술적 응전으로 간주된다. 기후변화로 드러나고 있는 생태적 위기는 우리의 삶의 방식을 반성하는 계기이기보다는 새로운 투자의 기회, 축적의 기회, 그리고 기술적 진보의 계기로 받아들여진다. 마이크로소프트의 빌 게이츠Bill Gates, 버진그룹의 리처드 브랜슨Richard Branson처럼 재계의 큰손들이 적극적인 관심을 보이는 영역이기도 하다.[257]

기술적 조정의 대표적인 사례는 지구공학geo-engineering이라는 이름으로

256 Bumpus, Adam G. & Diana M. Liverman, "Accumulation by Decarbonization and the Governance of Carbon Offsets", *Economic Geography* 84(2), 2008.

257 Klein, Naomi, *This Change Everything: Capitalism vs the Climate*, New York : Simon & Schuster, 2014.

등장한다.[258] 그중 하나가 탄소포집과 저장기술Carbon Capture & Storage, CCS이다. CCS는 화석연료를 연소할 때 발생하는 이산화탄소를 포집한 후 압축해서 지층이나 바다에 보관하는 기술이다. CCS가 가능해진다면 현행의 화석연료체계를 그대로 유지하면서도 기후변화에 치명적인 이산화탄소배출을 막을 수 있다. 하지만 이러한 기술적 조정은 과학주의적 태도와 경제학적 논리와 마찬가지로 과도하게 분석적이며 지나치게 단순화된 논리에 기반하고 있다. 기후변화는 이산화탄소 배출만의 문제로 환원될 수 없으며 생태위기는 기후변화에 국한되지 않는다. 지구의 수용능력을 초과하는 생산과 소비 자체가 문제이며 그것을 지탱하고 있는 것이 화석연료체계라는 총체적인 인식이 필요한 것이다.

기술적으로 포집된 탄소를 압축하고 운반하며 안전하게 보관할 수 있는지도 의문이다. 과학주의적 태도에 익숙해져 있는 우리들은 위험을 통계적으로 인식하지만 재난은 예측하지 못한 무수히 많은 변수들의 우발적 결합에 의해 나타날 수 있다. 포집된 탄소를 안전하게 보관할 수 있다는 확신을 가질 수 있는 기술적 단계에는 결코 도달 할 수 없을 것이다. 그러나 도달하지 못할 기술적 성취를 기정사실화하면서 현행의 화석연료체계를 연장하는 구실로 사용될 수는 있는 것이다.[259]

복잡한 관계를 단순화시키는 분석적 사고는 지구의 온도순환시스템에 인위적으로 개입해서 온난화의 속도를 조절할 수 있다는 주장에서 보다 극명하게 드러난다. 대기 중에 미세입자를 뿌려 대규모 화산활동과 같은 효과를 내 지구온도를 낮출 수 있다고 주장한다. 생태위기를 지구온난화로, 그리고

---

258 기술적 조정에 대한 비판적 논의는 셰어, 헤르만, 『에너지 주권』, 고즈윈, 2006; 셰어, 헤르만, 『에너지 명령』, 고즈윈, 2012에 기초하고 있다.

259 기술적 조정에 대한 신봉이 낳는 위험에 대해서는 서영표, 「위험평가에 대한 현장노동자의 인식연구 : 가스안전 규제완화를 중심으로」, 『생명연구』 29, 2013을 참고하라.

지구온난화를 온실가스의 문제로 단순화하는 환원주의적 주장의 전형적인 예라고 할 수 있다. 대규모 화산활동이 발생할 때 나타나는 강우패턴의 변화 등 지구의 온도순환체계에 인위적으로 개입해서 나타나는 의도하지 않은 부작용에 대해서는 고려하지 않고 있는 것이다. 이러한 인위적 개입에 의해 예측하기 어려운 날씨가 더욱 악화되고 홍수와 가뭄이 번갈아 나타날 가능성을 배제할 수 없는 것이다. 지구궤도에 거대한 거울을 설치해 태양광선을 반사시키자는 실현가능성이 낮은 주장까지 기술적 조정의 이름으로 해결책의 목록에 올라 있다.

바이오연료도 유력한 기술적 대안으로 각광받고 있다. 화석연료보다 이산화탄소를 적게 배출하기 때문이다. 바이오연료 기술은 에너지원이 될 수 있는 바이오매스(콩, 옥수수 등 곡물이나 사탕수수와 같은 식물, 나무, 해조류), 음식물쓰레기와 축산폐기물을 열분해하거나 발효시켜 연료를 생산하는 것이다. 바이오연료는 지역적인 특수성을 고려하면서 쓰레기와 폐기물의 재순환과 결합된다면 재생에너지 체계로 전환하는 이행전략의 일부가 될 수 있다. 하지만 화석연료체계가 만들어 놓은 집중화된, 그리고 시장논리에 따라 좌우되는 에너지체계 아래서는 잠재력이 발휘되지 못한다. 바이오연료는 저발전국의 식량자원이 선진국의 과소비를 위해 전용됨으로서 식량부족과 가격폭등의 문제를 야기한다. 또한 바이오연료를 생산하는 곡물과 식물을 재배하기 위한 경작지가 확대되면서 열대우림이 파괴되거나 종의 다양성이 위협받는 결과를 초래한다. 단일경작에 동반되는 화학비료와 제초제 사용에 의한 토양과 수질 오염도 심각한 문제로 대두되고 있다. 총체적 관점이 결여된 과학주의적 태도와 이윤동기를 중요하게 생각하는 경제학적 논리로 무장한 기술적 조정이 더 큰 문제를 야기하고 있는 것이다.[260]

---

260 Angus, Ian, *The Global Fight for Climate Justice-Anticapitalist Responses to Global Warming and Environmental Destruction*, London: Resistance Books, 2009.

2) 이산화탄소 환원과 탈정치post-politics

지금까지 녹색자본주의론으로 구체화된 방어적 기회론의 저변에 깔려 있
는 논리에 대해서 살펴보았다. 오랜 시간 동안 내면화된 과학주의적 태도와
경제학적 논리는 기술적 조정과 결합되어 주류적인 기후변화 대응체계를 구
축하고 있다. 이미 지적된 것처럼 이렇게 협소한 문제틀 속에 갇혀 있기 때
문에 자생적으로 생겨나고 있는 다양한 대안적 삶과 에너지 실험들은 비현
실적이라는 이유로 억압된다. 이제 의식의 깊은 곳에 내려 앉아 있는 과학주
의적 태도-경제학적 논리-기술적 조정이 어떻게 담론적으로 동원되어 정치
과정에 투영되는지 살펴보아야 한다. 지금까지의 논의가 기후변화가 기존의
정치과정에 어떤 효과를 미쳤는지를 중심으로 진행되었다면 이제 정치가 기
후변화를 어떻게 활용하고 있는지에 초점을 맞출 차례인 것이다.

우리는 세 가지 위기를 경험하고 있다. 첫 번째는 이 글의 주제인 생태위
기(기후위기)이며 두 번째는 세계적 수준의 경제위기이고, 마지막 세 번째
가 정치위기이다. 한편으로 기후변화는 경제적 동학과 정치과정에 영향을
끼친다. 생태적 현대화와 지속가능발전론은 경제적 구조와 행위 모두에 기
후변화가 반영되어야 한다는 주장이라고 할 수 있다. 하지만 다른 한편으로
위기에 처한 경제는 기후변화를 새로운 축적과 성장의 기회로 삼는다. 생태
위기-경제위기의 상관관계는 이미 앞에서 살펴보았다. 이제 살펴보아야 할
것은 생태위기-정치위기의 상호작용이다.

정치위기는 거의 40년 동안 신자유주의가 추구한 작은 국가와 시장의 원
리 관철이 불러온 사회적 양극화의 심화, 탈정치화depoliticization라고 불리는
정치과정의 상품화, 그리고 그 결과로 확대되고 있는 정치적 무관심과 포퓰
리즘populism 현상의 만연으로 나타나고 있다.[261] 양극화는 시민들의 마음속

---

261 Crouch, Colin, *Post-Democracy*, Cambridge: Polity Press, 2004; Laclau,
Ernesto, *On Populist Reason*, London: Verso, 2005.

에 불만이 쌓이게 하지만 정치과정은 이러한 불만을 대변하지 못한다. 이미
좌우 정당은 오른쪽으로 이동해서 양극화와 불만을 초래한 신자유주의체제를
기정사실화하는데 동의하고 있기 때문이다. 또한 정치는 점점 더 슈퍼마켓의
진열대에서 잘 포장된 상품을 고르는 것과 크게 다르지 않게 되어버렸다.[262]
정치 엘리트들은 이러한 정치적 공동화를 생활정치life politics라는 이름으로
호도한다. 정치는 공적인 사무가 아니라 개인의 책임과 의무가 되어 버린다.
이것은 풀뿌리 정치가 활성화되면서 개인의 참여가 확대되는 것과는 거리가
멀다. 공적으로 주어져야 하는 자원과 정보가 더 이상 제공되지 않고 실패와
성공은 모두 개인의 책임이라는 이데올로기가 관철되는 것이기 때문이다.
공적인 정치과정의 공동화와 개인으로의 책임전가는 정치가 '시장화' 되는
것을 의미한다. 그리고 모든 정책 결정과정은 소위 전문가들에게 맡겨진다.
과학주의적 태도와 경제학적 논리로 무장한 전문가들은 모든 사안에 기술적
으로 접근하게 된다. 민주주의는 형식만 남고 점점 공동화되어 간다.[263]

불만은 쌓인다. 경쟁의 압박과 실패에서 오는 좌절, 미래에 대한 불안은
사람들의 몸과 마음을 병들게 한다. 정치과정을 통해 이러한 불만이 해소될
가능성은 점점 축소된다. 그리고 사람들의 불만과 정치과정의 어긋남을 파고
드는 것이 바로 포퓰리즘 정치다. 원한의 대상을 설정하고, 불만을 쏟아내며
그럼으로써 절차와 제도를 우회하는 정치적 동원이 일상화된다. 외국인과 여
성, 성적 소수자에 대한 적대감이 표출되고 정치인들은 이것을 동원한다.

기후변화는 탈정치화, 포퓰리즘, 그리고 전문가주의의 맥락에서 중요한

---

262 이 책 3장 참고.

263 Swyngedouw, Erik, "Apocalyse Forever?: Post-Political Populism and the
Spectre of Climate Change", *Theory, Culture & Society* 27(2-3), 2010;
Swyngedouw, Erik, "Depoliticized Environments: The End of Nature,
Climate Change and the Post-Political Condition", *Royal Institute of
Philosophical Supplement* 69, 2011.

정치적 자원으로 동원된다. 한편에서 기후변화는 교토의정서 이후 UN을 중심으로 한 국가 간 협력체계에 커다란 변화를 가져왔다. 감축의무를 부과하고 있기 때문에 각국 정부의 정책수립 과정은 기후변화를 반영할 수밖에 없었다. 하지만 다른 한편에서 기후변화는 앞서 언급한 탈정치화와 전문가주의, 그리고 포퓰리즘을 강화하고 호도하는데 효과적으로 동원된다.

기후변화라는 전 지구적 위기 앞에 국적과 종교, 계급과 인종은 중요하지 않다는 생각이 유포된다. 기후위기 앞에 사회가 안고 있는 모순contradiction과 그것으로부터 발생하는 적대antagonism는 사소한 것으로 취급된다. 1920년대 독일사회가 안고 있는 다양한 모순과 적대가 유태인이라는 (가상의) 적과의 (허구적) 적대를 통해 가려졌듯이 기후변화는 그것이 동반하는 절멸의 공포와 함께 내부적 갈등을 부차적인 것으로 만드는 효과를 가지는 것이다. 유태인이라는 '환상'이 독일의 내부적 모순을 해소하지 못하는 것처럼 기후변화라는 절멸의 위기에 대한 공포가 신자유주의 사회가 안고 있는 모순을 해소하는 것은 아니다. 적대적인 대립과는 어울리지 않는 공통의 이해관계를 창출함으로서 모순의 폭발을 억제하고 치환하는 효과를 가질 뿐이다.

하지만 기후변화는 아직 유태인과 같은, 허구적이기는 하지만 원한과 적대, 공포의 대상이 되지 못한다. 이러한 상징적 대상은 기후변화가 이산화탄소라는 특정한 대상으로 환원될 때 출현한다. 사회적 불평등과 금융 불안, 금융화가 초래한 일상의 문화적 연대망 붕괴, 소수의 자산소유자를 위한 정책으로 치우치는 국가의 노골화된 계급편향 등은 이산화탄소라는 가상의 '적'과 마주할 때 부차적인 문제가 되어 버리는 것이다.

기후위기를 온실가스(이산화탄소)로 환원하고 그럼으로써 내적 적대를 가상의 적과의 대결로 치환시키는 탄소정치는 그것과 나란히 발전해 온 후기자본주의의 탈물질적 생활정치 담론과 접합된다. 이제 정치는 계급을 둘러싼 투쟁으로 나타나지 않으며 물질적 재분배redistribution를 쟁점으로 형성되지도 않는다. 정치의 주제는 다양한 정체성identity의 인정recognition으로 이동한다. 그리고 정체성은 생산이 아닌 소비행위를 통해 드러난다. 정치는 공공영역에서 사적영역으로 이동하며 일상의 모든 것이 정치적인 쟁점이 된다. 국가는 관료적이고 무뎌서 개인의 필요와 욕구를 제대로 반영할 수 없고 국가의 개입은 시장의 '정상적인' 작동을 저해하기 때문에 개인의 생활과 경제영역으로부터 퇴각해야 한다는 생각이 퍼져나간다. 오직 자율적인 개인들이 자신의 행위를 선택하고 그 결과에 책임지는 정치적 주체가 될 수 있다는 믿음이 확고해 진다.

정체성의 인정은 중요하다. 경제적 분배만으로 사회적 정의를 실현할 수 없기 때문이다. 일상영역의 쟁점들을 정치화하는 것도 긍정적이다. 거대담론은 사람들이 일상에서 느끼고 체험하는 것을 담아 낼 수 없기 때문이다.[264] 하지만 부와 권력, 지식·정보와 자원이 불평등하게 구조화되어 있는 사회에서, 그러한 불평등을 해소하는 공적인 지원과 제도적 변화 없는 정체성의 정치는 낭비적인 소비주의를 조장하고 구조적 모순을 개인의 책임으로 전가하는 쪽으로 기운다. 결국 생활정치 담론은 구조의 효과인 불평등을 개인의 책임으로 치환함으로서 탈정치화를 조장하게 되는 것이다.

기후변화는 이러한 탈정치화 담론이 유포되고 자리 잡는데 결정적인 역할을 한다. 이산화탄소로 모아지는 기후변화대응이 탈정치화이자 포퓰리즘적인 이유는 정치를 말하면서 정치의 주체를 소멸시키기 때문이다. 보편적 인류는 정치의 주체가 될 수 없다. 정치는 '우리'라는 강요된 연대가 아니라 '우리'와 '그들'이라는 적대를 통해서만 실현될 수 있기 때문이다.[265] 이렇게

---

264   Fraser, Nancy and Axel Honneth, "Redistribution or Recognition?", *A Political-Philosophical Exchange*, London: Verso, 2003.

265   적대를 통한 '우리'의 구성을 강조하는 입장은 상생, 협동, 상호인정을 부정하는 것으로 받아들여 질 수도 있다. 상생, 협동, 상호인정은 연대solidarity 개념으로 포괄될 수 있는데, 적대를 인정하지 않는 연대는 지배적 이해관계를 보편적인 것으로 강요하는 연대일 가능성이 높다. 따라서 기존의 체계를 무너뜨리는 힘으로서의 연대는 강요된 보편적인 것을 부정하는 저항적 연대

소멸된 정치적 주체의 자리에 대신 들어선 보편적 '우리'는 포퓰리즘적 정치의 동원대상인 동시에 엘리트주의적 정치의 동원 대상으로 전락한다. '그들'과의 적대를 상실한 '우리'는 결국 개별로 분리된 원자들의 집합이며, 이 원자들에게 강요된 경쟁과 도덕적 책임은 적대를 통한 '우리'의 형성을 지속적으로 방해한다. 결국 정치는 매우 협소한 전문가들의 사무로 전락한다. 그래서 나타나는 것이 '전문가주의'다.

탈정치화와 포퓰리즘적 정치를 통해 등장한 전문가들은 사회적 갈등을 관리가능하고 통제 가능한 범위 안으로 축소하고, 그것에 관한 정보와 지식을 독점한다. 기후변화는 과학주의적 태도에 의해 정의된 통계적인 예측 모델을 벗어나서는 안 되고 경제학적 논리에 의해 측정되고 서로 교환가능한 단위로 재설정되어 시장 기제 안에서 관리되어야 한다. 위기의 관리는 기술적으로 조정될 수 있어야 한다.

언제나 위기는 기존 질서와 그것을 지탱하는 지배적 담론의 위기를 동반한다. 그런데 기존 질서의 지배세력은 위기를 질서 안에서 통제되고, 관리되고, 재조정될 수 있는 것으로 치환하려 한다. 경제위기와 정치위기, 그리고 기후위기를 질서 안에서 통제가능하고, 관리가능하며, 재조정될 수 있도록 가두려 하는 것이다. 탈정치화, 포퓰리즘적 정치는 이러한 위기관리의 기예art라고 할 수 있다. 지배적인 담론전략이 의도하는 것은 위기의 해소가 아니라 위기폭발의 지연이며, 이러한 지연이 추구하는 것은 부와 권력의 불평등 구조를 유지하는 것이다. 그래서 위기를 해결하는 정치는 통제가능하고, 관리가능하며, 조정 가능한 틀을 벗어나는 것이다. 이것은 협소하게 정의된 정치의 틀을 깨고 나가는 것이다.

이어야 한다. 하지만 적대를 통해 구성되는 저항적 연대는 그 내부에 상생, 협동, 상호인정의 원리를 포괄할 수 있다. 이와 관련된 보다 자세한 논의는 이 책 9장을 참고하라.

4. 기후변화의 사회적 해석과 재정치화

지금까지 현행 기후변화 대응체제가 안고 있는 문제점들을 살펴보았다. 현행의 체제가 과학주의적 태도와 경제학적 논리에 갇혀 기술적인 조정만을 고수함으로써 위기를 완화시키기는커녕 재앙으로 치닫고 있는 것을 방관하고 있는 것이라면 우리는 무엇을 해야 하는가? 이 질문에 답하는 것은 쉬운 과제가 아니다. 지금 당장 정답을 찾는 것은 가능하지도 않다. 하지만 지금의 대응으로부터 벗어날 수 있는 방향은 설정해야 한다. 이 방향은 기후위기, 경제위기, 정치위기가 체험되고 인식되고 해석되는 사회적 차원에 주목하는 것이다. 과학주의적 태도의 인과적 설명틀로는 다루어질 수 없는, 경제학적 논리로는 결코 설명할 수 없는, 그래서 기술적 조정으로는 해결될 수 없는 사회적 위기에 대해 이야기해야 한다.

기후위기는 문화적, 지리적으로 특수한 장소에서 체험된다. 따라서 기후위기는 경제위기와 정치위기와 분리될 수 없다. 사회적 불평등과 정치적 참여와 분리된 기후변화는 존재할 수 없는 것이다. 이런 맥락에서 기후변화는 사회 안에서 체험되는 다양한 행위자들이 경험하는 충족되지 않는 필요 unmet needs로부터 설명될 수 있다. 처음부터 기후위기, 경제위기, 정치위기는 서로 분리될 수 없다. 이미 언제나 서로 영향을 주고, 영향을 받는 상태이며 이러한 상호작용의 효과에 의해 지속적으로 변형을 겪을 수밖에 없다. 그럼에도 불구하고 분석적으로 분리된 실체로 가정해 볼 수는 있다. 기후변화는 기온의 상승과 그에 따른 자연재해로 나타날 것이다. 그리고 이러한 자연재해는 경제적 지위, 그것과 관련된 거주 장소의 선택권, 자신의 의견을 밝히고 정책결정과정에 반영할 수 있도록 하는 정치적 힘에 따라 다르게 체험된다. 당연히 이러한 체험은 시장의 논리, 즉 이윤의 논리와 가격신호 기제에 의해 배분되는 자원과 정보의 양에 의해 영향 받는다. 기후변화의 효과로부터 나타나는 재해는 행위자들에게 충족되지 못하는 필요로 체험될 것이고, 시장은 화폐로 표현되는 구매력이 있는 사람들의 충족되지 못한 필요를 완화하는 것에만 반응할 것이다.[266] 정부는 이러한 불평등한 필요충족체제를 완화시키는 공적 개입을 시도해야 하겠지만 신자유주의적 자본주의 체제에서 그런 일을 일어나지 않는다. 정부의 개입은 시장 기제를 교란시킬 뿐이라는 믿음이 강력하게 작동하고 있기 때문이다. 정부는 기후변화효과에 대한 차별적인 체험을 완화하기 보다는, 그러한 불평등의 체계를 지탱하는 지지대 역할을 하게 되는 것이다.

　공적개입은 여러 가지 계기들을 통해 수행될 수 있다. 그리고 그러한 계기들은 작은 변화를 통해 전체 사회에 커다란 변화를 가져올 수 있도록 계획되어야 한다. 다양한 형태의 분산되고 유연한 재생가능에너지 생산이 퍼져나갈 수 있는 제도적인 지원체계를 정비하는 것도 그러한 개입 중 하나일 것이다. 대중교통체계를 정비하고 도시공간을 걷기와 자전거 타기 쉬운 형태로 계획하는 것도 생각해 볼 수 있다. 현재의 건물을 환경 친화적인 냉난방과 조명을 갖추도록 개량하는 사업을 지원하는 것도 가능하다. 도시농업의 활성화는 소비위주의 도시에서 생겨나는 음식물 쓰레기를 두엄으로 발효시키고 천연 비료로 사용하는 신진대사순환의 복원으로 적극 고려될 수 있다. 도시 농업은 지역 식량체계의 순환을 회복하는 수단으로 자리 잡을 수도 있다. 이 과정에서 에너지, 주택, 먹을거리는 계산 가능한 단위로 분리되는 대상이 아니라 공동자원commons로 인식되고 관리될 수 있을 것이다.

　이러한 정책수립과 사회적 실천의 패러다임 전환이 없는 기후변화 대응 체계는 속빈 강정에 불과하다. 패러다임이 전환될 때에만 '위기'에 대응하기 위해서 반드시 필요함에도 불구하고 기존의 패러다임 아래서는 '불가능한

266　기후변화에 따른 자연재해는 필요로 체험되고 인식되는 것이지 그 자체가 필요로 환원되는 것은 아니다. 이것은 이미 2장에서 논의된 바대로이다.

것', 또는 '비정상적인 것'으로 취급되었던 실천들이 시민권을 획득하게 될 것이기 때문이다. 그리고 그렇게 되었을 때 개별 행위자들의 실천을 가능하게 하는 구조적 조건이 변화될 수 있을 것이다.

1) 충족되지 않는 필요와 불만

'필요needs'는 논쟁적인 개념이다. 필요가 객관적으로 정의될 때 충족정도와 수단을 결정하는 것은 엘리트집단의 전유물이 되어버릴 수 있다. 과학주의적 태도와 전문가주의의 위험이 도사리고 있는 것이다. 하지만 '충족되지 못한 필요'는 객관적이지 않다. 사회구조 안의 위치에 따라 필요는 다르게 정의되며, 충족되지 못한 필요 또한 다르게 체험되기 때문이다. 계급, 성별, 연령, 종교, 지역에 따라 필요는 다르게 정의되고 경험된다. 그렇다고 필요가 완전히 주관적인 것은 아니다. 필요가 완전히 주관적으로 정의된다면 효용utility 또는 욕망desire과 구별되지 않는다. 필요는 생존을 위해 요구되는 삶의 최저선bottom line을 가진다. 하지만 '인간다움'의 기준은 역사적으로 발전하기 때문에 그에 따른 필요의 목록과 충족방식도 발전한다. 또한 문화적인 다양성은 필요충족의 수단을 다르게 정의한다. 따라서 필요는 효용과 욕망과는 다르다는 점에서 객관적이지만 불변하는 보편적 기준이 아니라는 점에서는 상대적이다.

바로 이러한 제한된 객관성과 상대성이 필요개념을 탈정치화 된 기후문제를 재정치화 할 수 있는 계기가 될 수 있게 한다. 앞에서 지적했듯이 기후위기는 경제위기, 정치위기와 결합되어야만 이해 될 수 있다. 이것이 기후변화에 대한 사회적 해석이다. 기후변화의 효과는 국제적으로 정의된 인간으로서의 기본적 생존 조건을 침해하는 것으로 경험된다. 이러한 생존조건은 국제적으로 받아들여지고 있는 인권human rights 체계로 정의된다. 〈국제인권선언UN Declaration of Universal Human Rights〉은 이러한 내용을 일목요연하게 보여준다. 그런데 이렇게 역사적으로 정의된 생존조건은 경제적 착취와 정치적 억압에 의해 지속적으로 위협받아 왔다. 여기에 기후변화(생태위기)가 더해지면 그 양상은 더욱 악화된다.

인권은 필요가 역사적으로 표현된 것이라고 볼 수 있지만 둘은 서로 다른 성격을 가지는 개념이다. 인권은 보편적으로 정의된 담론의 체계로 일상의 직접적인 체험과는 거리를 두는 전문가의 영역으로 남아 있다. 필요충족이 침해 되었을 때 호소할 수 있는 이념적 기준이기는 하지만 인권전문가들의 개입이 반드시 필요하다. 이에 반해 필요는 구체적인 시간과 장소에서 체험된다. 이런 이유에서 충족되지 못한 필요는 좌절로 경험되며 좌절은 그 대상과 목표가 명확하게 정의되지 않는 불만과 분노로 표현된다. 이러한 불만과 분노의 계기는 과학주의적 태도, 경제학적 논리, 기술적 조정이 강제하는 지배적인 담론체계와 충족되지 않는 필요의 체험이 어긋나는 순간들이다. 물론 이러한 불만과 분노는 일시적이며 매우 국지적으로 나타난다. 이러한 어긋남의 순간을 탈구dislocation라고 부를 수 있을 것이다.[267]

이 탈구의 순간이 반드시 재정치화의 계기로 전화되는 것은 아니다. 탈구에 동반되는 불만과 좌절을 환상에 의해 구성되는 단일한 외부의 '적'으로 집중시키고 그럼으로써 탈구를 낳는 구조적 조건을 감추는 포퓰리즘적 동원 정치가 출현할 수도 있기 때문이다. 지배적인 패러다임과 구체적인 불평등의 체험이 어긋남에 따라 발생한 정치의 계기가 또 다시 정치를 공동화하는 탈정치의 자원으로 활용 될 수 있는 것이다. 기후위기가 경제위기, 정치위기와 결합되어 표출된 충족되지 못한 필요의 체험과 그로부터 생겨나는 좌절과 불만은 이산화탄소·온실가스라는 외부적 '적'의 상징적 효과 아래 정치적 에너지를 상실하고 과학주의적 태도와 경제학적 논리로 되돌아가게 되는 것이다. 불만은 사라지지 않지만 또 다시 관리 가능한 범위로 제한되고 관리는

---

267 탈구 개념은 이 책 1장, 8장, 9장에서 논의되었다.

정치적, 경제적 엘리트들의 손에 남겨진다. 탈구의 위치들과 필요의 체험은 다양하다. 하지만 다시 전문가들에게 돌아온 필요는 서로 교환가능하고, 통약 가능하게commensurable 정의된다. 그렇게 되어야만 과학주의적 태도에 따른 통계적 설명이 가능하고, 경제학적 태도에 따른 시장주의적 해법만이 유일한 선택지라는 것을 강변할 수 있으며, 기술·관료적 개입이 정당성을 획득할 수 있다.

이산화탄소 톤수로 기후위기를 환원하거나, 다양한 생태적, 문화적 자원의 가치를 화폐적 가치로 환원하는 것은 애초부터 불가능하다. 오직 과학주의적 태도와 경제학적 논리를 기정사실로 받아들일 때에만 가능하다. 그런데 중립적이고 과학적이며 객관적이라고 주장되는 이러한 '편견'이 바로 기후위기, 경제위기, 정치위기의 원인이다. 그래서 위기를 넘어서기 위해서는 편견을 넘어서서야 하는 것이다.

다양한 충족되지 못한 필요는 단일한 기준으로 환원될 수 없기에 민주적 정치과정을 통해 논의되고 합의되어야만 한다. 그리고 이러한 합의는 언제나 잠정적이라는 것이 인정되어야 한다. 우리는 우리들 스스로가 포함된 현실을 논리적이고 과학적으로 설명하려고 노력하지만 그러한 설명은 언제나 불완전하며 그래서 언제나 새로운 설명에 열려 있어야 한다는 것을 인정해야 한다. 이것이 근대성 안에 갇혀 있는 과학주의적 태도를 넘어 과학을 '실천'하는 길이다. 기후변화는 기후학자, 지질학자, 경제학자들의 전유물이 아니다. 보통 사람들이 수백 년, 수천 년 동안 축적해 온 시간과 공간의 감각이 어떻게 더워지는 날씨, 홍수, 가뭄, 해수면 상승을 체험하는지에 귀 기울여야만 한다.

2) 적대antagonism를 통한 연대solidarity

현행의 기후변화 대응 체제는 전 세계적 차원의 '연대'를 요구한다. 그런데 전 세계적 차원의 연대는 '강요된' 연대다. 사회는 충족되지 못한 필요를 발생시키는 구조적 모순으로 가득 차 있기에 적대는 필연적이다. 적대는 존재할 수밖에 없고 그러한 적대를 해소하는 것이 정치다. 그래서 보편과 중립의 이름으로 적대가 존재하지 않는다고 주장하는 것 자체가 매우 '정치적'이다. 기후위기와 관련해서 전 인류가 연대의 단위로 호명되고 때때로 민족과 국가가 소환되기도 한다. 민족이든 국가든 엄연히 실재하는 모순과 그 모순에 의해 발생하는 적대를 부정한다는 점에서는 다를 바 없다.[268]

기후변화의 가해자로서 '인류'를 지목하고, 문제 해결을 위한 주체로 역시 세계 전체를 불러내는 것은 기후위기를 초래한 화석연료 에너지산업−자동차산업을 중심으로 한 기득권 집단과 기후변화 피해자 사이의 차이를 부정하며 전자의 이익을 유지하는 이데올로기적 조작이자 정치적 실천이다. 문제의 근원인 모순을 해소하지 못하고 그대로 방치한 채 적대의 선을 비적대적인 것으로 치환하고 있는 것이다.

따라서 기후변화에 대한 효과적인 대응은 불만을 관리 가능한 것으로 중립화하는 것이 아니라 위기의 근원인 구조적인 모순을 적대를 통해 드러내고 거기로부터 정치를 구현하는 것이다. 여기서 발전하는 정치는 적대를 부정하는 강요된 연대가 아니라 '적대를 통한' 연대가 되어야 한다. 구조적 모순을 드러내고 이로부터 적대의 정치를 실현하는 것이다.

기후위기는 일상에서 충족되지 못한 필요로 체험된다. 갈수록 주거와 교통, 음식과 에너지, 그리고 물의 생산과 소비에서 불평등이 심각해진다. 이러한 불평등은 냉난방이 잘 갖추어진 에너지 고소비 주택, 갈수록 대형화되는 자동차, 안전하지만 값비싼 농산물을 향한 욕망을 부추긴다. 기후위기

---

268 이 책 9장의 논의 참고.

의 근원적 원인 중 하나인 소비주의가 기후변화를 자원으로 삼아 새로운 축적의 사이클을 만들어 내고 있는 것이다. 이것이 지금까지 살펴본 과학주의적 태도, 경제학적 논리, 기술적 조정의 실체라고 할 수 있다. 하지만 위로부터 강요된 허구적 연대와 소비주의가 전부는 아니다. 세계 곳곳에서 과학주의적 태도, 경제학적 논리, 기술적 조정 바깥에서 허구적 연대를 벗어나려는 몸부림들이 목격되고 있다. 그것은 획일화된 기준에 따라 계산 가능하고 교환 가능한 실천들이 아니다.

기후변화 대응은 이렇게 다양하고, 지역적이고 특수한 실천들이 동시에 성장하고 번성하도록 하는 것이다. 그리고 이러한 실천들이 가지고 있는 특수성을 침해하지 않으면서 연대를 실현할 수 있는 이행의 시나리오(닫힌 청사진이 아니라 실천이라는 우발성에 열려 있는 방향)가 제시되어야 한다. 그리고 이행의 시나리오에서 가장 중요한 요소가 에너지체계의 전환이어야 한다. 전환은 '선언'이나 '의지'로 성취되는 것이 아니다. 그 자체로 지난한 이행의 과정을 통할 수밖에 없다. 화석연료에 의존하고 있는 지금의 에너지체계를 순차적으로 줄여나가고 재생에너지 부분을 확대해 가는 에너지 MIX가 계획되어야 하는 것이다. 하지만 에너지 MIX는 과학주의적 태도와 경제학적 논리, 기술적 조정의 영향력을 벗어나서 공적인 에너지 부분 바깥의 다양하고 규모가 작은 지역 단위의 에너지 생산과 소비 패턴을 최대한 확장하는 목적지를 향해 나가는 과정일 뿐이다. 그리고 이러한 에너지체계의 전환은 국가-시장-사회의 관계를 재정립하는 '재정치화repoliticization'의 과정을 통해 성취되어야 하는 것이다.[269]

---

[269] 탈핵과 관련된 에너지 MIX와 에너지체제 전환에 대해서는 박진희 외, 『탈핵 – 포스트 후쿠시마와 에너지 전환 시대의 논리』, 서울: 이매진, 2011와 김현우, 『한국 사회의 탈핵 시나리오를 생각한다』, 2011을 참고하라. 재정치화 문제는 또 하나의 연구 과제로 남겨 둘 수밖에 없다.

5. 맺음말

기후변화를 완화하고 대응하는 것은 지금 우리가 살고 있는 사회체계를 근본적으로 바꾸어내는 거대한 전환을 통해서만 가능하다. 현재 겪고 있는 생태위기의 엄중함을 인식한다면 우리는 기본적인 생활양식의 변화를 모색해야 하는 것이다. 자동차를 통한 장거리 이동, 대중교통의 확장보다는 자가용 이용을 조장하는 교통체계, 레저산업의 확장이 결과한 장거리 비행, 열효율과 전기효율이 떨어지는 건축과 도시계획을 모두 지속 가능한 방식으로 전환해야 한다. 그리고 우리의 대안은 장기적으로 지속가능하고 분산된 에너지 체제로 이행하는 것이다. 이러한 에너지체제의 전제는 지금과 같은 과도한 소비와 낭비를 막을 수 있는 사회체제를 전제로 한다. 이러한 사회에 부합하는 에너지원은 재생가능에너지일 것이다. 어쩌면 우리에게 필요한 것은 '성장 없는 번영'일 지도 모른다.[270]

하지만 그것은 멀고 고통스러운 이행의 목적지일 뿐이다. 그 과정은 예측하기 힘든 변수들로 가득 차 있을 것이다. 이러한 변수들에 대한 정확한 예측은 불가능하다. 하지만 우리는 계속해서 분석하고 예측하는 과학적 실천을 멈출 수 없다. 문제는 과학적 실천을 협소하게 정의하고 전문가들에 의한 합의가 없이는 아무것도 할 수 없는 것처럼 생각하는 과학주의적 태도이다. 체계의 전환은 무수히 많은 실험들과 시행착오들을 통해 축적된 실천적 지식들이 있을 때에만 가능한 것이다. 그런데 지금 우리는 과학적 지식의 이름으로 그러한 실험들을 가로막고 있다. 전문가들의 합의에서 벗어나는 것은 모두 실현 불가능한 유토피아이며, 경제적 논리에 맞지 않는 몽상이라는 말을 들어야 한다. 그래서 지금 당장 우리가 해야 할 일은 과학적 지식 자체의

---

270 Jackson, Tim, *Prosperity without Growth : Economics for A Finite Planet*, London : Earthscan, 2011.

민주화이며 체계 안에서 충족되지 못하고 있는 다양한 필요들에게 목소리를 되돌려 주는 것이다. 기후변화에 대한 대응은 캠페인이 아니라 대항헤게모니 투쟁이어야 하는 것이다.

6장

'사회적인 것', 통치의 기술 또는 저항의 계기

1. 머리말

앤서니 기든스Anthony Giddens가 제창한 구조화이론structuration theory은 사회적 행위에는 인지되지 않은 조건unacknowledged conditions이 있으며, 행위는 언제나 의도한 바대로의 결과를 가져오지 않는다고 말한다. 모든 행위에는 의도하지 않은 결과unintended consequences가 있기 마련이라는 것이다.[271] 이러한 이론적 설명은 기든스 자신에게도 적용될 수 있을 듯하다. 사회민주주의적이지도 신자유주의적이지도 않은 급진 정치 기획을 제3의 길이라는 이름으로 유행시킨 사람이 바로 기든스다. 후기근대의 조건에서 높아진 행위자의 성찰성reflexivity은 생활정치life politics를 가능하게 했다는 것이다.[272] 하지만 기든스는 바로 그 후기근대가 그에 앞선 시기보다 훨씬 더 노골적인 계급정치의 시기라는 것을 인식하지 못했다. 마이클 러스틴Michael Rustin의 지적처럼 영국의 좌파는 마가렛 대처Margaret Thatcher로 상징되는 가장 계급적 정권 아래서 '유연적 생산방식'으로의 이행과 '정체성의 정치'의 대두를 주장하면서 스스로 무장해제 했던 것이다.[273] 여기서 중요한 것은 기든스의

---

271   Giddens, Anthony, *The Constitution of Society*, Cambridge: Polity Press, 1984.

272   Giddens, Anthony, *Beyond Left and Right: The Future of Radical Politics*, Cambridge: Polity Press, 1994.

273   Rustin, Michael, "The Trouble with New Times", Stuart Hall and Martin

행위, 즉 기존 좌파를 비판하고, 좌파와 우파를 넘어선 새로운 정치 전략을 제시하겠다는 기든스의 이론기획이 가져온 의도하지 않은 결과이다. 그가 말한 성찰성은, 그가 의도했든 의도하지 않았든, 시장에서 행위 하는 이기적 주체들이 비용과 편익을 계산하는 능력에 다름 아니었다. 곧 시장의 힘이 규율권력으로 작동하는 사회에서 시장의 논리를 몸에 각인시킨 규율된 육체의 논리에 다름 아니었던 것이다.

물론 기든스는 스테이크홀더 자본주의stakeholder capitalism (이해관계자 자본주의)라는 이름 아래 공동체에서의 대화와 협의를 강조한다.[274] 그의 생활정치는 곧 대화정치dialogic politics인 것이다. 하지만 기든스의 사상을 구현했던 토니 블레어Tony Blair의 영국 노동당 정부가 내세운 공동체주의 communitarianism는 자조와 자활의 멋진 이름 아래 국가의 공공성 훼손과 그로 인한 사회적 약자의 고통을 지역사회에 떠넘기는 세련된 수사에 불과했다. 기든스와 블레어가 공유하고 있는 '아름다운' 사회는 자본의 축적과 이윤논리가 초래하는 사회적 양극화의 책임을 그 희생자인 지역 공동체가 지게 하는, 이전에 사회적 영역으로 남아 있던 일상생활의 소소한 영역까지 상품과 소비의 사슬 속으로 끌어들이는 새로운 얼굴을 한 자본주의였던 것이다. 결국 기든스의 이론적-정치적 기획의 의도하지 않은 결과는 자본주의적 질서를 정당화하는 세련된 이데올로기의 생산이다. 만약 이것이 의도하지 않은 결과라면 기든스는 그의 명성에도 불구하고 시대를 꿰뚫는 혜안을 가지지 못한 그저 그런 사회이론가를 넘지 못한다. 그렇지 않다면, 이러한 결론이 그가 의도했던 것이라면 그의 급진적 수사는 사기에 다름 아니다.[275]

기든스의 구조화 이론은 여기서 한발 더 나간다. 행위자들은 조건을 완

Jacques eds., *New Times*, London: Lawrence Wishart, 1989.

274   Giddens, Anthony, *The Third Way*: *The Renewal of Social Democracy*, Cambridge: Polity Press, 1998.

275   기든스에 대한 비판은 서영표, 『런던코뮌』, 이매진, 2009를 보라.

전히 알지 못하는 상태에서 행위하고 그 행위의 결과로 초래된 의도하지 않은 결과에 직면해서 자신의 행위를 합리화한다는 것이다. 이제 새로운 진보의 이름 아래 행한 신자유주의와의 은밀한 공모를 어떻게 합리화할 것인가? 기든스와 같은 이론가들은 자신의 정치적 행위를 사회적으로 합리화해야할 동기가 약하다. 침묵하면 그만이다. 하지만 블레어 같은 정치가들은 사정이 조금 다르다. 어쨌든 자신의 행위를 정당화해야 한다. 여기서 중요한 대목은 스스로의 행위를 정당화해줄 수 있는 타자의 존재이다. 영국의 노동당은 2010년 정권을 보수당과 자민당 연정에게 내어 준다. 이제 과거에 노동당 스스로가 했던 말들과 추진했던 정책들은 중요하지 않다. 노동당은 이제부터 보수당의 거울상으로만 존재하기 때문이다.[276]

　　여기에 하나의 역설이 있다. 블레어와 그의 뒤를 이은 고든 브라운Gordon Brown의 노동당 정부가 대처주의를 넘어서겠다고 주장했지만 그것의 연장이었던 것처럼, 데이비드 카메론David Cameron의 보수당 정부의 노선은 노동당 정부와 큰 차이가 없는 것이었다. 두 정부 모두 작은 정부와 시장 원리를 신봉하고 이로부터 발생하는 문제들은 공동체의 자조와 협동의 원리를 고양시킴으로써 덮어버리려고 했다. 노동당 정부가 이러한 노선을 '제3의 길'이라고 표현했다면 보수당-자민당 정부는 '큰 사회Big Society'라는 이름으로 부르고 있다(유범상, 2013). 결국 노동당의 사후 정당화는 스스로와 크게 다르지 않은 보수당(+자민당)을 공격함으로써 얻어지는 정체성을 통해 생겨난다. 노동당 정부보다 보수당 정부가 더 나쁘다는 말 말고는 아무것도 없다. 그래도 그들은 믿는다. 자신들이 진보적이라고. 자신들을 진보적이게 보이게 하는 구성적 외부constitutive outside가 있으니까.

---

[276] 서영표, 「영국노동당 13년 평가-삶의 질의 후퇴와 소비주의적 주체성」, 『생명연구』17, 2010을 참고하라.

2. 자본주의의 적응력과 새로운 사회운동

한국의 시민운동을 다루는 글의 서두에서 기든스의 구조화이론을 영국 노동당의 제3의 길과 연관 지어 길게 논의한 것은 집합적 행위자로서의 한국의 시민운동이 영국 노동당처럼, 그리고 기든스처럼 현실을 제대로 인식하지 못하고, 그 결과 의도하지 않게 기존의 질서를 정당화하는 역할을 하고 있을지도 모른다는 생각 때문이다. 조반니 아리기Giovanni Arrighi의 표현을 빌리자면 자본주의는 절충주의적 성격을 갖고 있다.[277] 낸시 프레이저Nancy Fraser가 주장한 것처럼 자본주의는 비판을 흡수하여 스스로의 모습을 변모시킬 수 있는 힘을 가지고 있다.[278] 시민운동은 자본주의의 이러한 절충과 변형의 힘을 과소평가한다. 그리고 이러한 절충과 변형의 힘에도 불구하고 아니 바로 그 힘에 의해서 자본주의가 '자본주의'일 수밖에 없는 착취와 억압의 메커니즘은 그대로 유지된다는 사실에 대해 애써 눈을 감는다. 그들이 내세우는 목표의 실현을 가로막는 자본주의체계의 계급적 성격과 그들이 옹호하는 절차적 민주주의의 한계를 제대로 인식하지 못하고 있으며, 그들의 정치적 행위가 의도하지 않게 신자유주의적 경쟁논리와 절차에 국한된 제도정치를 정당화하는 효과를 가진다는 것을 자각하지 못한다.

이와 대조적으로 시민운동은 자유주의적 민주주의가 가지는 힘을 과대평가한다. 절차적 민주주의와 제도정치의 게임규칙은 에티엔 발리바르Etienne Balibar가 표현한 봉기upheaval의 계기를 구성constitution의 계기로 순치시키는 강력한 힘을 갖고 있다.[279] 자본주의가 변형과 절충을 통해 얻게 되는 적응력

277　Arrighi, Giovanni, *The Long Twentieth Century : Money, Power, and the Origins of Our Times*, London & New York : Verso, 1994.

278　Fraser, Nancy, "Feminism, Capitalism and the Cunning of History", *New Left Review* 56, 2009.

279　Balibar, Etienne, "The Non-Contemporaneity of Althusser", E. Ann Kaplan

의 근원은 착취를 공정한 거래로, 불평등을 전체의 복지를 위한 불가피한 선택으로 만들어내는 자유주의적 민주주의 제도와 그에 동반되는 이데올로기에서 나온다. 경제적 착취에 의한 불평등은 동등한 권리를 가진 정치적 공동체의 시민의 권리로 분해되는 것이다. 이러한 자유주의적 민주주의에 대한 비판이 곧 제도정치 무용론으로 읽혀서는 안 된다. 시민운동이 비판의 최대치를 제도 안의 민주적 절차에 두었을 때 그 비판은 무력화될 수밖에 없다는 것을 지적할 뿐이다. 비판이 실질적 비판이 되기 위해서는 자유주의적 제도정치 패러다임을 뛰어 넘는 상상력과 비전을 통한 정치적 개입이 되어야 한다. 제도정치에의 참여를 사회주의 실현을 위한 수단으로 생각했던 좌파정당들조차 제도정치의 힘에 흡수되어가는 모습에서 시민운동은 아무것도 배우지 못했다. 시민운동가들에게 진보정당의 실패는 여전히 낡은 이념에 사로잡혀 있는 구좌파적 패러다임을 벗어나지 못했기 때문이었을 뿐 제도정치의 힘은 눈에 들어오지 않았던 것이다.

　사회운동[280]이 운동의 성격을 보존하기 위해서는 기존의 패러다임을 비판하고 새로운 패러다임을 제시해야 한다. 최소한 특정 사회집단의 권리와 목소리를 배제하는 정치제도를 비판하고 그것을 확장하려 시도해야 한다. 유럽의 신사회운동은 시장주의적 우파와 더불어 사회(민주)주의적 좌파를 비판함으로써 기존 체계와 패러다임에 안주하기보다는 문화적 혁명을 통한 근

---

and Michael Sprinker eds., *The Althusserian Legacy*, London : Verso, 1993.

280　이 글에서 '사회운동'과 '시민운동'을 구별하여 사용하고자 한다. 여러 가지 해석이 있을 수 있지만 이러한 구별의 이유는 간단하다. '사회운동'은 규범적 의미를 담고 있고 '시민운동'은 우리가 현실에서 접할 수 있는 운동의 실체를 지칭한다. 필자는 현실의 운동이 가지는 한계를 인정하면서도 그것에 최소한의 규범적 성격을 부여하기 위해 '시민사회운동'이라는 절충적 용어를 사용한 적이 있다. 이 점에 대해서는 서영표, 「기로에 선 한국의 시민사회운동-환경운동연합을 중심으로」, 『진보평론』53, 2012를 보라.

본적 패러다임 전환을 요구했다. 미국의 신사회운동은 그러한 패러다임 전환까지는 미치지 못했지만 인종적 소수자들과 성적 소수자들을 배제하는 정치구조를 비판하고 배제된 목소리를 반영할 수 있는 제도의 변화를 시도했다.[281]

사회운동은 이러한 과제를 수행하는 과정에서 국가권력과 불가근불가원의 긴장상태를 유지해야 한다. 국가를 통하지 않고서는, 그리고 정당정치를 통하지 않고서는 사회운동이 제시하는 의제를 관철시킬 수 있는 길을 찾기 어렵다. 사회운동은 진공상태에서 생겨나지 않는다. 사회운동은 순수한 이념과 당위만으로는 자신의 목표를 성취할 수 없다. 하지만 운동은 끊임없는 국가로부터의 거리두기 내지는 국가를 중심으로 하는 제도적 질서의 변형을 추구해야 한다. 앞에서 지적했듯이 국가를 중심으로 하는 제도는 봉기의 힘을 형해화해서 변형과 적응의 동력으로 전환시키기 때문이다. 그래서 봉기의 에너지가 제도 안으로 흡수되기 보다는 제도를 변형하는 힘으로 모아지기 위해서는 국가로부터 거리두기가 필요한 것이다.

이런 관점에서 보면 역사적으로 존재했던 사회운동이 항상 성공적이었던 것은 아니다. 유럽의 신사회운동은 국가에의 참여와 거리두기 전략이 충돌하면서 분열되었다. 독일 녹색당의 근본주의자들과 현실주의자들의 분열은 이러한 내적 갈등을 잘 드러냈다. 미국의 신사회운동은 유럽보다 훨씬 더 국가에 가까웠다고 할 수 있다. 근본적 패러다임 전환보다는 의회를 통한 제도 개혁이 최우선적인 목표였기 때문이다. 결과적으로 압력단체나 이익단체를 크게 벗어나지 못했다. 한국의 시민운동은 이러한 서구 사회운동의 한계와 그 원인을 생각하고 역사적 경험을 비판적으로 평가하기보다는 단지 실패한 '결과'를 기정사실화하는 데에서 시작하려 했다. 구조와 체계의 힘에 흡수되지 않고, 유럽과 미국의 신사회운동이 걸려 넘어진 장애물을 어떻게 넘을 것인가를 고민하지 않은 채 사회운동이 이미 제도의 한축으로 편입된 변형되

281　이 책 4장을 참고하라.

고 적응된 새로운 얼굴을 한 자본주의를 인정하면서 시작했던 것이다. 그러나 한국 시민운동의 문제는 여기서 끝나지 않는다. 현실 정치의 장벽을 뛰어넘는 것은 처음부터 불가능하다는 현실주의적 논리에서의 타협이라면 '영리한' 선택일 수도 있다. 하지만 한국의 시민운동은 대단히 낡은 패러다임에 스스로를 가두는 것을 기존의 구좌파와는 다른 매우 새로운 패러다임이라고 생각한다. 시민운동의 새로움은 시민운동이 운동의 대상으로 생각하는 체계와 구조에 대한 비판이 아니라 구좌파적 노동운동과 사회주의운동과의 차이에서 찾아질 뿐이다. 결과적으로 정작 '구좌파적' 사회운동과 공유해야 할 '적'에 대한 비판은 부족하고 운동에 대한 비판과 부정은 과잉된다.

3. 새로운 정치적 주체 형성 전략이 부재한 시민운동

앞에서 지적했듯이 사회운동은 새로운 주체들의 운동이다. 새로운 주체들은 기존의 체계로부터 밀려나 주변화된 주체들이거나 기존 문화와 관행에 도전하는 저항적 주체들이다. 그들은 새로운 문화적 주체들이기도 하다. 주변화된 주체들은 그들을 주변적인 존재로 낙인찍는, 다시 말하면 인정하지 않는 상징질서에 도전하고 변형하려 한다. 저항적 주체들은 '정상적인 것'과 '비정상적인 것'을 가르는 문화적 코드와 경제적 불평등을 재생산하는 생산과 분배체계를 변형하려고 한다. 이러한 '새로운' 주체의 운동은 운동 과정을 통해 '새로운' 주체를 형성하는 것이기도 하다. 운동이 구체적인 장소와 주체를 가질 때 직접적인 행동은 새로운 상호작용의 공간을 형성하고 그 공간은 사람들의 의식을 변화시키게 된다. 사회운동은 인지적 측면cognitive dimension을 가지는 것이다. 한 마디로 주변적 또는 저항적 주체는 운동의 과정을 통해 본인들의 주체적 위치를 변화시키고 그 과정에서 상징질서와 경제적 분배질서 모두를 변화시킨다. 주체의 변화와 구조의 변화는 동시적으

로 진행되는 과정일 수밖에 없는 것이다.[282]

　한국의 시민운동은 사회운동이 가져야 할 주체형성전략을 가지고 있지 못하다. 우선 주변화된 주체들의 운동은 시민운동 안에서조차 주변적이다. 대학교수와 변호사 같은 전문가들을 중심으로 한 정책집단으로서의 시민운동은 주변화된 주체들의 운동이라기보다는 엘리트집단의 싱크탱크think-tank에 가깝다. 그렇다고 시민운동의 주인공이 저항적 주체들인 것도 아니다. 한국의 반문화적 저항주체들은 제도로부터 떨어져 나가 그들 스스로의 공동체를 만들거나 주류에서 밀려난 그들만의 공간으로 침잠하는 경향이 있다. 보수적인 사회적 분위기에서, 그들을 동원만 하려는 진보적 정당의 관행을 피해, 전문가 중심의 시민운동과 결을 달리한 길을 가기 위한 최선의 선택인지도 모른다. 어쨌든 이들 또한 운동의 주변부에 위치한다. 따라서 가시적인 시민운동은 '참여연대', '환경운동연합', '경실련'과 같은 싱크탱크 단체들뿐이다. 시민학교를 열고 기관지를 발행한다. 사건이 날 때마다 논평을 발표하고 4대강 공사 현장이나 밀양송전탑 건설 현장에서 앞장서 투쟁한다. 하지만 투쟁 현장에 주민이 없는 경우가 대부분이다. 밀양 송전탑 투쟁 현장이나 제주 강정해군기지 반대투쟁의 현장처럼 주민들이 있다고 해도 그들은 시민운동을 통해 만들어진 주체들이 아니라 이미 권력과 자본에 의해 기본적 권리를 짓밟힌 주체들이다. 그들은 이미 '비일상적' 조건에서 저항주체화의 계기를 경험한 사람들이다. 이들은 시민운동가들의 도움을 필요로 하지만 투쟁의 현장은 일상을 살아가는 보통 사람들로부터 철저하게 외면당한다. 시민운동은 처음부터 활동가들만의, '시민 없는' 운동이기에 이러한 '비일상적' 투쟁의 지지를 '일상'으로부터 끌어낼 힘을 가지고 있지 못하기 때문이다. 이러한 투쟁의 중요성을 과소평가해서는 안 된다. 단지 일상에서의 주체형성 전

282　Wainwright, Hilary, *Arguments for a New Left*, Oxford: Blackwell, 1994; Eyerman, Ron and Andrew Jamison, *Social Movements: A Cognitive Approach*, Cambridge: Polity Press, 1991.

략이 없는 시민운동은 국지적 투쟁을 전국적 이슈로 만들고 그 과정을 통해 정치적 주체를 형성할 수 있는 능력을 가지고 있지 않다는 것을 지적하고 싶을 뿐이다.[283]

시민운동 단체들은 지역조직을 가지고 있다. 하지만 지역의 시민운동 단체들의 모습은 축소된 정치 단위에서의 소수 활동가 그룹일 뿐이다. 지역적 쟁점에 대해 개입하기는 하지만 여전히 주체형성 전략을 결여한 아주 제한된 정치 분파일 뿐이라는 것이다. 지역정치에서 야당다운 야당이 없는 상태에서 야당의 역할을 하고 있다고도 할 수 있다. 지역 조직에서조차 회원은 회비를 납부하는 후원자에 머물고 그나마 매우 한정된, 이미 의식화된 그룹에 국한된다. 많은 단체의 회원들은 중복된다. 결론적으로 지역의 시민운동 단체는 준정당적 조직이며 풀뿌리를 가지지 못하고 있다. 사회운동은 소외되고 억압된 집단들의 정치적 행위여야 하지만 한국의 시민운동은 유사정당 조직에 머물고 있다. 그러나 유사정당적 성격을 가지지만 정당만큼의 응집력을 가지지 못하기 때문에 대부분 어정쩡한 정치적 입장을 취할 수밖에 없다.

한국의 시민운동이 준정당적 정치 행위를 하면서 정당의 정치력은 결여하고 있는 조건, 하지만 좌파정당이나 노동운동과 거리를 두려는 차별화 전략은 기존의 보수적 정당을 통해 정책형성과정에 개입하는 정치활동으로 기울게 하고 있다. 이러한 '편향'은 시민운동이 지향하는 목적과 수단 사이에 심각한 모순을 일으킨다. 시민운동이 이념적으로 바라는 것은 탈자본주의, 탈산업사회이며 더욱 평등하고 공정한 사회이지만 이들이 동원하는 정치적 전략은 자본주의와 성장주의적 산업사회를 지탱하는 권력의 메커니즘에 의존하고 있기 때문이다. 기존의 제도를 이용하고 활용하는 것과 거기에 기대어 의존하는 것은 전혀 다른 문제일 수밖에 없다. 결국 '개입' 또는 '활용'이 아

283 　서영표, 「기로에 선 한국의 시민사회운동–환경운동연합을 중심으로」, 『진보평론』 53, 2012 참고.

닌 '의존'은 탈자본주의적 평등사회를 향한 '상상력'을 질식시킨다. 기준은 언제나 '실현가능성'이고 지배적 질서 안에서 시민운동이 바라는 사회는 '실현가능하지 않은' 목표로 인식된다. 불행히도 '실현가능한' 것만의 추구는 목표에 모순될 수밖에 없다. 사회운동의 상상력은 실현 불가능한 유토피아를 꿈꾸는 것이 아니다. 현실의 지배적 구조와 상징적 질서에 의해 불가능하다고 선언된 변화의 가능성을 현실 안에 존재하는 모순으로부터 이끌어 내는 것이다. 마르크스가, 수많은 마르크스주의 이론가들이, 그리고 분권적인 생태적 공동체 사회를 꿈꾸었던 머레이 북친Murray Bookchin이 주장하는 변증법적 사고란 지금-여기에 맹아적으로 존재하는 새로운 삶의 양식의 실재적 근거를 찾아내는 것에 다름 아니다. 시민운동은 스스로가 너무나 낡은 근대정치의 패러다임에 갇혀 있으면서, 변증법적 사고에 기반 한 구조적 비판을 근대적이라고 비난(비판이 아니다)하고 있는 것이다.

4. 사회적 경제와 마을 만들기?

언제부턴가 사회적 기업이 사람들 입에 오르내리기 시작하더니 협동조합이 유행하기 시작했다. 정부와 지방자치 단체가 앞을 다투어 협동조합과 사회적 기업을 지원하는 법률과 조례를 제정하고 있다. 그리고 이제는 마을 만들기 열풍이 불고 있다. 영국의 '제3의 길'과 '큰 사회'론을 언급하면서 지적했듯이 현재 논의되고 있는 '사회적인 것the political'은 폴라니가 생각했던 것과 같은 시장을 사회의 통제아래 되돌려 놓는다는 의미에서의 그것이 아니다. 협동조합과 사회적 기업에 헌신하고 있는 활동가들, 그리고 마을 만들기에 참여하고 있는 활동가들이 바라고 있는 협동과 나눔의 정신 실현과도 거리가 멀다. 공동체와 사회적인 유대는 자본주의적 이윤논리를 털끝 하나 건드리지 못한 채, 자본주의라는 거대한 맷돌이 끊임없이 토해내는 잉여인간들과 패배자들이 겪게 되는 고통과 그로부터 생겨나는 불만과 저항이 자본의 순환을 방해하는 것을 예방할 완충지대를 만드는 것에 이용된다. 2008년 서브프라임 모기지 사태로부터 시작된 세계적인 금융위기는 막대한 액수의 공적 자금을 투여하고서 겨우 진정되었지만, 그래서 시장의 모든 것을 조정한다는 신자유주의의 교의는 현실에서 파탄 났지만 위기의 근본적인 원인인 금융 중심의 자본주의적 축적의 논리는 여전히 진리로 받아들여진다. 하지만 더 이상 이 체계가 만들어 낸, 지난 30년 동안 누적되어온 사회적 불평등과 불만을 무시할 수는 없다. 20세기 초 겪었던 축적의 위기와 파국적인 전쟁의 경험이 사회주의운동과 노동자운동에 의해 도전받았을 때 자본은 그 비판을 수용해서 스스로를 변형시켰다. 소위 케인즈주의적 복지국가가 그것이었다. 1960년대 말 전반적인 이윤율저하에 의해 초래된 또 한 번의 위기는 신사회운동과 신좌파적 도전에 응답해야 했다. 결과는 정체성과 차이를 내세운 신좌파의 주장을 포스트모던한 소비주의 문화로 특징지어지는 새로운 자본축적의 논리로 수용하는 것이었다. 대량생산-대량소비가 아니라 유연하고 유동적인 새로운 얼굴을 한 자본주의가 등장하기 시작한 것이다. 소비주의적 정체성 정치 아래 계급과 착취는 정치적 의제 속에서 지워졌다. 그리고 유연하고 유동적인 소비자본주의를 지탱했던 금융화와 증권화를 통해 지연되었던 위기가 다시 고개를 들기 시작한 2000년대 공동체와 나눔의 원리를 앞세운 풀뿌리운동에 직면하게 된 자본은 언제나 그랬던 것처럼 이러한 비판을 자신의 논리 속으로 빨아들이게 된다.

2차 대전 이후 서구의 노동운동과 사회주의 운동은 체계 안으로 포섭되면서 질서를 유지하는 한 축이 되었다. 이것을 비판했던 신좌파와 신사회운동의 정신은 소비주의적 논리 속으로 빨려 들어갔다. 체계의 계급적 성격이 노골화되는 바로 그 시점에 계급정치가 잊혀지는데 일조 한 것이다. 이와 유사하게 자본의 논리가 그 배후지로 남겨 놓았던 일상의 모든 사회적 관계까지 상품화시키고 있는 바로 지금, 자율과 자치, 공동체와 사회적 유대는 '사회적 자본'이라는 이름 아래 자본주의적 모순의 파국적 효과를 흡수하는 완충지대가 되어가고 있는 것이다.

한국의 시민운동은 이러한 구조적 조건에 대한 분석을 결여하고 있기에 자신들이 하고 있는 일이 어떤 결과를 초래할지 알지 못한 채 자본과 공모하고 있다. 새로운 정치적 주체를 만들어낼 기획을 가지지 못한 채, 자본과 국가가 열어 놓은 세련된 '사회적' 경제 담론에 공모하고 있는 것이다. 시민운동가를 자처하고 있는 박원순 서울시장의 '마을 만들기'는 이러한 '공모'로 의심받을 수 있다. '성미산 마을'과 같은 모범 사례가 제시된다. 박원순 시장이 바라는 것은 모든 시민이 사업가가 되는 것이며, 마을은 비즈니스의 대상이 된다.[284] 이러한 사업의 목적은 "정부의 재정적 행정적 도움이 없어도 아무런 문제없이 스스로 잘 알아서 잘 돌아가는 마을," "마을마다 건실한 사회적 기업이나 시민단체가 있어서 골치 아픈 장애인, 노약자, 외국인 노동자, 실업문제를 내부적으로 잘 해결할 수 있는 마을"을 만드는 것에 있다.

시민운동과 시민운동가 출신 서울시장이 앞장선 마을 만들기와 사회적 경제 사업의 추진은 풀뿌리 사회운동의 외연을 확대하고 뿌리를 더 깊게 하기보다는 풀뿌리 운동 안으로 경쟁의 논리를 이식할 수 있다. 자생적으로 생겨나고 있는 운동의 근거를 자본과 권력의 논리에 익숙해지게 함으로써 맹아적으로 존재하는 저항정치를 질식시킬 수도 있는 것이다. 이러한 잘못이 몇몇 시민운동가들의 '불순한 의도'에 의한 것이라면 문제가 크지 않을 수 있다. 그들을 비판하면 되는 것이다. 문제가 심각한 것은 서두에서 언급했듯이 이들이 이러한 노선을 진보의 새로운 전략이라고 믿고 있다는 것에 있다. 상황을 제대로 인식하고 있지 못하며 자신들의 행위가 어떤 결과를 초래할 지에 대해 통찰할 능력을 결여하고 있는 것이다.

284　박주형,「도구화되는 '공동체': 서울시 "마을공동체 만들기 사업"에 대한 비판적 고찰」,『공간과 사회』38, 2013, 33쪽.

이러한 흐름과 결부되어 있는 것이 시민운동의 NGO화이다. 알바레즈 Sonia E. Alvarez가 라틴아메리카의 페미니즘 운동을 분석하면서 주장했듯이 NGO는 교육받은 중간계급 출신 전문가들로 이루어진 중계기관intermediary organizations이 되어 가고 있다.[285] 정부의 정책 수립 과정에서 기술적인 자문을 담당하는 기관으로 변화하고 있다는 것이다. NGO는 점차로 시민들을 정치과정에 참여시키는 운동적 성격보다는 정부의 정책과 프로그램을 평가하는 자문역을 맡게 되어 간다.[286] 알바레즈가 보기에 이러한 흐름은 라틴아메리카 신자유주의 정권들이 젠더정책을 만들어가는 과정에서 시민사회를 끌어들이려는 의도와 관련된다.[287] 여기서도 국가의 목표는 분명하다. 신자유주의적 구조조정을 통해 양산된 빈곤과 불평등에 대처하기 위해 지역 수준에서의 자조self-help 전략을 확대시키려는 것이다.[288] 풀뿌리로부터 유리되고 민주화와 자유화 과정에서 때 이르게 비판의 무기를 내려놓은 사회운동은 국가의 공공적 역할을 대행하는 중개자로 전락한다. 이제 NGO들은 신자유주의적 경쟁원리를 비판하기보다는 그것에 편승하게 된다.

---

285   Alvarez, Sonia E, "Advocating Feminism-The Latin American Feminist NGO 'Boom'", *International Feminist Journal of Politics* 1(2), 1999, p. 186.

286   같은 글, p. 192.

287   같은 글, p. 193.

288   같은 글, p. 194.

5. 무엇을 어떻게 할 것인가

이제 우리는 어떻게 하면 한국의 시민운동을 '사회운동답게' 만들 수 있을 것인가라는 어려운 질문을 던져야 한다. 가장 먼저 행위자로서 시민운동이 인지하지 못하고 있는 국가의 계급적 성격과 시장의 독점적 성격을 정확히 이해해야 한다. 우리가 일상을 살아가고 있는 구조적 조건으로서의 국가와 시장은 우리의 몸을 길들이고 마음을 형성하는 기제와 상징을 뿜어낸다. 사람들은 시장과 국가를 당연한 것으로 받아들이며 그것에 적응하려 노력한다. 적응하는 데 실패하는 경우는 곧 개인의 무능력이거나 노력 부족으로 인식된다. 하지만 국가와 시장에 맞닥뜨린 일상은 종종 평범한 사람들에게 낯선 존재로 드러난다. 그것을 적대적으로 경험하게 된다는 것이다. 국가는 공공의 이해를 대변한 것처럼 보이지만 결코 중립적이지 않다는 것을 자각하게 되는 수많은 계기가 존재한다. 국가는 거대자본과는 유착되어 있지만 평범한 시민의 목소리에는 귀 기울이지 않는다. 지방자치정부는 토지소유자, 건설업자, 이들이 장악한 지방언론과 의회, 그리고 금융자본이 결탁한 '개발동맹'에 의해 좌지우지 된다. 지역 거버넌스local governance라는 멋진 이름으로 포장되지만 거버넌스에 얼굴을 내밀 수 있는 건 개발동맹에 속한 집단과 중개자로 전락한 시민운동의 유력인사들 뿐이다. 시장은 우리의 필요를 충족시키는 재화와 서비스를 공급하는 것처럼 보이지만 이윤추구라는 맹목적 목표 아래 노동자의 생명을 갉아먹고 인간적 유대를 파괴한다.[289]

비록 이러한 조건을 당연한 것으로 받아들이게 하는 지배 이데올로기가 강력하게 작동하지만 적대와 모순은 완전히 감추어질 수 없기에 일상의 다양한 계기는 순간적이고 국지적인 저항의 계기들을 만들어 낸다. 사회운동

---

289 최병두, 『자본의 도시: 신자유주의적 도시화와 도시정책』, 한울아카데미, 2012.

은 국지적이고 파편적인 국가와 시장에 대한 적대적 대면이 구조적이며 총체적이라는 것을 드러내 주는 역할을 해야 한다. 하지만 우리의 시민운동은 구조적이고 총체적인 것을 포기하라고, 그리고 한 사람의 시민으로 행동하라고 훈계한다.

국가와 시장이 결합된 자본주의적 구조가 가지는 힘은 자본주의적 주체를 형성해 내는 힘에 있다. 착취와 폭력의 '피해자'인 사람들을 시장에서의 개별화된 소비자로, 국가권력 앞에 고립된 개별 시민으로 호명한다. 자본주의로부터 착취 받고 그것과 결합된 국가권력에 의해 억압받지만 체계에 동의하고 순응하게 만드는 것이다. 실존적으로 경험하는 적대는 문화적인 코드에 의해 현실로 되돌아온다. 하지만 이러한 현실로의 복귀와 순응이 적대적 경험 그 자체를 소멸시키지는 못한다. 적대적 경험은 언제 어디서나 발생한다. 사회운동의 역할은 이러한 순간이 순간으로 끝나지 않도록 하는 것이다.

이러한 역할은 '국가의 민주화'와 '시장의 사회화'라는 두 개의 전략으로 제시될 수 있다. '시장의 사회화'는 시장의 힘을 자원을 배분하는 기본원리로 놓아 둔 채 그 외곽에 '사회적' 경제라는 방어막을 만드는 것에 머물지 않는다. 가격신호로 움직이는 시장의 메커니즘이 이윤창출이 아니라 사회적 필요충족을 위해 작동하도록 이해당사자들이 생산의 계획과 분배에 참여할 수 있도록 하는 것이다. 다양한 사회적 집단의 필요가 생산과 분배를 계획하는 과정에 반영될 수 있도록 해야 한다는 것이다. 민주적 참여를 통해 사회적으로 통제되지 않는 시장의 힘은 다양한 집단의 필요와 욕구에 반응하지 않는다. 그렇기 때문에 생산과 필요충족 사이에 커다란 간극이 생길 수밖에 없고 자원은 '비효율적'으로 사용된다. 생태적으로 지속 불가능한 낭비가 초래되는 것이다.

시장을 사회화하는 길은 여러 갈래로 이루어질 수 있다. 협동조합과 지역 공동체와 연결된 사회적 기업이 활성화되는 것은 그 중 하나의 길일 수 있다. 이와 함께 중앙정부와 지방정부의 다양한 수준에서 생산과 분배의 계획에 이해당사자들이 참여하고 토론할 수 있는 제도가 마련되어야 한다. 개별 도시에서도 기업의 운영과 도시계획에 관해 이해당사자들이 직접 참여할 수 있어야 한다. 이러한 생각을 비효율적이고 실현 불가능한 유토피아라고 비판할 수 있다. 하지만 시장의 힘이 자원을 최적으로 배분할 것이라는 주장만큼 허무맹랑하지는 않다. 우선 기술적으로 가능하다. 이미 첨단의 정보기술은 대형 할인매장이나 백화점 고객의 구매유형으로부터 개인의 소비습관과 기호를 관리하고 있지 않은가? 자본주의 기업들이 더 많은 욕망과 소비를 조장하기 위해 이러한 기술을 사용하고 있다면 시장이 사회적으로 통제된 사회에서는 개인 또는 집단의 필요와 욕구가 표현되고 논의될 수 있는 수단으로 사용될 수 있다. 가능한 만큼 참여와 계획의 단위가 작은 행정단위로 나누어지고, 필요와 욕구 충족의 기제는 최대한 공식적 영역이 아닌 비공식적 영역으로 옮겨져야 한다. 하지만 거시경제적 조정이나 대외관계 등에서는 여전히 국가적 단위의 계획이 필요하다. 물론 이러한 계획 또한 다양한 이해당사자 집단으로부터 선출된 대표들에 의해 민주적으로 감시받아야 한다.

여기서 제안한 것이 유일한 답은 아닐 것이다. 하지만 최소한 자본주의 사회에 대한 근본적 비판과 대안이 없는, 자본주의적 시장을 그대로 놓아둔 채 그 외곽에서 사회적 경제를 건설하는 길은 진보적 대안과는 거리가 멀다.

'시장의 사회화'는 '국가의 민주화'와 병행되어야 한다. '시장의 사회화'는 평범한 사람들이 가지고 있는 실천적 지식 또는 암묵적 지식이 계획에 반영될 수 있는 지식의 형태로 제시되는 과정이기도 하다. 그런데 이러한 지식의 고양과정은 국가로부터 시작하는 자원, 정보, 지식의 급진적 재분배 없이는 성취되기 어렵다. 국가를 민주화하는 길은 다양한 형태의 사회운동과 이에 기반 한 제도적 개입을 통해 국가의 성격을 변화시키는 과정이며 이 변화의 방향은 국가가 개입할 수 있는 모든 분야에서 자원, 정보, 지식을 급진적으로 재분배함으로써 국가 자체에 저항할 수 있는 정치적 주체들을 창출하는 것이다. 사회운동이 추구해야 하는 것은 국가로 하여금 그 스스로에 반하는 사회적 힘을 육성하도록 하는 것이어야 한다. 언뜻 모순적으로 들리는 이 주장은 사회주의적인 지방정치 실험들에서 불완전하게나마 실험되었던 것들이다. 국가는 그 자체로 계급들의 이해관계가 부딪히는 계급투쟁의 장이며 그렇기 때문에 힘 관계에 따라 성격이 달라질 수 있는 여지를 가지고 있다.

그러나 자본주의 국가는 그 본성상 자본의 힘을 완전히 벗어나지 못한다. 그래서 국가의 민주화 과정은 언제나 '대중의 권력주체화' 과정과 병행되어야 한다. 처음부터 국가의 민주화는 밑으로부터 사회운동의 압력이 제도정치 안으로 넘어 들어오는 것으로부터 시작한다. 그 힘으로 국가장치 내부에 존재하는 균열의 빈틈을 벌려내고 그 틈을 통해 자원, 정보, 지식이 사회로 흘러 들어가게 해야 한다. 이렇게 사회로 흘러 들어간 자원, 정보, 지식은 사회운동을 더 확장하고 더 강하게 만드는 토대가 되어야 한다. 결국 국가의 민주화와 민중의 권력주체화는 동전의 양면인 것이다.

'국가의 민주화', '시장의 사회화', '대중의 정치주체화'는 따로 분리될 수 있는 과제가 아니라 서로가 서로를 전제하는 복합적인 과제이다. 사회운동은 이러한 종합을 시도하는 것을 목표로 해야 한다. 시장의 사회화와 대중의 정치주체화가 결여된 국가의 민주화만을 추구할 때 민주화는 형식적인 것에 그치고 민중은 정치적 들러리로 전락하고 만다. 권력 불평등의 근원인 경제적 착취는 그대로인 채로 남아 있기 때문이다. 국가의 민주화와 대중의 정치주체화가 없는 경제에의 개입은 고작해야 경제민주화라는 이름아래 추진되는 분배 불평등의 형식적 완화에 머물 수밖에 없다. 그리고 국가의 급진적 민주화와 시장의 사회화가 없는 대중의 정치주체화 전략은 소수, 그것도 자원, 정보, 지식을 가진 선택받은 소수가 국가와 시장으로부터 이탈하는 것에 불과하다.

지금까지의 논의를 요약해 보자. 시민운동은 공공성의 이름으로 시장을 공격하기보다는 '사회적'이라는 이름으로 불리는 공동체의 영역(실제로는 사적 영역)으로 후퇴하게 됨에 따라 사회적 경제라는 자본주의의 완충지대를 만드는 운동으로 전락하고 있다. 시장의 사회화가 아닌 보완으로 귀결되고 있는 것이다. 시민운동의 급격한 NGO화는 운동을 국가와 사회의 중개자로 만들고 있으며 제도정치의 변형이 아닌 적응 전략을 선호하게 한다. 시민운동의 정치는 로비정치에 다름 아니게 되어가고 있는 것이다. 그리고 시민운동은 민중을 정치적으로 주체화하는 길을 택하기보다는 객체화시킨다. 민중을 대상화하고 단순한 지지자로 간주한다는 점에서 기존의 정치정당의 엘리트 정치와 구별되지 않는다. 그들은 민중을 각자가 속한 계급과 사회적 집단으로부터 분리된 고립된 시민으로 호명함으로써 지배 이데올로기를 재생산하는 첨병 역할을 하고 있는지도 모를 일이다.

지금까지 살펴본 문제를 조금 다른 각도에서 접근해 보자. 신사회운동이 구사회운동과 차별적인 것은 계급정치를 넘어선 정체성의 정치identity politics를 추구한 것에 있다. 계급으로 환원될 수 없는, 계급정치에 묻혀 버린 여성, 성적 소수자, 인종적 소수자 등 사회적 약자를 독립된 주체로 인정받는 정치를 내세운 것이다. 이러한 정체성의 정치에 비추어 볼 때 한국의 시민운동은 어떻게 평가될 수 있을까? 낸시 프레이저는 최근 발표된 논문에서 정체성의 정치가 정치적 패러다임을 확장하고 사회적 약자에게 목소리를 되돌려주는 매우 중요한 기여를 했음에도 정치경제학적 문제를 운동의 의제로부터 지워버림으로써 의도하지 않게 신자유주의와 위험스러운 공모를 했을 수도 있다고 비판한다. 그런데 한국 시민운동의 문제는 프레이저의 비판의 대상이 되고 있는 정체성 정치의 과잉이 아니라 계급정치와 정치경제학적 분석을 포기하면서 정체성의 정치로 나아가지도 못했다는 것에 있다. 앞에서 계속 확인했듯이 시민운동은 근대적이기보다 전근대적인 성격이 강한 한국의 정치문화에 발본적 비판을 제기하지 않는다. 한국의 시민운동이 생각하는 근대적 정치는 계급정치와 사회주의 정치일 뿐이다. 절차적 민주주의에 한정된, 그래서 사회적 소수자들에게는 자신의 필요와 욕구를 표현할 통로가 막힌 제도 정치를 벗어나지 않으려는 시민운동의 모습은 신사회운동이 표방했던 포스터모던 정치, 정체성의 정치와는 한참 떨어져 있다. 자유민주주의를 한 치도 벗어나려하지 않는 헌정주의constitutionalism와 엘리트주의는 근대적 정치행태를 반복하는 것에 다름 아닌 것이다. 결국 제도정치에 사로잡혀 있는 시민운동이 파트너로 선택한 대상은 지극히 (전)근대적인 중도의 자유주의를 표방하는 정당일 수밖에 없었다. 겉으로는 민주주의와 참여를 주장하지만 조직 내적으로는 위계적이고 소통하지 않는 경직된 조직문화를 가진 시민운동 단체들은 조만간 새로운 활동가 세대를 재생산하지 못해 낡은 유물이 되어 역사 속으로 사라질지도 모른다.

6. 한국 시민운동의 역사적 성격

한국의 시민운동은 왜 이런 지경에 이르게 되었을까? 무엇이 시민운동의 현실감각을 마비시켜버렸을까? 이 질문에 대해 답하기 위해서는 역사적 성찰이 필요하다. 시민운동은 한국 좌파운동의 경직성과 사회주의 이념의 급격한 붕괴에서 출발했다. 이러한 역사적 조건에서 새로운 운동은 기존 좌파와는 다른 방식으로 계급정치와 사회주의적 정치, 그리고 시장과 국가에 대한 급진적 비판을 포용할 수도 있었다. 서구처럼 사회주의운동과 신사회운동 사이의 골이 깊지 않았기 때문에 정체성과 다양성을 계급정치와 화해시킬 수 있는 가능성이 높았다는 것이다. 그러나 깊이가 얕은 좌파운동은 수많은 전향자들을 생산해 내었고 그 과정에서 시민운동은 계급정치와 사회주의적 정치를 낡은 것으로 적대시하기 시작했다. 이들은 시장과 국가에 대한 급진적 비판을 시대착오적인 것으로 비난했다.

사회주의적 좌파에서 전향한 시민운동의 주도세력은 과거 운동에 대한 깊이 있는 성찰을 통해 운동의 방향을 선회한 것이 아니었다. 깊이가 얕았던 한국 좌파의 사회주의에 대한 이해는 현실사회주의 몰락이라는 역사적 충격을 견뎌내기에 충분하지 않았고, 이러한 얄팍함을 공유하고 있었던 '전향자'들 또한 과거 운동에 대해 깊이 있게 성찰할 능력을 가지고 있지 않았다. 지금까지의 운동을 송두리째 부정하는 것이 방향전환의 전부였다. 그러나 성찰이 동반되지 않은 방향전환으로 인해 시민운동은 여전히 분열적이고 자기조직 중심만의 '종파적' 운동문화를 답습했다. 유연함을 내세웠지만 시민운동은 여전히 경직된 '이것 아니면 저것'이라는 이분법적 사고에 사로잡혀 있었다. 운동의 실패는 언제나 사회적 조건과 보수적 정당과 언론 탓으로 돌려졌다. 열려진 사고와 자기성찰적인 신사회운동의 정신은 찾아볼 수 없었다. 사회주의 운동의 전위주의를 비판했지만 시민운동가는 여전히 대중을 계몽하고 지도하는 '전위'였다.

한국의 시민운동의 이러한 성격을 조건지운 역사적 상황을 조금 더 살펴보자. 일단 사회주의운동과 시민운동 모두 군사독재 시절의 민주화운동으로부터 분화되었다는 점이 지적되어야 한다. 폭압적인 군부독재 하에서 자유민주주의와 '공정한' 시장경쟁을 신봉하는 자유주의자들과 사회주의적 좌파가 같은 배를 타고 있었다. 민주화가 이들 사이의 분화를 초래하는 것은 당연한 귀결이었다. 한쪽은 제도정당의 '원래 자리'를 찾아갔고, 다른 한쪽은 체제에 도전하는 사회주의운동과 이에 근거한 좌파정당을 건설한다. 그리고 그 사이에서 제도정치와 거리를 두면서도 사회주의적 좌파를 비판하는 시민운동이 생겨났다. 2000년 낙선낙천운동으로 최정점에 이를 때까지 시민운동은 한국사회에서 가장 신뢰할 수 있는 정치적 집단으로까지 성장한다. 하지만 한국의 시민운동은 앞에서 분석되었듯이 '시민 없는 시민운동'이었고 시민운동이 원하는 사회로의 전환을 가로막는 구조적 조건에 대한 분석 능력이 부족했다. 그리고 김대중-노무현 대통령으로 이어지는 자유주의정권과 같은 배를 타게 된다. 풀뿌리의 기반이 없는 엘리트 정책집단으로서의 시민운동, 정체성의 정치가 아닌 정치적 압력단체로서의 시민운동이 정부와

유착되었을 때 그 결과는 그나마 존재하던 운동성을 상실하는 것으로 나타
났다.

시민운동과 운명을 같이한 자유주의 정권들이 실제로는 한국사회의 신자
유주의적 재편의 주체였다는 것이 문제를 더욱 심각하게 만들었다. 자유주
의정권은 민주주의의 이름으로 시장 자유화를 정당화했고, 보수정권이 하
지 못했을 일상생활의 사소한 부분까지 상품화시키는 임무를 완수했다. 이
제 국민들에게 자유주의 정권의 의미는 '민주주의'가 아닌 '양극화'로 인식되
기 시작한다. 결과는 민주주의에 대한 실증이었고 덩달아 시민운동이 가졌
던 도덕적 정당성도 무너져 내려갔다. 시민운동이 도덕적 정당성을 지키고
민주주의적 가치의 중요성을 정치쟁점화하기 위해서는 자유주의정권들과의
비판적 거리를 두었어야 했다. 자유주의정권들이 보였던 민주적 가치와 신
자유주의적 드라이브 사이의 모순을 비판하는 데 앞장섰어야 했다.[290]

시민운동의 이러한 잘못은 일시적인 실수가 아니라 처음부터 예상되었던
이념적 노선의 한계였다는 것이 더 문제다. 시민운동은 체계에 대한 비판에
서는 부족했고 현실주의적 논리에서는 과잉되어 있었다. 김대중-노무현 정
권 10년은 이러한 한계를 벗어날 수 있는 좋은 학습기회였다. 그리고 자유
주의 정권에서 이명박 정권으로의 교체는 자기성찰의 중요한 기회였다. 하
지만 학습과 성찰의 기회는 시민운동을 각성시키지 못했다. 이명박 정권의
출현은 민주적 의식이 미성숙한 국민 탓으로 돌려졌다. 이제 이명박 정권 하
에서 야당으로 전락한 민주당은 다시 한 번 '진보적' 성격을 부여받았다. 시
민운동에게 진보는 언제나 상대적인 것이고 비교의 대상은 이명박 정권이었
기 때문이다. 그래서 2012년 대통령선거에서 문재인 후보가 진보의 마지막
보루인 것처럼 매달렸다. 그리고 박근혜정부의 출현은 좌절이기도 했지만

---

290 이 점에 대해서는 서영표, 「이명박 정부 2년은 무엇을 보여 주었는가: 자유주
의세력의 무능과 진보좌파의 과제」,『진보평론』44, 2010을 보라.

시민운동의 '결핍된' 진보를 '진보'로 표상할 수 있는 기회를 주게 된다. 이번에도 '진보'는 자본주의적 체계에 대한 근본적 비판이 아니라 정권의 거울상으로 구성되었기 때문이다. 현재 우리가 겪고 있는 금융자본주의의 모순과 갈등은 새누리당과 민주당으로 대표되는 한국의 지배블록의 공동작품이다. 그렇다면 민주당과 자유주의자들인 척하는 시장신봉주의자들은 문제의 근원을 제공한 집단일 수밖에 없다. 하지만 이명박–박근혜 정부에서의 부분적 민주주의의 후퇴는 이에 대한 저항이 모두 진보적이라는 착시현상을 발생시킨다. 결과적으로 자유주의정권은 '정상적' 민주주의로 간주되고, 이로부터 벗어난 보수정권은 비판된다. 이제 운동의 목표는 이러한 '정상성'을 회복하는 것이 되어 버린다. 언제나 제자리걸음이다. 한 발 나간 것 같다가도 다시 원점으로 돌아오게 된다. 원점으로 돌아올 때마다 시민운동의 영향력은 소진되어 간다. 월스트리트의 '점령하라' 시위 현장에서 슬라보예 지젝이 했던 '친구인 척하는 적이 더 무섭다'는 경고를 떠올리게 된다.

진보를 표방하고 있는 시민운동 조직들이 제시하는 이념적 목표를 성취하기 위해서는 자본주의 사회에 대한 구조적 비판을 전제해야 한다. 계급정치로 모든 사회적 갈등이 환원될 수는 없다는 것을 주장하면서도 계급정치의 중요성을 인정해야 한다. 정체성과 다양성의 정치가 중요하다는 점을 강력하게 촉구하면서도 자본주의 체계에 대한 정치경제학적 비판이 절실하다는 점을 인정해야 한다. 그러할 때에만 현실 정치에서 정당들과의 유연한 정책적 협조도 의미를 가지게 될 것이다. 급진적 목표와 구조적 비판을 포기하는 것이 새로운 진보라고 '착각'하는 것은 스스로를 지극히 낡은 정치 패러다임에 가둘 것이며 고작해야 정치 당들과의 협상과 로비를 통해 실질적으로는 거의 아무런 영향을 주지 못하는 '영향의 정치'를 할 수 있을 뿐이다.

7. 소란스럽고 혼란스러운 민주주의와 사회운동

시민운동이 사회운동적 성격을 되찾기 위해서는 앞에서 지적한 자본주의적 모순에 대한 구조적 인식과 이에 대한 정치경제학적 분석, 그리고 계급정치의 중요성 인정을 통해 노동운동과 진보적 정당과의 연대를 모색해야 한다. 이러한 연대 모색은 안토니오 그람시Antonio Gramsci가 오래전에 이야기했던 대항 헤게모니기획counter-hegemonic project으로 발전되어야 한다. 대항 헤게모니기획은 완벽한 것일 수 없다. 수많은 저항운동 세력 사이의 상호작용을 통해 더 구체화되고 발전되어야 하는, 언제나 미완의 기획이기 때문이다. 하지만 이러한 기획이 있을 때에만 그에 따른 구체적인 정책들을 만들어내고 그것을 통해 내적인 논쟁과 합의를 이끌어 냄과 동시에 정치적인 협상, 그리고 때로는 타협을 이끌어 낼 수 있을 것이다.[291]

민주주의는 언제나 소란스럽고 혼란스러운 것이다. 이러한 혼란스러움과 소란스러움을 정치과정에서 밀어내는 것은 반민주적이라고 할 수 있다. 따라서 민주주의는 소란스러움과 혼란스러움이 갈등과 적대가 아닌 논쟁, 토론, 소통, 잠정적 합의 과정을 통해 새로움을 만들어내는 에너지로 작동하게 하는 정치적 원리다. 민주주의가 혼란스러움과 소란스러움을 동반한다는 것은 민주적 과정은 항상 긴장을 내포하고 있다는 것을 뜻한다. 국가와 사회운동 사이의 긴장, 노동운동과 새로운 사회운동의 긴장, 사회운동 단체들 간의 긴장, 조직의 지도부와 활동가들 사이의, 그리고 활동가와 회원들 사이의 긴장, 사회운동 단체와 시민 사이의 긴장 등등. 지배적 이데올로기와 낡은 운동 패러다임은 이러한 긴장을 부정하려 한다. 그래서 긴장을 해소하려 한다. 사회운동의 힘은 긴장을 부정적인 대립과 적대가 아닌 상호소통과 연대의

---

291 Devine, Pat, Andrew Pearmain, Michael Prior and David Purdy, *Feelbad Britain*, Pat Devine et al. Feelbad Britain: How to Make It Better, London: Lawrence and Wishart, 2009.

힘으로 '유지'시키는 새로운 정치 패러다임을 실천하는 것으로부터 나올 것이다.

소란스러움과 혼란스러움이라는 민주주의 특징은 민주적 정치 과정은 대화와 소통과 조정을 위한 시간을 필요로 한다는 것을 의미한다. 서울시의 마을 만들기 사업에서 드러난 것처럼 (지방)정부는 언제나 짧은 시간 안에 수량적으로 표현될 수 있는 결과를 요구한다. 이것은 풀뿌리 운동의 운동성과 자율성을 훼손할 수밖에 없다. 역설적으로 이는 운동의 이름으로 신자유주의적인 경쟁논리를 풀뿌리 운동한테 이식하는 것에 다름 아니다. 사회운동은 언제나 과정으로서의 운동이어야 하며, 그 과정은 의식고양과정이어야 하며, 의식고양과정은 새로운 정치적 주체를 만들어 내는 과정이어야 한다. 과정으로서의 사회운동은 학습의 장인 것이다.

소란스럽고 혼란스러운 민주주의는 자유민주주의를 넘어선다. 과정으로서의 민주주의, 소통과 합의 도출과정으로서의 민주주의는 모순과 적대를 배제하지 않기 때문이다. 소란스럽고 혼란스러운 민주주의는 내용 없는 형식만의 민주주의가 아니라 기존질서를 극복하는 운동이 실현되는 과정과 분리될 수 없다. 그래서 민주주의는 '시장의 사회화,' '국가의 민주화,' '대중의 정치주체화'의 복합적 구성물이어야 한다. 우리는 이것을 민주주의의 '급진화'라고 부를 수 있다.

3부

새로운 저항의 장소

7장

소비주의적 욕망에 잉태된 '대안적 쾌락'

1. 머리말

생태사회주의 또는 생태마르크스주의 입장에서 기후변화, 자원고갈, 대기오염과 토양오염 등으로 드러나고 있는 생태위기는 맹목적으로 이윤만을 추구하는 자본주의적 경쟁과 그것이 초래하는 낭비 때문에 발생한다. 현금계산과 이윤극대화의 논리에 의해 움직이는 자본주의 사회는 인간의 필요needs보다 탐욕과 이윤을 우선시한다. 사회적 통제로부터 자유로운 자본가, 오직 시장의 힘만이 표현되는 가격신호를 따르는 자본가에게 인간과 자연환경은 고려대상이 아니다. 제임스 오코너James O'Connor는 '두 번째 모순론'을 통해 이러한 자본주의의 생태파괴적 경향을 이론화한다. 그는 자본주의의 첫 번째 모순이 잘 알려져 있는 것처럼 생산력과 생산관계 사이의 모순이라면 두 번째 모순은 생산과 생산의 조건, 즉 자연환경 사이의 모순이라고 말한다. 자본주의의 맹목적 생산방식은 스스로의 재생산의 조건을 고려하지 않음에 따라 위기에 직면하게 될 것이라고 오코너는 주장한다. '두 번째 모순론'의 이론적 적실성은 학술적 논쟁의 대상이 될 수 있겠으나 오코노가 자본주의의 무정부적, 그리고 이윤추구적 생산과 환경파괴 사이의 연관을 주장함으로써 생태위기를 자본주의적 생산의 위기와 연결시켰다는 것은 분명하다. 오코너는 이러한 생태위기는 국가의 개입을 불러오고 환경운동을 활성화시킨다고 말한다. 그리고 국가의 공적 개입과 환경운동의 성장은 곧 경향

적으로 사회주의로의 이행가능성을 높인다고 암시한다.[292]

하지만 오코너의 설명은 추상수준이 너무 높은 자본주의의 구조적 모순에 초점을 맞추며 일상의 행위자들이 그 모순을 어떻게 경험하고 해석하고 있는지에 대해서 답하지 못한다. 경쟁과 이윤의 논리로부터 고통받고 착취받는 행위자들이 역설적이게도 자본주의적 체제에 너무나 잘 순응해서 살아가고 있는 것처럼 보이는 현실을 분석할 이론적 자원을 제공하지 못한다는 것이다. 이러한 설명의 부족은 보통사람들의 경험은 생산이 아니라 소비행위를 중심으로 구성되어 있음에도 불구하고 오코너의 분석이 소비문제에 대해서 거의 말하지 못하기 때문에 생겨난다. 자본주의적 이윤의 논리와 시장의 경쟁논리가 보통사람들에게 전달되는 매개는 소비행위라는 사실을 정확하게 분석하지 못한다는 것이다. 자본가가 맹목적으로 이윤만을 추구하는 생산 활동으로 생태위기를 초래하듯이 소비자는 끝없는 소비의 추구(소비주의)를 통해 생태계를 위협한다.

소비주의에 대한 비판은 생산적 모순에 국한된 비판담론을 일상의 경험과 연결시킬 수 있는 이론적 자원을 제공하지만 동시에 한 가지 논리적 궁지에 이르게 한다. 자본주의를 지탱하는 소비주의를 가능하게 하는 것은 다름 아닌 이 체제로부터 착취받는 보통사람들의 '순응적' 소비행위라는 사실이 바로 그것이다. 여기서 소비자들은 동시에 노동자·생산자임을 고려할 때 비판적 이론은 현실을 변화시켜야만 하는 주체들이 현실 순응적이라는 역설적 상황에 맞닥뜨리게 된다. 이러한 역설적 상황은 많은 비판적 이론가들을 비관주의 또는 권위주의적 경향으로 이끈다.

소비사회에 대한 과도한 비관론과 낙관론 모두를 극복하는 것은 결코 쉬운 일이 아니다. 아래에서는 이러한 어려운 과제의 극복을 위한 이론적 기초

---

292 오코너, 제임스,「자본주의, 자연, 사회주의-이론적 서설」,『공간과 사회』3, 1993.

를 찾으려한다. 가장 먼저 탐색되어야할 것은 우리가 발 딛고 있는 현실이다. 끝없는 소비로 이루어진 자본주의적 삶에 의해서 '욕망하는 주체'로 구성된 우리들 자신의 삶의 조건에 대한 성찰이 선행되어야 한다. 영·미식 자본주의가 전세계적으로 강요되면서 전파되고 있는 신자유주의적 재편의 현실을 진단하고(2절) 이러한 조건에 의해 생겨나고 있는 소비주의적 주체성을 '신자유주의적 주체성' 개념을 통해 분석한다(3절). 다음으로 신자유주의적 삶의 양식에 의해 구성된 주체들이 그 조건을 극복할 수 있는가라는 근본적인 질문을 던진다. 탈현대사상가들에 의해 비판받는 많은 '해방'이론들은 이러한 이론적 난제에 직면해서 규범적으로 구성된 반사실적counter-factual 주체를 상정하거나, 지배적 이데올로기로부터 자유로운 지식인에 의한 계몽 전략을 추구했다. 전자의 관념론적 경향은 후자의 권위주의적 모델의 거울상에 다름 아니었다(4절).

관념론적인 주체구성을 넘어서면서도 권위주의적 모델로 이끌리지 않기 위해서 현실 그 자체에 존재하는 자본주의적 주체의 지속적인 분열과 탈구를 주목해야 한다. 이와 관련된 필자의 질문은 다음과 같다. 욕망의 충족, 또는 쾌락의 추구로서의 소비행위가 의도한 바의 쾌락을 가져다 주는가? 현대사회의 민주주의의 진전과 인권개념의 성장에 의해 약속된, 규범적으로 제시된 인간의 안녕well-being과 복지welfare와 자본주의적 상품소비가 가져다 주는 쾌락 사이에 간극은 존재하지 않는가? 인간의 안녕과 복지의 원리와 자본주의적 이윤원리principle of profit 사이에는 극복 불가능한 간극이 존재할 수밖에 없지 않은가? 지속가능하지 못한 소비지향의 자본주의가 가져다 는 주는 쾌락은 인간으로서, 그리고 자연의 일부분으로서 존재하는 동물적 존재로서의 인간의 필요를 충족시키지 못한다는 것이 필자의 핵심주장이다. 그리고 이 간극은 욕망하는 주체로 구성된 우리들 스스로의 주체성은 항상 불안정하며 저항적 주체구성의 가능성을 내포하고 있다고 주장한다. 본문에서는 그람시의 '실천의 철학'과 '여성주의 관점이론'을 통해 케이트 소퍼Kate

Soper의 대안적 쾌락주의alternative hedonism 개념을 재해석함으로써 불안정한 주체성을 설명하고 이로부터 대안적 주체구성의 가능성에 대해서 살펴본다(5~6절). 소퍼는 그람시와 여성주의 관점이론에 대해 언급하고 있지 않지만 본 글은 이들 사이의 이론적 친화력을 주장한다.

하지만 잠재적으로 존재하는 저항적 주체구성의 가능성은 일시적인 탈구와 단속적인 저항을 넘어서지 못한다. 실천적으로 존재하는 저항 가능성에 지속성을 부여하고 연대의 형식과 내용을 제공하는 과학적 분석과 전략적 개입의 필요성이 제기된다. 그러나 과학적 분석과 전략적 개입은 앞에서 지적했던 계몽주의적인 것이어서는 안 된다. 가능성으로 존재하는 저항적 주체성이 현실화될 수 있는 조건을 제시하는 것이 과학적 분석과 전략적 개입이 할 수 있는 최대치여야만 한다. 여기서 분석과 개입의 근거로 필자가 제시하는 것은 자본주의적 욕망충족을 비판하면서 대안적인 형태의 소비, 생존survival, 복지well-being, 번성flourishing, 행복happiness을 고려할 수 있는 소비를 구상해 낼 수 있는 사실적인 판단기준 또는 규범적 기준의 제시이다.[293]

2. 소비사회의 도래와 일상의 상품화

우리의 일상은 수많은 소비 행위로 구성된다. 생산이 없는 소비가 있을 수 없지만 겉으로 드러난 현대 자본주의의 특징을 '소비' 자본주의라 부르는 것은 결코 과장이 아니다. 많은 비판적 사회이론가들이 1945년 이후의 새로운 자본주의 체제의 비밀을 소비에서 찾았다. 단순화된 노동과 강한 노동 강도에 대한 대가로 서구의 노동자들이 얻었던 것은 소위 '풍요사회affluent society'였으며 이것은 높은 소비수준을 동반했다. 그러나 소비주

---

[293] 이러한 기준은 2장 4절에서 제시되었다.

의는 곧 노동자들을 체제 내화시키는 원인으로 지적되었다. 호르크하이머
Max Horkheimer와 아도르노Theodor Adorno가 지적했듯이 창조적이며 능동적
인 문화의 창작과 향유마저도 상품화되고 획일화되어 '소비'되는 사회가 되
어버린 것이다. 소위 문화산업culture industry은 사람들의 비판적인 의식을 마
비시키고 자본주의적 상품사회에 순응적인 인간들을 만들어 낸다고 그들은
지적했다. 현재 존재하고 있는 억압적 시스템에 대한 비판의 가능성은 그 어
느 곳에서도 (창조적인 고급문화의 창작의 순간을 제외하면) 찾을 수 없었
다.[294] 마르쿠제에 의해 통찰력 있게 예견되었듯이 자본축적의 비밀은 존재
하지 않는 허구적 필요false needs, (아마도 후세대 이론가들은 욕망이라고 불
렀을 것이다)를 상품화하고 그것을 통해 이윤의 토대를 확장해 나가는 자본
의 힘에 달려 있다.[295] 끝없이 우리의 의식을 파고드는 자극적이고 현란한 광
고 속에서 무엇이 생물학적이고 인간적인 필요이고 무엇이 욕망인지 조차
구분할 수 없는 상황에 이르렀다.

그러나 70년대 신자유주의가 본격적으로 현실화되기 이전의 서구사회에
서는 소비주의의 확장은 다른 한편으로 보건, 주택, 교육, 교통 등 소위 집
합적 소비collective consumption 부분을 탈상품화하는 과정과 병행되었다. 물
론 카스텔Manuel Castells이 지적하고 있는 것처럼 탈상품화된 집합적 소비
부분은 또 다른 정치투쟁의 쟁점을 형성했지만 상품화와 탈상품화의 과정
이 공존했으며 자본주의적 팽창을 지탱해 줄 배후지로서의 비시장적 관계
와 지역이 존재했다.[296] 신자유주의의 전면화는 이러한 일종의 균형을 깨트

---

294 Adorno, T. and M. Horkheimer, *Dialectic of Enlightenment*, New York:
Seabury Press, 1969.

295 Marcuse, H, *Counterrevolution and Revolt*, Boston: Beacon Press, 1972;
Marcuse, H, *One-Dimensional Man*, London: Routledge, 2002/1964.

296 집합적 소비에 대해서는 Manuel Castells, *The Urban Question*, London:
Edward Arnold, 1977을 참조하라. 서영표, 『런던코뮌』, 이매진, 2009,

려 버렸다. 균형의 붕괴가 가져온 효과는 비단 서구사회에만 한정되지 않았다. IMF와 세계은행에 의해 주도된 외채와 구제금융을 수단으로 한 구조조정 프로그램은 전세계를 일방적인 상품화의 소용돌이 속에 던져 넣었다.[297] 길Stephen Gill의 표현을 빌자면 시장 문명market civilization의 전면화로서의 신자유주의는 푸코적인 의미에서의 규율권력으로 작동하기 시작한다.[298] 디킨스Peter Dickens는 신자유주의의 전면화는 모든 공동체적 원리를 소멸시키고 끝없는 경쟁과 그에 동반되는 비교에 내몰리는 심리적 궁핍화psychic immiseration를 결과할 수밖에 없다고 지적한다.[299]

끝없는 욕망에 기댄 자본주의를 정당화하는 이데올로기들을 찾는 것은 그리 어려운 일이 아니다. 그 중 가장 강력한 것은 현대 자본주의를 소비자 주권시대로 묘사하면서 소비사회를 가장 민주적 사회로 찬양하는 것이다. 신자유주의를 현실 정치에 관철시켰던 영국의 전수상 대처Margaret Thatcher는 잘 정비되어 있었던 지방정부 관할의 공공임대주택council houses을 사유화하면서 그것을 민주주의의 확장이라고 주장했다. 대중교통체제를 정비하고 교통비를 낮추려는 좌파성향 지방정부의 정책에 대해 승용차 소유자 민주주의 private car owner's democracy를 외쳤다. 본인이 가고 싶을 때 가고 싶은 곳을 갈 수 있는 것이 민주주의라는 것이었다. 문제는 여기서 그치지 않는다. 모든 공공서비스의 현장에도 생산자와 소비자 사이의 시장 논리를 관철시키려

138~156쪽에서 카스텔의 입장을 하비와 대비하면서 요약하고 있다.

297 Glyn, A, *Capitalism Unleashed*, Oxford: Oxford University Press, 2007.

298 Gill, S, "Globalisation, Market Civilisation and Disciplinary Neo-Liberalism", *Millenium:Journal of International Studies* 24(3), 1996.

299 Dickens, P, "Cognitive Capitalism and Species-Being", S. Moog and R. Stones eds., *Nature, Social Relations and Human Needs*: Essays in Honour of Ted Benton, London: Palgrave, 2008.

했다. 학교에서 선생님은 생산자이고 학생은 소비자인 것이다.[300]

다른 한편 소비사회의 대두를 후기근대성의 특징이라고 주장하면서 다양한 소비과정에서 개인 행위자의 판단과 선택의 정도가 높아진다는 점을 강조하기도 한다. 흔히 성찰성reflexivity의 고도화라고 불리는 이러한 후기근대성의 특징은 생활정치로까지 민주주의의가 확장되는 것을 가능하게 했다고 평가된다. 기든스는 이것을 소위 삶의 정치life-politics라고 말하며 그 원리는 대화라고 주장한다.[301] 하지만 그는 결코 자본주의적 소비사회가 가지고 있는 동학을 비판적으로 바라보지 못함으로써 소비사회를 세련되게 정당화하는 이론을 제공하고 있을 뿐이다. 그가 주장하는 적극적 복지positive welfare란 결국 평등과 분배, 그리고 연대의 원칙을 경쟁과 개인주의로 대체하는 것에 다름 아니다.[302] 성찰성은 현명한 소비자로서의 미덕일 뿐이다.

---

300 Jessop, B. et al, *Thatcherism,* Cambridge: Polity Press, 1988과 Devine, Pat, Andrew Pearmain, Michael Prior and David Purdy, Feelbad Britain, Pat Devine et al. *Feelbad Britain*: How to Make It Better. London: Lawrence and Wishart, 2009.

301 Giddens, Anthony, *Beyond Left and Right*: *The Future of Radical Politics*, Cambridge: Polity Press, 1994, pp. 90~92.

302 다양한 탈현대 사상은 소비주의의 확산과 상품논리의 전면화가 가져온 사회적 변화에 대한 문화적 대응으로 볼 수 있다. 제임슨(Jameson, Frederic, *Postmodernism*: *Or, the Cultural Logic of Late Capitalism*, London: Verso, 1992)과 하비(David Harvey, *Condition of Postmodernity*: *An Enquiry into the Origin of Change*, Oxford: Blackwell, 1991)의 입장에서 탈현대주의는 자본주의가 문화영역까지 확장되는 것 또는 포스트포디즘의 문화적 측면으로 볼 수 있다. 탈현대주의가 소비주의의 확산과 상품논리의 전면화라는 물질적 조건을 포착하지 못하면, 의도하지 않게 신자유주의에 동조하게 되는 것이다. 포스트모더니즘에 대한 좀 더 전면적인 비판은 켈리니코스(Callinicos, A, *Against Postmodernism*: *A Marxist Critique*, Cambridge: Polity Press, 1989)를 참조하라. Driver, S. and L. Martell, *New Labour*: *Politics after Thatcherism*, Cambridge: Polity Press, 1998; Finlayson, A, *Making Sense of New Labour*, London: Lawrence and Wishart,

간략하게 살펴본 것처럼 현대사회를 살고 있는 우리가 들을 수 있는 담론은 한편으로는 자본주의적 소비사회에 대한 일방적 찬양이며, 그 반대편에서 들리는 목소리는 그것에 대한 극단적 비관이다. 이러한 진퇴양난의 어려움에서 벗어날 길은 없는 것일까? 글의 후반부에서 그 길을 제시하기 위해 우선 비관주의적 시각에서 현실을 진단할 필요가 있다. 그러나 이러한 비관론조차 역사적으로 구성된 신자유주의적 이데올로기의 효과라는 것을 보이도록 할 것이다.

3. 소비주의사회 그리고 신자유주의적 주체성

자유주의자들은 사회분석을 이기적인 개인이라는 초역사적인 인간 본성의 가정으로부터 출발한다. 사회는 이러한 이기적 개인들의 계약에 의해 구성된다. 이기적 개인 행위자들은 언제나 비용과 편익을 계산하며 스스로에게 최대의 이익을 가져다주는 선택을 하게 된다. 잘 알려져 있다시피 주류경제학은 이기적 인간 본성이라는 확고한 토대 위에 구성된다. 멕퍼슨이 자세하게 분석했듯이 이러한 이기적 본성의 전제는 분명 부르주아시대의 역사적 산물로 구성된 것이다. 소유적 개인주의possessive individualism라고 명명된 인간본성에 대한 설명은 근대 자본주의의 산물인 것이다.[303] 이 점을 인정하지 않고 자본주의의 시대적 산물인 이기적 인간본성을 초역사적인 것으로 확대해서 이해할 때 자본주의에 대한 대안을 찾는 것은 불가능하거나 심지어는

2003; Clarke, J, "New Labour's Citizens: Activated, Empowered, Responsibilized, Abandoned?", *Critical Social Policy* 25(4), 2005를 참조하라.

303 Macpherson, C. B, *The Political Theory of Possessive Individualism*, Oxford: Clarendon Press, 1964.

불필요한 것이 된다. 이기적 개인들의 이해관계를 조정할 수 있는 최적의 제도는 자본주의적 시장제도인 것이다.

모스의 인류학적 연구[304]로부터 시작해서, 크로포트킨의 상호부조론[305], 프루동의 소유론 비판[306]을 거쳐 폴라니의 시장사회에 대한 비판[307]에 이르기까지 많은 역사학자들과 사회사상가들은 개인적인 소유권에 근거한 사회조직은 장구한 인류역사에서 아주 짧은 기간에 국한된다는 설득력 있는 증거들을 제시하고 있다. 물론 종종 자본주의적 원리와 개인주의를 비판하는 많은 사람들이 초역사적 '인간본성human nature'이라는, 자유주의적 개인주의와 다르지 않은 수준에서 공동체적이고 상호호혜적인 인간본성을 제시하는 것에 동의할 수는 없다. 마르크스를 굳이 언급하지 않더라도 사회학적 전통은 인간의 주체성을 역사적, 사회적, 문화적 산물로 분석한다. 물론 현대의 공동체주의자들의 자유주의 비판도 유사한 이론적 근거에 기대고 있다. 하지만 마르크스주의적 전통의 공헌은 공동체주의자들이 그런 것처럼 인간주체성을 역사적·문화적 산물로 분석하면서도 특정한 역사적, 문화적 공동체 안에 존재하는 적대와 갈등을 둘러싼 투쟁을 이론화하고 있다는 점이다. 인간의 주체성은 특정한 물질적 생산조건과 이데올로기적 지형에서 형성되지만 그것은 결코 안정적일 수 없으며 지속적인 투쟁을 통해 변형적으로 재생산된다는 것이다.[308]

---

304 모스, 마르셀,『증여론』, 한길 그레이트북스, 2003.

305 크로포트킨, 표트르 알렉세예비치,『만물은 서로 돕는다』, 르네상스, 2005.

306 프루동, 피에르 조제프,『소유란 무엇인가』, 아카넷, 2003.

307 폴라니, 칼,『거대한 전환』, 길, 2009.

308 인간본성의 역사적 구성을 강조하는 것이 인간이 동물과 공유하고 있는 생물학적 특징을 부정하는 것은 아니다. 인간과 비인간종의 연속성을 강조하는 자연주의naturalism에 기초한 유물론적 분석에 대해서는 서영표, 「영국의 생태마르크스주의 논쟁-테드 벤튼과 케이트 소퍼를 중심으로」,『동향과 전망』, 77호, 2009를 참조하라. Mouffe, C, *The Return of the Political*, London:

1) 상품과 시장 논리의 전면화

잘 알려져 있듯이 신자유주의적 정책은 자유화(시장개방), 탈규제, 세금 감면, 사유화, 노동조합의 약화와 노동시장의 유연화 등의 일련의 정책들로 구성된다. 이러한 정책은 복지 국가적 타협의 시기 또는 국가중심의 권위주의적 발전체제의 시기에는 시장원리 작동으로부터 보호되었던 영역으로 상품논리의 확장을 촉진한다. 전통적 형태의 결사들과 공동체들은 상대적으로 자율성을 가지고 있었으며 시장의 힘market forces에 직접적으로 복속되지 않았다. 이러한 결사들과 공동체들은 과거의 역사적 유제이기도 했지만 시장이 강제하는 경쟁의 충격을 완화하는 안전망의 역할을 하기도 했다. 또한 의식적으로 만들어진 노동조합과 협동조합들도 전통적 형태의 공동체들과 함께 비시장적 사회적 관계를 형성하고 있었다. 앞에서 지적했듯이 서구의 복지국가는 집합적 소비의 영역을 탈상품화함으로서 공공 서비스 영역을 확장하기도 했다. 이런 맥락에서 신자유주의적 자본주의 논리의 전면화는 세 가지 서로 다른 차원에서 접근할 수 있다.[309] 첫째, 신자유주의는 상품과 시장의 논리로부터 보호되었던 공공서비스 영역을 시장 원리에 재편입시켰다. 탈상품화되었던 영역을 재상품화하는 것이다. 하비의 지적처럼 이러한 재상품화는 자본에게 새로운 축적 영역을 제공해주는 '약탈에 의한 축적accumulation by dispossession'에 다름 아니다.[310]

다음으로 신자유주의의 전면화가 초래한 두 번째 변화는 비시장적 사회관계들로의 시장원리의 침투이다. 교사와 학생들 사이의 관계, 정부와 시민들 사이의 관계마저도 상품공급자와 소비자 사이의 관계처럼 다루어진다. 비시

Verso, 2005.

309 O'Neill, J, *Markets,Deliberation and the Environment*, London: Routledge, 2006, pp. 21~22를 참조.

310 Harvey, David, *The New Imperialism*, Oxford: Oxford University Press, 2003.

장적 관계들로의 시장원리의 확장은 새로운 상품화를 동반하기도 한다. 개인적 안전, 노후 대책, 장례의식 등과 같이 과거 공공성에 의해 지탱되거나 공동체적 연대망에 의해 보장되었던 일상생활의 의식과 절차들마저도 상품논리에 귀속되면서 새로운 이윤창출의 영역으로 등장했다.

신자유주의의 전면화에 동반된 세 번째 결과는 정부의 공공 정책 수립의 근거가 되는 정보수집 조차도 시장논리에 의해 지배받는다는 것이다. 정부 정책 영역의 대부분에 시장이 존재할 수 없지만 정책 수립 단계에서 가상의 시장을 상정하고 이에 근거해서 정보를 수집하고 정책을 수립한다. 환경정책과 관련된 비용–편익분석cost-benefit analysis이 가장 대표적인 사례라고 할 수 있다. 두 번째에서 지적했던 교육 영역으로의 시장논리의 침투는 학교를 기업처럼 만들고 대학을 이윤창출을 위한 연구소로 전락시킴과 동시에 교육정책 수립의 근거를 가상의 생산자–소비자 사이의 관계(가상의 시장)에서 찾는다.[311] 각종 복지의 직접적인 공급자인 지방정부와 시민들 사이의 관계에도 똑같은 논리가 적용될 수 있다. 사회운영원리의 상품화라고 할 수 있다.

2) 신자유주의적 주체성

탈상품화되었던 공공영역의 재상품화, 새로운 영역의 상품화, 그리고 상품논리의 사회운영원리로의 확장은 일상생활의 상품화를 가속화시켰다. 정치적 공동체의 시민적 권리가 공동화됨에 따라 '시민'은 '소비자'의 지위로 전락했다. 대부분의 제도와 절차가 상품화됨에 따라 상품논리를 따르지 않고서는, 즉 시장을 통하지 않고서는 기본적인 필요조차 충족시킬 수 없게 된 것이다. 일상생활의 대부분은 투자의 논리를 따른다. 교육은 더 이상 공동체

---

311 Sanbonmatsu, John, "Postmodernism and the Corruption of the Academic Intelligentsia", *Socialist Register*, Merlin Press, 2006.

적 덕성을 가진 시민을 양성한다는 명분을 내세울 필요가 없어졌다. 교육은 더 안정적인 직장과 화폐적 보상을 위한 투자에 다름 아니게 되었다. 학생들은 시장에서의 경쟁과 마찬가지로 성적을 위한 경쟁에 내몰리고 있다. 획일적인 기준에 따른 지속적인 경쟁과 비교에의 노출은 동료시민과 대화하고 공존하는 능력을 배양하기 보다는 공격적인 경쟁적 심성을 심어주고 있다. 타자는 모두 경쟁대상인 것이다. 대학도 더 이상 학문연구의 장으로서의 역할을 제대로 수행할 수 없게 되었다. 이윤이 되는 학문영역은 지원을 받지만 그렇지 못한 순수학문의 영역은 찬밥신세로 전락하고 말았다. 대학은 기업에 의해 지배되고 상당수의 연구 프로젝트 또한 기업에 의해 지원된다. 사회의 공공이익 보다는 기업의 사적 이익을 옹호하는 방향의 연구가 진행될 수밖에 없다. 공동체의 이익과 귀속감은 뒤로 한 채 보상이익만을 좇는 재개발 현장에는 현금계산의 논리만이 남아 있을 뿐이다. 장기적인 관점에서 생태적으로 부정적 효과가 분명한 개발 사업도 개발 이익 앞에서는 무력하다.

이러한 사회적 조건의 변화가 초래한 결과는 분명하다. 기든스가 긍정적인 시각으로 바라보는 '성찰적인' 개인 행위자들은 사적인 이해관계에서는 매우 민감하고 능동적이나 공공의 이익에 대해서는 둔감하다. 사적인 이해관계에 의해 촉발된 '쇠고기 반대시위'는 폭발적인 힘을 발휘했지만 타자의 일일뿐인 '용산 참사'는 일부 사회운동가들의 주목을 받고 있을 뿐이다. 성찰적 행위란 계산의 논리가 지배하는 경제적 이성economic reason에 근거한 합리적 행위일 뿐인 것이다.[312] 자유주의자들이 기초했던 이기적 개인 행위자의 이념형이 현실에서 실현된 것처럼 보인다. 이제 인간 자체도 계산의 대상이 되어 버린다. 장기가 매매되고 인간은 스스로를 자본, 인간자본human capital이라고 부르며 그 가치를 높이기 위해 투자한다. 육체적 가치를 높이기 위해 성형수술을 하고 체육관을 찾는다. 지적 가치를 높이기 위해 각종

312　Gorz, A, *Critique of Economic Reason*, London : Verso, 1989를 보라.

자격증 취득을 위해 노력한다. 이러한 투자에는 끝이 없다. 계속되는 경쟁과 비교, 그리고 좌절은 스트레스로 점철된 일상을 벗어날 수 없다.[313]

개인들이 이처럼 무한경쟁에 내몰리는 이유는 다양하다. 그러나 그것의 근본적인 원인에 대해서는 말할 수 있다. 모두가 무한 경쟁이 결코 가져다 줄 수 없는 '행복'을 추구하고 있기 때문이다. 행복의 기준은 매일 매일의 광고 속에 등장하는 고급 승용차와 도심의 전경이 내려다보이는 널따란 아파트를 소유하고, 주말마다 가족을 동반해 교외를 드라이브하는, 그리고 고급 식당에서 행복한 미소를 짓는 남자와 여자가 누리는 것을 공유하는 것이다. 그 모든 것은 절대다수의 사람들에게는 도저히 도달할 수 없는 대상, 그저 욕망의 대상일 뿐이지만 모든 사람은 그 욕망의 대상을 향해 경쟁하고 있는 것이다. 그리고 그 욕망을 충족시킬 수 있는 유일한 길은 소비에서 찾아진다. 소비는 화폐취득에 의해서만 가능하다. 보다 많은 화폐소득을 얻기 위해서는 제한된 안정된 지위를 향해 경쟁해야 한다. 그 경쟁에서 승리하기 위해서는 스스로의 상품가치를 높여야 한다. 이것이 우리의 일상이다.[314]

이 절의 서두에서 지적했듯이 인간의 주체성은 사회적 조건에 의해 구성된다. 행복한 삶을 위해 소비할 수밖에 없는 사회적 조건, 그리고 그 소비는 인간의 필요가 아닌 이윤 추구를 위해 끊임없이 가공되는 대상을 향한 욕망의 추구(욕망의 실현이 아니다)로 드러날 수밖에 없는 현실은 푸코적 의미에서의 규율권력으로 작동하고 있다. 시장의 힘과 상품-화폐의 논리는 그것에 순응적인 육체docile body를 만들어 내고 이기적으로 계산하는 신자유주의적 주체성을 우리들 의식깊이 뿌리 내리게 했다. 사회적 기준과 공공성은 사라지고 오직 개인의 능력과 무능력만이 존재하는 세상이 되어 버린 것이

---

313 이진경, 「현대자본주의와 생명의 권리-생명의 정치경제학 비판을 위하여」, 『탈경계 인문학』, 2(2), 2009는 현대자본주의가 어떻게 인간의 신체와 생명 마저도 상품화시키고 있는지에 대해서 잘 설명하고 있다.

314 James, *Affluenza*, London: Vermilion, 2007.

다. 모두가 행복해지길 원한다. 그러나 모두가 행복하지 않다. 그리고 행복해지기 위해 스스로를 무한의 경쟁과 스트레스의 세계로 내던질 수밖에 없다. 이러한 회색빛 소비주의사회로부터 벗어날 희망은 없는 것인가?

4. 비관적 현실과 권위주의로의 유혹

소비주의 사회의 등장과 신자유주의적 주체성의 전면화(공동체의 붕괴, 공공선의 소멸, 투자자와 소비자로서의 주체, 욕망하는 주체, 순응적 육체)는 인간성의 상실(만일 이런 것이 존재한다면)과 자연의 파괴를 동반한다. 그런데 여기서 문제가 되는 것은 우리 모두가 신자유주의적 자본주의 사회에서 그것에 걸맞는 주체 또는 육체로 구성되어 버린 상황에서 그것을 비판하고 극복할 수 있는 힘은 어디로부터 나올 수 있는가이다. 마르크스주의자들을 포함해서 해방emancipation을 기획했던 수많은 사상가들과 혁명가들이 부딪혔던 난점은 해방의 주체여야 하는 사람들이 그들을 억압하고 착취하는 지배적 이데올로기에 의해 구성된 순응적 주체들이었다는 것이다. 이번 절에서는 룩스의 삼차원적 권력론을 통해 이러한 난점을 벗어나는 과정에서 부딪힐 수 있는 권위주의로의 유혹에 대해서 살펴보도록 하겠다.

룩스는 달Robert Dahl의 경험주의적empiricist 또는 행동주의적behaviorist 권력이론에 대한 비판을 시도한다.[315] 또한 달을 비판하고 있는, 하지만 달의 권력론이 처하고 있는 구조적 조건에 대해서는 비판하지 않는 개량주의적 권력 이론 도 함께 비판한다. 그리고 비판에 멈추지 않고 권력작용을 가능하게 하는 구조적 조건에 대한 비판을 제시하는 급진적 입장을 제시한다. 그는 이러한 입장을 3차원적 권력이론이라고 부른다. 그러나 그의 입장은 해방의

---

315 Lukes, Steven, *Power: A Radical View*, 2nd Edition, London: Macmillan, 2004〔1974〕.

주체로서의 대중을 온전히 복원하는 데는 실패한다. 이번 절은 룩스가 직면했던 이론적 딜레마를 분석하고 그것을 벗어날 수 있는 단초를 찾는데 초점을 맞추도록 하겠다.

주류 정치학이 선호하는 표출된 선호expressed preferences, 예를 들어, 투표 행위만으로는 행위자들 사이의 권력관계를 설명할 수 없다는 비판이 제기되어 왔다. 소위 말하는 비결정non-decision때문인데, 행위자의 선호를 표현할 수 없게 하는 구조적 또는 제도적 조건이 있다는 것이다. 즉 제한된 자유민주주의적 제도 안에서 관찰 가능한, 표출된 선호를 권력관계의 전부로 파악하는 것은 관찰될 수 없는 제도 그 자체에 각인된 이데올로기적 구조, 정보와 지식의 불평등한 배분을 분석할 수 없게 한다는 것이다. 이데올로기적 헤게모니의 작동과 물질적 자원의 불평등한 배분은 사회적 약자들이 그들의 이해를 표현하고 주장하는 것을 원천적으로 봉쇄한다는 것이다. 예를 들어 보자. 민주적으로 구성된 정부와 국회에 의해 수립되는 많은 사회·경제적 정책의 수립은 표출된 선호의 관계로 본다면 완벽하게 민주적이다. 그러나 제도적 질서와 이데올로기적 기제 때문에 여성, 장애인, 아동, 성적 소수자 등의 사회적 약자들의 이해관계가 표현되는 것은 쉽지 않다. 자원과 지식에서 우월한 지배집단에 비해 빈곤층은 스스로의 이해관계를 표현할 방법과 통로를 알지 못한다. 룩스는 이러한 구조적 문제를 보지 못하고 표출된 선호만으로 권력관계를 다루는 접근을 일차원적one-dimensional 권력이론이라고 비판한다.

룩스는 비결정의 문제를 제기하는 이론가들이 일차원적 권력론에 비판적이기는 하지만 그들 또한 권력을 표출되지 '못하는' 선호의 문제로 제한하고 있는 이상 충분히 비판적이지 못하다고 생각한다. 그래서 이들은 고작해야 이차원적 권력이론에 불과하다. 즉 양자는 공히 경험론적인 인식론(결정이든 비결정이든 표출된 주관적 선호만을 문제로 삼는다)을 넘어서지 못하고 있다는 것이다. 불평등한 권력배분을 구조화하는 제도는 그대로 둔 채 제도 안으로 소외된 목소리를 반영하려 시도할 뿐이다. 기껏해야 압력단체 또는 이익단체를 넘어설 수 없다. 룩스는 이러한 경험론적 접근에 반대하며 실재론적인realist 기준을 통해 권력관계를 분석하려 한다. 그래서 그의 접근은 삼차원적 권력이론인 것이다. 정치적으로 일차원적 권력이론은 자유주의적이며, 이차원적 이론은 고작해야 개량주의적인데 반해서 그의 입장은 권력관계의 근본적 변혁을 가능하게 하기 때문에 급진적이라고 주장한다.

그가 삼차원적 권력이론을 구성하기 위해 제시하는 개념은 객관적 이익 objective interests이다. 객관적 이익을 왜곡하는 구조적 조건에 대해 급진적 비판을 제시한다.[316] 여성, 장애인, 아동, 성적 소수자로서 객관적 이해가 있음에도 지배적 질서와 이데올로기가 그들의 이해관계의 인식 자체를 어렵게 한다는 것이다. 여기서 중요한 것은 그가 스스로의 객관적 이익을 인식하는 자율적 주체를 삼차원적 권력론의 핵심으로 내세운다는 것이다.

그러나 룩스의 삼차원적 권력이론도 만족스럽다고 할 수는 없다. 한편으로는 객관적 이해를 왜곡하는 제도적, 이데올로기적 구조를 비판할 수 있지만 그것으로부터 벗어나는 방법은 그 구조 안의 행위자들이 아니라 객관적 이해관계를 인식하는 제3자(관찰자)에 의해 계몽되어야만 하는 문제가 있기 때문이다. 다시 말하면 권력관계를 비판하기 위해서는 자율적 주체들이 요청되지만 주체들은 제도적, 이데올로기적 구조의 효과 아래서 구성된다. 이 두 가지 주장 사이의 간극을 어떻게 채울 것인가? 벤튼Ted Benton은 이 것을 '해방의 역설the paradox of emancipation'이라고 부른다. 예를 들어 사회주의적 전략은 기존질서에 대한 비판을 통한 집단적 자기해방collective self-emancipation의 실천이지만, 기존질서는 집단적 의식을 체계적으로 조작·왜곡한다는 것이 문제다. 이런 의미에서 "종속계급의 자율성이 존중되는 한

316　Lukes, Steven, *Power: A Radical View*, 2nd Edition, London: Macmillan, 2004〔1974〕를 보라.

해방은 불가능하고, 해방이 가능할 수 있지만 그건 자기스스로의 해방self-emancipation이 아니다".[317] 여성해방을 가능하게 하는 것은 여성 스스로의 자기 해방을 통한 가부장적 질서의 극복이지만 남성중심의 가부장적 질서를 재생산하는 것은 여성 스스로에 의한 순종적인 '여성성'에의 순응인 것이다.

룩스는 해방의 역설을 해결하기 위해 그의 이론틀 안에서 서로 공존할 수 없는 세 가지 방법을 동시에 제시하는 것처럼 보인다. 첫째는, 행위자들이 상대적인 자율성을 가지고 있고 민주적 절차가 보장되는 반사실적counter-factual 조건을 상정하는 것이다. 마치 하버마스의 이상적 담화상황ideal speech situation처럼 현실에 존재하지 않는 규범적 상황을 상정한다. 그런 상황에서 인식된 이해가 객관적 이해라는 것이다. 그러나 실재의 행위자들과 반사실적 주체들 사이의 간극은 해소되지 않은 채 남아 있게 된다. 두 번째는, 사회 속에서의 '객관적' 위치(계급적 위치와 같은)는 '객관적' 이해관계를 인식할 수 있는 인식론적 기초를 제공한다고 주장할 수 있다. 이것은 마르크스주의적 계급이론에 가까운 것으로 개인의 자율성을 중심에 두는 룩스로서는 공개적으로 수용하기 어려운 해석이다.[318] 세 번째의 선택지는 피지배 집단은 이데올로기적 종속에도 불구하고, 필연적으로 발생할 수밖에 없는 집합적 행동(파업, 대중시위, 캠페인 등) 속에서 스스로의 이해관계를 표현한다고 주장하는 것이다. 이것은 룩스가 공개적으로 인정하고 있듯이 그람시적 길이다.

5절에서 자세히 논하겠지만 룩스가 제시한 해결책 중 가장 설득력 있는 것은 마지막의 그람시적 길이다. 그러나 그람시적 길은 '객관적' 이해관계를 기준으로 제시하는 룩스의 권력이론과 공존하기 어렵다는 것이 문제이다. 잠정적으로 다음과 같이 말할 수 있다. 피지배집단에 속한 주체들은 지배적

---

317   Benton, Ted, "Objective Interest' and the Sociology of Power", *Sociology* 15(2), 1981, p. 162.

318   Clegg, S, *Frameworks of Power*, London : Sage, 1989, p. 97.

이데올로기 아래서 행위하지만, 현실의 착취와 억압의 경험은 때때로 불만과 저항의 순간을 경험하게 한다. 불만과 저항의 표현은 많은 경우 지배계급의 담론구성체 안에서 표현되지만 그것이 직접행동으로 연결될 때 폭발적인 힘을 가지게 된다. 그러나 이러한 불만과 저항의 표출은 '객관적'으로 존재하는 이익이라는 이미 가정된 기준을 통해 '측정'될 수 없다.

룩스는 주관적 이익(선호, 욕구 등)에 초점을 맞추는 일차원적 권력론을 비판하기 위해 객관적 이해관계에 기초한 권력론을 정립하려 시도한다. 문제는 그가 제시하는 이해관계가 그가 생각하는 것처럼 '객관적(실재적)'이지 못하다는 데 있다. 더구나 그가 직면한 실재는 권력관계를 민주적으로 변형시켜야할 행위 주체들이 객관적(실재적)관계를 인식하지 못하도록 하는 구조적 속성을 가지고 있다. 바로 이런 해결하기 어려운 난제 앞에서 룩스는 갑자기 상당히 다른 문제틀로 비약한다. '자율적이고 책임성 있는 개인'을 최종적인 문제해결자로 등장시키는 것이다. 개인들은 구조와 이데올로기에 묶여 있는데, 그래서 그들의 객관적 이해관계를 인식하는데 큰 어려움을 겪고 있는데, '개인적 주체'를 해결자로 등장시키는 것은 문제를 더 꼬이게 할 뿐이다. 룩스는 한편에서 급진적인 민주주의를 주장한다. 모든 개인이 능동적인 참여를 통해 구성되는 사회가 그가 꿈꾸는 이상적인 상황이다. 그러나 그러한 상황은 반사실적 조건에서만 존재한다. 현실은? 현실에서 그러한 이상적 상황으로 나가는데 가장 큰 장애는 능동적 주체여야 할 모든 개인이다. 이것은 해결하기 힘든 딜레마이다. 어떻게 해야 하는가?

많은 생태이론가들과 여성주의자들, 사회주의자들이 급진적 민주주의를 말하고, 공영역public sphere의 중요성을 강조하고 시민사회의 힘을 강조한다. 그러나 현실을 돌아보면 급진적 민주주의, 공영역, 시민사회의 주인공인 대중은 지배적 사회구조와 이데올로기적 구성체 안에서 순응적 주체로 구성되어 있다. 이 지점이 권위주의로의 유혹이 발생하는 지점이다. '경제주의적 투쟁'을 넘어설 수 없고 따라서 선진적인 전위적 지식인과 정당에 의해 지도

되어야 한다는 레닌(카우츠키)의 주장으로 귀결되는 것이다. 소비주의에 빠져 있는 사람들로부터 생태계를 보호하는 길은 권위주의적인 개입뿐이라는 결론에 도달하게 될 수도 있는 것이다. 한편에는 모든 억압으로부터 자유로운 '해방된 주체'들이 가정되지만, 다른 한편에서 대중은 전위적 지식인 집단에 의해 계몽되어야 할 '대상'으로 설정된다. 전자는 관념론적이고 후자는 비민주적이다. 둘 다 만족스러운 선택지가 아니다. 결론적으로 룩스는 자율적 주체를 통해 민주적 길을 옹호하지만 그가 제시하는 권력론이 가진 관념론적 성격에 의해 권위주의적 해석을 완전히 차단하는데 실패한다.

5. 그람시적 또는 여성주의적 대안

앞에서 룩스가 제시한 그람시적 길에 대해서 언급했다. 지적한 대로 그는 이 길을 일관성 있게 밀고 나가지 못했다. 그람시에 따르면 대중은, 한편으로 고립화된 개인들로서 현실에 순응하면서 지배적인 구조와 이데올로기를 재생산하지만, 다른 한편으로 끊임없는 저항적 행위를 하고 있다. 지배계급의 언어와 개념을 사용하고 지배적 이데올로기를 재생산하는 것처럼 보이는 피지배계급은 예상치 못하게 발생하는 저항의 계기(촛불 시위와 용산참사와 같은)를 통해, 즉 행동을 통해 '잠재적' 저항의 힘을 표출한다는 것이다.[319] 이 절에서는 룩스가 일관되게 발전시키지 못했던 그람시적 길을 여성주의적 관점이론과 연결시키고 이것을 다음 절의 '대안적 쾌락주의'로 발전시킬 것이다.

319　Gramsci, A, *Selections from the Prison Notebooks*, London : Lawrence and Wishart, 1971, pp. 326~327을 보라.

1) 그람시적 길

그람시의 다음과 같은 주장으로부터 논의를 시작해 보자.

"실천의 철학은 처음부터 논쟁적이고 비판적인 외양으로 스스로를 제시할 수밖에 없다. 현재 존재하고 있는 사유양식과 구체적 사상(현재 존재하는 문화적 세계)을 대체하는 것으로 제시된다. 그러므로 무엇보다도 실천의 철학은 '상식common sense'에 대한 비판이어야만 하는데, 그러나 그 시작에서는 상식에 기초해야 한다. '모든 사람'은 철학자라는 것을 증명하고 실천의 철학이 무로부터 과학적 형식의 사고를 모든 개인들에게 주입하는 것이 아니라 현재 존재하고 있는 행위를 혁신하고 비판적이게 하는 것의 문제라는 사실을 보여주기 위해서이다."[320]

여기서 그람시가 말하는 '상식'은 역사학자 E. P. 톰슨이 보여주었던 민중적 문화의 세계일 것이다. 톰슨에 따르면 18세기 말과 19세기 초 영국의 민중은 '도덕 경제moral economy'와 '자유롭게 태어난 영국인'이라는 지배적인 이데올로기 아래서 움직였지만 그것을 통해 자본주의 시대의 새로운 착취를 경험함으로써 그들의 상식과 현실 사이의 괴리를 집단적으로 자각하게 된다고 주장한다. 민중적 문화는 지배적인 담론 안에서 움직이고 있는 것처럼 보이지만 스스로의 독자적인 세계를 가지고 있다는 것이다.[321] 그러나 그람시는 이러한 자원주의적voluntarist 해석에서 멈추지 않는다. 민중적 문화의 독자성은 항상 '상대적'이며 지배적 이데올로기 구성체와 생산양식 안에서 운동하기 때문이다. 따라서 민중적 문화와 민중적 의식은 저항적 운동의 맹아를 가지고 있지만 많은 경우 지배적 이데올로기 구성체를 벗어나지 못한다.

---

320 Gramsci, A, *Selections from the Prison Notebooks*, London : Lawrence and Wishart, 1971, pp. 330~331.

321 Thompson, E. P, *Customs in Common*, London : Merlin, 1991 ; Thompson, E. P, *The Making of the English Working Class*, London : Penguin, 1991〔1963〕.

이러한 잠재적 상태를 벗어나 저항의 힘이 현실화되기 위해서는 과학적 분석과 전략적 개입이 요청된다. 이점이 철학자 알튀세르가 구조적 분석의 필요성을 강조하는 이유이다.[322] 문제는 이 두 가지 계기 사이의 긴장을 한쪽으로 치우치지 않고 유지할 수 있는가이다. 우리의 현실로 돌아갈 필요가 있다.

자본주의적 소비문화와 경쟁이 사회의 구석구석 침투해 버린 21세기 한국을 사는 우리에게 '상식에 기초하지만 상식을 비판하는' 것은 어떤 의미를 가지는가? 톰슨의 시각에서 보면 한국의 민중적 문화는 저항적이고 역동적이다. 광우병 쇠고기 문제로 시작되었던 2008년 봄의 촛불시위, 그리고 2016년의 촛불시위는 그러한 역동성을 여실히 보여준 것으로 해석될 수 있을 것이다. '대한민국은 민주공화국'이라는 보편적 이데올로기(비록 그것이 지배적 이데올로기의 핵심을 구성하고 있지만)는 자신들의 현실을 급진적으로 해석할 수 있는 개념적 매개가 되어 주었다. 그러나 알튀세르라면 '민주공화국'이라는 이데올로기가 운반하고 있는 관념들(고립된 시민, 개별화된 소비자 등등)의 압도적인 힘을 강조했을 것이다. 아마도 한국사회의 구조적 문제를 정확히 인식하지 못하고 표층의 문제에만 주목하는 촛불 시위의 한계를 비판하고 그 동력이 곧 소진될 수밖에 없음을 '과학적'으로 예측했을 것이다.

그람시가 말하고자 하는 바는 이 두 가지 계기(톰슨이 강조하는 저항의 계기와 알튀세르가 강조하는 지배적 이데올로기의 구조적 효과의 계기)를 서로 대립시킬 필요가 없다는 것이다. 우리 시대 민중의 전통과 문화는 '삶의 질', '인권' 그리고 '민주주의'와 같은 보편적 이데올로기들이다. 사람들은 그 기준을 통해 자신의 삶을 돌아보고는 분노하게 되고 저항하게 된다. 자본주의 사회는 이데올로기적으로 '삶의 질', '인권', '민주주의'를 구현한다고 주장하지만 실제로는 그것에 지속적으로 실패할 수밖에 없기 때문이다. 하

---

322   서영표, 『런던코뮌』, 이매진, 2009의 101~110쪽을 보라.

지만 그러한 저항과 분노가 대안적 운동으로 발전할 수 없는 것은 개별화된 시민과 소비자로 사람들을 고립시키는 자본주의적 사회관계 그 자체가 가지는 힘이다. 이것이 알튀세르가 강조하는 구조에 대한 과학적 분석이 개입해야만 하는 지점이다. 여기서 전자만을 강조하게 되면 현실을 과도하게 낙관적으로 보게 되고 후자만을 강조하게 되면 권위주의적 정치이론으로 귀결될 수밖에 없다.

이 두 가지 극단적인 편향을 벗어날 수 있는 길은 과학적 지식의 성격을 지금까지와는 다르게 해석하는 것이다. 과학적 지식의 역할은 '삶의 질', '인권', '자율', '민주주의'와 같은 보편적 이데올로기를 매개로 발생하는 불만과 저항을 확인하고 그것으로부터 생겨나는 맹아적 형태의 헤게모니가 가지는 잠재적 힘(모든 사람의 자기 해방을 향한 잠재적 경향)을 정당하게 평가하는 것이다. 더 나아가 맹아적 헤게모니가 대안적 전망으로 발전하도록 지원하는 방법을 찾는 것이다. 또한 무수히 많은 불만과 저항의 지점이 구조적 문제를 변화시키지 않으면 해결될 수 없다는 점, 그래서 서로 다른 관점으로부터 인식되는 불만과 저항이 서로 대립되기 보다는 공통의 목표를 가진다는 사실을 일깨워 주는 것이 과학적 분석이 해야 할 일이다. 다시 말하면 일상에서 발생하는 사람들의 '실천적 지식'의 한계지점을 일깨워주고 다양한 불만과 저항 사이에 소통의 근거를 제시하는 것이 과학적 분석의 역할이라는 것이다(상식에 대한 비판). 여기서 중요한 점은 과학적 지식의 제시가 현실에 존재하는 차이를 부정하는 것이 아니라 차이를 드러내고 그것들 사이의 소통을 가능하게 하는 것을 목표로 해야 한다는 것이다. 그리고 과학적 지식 자체가 실천적 지식과의 상호작용을 통해 언제든 수정될 수 있는 열려진 지식 체계라는 사실을 인식해야 한다.[323] 이러한 입장은 과학적 지식과 전

---

323 서영표,「영국 신좌파 논쟁에 대한 재해석-헤게모니 개념에 대한 상이한 해석」,『경제와 사회』, 80호를 참고하라.

략적 개입을 개인의 자율성을 침해하는 권위주의로 비판하고, 여전히 남아 있는 실천적 지식의 한계지점을 반사실적으로 구성된 자율적 주체로 극복하려는, 결과적으로 권위주의를 뒷문으로 다시 불러올 수밖에 없는 룩스의 선택보다 설득력이 높다.

실천적 지식이 결여된 과학적 지식은 공허하고 과학적 지식이 없는 실천적 지식은 맹목적일 수 있다. 사람들의 가장 기본적인 필요조차 충족시키지 못하는 자본주의 체제의 극복은 미리 정해진 '사회주의'에 의해 가능한 것이 아니라 일상의 수많은 사람들의 경험으로부터 나오는 상상력과 실천으로부터 가능한 것이다. '과학'은 이러한 상상력과 실천을 '비합리적'이고 '비과학적'이라고 폄하하는 지배적 담론의 '사이비 과학'을 비판하고 보통 사람들의 목소리에 정당성을 부여해야 하는 것이다(상식에 기초하기).

2) 여성주의적 길

대중은 지배계급의 개념과 언어를 빌어 자신의 요구와 이해를 표현하지만 그들의 경험과 행동에서 드러나는 내용은 지배계급의 그것과는 다른 것이다.[324] 이것이 그람시가 '모든 사람은 철학자'라고 선언했던 근거이다. 직접적으로 그람시와의 연관을 언급하는 경우는 매우 드물지만 상당수의 사회주의적 성향의 여성주의자들(특히 여성주의 관점이론의 입장feminist standpoint theories 에 서 있는 여성주의자들과 사회적 생태여성주의자들[325])은 이러한 그람시의 입장에 동의하는 것으로 보인다.[326] 여성의 위치와 관점을 절대시하고 여

---

324   Gramsci, A, *Selections from the Prison Notebooks*, London : Lawrence and Wishart, 1971, pp. 326~327.

325   양자 사이에는 분명한 친화력이 존재한다.

326   추상적인 남성적 이론과 과학을 비판하는 여성주의적 저작은 많다. 특히 정치적 전략과 관련해서 여성의 경험을 강조한 초기적 저작은 Robowtham, S. et al, *Beyond the Fragments : Feminism and the Making of Socialism*, London :

성의 생물학적 특징에 근거해 사회비판을 시도하는 환원주의적 생태여성주의자와 모든 고정된 사회적 위치를 해체하는 탈현대적 여성주의자들과는 달리 여성주의 관점이론과 사회적 생태여성주의는 여성의 위치와 경험으로부터 생겨나는, 하지만 잠재적으로 존재하는 가부장적이고 반생태적 사회에 대한 잠재적 저항 가능성을 분석한다.[327] 다음은 이들 입장의 핵심을 보여준다.

> "피억압자들이 억압자들에 대항해서 투쟁할 때 비로소 지식이 출현한다. 여성의 경험이 지배적인 계급·인종에 속하는 남성의 사회적 경험의 관점으로부터 만들어진 것보다 좀 더 진실에 가까운(또는 덜 허구적인) 사회현실의 이미지가 되는 것은 남성지배에 대항한 여성주의자들의 투쟁을 통해서다. 따라서 여성주의관점은 그것을 주장한다고 해서 누구나 갖게 되는 그런 것이 아니라 일종의 성취물(관점은 이런 점에서 전망 perspective과 다르다)이다. 여성주의 관점을 달성하려면 지적·정치적 투쟁에 참여해야 한다. 여성주의 관점을 성취하기 위해서는 남성의 '지배적인 젠더' 경험이 만들어 낸 편파적이고 왜곡된 전망perspective을 대신해서, 여성의 사회적 경험을 생산하는 [지배적인 남성적 전망으로부터] 멸시받는 활동의 관점에서 자연 및 사회생활을 보기 위해서는 피할 수 없는 지적, 정치적 투쟁에 참여해야만 한다." [328]

여성의 경험이 제공하는 공통점들이 여성에게 인식론적으로 우월한 입장을 제공하는가? 그리고 그 공통점들이 특정한 조건하에서 여성주의적 관점

Merlin, 1979를 참조하라.

327 New, C, "Realism, Deconstruction and the Feminist Standpoint", *Journal for Theory of Social Behaviour* 28(4), 1998.

328 Harding, Sandra, "Conclusion: Epistemological Questions", S. Harding ed., *Feminism and Methodology*, Milton Keynes: Open University Press, 1987, p. 185.

을 가능하게 하는가? 첫 번째 질문에 대한 답은 '아니오'이다. 여성 또는 그 어떤 사회적 집단도 인식론적 특권을 가질 수 없다. 예속된 사회적 집단의 관점은 사회적 위치, 그들의 종속적 위치에 의해서 억압에 반대하는 집단행동을 취하게 하는 지식이 구성될 기회를 준다. 이것은 모든 억압적 사회집단에 적용될 수 있다. 지식은 언제나 매개된 지식이며, 서로 다른 해석에 노출되어 있으며 부분적이다. 바로 이러한 지식의 제한된 성격 때문에 임금노동, 또는 지불되지 않는 가사노동, 또는 출산 등이 인식론적으로 우월한 지식을 제공한다고 주장하는 것이 도움이 되지 않는 것이다. 우리가 기억해야 하는 것은 오히려 이러한 직접적인 경험이 성찰적인 행위자에게 구체적 삶 속에서 발생하는 사건들이나 충족되지 않는 필요에 관심을 두게 한다는 점이다. 일단 이러한 관심을 가지게 되면, 기존에 주어진 개념적인 도구들은 일관되지 않고, 적절하지 않으며 허위적인 것으로 드러난다."[329]

여성은 가부장적 질서 안에서 '여성'으로 만들어진다. 끊임 없는 여성성의 수행을 통해서, 이데올로기적 교육을 통해 그리고 매일의 일상을 통해 여성의 육체로, 여성이라는 주체로 구성된다. 그러나 바로 그 '여성'의 위치는 가부장적 질서 안에서 기득권자인 남성이 볼 수 없는 억압적 권력관계를 인식하게 한다. 그것은 지속적인 인식이 아니며 여성의 위치에 있다고 해서 항상 얻게 되는 인식도 아니다. 이런 의미에서 객관적 이해관계에 대한 인식도 아니다. 따라서 그람시가 지적했던 '상식'으로 존재하며 그 상식은 비판적인 수준으로 나가기 위해 현실적인 투쟁에의 개입이 필요하며 과학적 지식의 개입을 요청한다.[330]

---

329 New, C, "Realism, Deconstruction and the Feminist Standpoint", *Journal for Theory of Social Behaviour* 28(4), 1998, p. 368.

330 Harding, Sandra, *Science Question in Feminism*, Ithaca and London : Cornell University Press, 1986; Hartsock, N, *The Feminist Standpoint Revisited and Other Essays*, Basic Books, 1997 참조.

그러나 여성주의적으로 해석된 그람시적 통찰은 여성에게만 적용되는 것은 아니다. 위의 인용문들이 강조하고 있듯이 사회적인 소수자들과 약자들의 위치와 관점은 언제나 맹아적인 저항의 가능성을 함축하고 있다. 이데올로기적 정당화로는 도저히 덮어버릴 수 없는 물질적 착취와 이데올로기적 억압은 헤게모니적 지배의 완성을 영원히 도달할 수 없게 한다. 지속적인 이데올로기적 투쟁과 헤게모니의 변형과 재구성이 동반될 수밖에 없는 이유가 여기에 있다. 우리는 지금 신자유주의적 시장경제라는 정글 속에서 끝없는 경쟁에 내몰리면서 스스로를 피폐하게 하는 삶의 양식을 유일한 것으로 수용하고 있다. 그리고 그 과정에서 동료인간들로부터 소외되고 자연과 인간 공동체로부터 소외되고 있다. 만약 우리가 근대시민혁명 이후에 역사적으로 구성된 인간의 '유적-존재'로서의 특징을 말 할 수 있다면 현대인은 유적-존재로부터도 소외되고 있는 것이다.[331] 그러나 바로 이 소외, 즉 착취와 억압의 '경험'은 이데올로기적 지배가 탈구되는 순간들에 다름 아니다. 신자유주의적 주체, 소비하는 기계로서의 주체인 우리들은 그 소비의 계기 안에서 발생하는 탈구로부터 저항적 주체로의 전환될 수 있는 가능성을 지속적으로 '경험'하고 있는 것이다.[332]

---

331 초역사적인 인간의 본질로서의 '유적-존재'는 부정하지만 근대이후 당연한 것으로 받아들여지고 있는 보편적 인권개념에 근거한 '유적-존재'에 대해서는 말할 수 있다. 이데올로기적으로 구성된 보편적 인권개념에 기초한 '유적-존재'로부터 소외되고 있는 현대인에 대해서 말할 수 있다는 것이다.

332 발리바르는 지배계급에 의해 보편적인 것으로 제시된 것을 피지배계급이 받아들이고 그 보편적인 것(인권, 민주주의, 정의 등등)을 요구하게 되는 순간, 피지배계급은 기존 질서를 받아들일 수 없게 된다고 말한다. 상상적인 것(보편적으로 제시된 것)과 스스로의 현실이 대조되는 순간이 반역revolt의 순간인 것이다. Balibar, Etienne, "The Non-Contemporaneity of Althusser", E. Ann Kaplan and Michael Sprinker eds., *The Althusserian Legacy*, London: Verso, 1993, p. 13.

6. 대안적 쾌락주의 – 우리는 행복하게 살고 있는가?

이제 이 글의 목적지인 소비 문제를 다룰 차례가 되었다. 우선 소비는 모든 것이 상품화되어 가고 있는 신자유주의적 사회적 조건의 맥락 속에서 파악되어야만 한다는 사실이 강조 되어야 한다. 앞에서 지적했다시피 상품관계, 즉 시장을 통하지 않고서는 기본적 필요조차 충족할 수 없는 사회적 조건에서 소비는 신자유주의의 사회적 조건을 재생산하는 가장 기본적인 행위일 수밖에 없다. 즉 '소비'라는 행위 자체가 문제인 것이 아니라 소비가 신자유주의적 조건과 관계 맺는 방식인 '소비주의'가 문제인 것이다. 신자유주의적 소비주의라는 맥락에서 '소비'는 필요의 충족이 아닌 이윤논리에 의해서 창조된 욕망을 쫓기 위한 행위로 드러난다. 소비주의에서의 소비는 '경제적 합리성'에 의해 지배되는 바, 소비행위의 의미에 대해서 성찰하거나 소비주의가 초래할 수 있는 부정적 효과에 대한 반성적 사고의 기회를 가지지 못한다. 이기적인 경쟁 논리 위에 세워진 소비주의 문화에서 개인들의 맹목적인 소비행위가 가져오는 생태적 비용이나 사회적 비용에 대해서 생각할 여지는 대단히 적을 수밖에 없다. 그러나 그람시의 통찰력 있는 분석을 여성주의 관점이론을 통해 발전시켰던 일상의 경험 속에 존재하는 잠재적 저항성의 계기들을 '소비주의적' 소비 행위로부터 찾아낼 수 있다[333].

이 지점에서 필자는 소퍼의 대안적 쾌락주의alternative hedonism 개념을 도입하려 한다. 소퍼는 자본주의적 소비주의 문화에 근거한 행복의 추구–욕

---

333 트렌트만Frank Trentmann은 '소비자' 개념을 계보학적으로 추적하면서 영국에서 소비자 개념이 등장하고 주목받기 시작한 것은 1890년이며 이때의 소비자 담론의 초점은 이기적이고 경쟁적인 소비자가 아니라 공공복지에 기여하는 양심적 소비자에 관한 것이었음을 밝히고 있다. 우리가 당연하게 받아들이고 있는 자본주의적인 소비자 개념 또한 역사적으로 구성된 것일 뿐이다. Soper, K, "'Alternative Hedonism' and the Citizen–Consumer", 2008, p. 193에서 인용.

망의 추구-는 행복의 전제 조건인 필요를 충족시키기보다는 방해하는 측면
이 있다고 주장한다. 욕망의 추구는 필요충족에 불가결한 생존의 조건을 파
괴하기 때문이다. 소비를 통한 욕망의 충족은 사회적 유대와 도덕적 통합을
붕괴시키고 생태적 조건을 파괴한다. 소퍼는 이러한 파괴적 결과를 초래하
는 소비자본주의를 쾌락주의hedonism로 규정한다. 이에 대한 대안으로 그녀
가 제시하는 것은 대안적 쾌락주의alternative hedonism인데, 이것은 시장에 의
해 인식될 수 없고 표현될 수 없는 다양한 필요들로부터 출발한다. 승용차를
이용한 빠른 이동이 소비문화의 쾌락이라면 아이들의 안전, 소음과 대기오
염으로부터의 자유, 걷기와 자전거 타기에 의한 건강한 생활 등은 대안적 쾌
락이다. 승용차 이용이 가져다 주는 쾌락은 안전의 위협, 각종 오염, 운동 부
족에 따른 비만 등 각종 질병의 발생을 초래한다. 여기서 대안적 쾌락주의가
추구해야 할 삶의 양식은 걷기와 자전거 타기에 의한 안전한 공간의 확보와
쾌적한 생활조건, 그리고 건강한 신체일 것이다.[334]

물론 소비주의적 쾌락주의를 넘어서 대안적 쾌락주의로 나아가는 길은 결
코 쉬운 일이 아니다. 지난한 투쟁의 과정을 거치지 않고서는 도달할 수 없
다. 실현 불가능한 유토피아적인 목표로 비판받을 수도 있다. 그러나 일상생
활에서 획득된 실천적 지식은 비록 그것이 시장의 힘에 의해, 그리고 이기적
이고 경쟁적인 문화에 의해 억압됨에도 불구하고 맹아적 형태의 대안적 행
위양식을 보여준다. 행위자들은 자본주의적 소비를 통해 충족할 수 없는 필
요들에 대한 정식화되지 않는 암묵적tacit 지식을 이미 가지고 있다.

이런 맥락에서 소퍼는 대안적 쾌락주의가 제시하는 삶의 양식은 결코 규
범, 이상, 유토피아로만 존재하는 것이어서는 안 된다고 주장한다. 더더군다
나 인식되어야 할 '객관적' 이해관계의 기준으로부터 도출되는 것도 아니다.

---

[334] Soper, K, "Other Pleasures: the Attractions of Post-Consumerism",
Socialist Register, Merlin Press, 2000.

앞에서 지적했듯이 규범, 이상, 유토피아에 존재하는 인간주체들과 현실 사이의 괴리는 수많은 혁명가들을 권위주의로 몰고 가지 않았는가? 이와 관련하여 소퍼의 주장은 인용할 만한 가치가 있다 .

> "내가 보다 지속가능한(즐거운) 소비 양식의 출현을 향한 이러한 변화하는 반응을 환영함에도 불구하고, 〔나의 작업의〕 주된 목적이 현재의 소비주의적 라이프스타일을 '거짓'으로 비판하거나 객관적으로 좀 더 필요하거나 진실된 소비의 특정 양식을 방어하거나 옹호하는 것은 아니다. 내가 발전시키려 시도했던 것은 무엇이 필요로 되어야만 하는지, 욕망되어야 하는지, 또는 실제로 소비되어야 하는지에 대한 이론이 아니라 소비자들이 스스로 그들의 필요와 선호의 '반反'소비주의적 측면에 대해 무엇을 발견할 수 있을 것인가에 대한 이론이었다. 즉 나는 사람들이 그들이 필요하다고(원한다고) 공언하거나 그렇다고 경험한 것과는 완전히 다른 무엇인가를 실제로 필요로 한다고 주장하려 하지 않았다. 오히려 경험된 그리고 심지어는 상상된 필요의 수준에서의 변화를 촉진하는 쾌락주의적 열망과 그것이 보다 지속가능한 소비양식의 발전에 가지는 함의를 탐색하려 했다. 이러한 접근은 지속가능한 발전을 가능하게 할 소비양식에 대한 주체의 문제로부터 유리된 생태정치적 주장에 대해서 내가 가지는 불편함과 연결된다."[335]

소퍼가 제시하는 전략은 현실 외부에서 주어지는 이상주의적 규범에 의해 인도되지 않는다. 이런 의미에서 이것은 실재론적realist이다. 우리들이 처한 일상으로부터 시작한다는 것이다. 사람들은 화폐소득의 증가에 따른 소비를 통해 행복을 추구하지만 언제나 경쟁적인 일상에서 피로감을 느낀다. 한

---

335 Soper, K, "Realism, Naturalism and the Red-Green Nexus: Benton's Critical Contribution to Ecological Theory", S. Moog and R. Stones, Natural Relations and Human Needs: *Essays in Honour of Ted Benton*, Routledge, 2008, pp. 180~181.

편으로 텔레비전 프로그램의 상당수는 우리의 일상에서는 도저히 실현되기 어려운 전원적인 삶, 생태적인 삶, 느린 삶을 보여준다. 일상에서는 대형 할인마트에서 판매되는 플라스틱 용기에 포장된 식재료에 의존하고, 값싼 외식과 정크 푸드를 먹을 수밖에 없지만 텔레비전 속에는 유기농으로 재배되는 싱그러운 먹거리들이 등장한다. 요리할 시간조차 없이 쫓기는 삶을 살지만 텔레비전, 신문, 잡지에는 요리에 관한 프로그램들과 기사들이 넘쳐난다. 재개발에 동반되는 이익과 보상금에 목을 매지만 아련한 기억 너머 속의 시골 풍경이 사라져 감을 한탄한다. 사람들은 일상이 행복하지 않다는 것을 분명히 안다. 그리고 스스로가 느끼는 인간적 필요들이 끝없는 일과 그에 대한 보상으로 얻어지는 소비를 통해 충족되지 않고 있음을 알고 있다.[336] 소퍼가 대안적 쾌락주의를 제기하는 것은 이렇듯 이미 존재하는 삶의 경험으로부터 얻어진 맹아적 인식이다.[337]

문제는 이런 인식과 이로부터 생겨나는 대안적 삶에 대한 열망은 상품-소비사회의 구조적 조건의 무게에 짓눌려 체계적인 저항의식으로 발전하지 못하고 있다는 것이다. 대안적 쾌락의 추구마저도 텔레비전 프로그램으로 소비해야 하는, 그리고 돈을 주고 상품으로 구매해야 하는 조건은 화폐소득-소비의 악순환으로 사람들을 되돌려 놓는 것이다. 자본주의적 시장관계를 벗어나지 못하는 한 불만과 저항 또한 자본주의적 방식으로 표현될 가능성이 높은 것이다. 물론 자본주의적 논리가 아무리 지배적 논리라고 하더라도 그것이 모든 사회적 관계를 완벽하게 자본주의화 또는 상품화할 수는 없다. 지금은 이것마저도 붕괴하고 있지만 가족공동체와 지역공동체를 자본의

---

336   Thomas, L, "Alternative Realities", *Cultural Studies* 22(5), 2008.

337   Soper, K, "Re-Thinking the 'Good Life': The Citizenship Dimension of Consumer Disaffection with Consumerism", *Journal of Consumer Culture* 7(2), 2007과 Soper, K, "Alternative Hedonism, Cultural Theory and the Role of Aesthetic Revisioning", *Cultural Studies* 22(5), 2008을 참조하라.

논리로 완전하게 설명할 수는 없는 것이다. 이러한 공동체들에서의 가장 중요한 도덕적 원리는 상호이해와 존중 그리고 협동이기 때문이다. 경쟁의 논리가 아니라는 것이다. 예를 들어 친구사이의 우정을 화폐적 가치로 환산하는 순간 그 관계는 금이 가기 시작할 것이다. 사회 곳곳에 수세에 몰려 있는 기존의 공동체뿐만 아니라 적극적인 대안적 공동체들도 존재한다. 생활공동체, 생활협동조합 같은 대안적 운동들이 바로 그것들이다. 노동조합의 활동이 조합원의 이해를 대변하는 것을 넘어 지역공동체의 다양한 사회적 쟁점을 제기하고 그것들을 민주적으로 해결하는데 앞장설 수 있다면 노동조합 또한 이러한 대안적(비시장적) 사회관계로 역할을 수행할 수 있을 것이다.[338] 우리의 과제는 대안적 생활, 실천의 공간을 지키고, 만들고 확장시키는 것이다. 그 속에서 대안적 인간관계, 타자를 배려하는 공동체적 윤리와 더불어 개인의 자율성을 존중하는 인간관계가 만들어질 수 있을 것이다.[339] 우리는 자본주의적인 방식과 '다르게 살 수 있으며', 다르게 사는 것을 선택하는 것은 우리의 당연한 권리이다. 소퍼가 제시한 것처럼 이러한 권리주장

---

338 톰슨이 노동조합의 초기 형태를 분석할 때, 그것은 자본주의적 물결로부터 직인들의 공동체를 방어하려는 시도였다. 상호부조가 가장 핵심적인 원리였다. Thompson, E. P, *The Making of the English Working Class"*, London: *Penguin*, 1991〔1963〕. 노동조합이 지역의 쟁점과 사회운동으로 지평을 넓혀가고 있는 사례들에 기초해서 새로운 노동운동의 방향을 제시하고 있는 사회운동조합주의social movement unionism에 대해서는 워터만(Waterman, P, "A New Union Model for a New World Order", R. Munck and P. Waterman eds., *Labour Worldwide in the Era of Globalization*, London: Macmillan, 1999)과 무디(Moody, K, "Towards an International Social Movement Unionism", *New Left Review* 225, 1997)를 참조하라.

339 물론 공동체적 삶의 경험이 인간을 완전히 호혜적이고 이타적인 존재로 변화시킬 것이라고 믿는 것은 공상적이다. 문제는 서로 갈등하는 이해관계와 이기적 욕망을 지금과는 다른 방식으로 조정하고 해소할 수 있는 방법이 있다는 것이다. 공동체적 삶은 이러한 대안적 방법의 단초를 보여줄 뿐이다. 구본영·김성균, 『에코뮤니티』, 이매진, 2009.

은 자본주의적 삶 속에서 스스로의 필요를 충족시키지 못하는, 그래서 행복하지 않은 모든 사람들의 잠재적 저항으로부터 시작해야 한다.[340]

7. 맺음말

본문에서 신자유주의적 소비주의 사회의 양상과 그것이 그 안에서 살아가고 있는 개개 행위자들의 주체성 구성에 미치는 효과에 대해서 분석했다. 소비주의는 인간의 생존과 번성보다는 경제적 합리성과 이윤추구 논리에 의해 움직이는 현대사회의 단면을 보여주는 개념이었다. 소비주의가 지배하는 현대 자본주의의 맹목적인 성장과 소비의 논리는 생태계의 파괴와 인간 사회의 연대성 파괴를 초래할 수밖에 없다고 주장했다. 시장을 통한 자유의 구현을 주장하거나, 소비사회의 진전에 따른 개인의 성찰성 증대를 찬양하거나, 다양성의 번성을 옹호하는 이론적 입장들이 보지 못하는 것은 그러한 자유, 성찰성, 다양성이 소비자와 투자자의 자유, 성찰성, 다양성이라는 것이다. 이제 신자유주의적 소비주의와 경쟁논리는 일상생활 곳곳까지 침투해 들어와 우리의 주체성과 육체를 규율하는 권력으로 작동하고 있다.

그러나 그람시와 여성주의 관점이론을 통해 이러한 소비주의의 논리와 규율권력이 일방적으로 작동하는 것은 아님을 보여주었다. 지배는 항상 저항

---

340 길버트Jeremy Gilbert는 모든 것을 상품화하는 신자유주의적 논리에 대한 저항은 다양한 사회적 관계성multiple relationality에 판매자-구매자라는 단일한 관계성을 강제하는 사실로부터 발생한다고 말한다. 반자본주의적 투쟁은 상품논리로 환원되지 않는 다양한 사회적 관계로부터 생겨난다는 것이다. Gilbert, J, "Against the Commodification of Everything", *Cultural Studies* 22(5), 2008, pp. 562~563; O'Neill, J, *The Market: Ethics, Knowledge and Politics*, London: Routledge, 1998; O'Neill, J, "Socialist Calculation and Environmental Valuation: Money, Markets and Ecology", *Science and Society* 66(1), 2002 참조.

의 계기를, 지배적 헤게모니는 탈구의 계기를 내포할 수밖에 없다는 것은 분명하다. 저항과 탈구의 계기는 일상의 경험을 통해 구성되는 실천적 지식을 구성한다. 이러한 실천적으로 구성된 맹아적 저항은 지배적 질서의 바깥에서 발생하는 것이 아니라 동일한 장소로부터 나온다는 것이 그람시와 여성주의 관점이론의 핵심주장이었다.

필자는 소퍼의 대안적 쾌락주의가 소비의 영역에서 그람시와 여성주의 관점이론을 적용한 것이라고 해석한다. 소퍼가 명시적으로 언급하고 있지는 않지만 이들 사이에는 분명한 친화력이 존재한다. 소비는 지배적인 신자유주의적 질서 속에서 이루어지고 그것은 이윤동기에 의해 지배되지만 소비행위 그 자체는 항상 그것과 상반되는, 즉 소비를 통해 충족되지 않는 필요의 인식을 동반한다는 것이다. 물론 대부분의 경우 그러한 인식은 단속적이고 순간적이며 통합적 인식으로 발전되지 못한다. 그럼에도 불구하고 소비행위가 동반하는 대안적 쾌락에 대한 인식은 자본주의적 사회형태와는 다른 삶의 양식을 '상상'할 수 있는 단초를 제공한다.

일상의 경험으로부터 구성되는 실천적 지식으로부터 나오는 맹아적 저항은 조건에 대한 주관적 인식의 성격이 강하다. 여기서 상대적으로 객관적인 과학적 분석이 요청된다. 과학적 분석은 주관적으로 경험된 불만과 저항, 또는 탈구가 구조적 문제로부터 연원한다는 점을 밝혀주어야 하고 동시에 그러한 구조적 문제와 결부된 사회적 적대의 선을 보여 주어야한다. 적대의 선을 보여준다는 것은 그 적대를 전제로 한 연대의 토대를 찾아내는 것을 내포한다. 과학적 지식이 맹아적 저항이 구성되는 실천의 세계에 개입하는 마지막 방법은 연대의 토대가 조직화된 대안적 실천으로 나가기 위해 요청되는 상호대화와 토론, 그리고 (잠정적) 합의를 이끌어 낼 수 있는 절차적 기준을 제시하는 것이다. 필자는 과학적 분석이 실천적 지식의 세계에 민주적인 방식으로 개입할 수 있기 위해서는 사회비판의 새로운 패러다임이 요청된다는 점을 주장했다. 2장 4절에서 논의된 필요개념은 이러한 새로운 패러다임으로 제시될 수 있다. 필요개념을 통해 개인과 동시대의 필요를 넘어서 공동체, 비인간종과 자연, 미래세대의 필요를 고려할 수 있는 새로운 비판이론이 구성될 수 있기 때문이다.

이 장은 소비의 영역에서 발생하는 저항적 주체 형성 가능성에 대해서 다루었다. 그러나 이것이 생산과 노동의 영역이 중요하지 않음을 의미하지는 않는다. 생산과 소비는 서로 분리 될 수 있는 영역이 아니다.[341] 단 생산과 노동의 영역을 변혁하는 주체를 형성하는 계기로서의 소비영역의 중요성을 강조하고자 했을 뿐이다. 소비의 정치적 중요성을 강조하는 소퍼 자신도 이점을 잘 인식하고 있다.[342]

---

341 Fine, B. and E. Leopold, *The World of Consumption: the Material and Cultural Revisited*, London : Routledge, 2002.

342 Soper, K, "'Alternative Hedonism' and the Citizen-Consumer", 2008, pp. 204~205.

8장

불만, 탈구, 연대
: 포스트마르크스주의의 유산

1. 머리말

20세기 중반부터 사회이론과 정치이론 모두 문화를 대단히 중요한 요인으로 다루기 시작했다. 그리고 언어이론은 문화 분석의 중심 수단이었다. 문화가 사회·정치 이론의 한 가운데로 들어오기 시작한 것을 문화적 전환cultural turn이라고 한다면 문화가 언어를 중심으로 논의되기 시작한 것은 언어학적 전환linguistic turn이라고 불린다. 마르크스주의 또한 예외는 아니었다. 그람시, 루카치, 프랑크푸르트학파로 연결되는 서구마르크스주의적 전통은 모두 문화를 가장 중요한 요소로 끌어 들였다.[343] 한편으로 에드워드 톰슨Edward Palmer Thompson을 비롯한 영국의 역사가들과 레이몬드 윌리엄스Raymond Williams로 대표되는 문화 이론가들은 사회변동의 가장 중요한 요소로 '민중적' 문화에 주의를 기울이기 시작했다. 이 경향의 초점은 민중 문화의 역동성에 있었다.[344] 다른 한편, 대륙의 마르크스주의는 문화를 이데올로기에 대한 구조적 분석에 동원했다. 지배적 이데올로기가 어떻게 대중의 의식을 지배하는가에 관심을 두었다고 할 수 있다. 롤랑 바르트Roland Barthes

---

343　Anderson, P, *Considerations on Western Marxism*, London : Verso, 1976.

344　서영표,「영국 신좌파 논쟁에 대한 재해석 – 헤게모니 개념에 대한 상이한 해석」,『경제와 사회』, 80호를 참고하라.

의 『현대의 신화』로부터 루이 알튀세르Louis Althusser의 이데올로기론에 이르는 구조주의적 전통은 이런 경향을 대표한다.[345]

이 글의 주제인 라클라우(와 무프)는 위에서 언급한 문화주의적 전통(윌리엄스-톰슨)과 구조주의적 경향에 대한 급진적 대응을 형성하는 일련의 이론적 경향, 즉 포스트구조주의적 경향과 많은 것을 공유한다. 포스트구조주의적 경향은 고정되지 않는 정체성의 유동적 구성을 옹호하면서 지배적인 이데올로기에 의한 일방적 지배를 부정한다는 점에서 문화가 가지는 역동성을 강조한다. 이러한 문화의 역동성은 다양성diversity 또는 다원성plurality, 그리고 특이성singularity이라는 개념을 통해 적극적으로 개진되었다. 라클라우와 무프는 이러한 생각들을 수용하고 그것을 마르크스주의(그람시적 마르크스주의)와 결합시키려 시도한다.

포스트구조주의 및 포스트모더니즘과 더불어 포스트마르크스주는 마르크스주의 운동마저도 자유롭지 못했던 권위주의, 남성중심주의, 서구중심주의를 무너뜨리는데 커다란 역할을 했다. 하지만 이론적인 수준에서 현실을 짓누르고 있는 억압적 구조를 비판하는 데까지는 효과적이었지만 비판 이후 여전히 실재하는 억압적이고 착취적인 자본주의를 변화시키는 투쟁의 좌표를 설정하는 데에서는 약점을 가질 수밖에 없었다.[346] 라클라우와 무프, 특히 라클라우는 이러한 좌표 상실을 특수한 것을 보편화하는 헤게모니적 실천(또는 투쟁)이라는 개념으로 넘어서려 한다. 헤게모니적 실천을 통해 기존의 경직된 마르크주의를 현실에 개방하는 것, 이것이 라클라우가 '말한 것'

---

345 구조주의적 전통에 대해서는 Craib, I, *Modern Social Theory:From Parsons to Habermas*, 2nd Edtion. New York & London: Harvester Wheatsheaf, 1992, pp. 131~176을 보라. 보다 제세한 논의는 Sturrock, J, *Structuralism*, London: Paladin Grafton Books, 1986을 참고하라. 마르크스주의 전통 안에서 구조주의가 가지는 위치에 대해서는 Joseph, J, *Marxism and Social Theory*, London: Palgrave, 2006, pp. 69~82를 보라.

346 Sayer, Andrew, *Realism and Social Science*, London : Sage, 2000.

이다. 하지만 그가 포괄할 수 있었던 현실은 매우 제한된 것이었다. 실재 그 자체를 언급하는 것이 불러오는 독단론과 결정론을 피하기 위해 라클라우는 담론이라는 우회로를 선택했지만 자본주의를 변화시키는 사회적 투쟁에서 그의 우회로는 충분하지 않았다. 이것이 라클라우가 '말할 수 없는 것'이다.

이 글의 목적은 '말할 수 없는 것' 또는 '말하지 못한 것'을 보완할 수 있는 이론적 자원을 찾는 것이다. 이러한 작업은 그가 '말한 것'이 가지는 의미를 되살리기 위한 것이다. 한국에서 라클라우와 무프의 포스트마르크스주의는 마르크스를 버리고 자유주의로 후퇴하는 구실이 되었다. 이런 맥락에서 라클라우가 '말한 것'의 의미가 묻혀 버리고 잊혀졌다.[347] 라클라우와 무프가 다시 진지하게 검토되기는 했지만 이번에는 마르크스주의와는 분리된 매우 현학적인 지식인들 사이의 지적 유희에 동원되고 말았다.[348] 즉 라클라우를 현실을 설명하고 변혁하는 이론적 자원으로 생각하기 보다는 그 자체로 해석되어야 할 순전히 이론적 대상으로 간주했다는 것이다.

라클라우가 '말할 수 없는 것'은 그가 '말한 것'과 무관하게 보완될 수 없다. 이 글에서는 그가 슬라보이 지젝Slavoj Zizek의 비판에 대응하면서 적극적으로 사고하기 시작한 탈구dislocation개념에 주목할 것이다. 라클라우 자신이 만족스럽게 설명하고 있지는 못하지만 탈구 개념은 이데올로기 투쟁이

---

347 김정한, 「한국에서 포스트맑스주의의 수용 과정과 쟁점들」, 『민족문화연구』 57, 고려대학교 민족문화연구원, 2012.

348 라클라우와 무프를 논의한 모든 작업이 그렇다는 것은 아니다. 라클라우와 무프의 민주주의와 헤게모니 개념을 한국정치 분석에 적용하려 했던 이승원, 이승원, 「민주주의와 헤게모니: 현대 민주주의의 특징에 관한 이론적 재검토」, 『비교민주주의연구』, 4(1), 2008과 4월혁명 과정에서 잊힌 하위주체들을 복원시키려 했던 이승원, 「'하위주체'와 4월 혁명: '하위주체'의 참여형태를 통해 본 민주화에 대한 반성」, 『기억과 전망』, 20, 2009을 예로 들 수 있다. 라클라우와 무프의 그람시주의를 유물론적 관점에서 재구성하려는 정태석, 『시민사회의 다원적 적대들과 민주주의』, 서울: 후마니타스, 2007의 시도 또한 주목할 만하다.

실재하는 억압과 착취의 체험 또는 경험과 조우하는 계기로 사고될 수 있다. 로이 바스카Roy Bhaskar가 주창한 비판적 실재론은 라클라우의 탈구 개념을 보다 유물론적으로 해석하도록 하면서, 라클라우가 '말해야 하는 것'의 방향과 내용을 채워줄 수 있을 것이다. 루이 알튀세르의 사상은 이 두 사상가를 연결할 수 있는 다리로 제시될 것이다.[349]

2. 포스트마르크스주의의 담론이론

라클라우와 무프의 사상을 논의하기 위해서는 먼저 담론 개념을 설명해야 한다. 담론이 무엇을 의미하는지가 명확해져야, 담론적 실천으로서의 헤게모니적 실천이라는 포스트마르크스주의의 정치 전략이 온전히 이해될 수 있기 때문이다.

1) 담론적 실천과 정체성 구성

라클라우와 무프에게 담론이란 "그 안에 언어적인 것과 비언어적인 것을 포함하는 총체totality"를 의미한다.[350] 담론이론은 모든 '사회적 배열social configuration'이 의미를 가지며 그 의미는 사회적 관계 안에서 구성된다고 주

---

349 '유물론materialism' 또는 '유물론적materialistic'이라는 말은 매우 논쟁적이다. 이 글에서 이 문제에 대해서 깊이 논의할 수는 없다. 다만 이 글이 제시하는 유물론은 실재에 대한 서로 다른 인식을 배제하지 않는 '비환원론적' 실재론non-reductionistic realism을 의미한다는 점을 밝혀 둔다. 이에 대해서는 서영표, 「영국의 생태마르크스주의 논쟁: 테드 벤튼과 케이트 소퍼를 중심으로」, 『동향과 전망』77, 2009를 참고하라.

350 Laclau, Ernersto and Chantal Mouffe, "Post-Marxism without apologies", E. Laclau, *New Reflections on the Revolution of Our Tim*, London: Verso, 1990, p. 100.

장한다. 같은 물질적 대상이 서로 다른 맥락에서 전혀 다른 의미를 갖게 될 수 있다는 것이다. 따라서 특정한 대상은 "다른 대상들과 관계 맺는 체계"를 만들어내는 정도에 따라서만 누군가에게 의미 있는 대상이 될 수 있다. 그러한 관계는 "대상이 갖는 참조적 물질성referential materiality"에 의해서 주어지는 것이 아니라 사회적으로 구성되는 것이다. 라클라우와 무프는 이러한 "관계의 체계적인 집합"을 담론으로 간주한다.[351] 달리 표현하면 모든 사물은 '담론의 대상'으로 구성되는데 이는 대상이 '담론적 조건discursive condition' 외부에서는 어떤 의미도 갖지 않기 때문이다.[352] 더 중요한 것은 "비담론적인 복합적 제도, 기술 생산 조직"과 같은 대상의 의미는 오직 '담론적 접합discursive articulations'으로만 드러난다는 것이다.[353] 따라서 의미를 생산하는 담론적 구조는 인지적cognitive이거나 사색적인contemplative 실체가 아니라 사회적 관계를 통해 생산되고 재생산되는 '접합적 실천articulatory practice'으로 이해되어야만 한다.[354]

라클라우와 무프가 접합적 실천을 통한 사회관계의 구성을 강조하는 이유는 모든 담론적 구조가 물질적 특징material character을 갖는다는 점을 보여주기 위해서이다. 이러한 이해를 통해 그들은 정치적인 것the political에 '사회적인 것의 존재론ontology of the social'의 지위를 부여하는데, 이것이 의미하는 바는 사회는 오직 담론적 실천을 통해 생산되는 정치적으로 차이를 가지

---

351 Laclau, Ernersto and Chantal Mouffe, "Post-Marxism without apologies", E. Laclau, *New Reflections on the Revolution of Our Time*, London : Verso, 1990, pp. 100~101.

352 Laclau, Ernersto and Chantal Mouffe, *Hegemony and Socialist Strategy*, 2nd edition. London : Verso, 2001, p. 107〔194~195〕.

353 같은 책, p. 107, 109〔195~200〕.

354 같은 책, p. 96 또는 105〔176 또는 191〕.

는 정체성들 간의 관계로서만 존재한다는 것이다.[355] 이러한 점에서, 그들은 "이데올로기의 물질적 특성"을 강조하는데,[356] 이는 곧 모든 담론적 구조의 물질적 특성을 의미한다.[357]

　이러한 입장을 '약화된 유물론'이라고 명명해 보자. 라클라우와 무프는 실재와 인식을 대조할 수 있다는, 그래서 지식의 근거가 실재라는 '강한' 유물론을 거부한다. 실재가 있다는 것을 거부하지는 않지만 그것에 근거한 지식 주장은 쉽게 독단으로 빠질 수 있다고 경계한다. 이들에 따르면 우리는 오직 우리 인식의 결과로서의 재현representation의 체계 안에서 세상을 알게 될 뿐이다. 따라서 모든 '의미 있는 것'은 해석의 장 안에서 만들어지는 것이다. 더 중요한 것은 이러한 해석이 언제나 관계적이라는 점이다. 모든 사물과 대상은 이미 언제나 해석된 의미이며 이것은 다른 사물과 대상과의 관계를 통해서만 구성될 수 있기 때문이다. 결과적으로 사회 안에 안정된 의미는 존재할 수 없다. 관계는 언제나 고정되어 있지 않다는 것이다. 라클라우와 무프에게 이것이 우리가 인식할 수 있는 것의 전부이다.[358]

355　같은 책, p. xiv〔18〕.

356　같은 책, p. 67, 109〔134, 199~200〕.

357　같은 책, p. 108〔196~197〕.

358　이러한 주장이 라클라우를 흄이나 버클리의 주관적 경험론으로 해석하는 것은 아니다. 많은 경우 라클라우의 비판자들은 그가 사물 사이의 관계를 인식주체의 관념에 따라 담론적으로 상이하게 해석가능하다고 주장하고 있지만 역설적으로 그들의 한계가 '인식주체의 관념'을 담론적 관계/실천에 투영해서 담론적 관계/실천 자체를 관념으로 보는 것일 수도 있다. 하지만 라클라우는 유물론자들과 같이 독립된 실체를 상정하고 있는 것처럼 보인다. 비록 약화된 형태이지만, 문제는 우리가 그것을 어떻게 인식하는가에 있다. 라클라우가 받아들이지 못하는 것은 데카르트/칸트처럼 실체를 인식하는 표준화되고 보편적인 틀을 제시하는 것이다. 어쩌면 라클라우에게 물질세계는 상호작용하는 대상이자 담론적 실천/관계의 제한/한계일 수도 있다. 이러한 유물론과의 공통지반 위에 라클라우가 마저 말하지 못하는 것을 찾아가야 하는 것이다.

라클라우와 무프의 담론이론은 마르크스주의자들로부터 비판받을 수밖에 없었다. 특히 노먼 제라스Norman Geras는 그들의 담론이론을 관념론의 전형적인 형태라고 비판했다. 그의 비판은 대단히 익숙한 주장을 담고 있다. "전-담론적 실재pre-discursive reality와 이론을 넘어선 객관성"은 합리적 판단을 가능하게 하는 변하지 않는 기초로서 중요한 역할을 한다는 것이다. 의미 있는 의사소통이 가능하기 위해서는 전-담론적 실재라는 참조점이 필요하다는 것이다. 만약 이러한 인식의 근본적 토대를 부정한다면 남아 있는 것은 오직 상대주의와 관념론뿐이라는 것이 제라스 비판의 핵심을 이룬다.[359]

만약 제라스의 전-담론적 실재가 대상 그 자체를 의미한다면, 그리고 우리가 그것을 인식할 수 있다고 믿는다면 제라스의 주장은 소박한naive 실재론을 넘어서지 못하는 것이다. 사회 안의 대상은 언제나 문화적으로 다루어지기handled 때문이다.[360] 이런 맥락에서 만약 라클라우와 무프의 의도가 모든 의미를 고정된 실재로 환원하는 환원주의적 인식론으로부터 거리를 두려는 것이라면, 약화된 유물론으로서의 담론이론은 설득력을 가진다. 하지만 의미가 사회 안에서 유동하면서 구성되는 것이라는 점을 인정하더라도 그것이 구성되기 위해서는 한계 또는 경계가 필요하다. 라클라우와 무프가 비환원론인 입장으로부터 의미를 감싸고 경계 짓는 한계를 완전히 부정한다면, 제라스의 비판이 전혀 근거 없는 것은 아니게 되는 것이다. 참조점은 고정될 수 없지만 사회적 관계 또는 권력관계로 드러나면서 의미구성의 구조를 형성할 수 있는 것이다.[361]

359　Geras, N, "Post-Marxism.", *New Left Review* I 163, 1987, p. 67.

360　E. P. Thompson, *The Making of the English Working Class*, London, Penguin, 1991/1963을 보라.

361　정태석, 『시민사회의 다원적 적대들과 민주주의』, 후마니타스, 2007, 141~142쪽이 "사회적 비고정성, 담론적 접합의 우연성을 인정하더라도 전혀 무시할 수 없는 사회적 구성의 기반"에 대해 언급하고 있는 것도 이러한

물론 라클라우와 무프가 주장하는 것처럼 이러한 관계들은 완전히 고정될 수 없다. 사회적으로 구성되고 재구성되는 것이기 때문이다. 그럼에도 불구하고 이것은 역사적으로 그리고 사회적으로 한계 지어진 경계를 가질 수밖에 없다. 이런 점에서 우리는 공통의 문화, 이데올로기 또는 역사적으로 한정된 인식의 지평을 부인할 수 없는 것이다. 이 모든 것은 라클라우와 무프의 주장처럼 적대를 포함하며 적대는 상대적으로 고정된 사회적 관계 또는 권력관계 안에서 생산되고 재생산되는 것이다. 라클라우와 무프는 이러한 한계 또는 경계를 담론구성체로 보고 특수한 것을 보편화 하는, 불가능한 대상을 성취하려는 헤게모니투쟁들의 우연성이 창출하는 불안정하고 부분적인 고정으로 제시한다.

2) 헤게모니적 실천과 우연성

라클라우와 무프가 주장하는 담론이론을 이해하기 위해서는 우연성 contingency이 의미하는 바를 설명해야 한다. 라클라우와 무프는 다음과 같이 주장한다.

> "— 우리가 담론적 총체성은 단순하게 주어진 그리고 한계가 정해진 실정성positivity의 형태로는 결코 존재하지 않는다는 점을 받아들인다면, 관계적 논리는 우연성이 관통하는 불완전한 것일 것이다. '요소'들로부터 '계기'들로의 이행은 결코 완전하게 이루어질 수 없다."[362]

언뜻 보기에 이 인용문은 라클라우와 무프가 그 어떤 경계도 인정하지 않는다는 의심을 확인시켜 주는 것처럼 보인다. 이러한 의심를 넘어서는 그들

이유에서이다.

[362] 인용문은 이승원의 국역본을 따랐다. Laclau, Ernersto and Chantal Mouffe, *Hegemony and Socialist Strategy*, 2nd edition. London: Verso, 2001, p. 110[202].

의 방법은 매우 세련된 모습을 보인다. 그들의 주장에 따르면 "필연성은 우연성의 영역에 대한 부분적인 제한으로서만 존재할 뿐이다."[363] 한편에서 이러한 주장은 필연성은 그것을 필연적이라고 믿게 하는 담론성 안에서만 필연적이라는 것으로 해석될 수 있다. 필연성은 사람들이 담론의 영역 안에서 무언가를 지속적이고 기초적이라고 믿는 것일 수밖에 없는 것이다. 그렇다면 그러한 담론의 장이 흔들릴 때 그것은 필연적이지 않은 것이 되게 된다. 이런 해석에 따르면 라클라우에게 사회과학에서의 필연성이란 존재하지 않는다.

하지만 이러한 해석은 뒤에서 다루게 될 유물론적 재해석을 어렵게 하는 장애물일 수 있다. 우연은 필연성이 드러나는 현상 형태이며, 비록 인간의 지식이 그것을 완벽하게 파악할 수 없지만 필연은 법칙에 따른다는 입장으로 이동할 필요가 있다. 이러한 입장은 우연적 필연contingent necessity이라는 개념을 옹호한다. 즉 필연성을 우연성의 제한으로 보는 것은 모든 우연성을 필연성의 발현으로 보되 필연성을 언제나 우연적 과정의 연속이 가져오는 효과로 파악하는 것이다. 우주의 모든 현상은 우연적이다. 태양계가 형성되는 과정에서 지구가 생물체가 살 수 있는 구역에 위치하고 달의 형성에 따라 축이 안정된 것은 우연적이었다. 하지만 그것은 중력법칙이라는 필연이 드러난 것에 다름 아니다. 필연성의 방향은 우연적 과정과 사건들에 열려 있는 것이다.[364]

사회에도 같은 논리를 적용할 수 있다. 사회 안에서 발생하는 모든 사건은 우연적이다. 하지만 우발적 사건들은 특정한 시기 동안 존재하는 사회적 구조의 효과(필연성)가 드러나는 양상이다.[365] 그리고 사건들은 사회의 인과

---

363   같은 책, p. 111〔203〕.

364   우연적 필연성에 대해서는 Jessop, B, *State Power: A Strategic-Relational Approach*, Cambridge: Polity Press, 2008, pp. 225~233을 참고하라.

365   여러 가지 이론적 근거를 제시한다고 해도 '필연성'은 언제나 위험한 개념이

적 힘을 끊임없이 변화시킨다. 우리는 제한된 담론 영역에서의 헤게모니적 기획을 넘어서는 예측을 시도할 수 있어야 한다. 그것은 과학적 실천에 의한 필연성의 파악이다. 하지만 그 필연성은 언제나 예측하기 어려운 여러 가지 변수, 다양한 사건들에 의해 교란될 수밖에 없다.[366]

라클라우와 무프에게 지속적이고 기초적인 필연성은 존재하지 않는다. 이를 통해 그들은 '어떤 경계도 인정하지 않는 것'이 아니라 아무 의심 없이 당연한 것으로 받아들여지는 한계 설정을 문제 삼은 것이라고 할 수 있다. 하지만 이러한 개방적 태도가, 비록 한시적이고 제한된 것이지만, 필연성을 찾으려는 노력을 기각하는 것으로 귀결되어서는 안 된다.

라클라우와 무프는 우연성에 대한 주장을 정체성 구성으로 확장시킨다. '정체성의 장field of identities'은 완전히 고정될 수 없으며, 따라서 "과잉결정의 장"이라는 것이다. 즉 정체성의 구성은 '담론성의 장field of discursivity'에서만 가능한 것이다.[367] 의미와 정체성에 관한 이와 같은 주장을 이해하기 위해서는 필연의 의미를 조금 더 자세하게 살펴봐야 한다. 다시 한 번 그들의 목소리를 직접 들어보자.

다. 하지만 인간은 언제나 자신이 어쩔 수 없는 구조적 조건에 의해 영향 받으며, 그것을 이해하고 설명하려고 시도한다는 점은 분명하다. 구조의 효과를 필연성으로 규정한다는 것은 그것을 인간의 힘이 미치지 못하는 불변하는 것으로 인정하는 것이 아니라 이해와 설명, 그리고 개입의 대상으로 인정한다는 것이다. 따라서 필연성은 언제나 '경향'으로만 인식된다. 더 깊은 논의가 요구되는 주제다.

366 뒤에서 다시 언급하겠지만 완벽한 예측 즉 법칙의 발견을 통한 예측은 불가능하다. 하지만 경험주자들이 신봉하고 있는 법칙적 설명에 대한 비판이 곧 예측의 '시도'를 포기하는 것을 의미하지는 않는다. 예측의 시도들은 지속적으로 지식을 확장해 가는 실천의 형식일 뿐이다.

367 이승원은 field를 영역으로 번역했으나 힘이 작동하는 '장場'이 더 적합해 보인다. 인용문은 이승원의 국역본을 따랐다. Laclau, Ernersto and Chantal Mouffe, *Hegemony and Socialist Strategy*, 2nd edition. London: Verso, 2001, p. 111[203].

"의미를 궁극적으로 고정하는 것이 불가능하다는 것은 〔의미를〕 부분적으로 고정하는 작업이 있어야 한다는 것을 함의한다 — 그렇지 않다면, 차이들의 흐름은 불가능할 것이다. 심지어 의미들 간의 차이를 만들어 내고 전복하기 위해서라도, 하나의 의미가 존재해야 한다. 만일 사회적인 것이 그 자신을 명료하고 제도화된 사회 형태들 속에 고정시킬 수 없다면, 사회적인 것은 그런 불가능한 대상을 구축하려는 노력으로서만 존재할 뿐이다. 모든 담론은 담론성의 영역〔장, 인용자〕을 지배하기 위한 시도, 즉 차이들의 흐름을 억제하고, 중심을 구축하기 위한 시도로서 구성된다. 우리는 이렇게 의미를 부분적으로 고정하는 특권적인 담론 지점들을 결절점〔nodal point, 인용자〕이라고 부를 것이다."[368]

불가능한 대상impossible object에 대해 살펴볼 필요가 있다. 라클라우와 무프에게는 그 누구도 구조적으로, 그리고 외적으로 주어진 정체성을 가질 수 없다. 정체성은 담론적인 것the discursive 안에서 타자와의 관계를 통해서만 구성된다. 이러한 기제에서 특정한 대상은 정체성이 형성되는 과정을 통해서만 의미를 획득하는데, 정체성이란 의미의 해석자interpreter로서의 주체 위치subject position이기 때문이다. 동시에 의미는 의미에 의해 매개되는 담론적 실천과 관계되어 정체성을 구성한다. 따라서 정체성이 영속적으로 고정되는 것은 불가능하다. 정체성은 의미들 사이의 불안정한 접합을 통해서만 구성되는 것이다. 역설적으로, 의미의 불안정성은 완전히 고정된 정체성을 의미하는 안정된 주체 위치가 부재한다는 사실로부터 생겨난다. 그럼에도 불구하고 모든 사람은 정체성을 가지며 모든 사물은 의미를 가진다. 비록 각각의 의미와 정체성은 비고정된 방식으로 서로에게 영향을 미치지만 그렇다는 것이다. 따라서 라클라우와 무프의 관점에서는 정체성과 의미는 긍정적인positive 방식으로 존재하지 않으며, 오히려 언제나 '불가능한 대상'을 구성하려는 시도의 결과일 뿐이다. 이러한 시도가 바로 담론적 실천인 것이다. 따

368 　같은 책, p. 112〔205〕.

라서 필연성은 오직 부분적으로 고정된 정체성과 의미를 구성하려는 시도들이 생겨나는 담론적 장의 한계limitation를 의미한다.[369]

라클라우와 무프의 정체성 구성 문제를 '집합적 정체성'으로까지 확장시켜 보자. 여기서 관건이 되는 개념이 '접합articulation'이다. 그들은 다음과 같이 주장한다.

> "― 접합의 실천은 의미를 부분적으로 고정하는 결절점의 구축으로 구성된다. 이런 고정화의 부분적 성격은 사회적인 것의 개방성에서 비롯되며, 이는 결국 담론성 영역〔장〕의 무한성에 의해 모든 담론이 끊임없이 범람한 결과이다."[370]

모든 구성과정이 필연성의 법칙에 따르는 것이 아니기 때문에 집합적 정체성을 구성하려는 실천들은 여러 요소들을 임의적이고 우연적으로 선택해서 결합시키는 접합적 실천일 수밖에 없다. 따라서 이 접합적 실천은 완전한 구성을 시도함에도 불구하고 '부분적으로' 고정된 경계 내에서 이뤄질 수밖에 없다. 라클라우와 무프에게 이 부분적으로 고정된 경계를 구성하는 중심이 바로 '결절점'이다. 이 결절점은 접합적 실천의 중심이자 한계이다. 그러나 접합적 실천을 통해 결절점을 중심으로 이뤄지는 이 부분적 고정성은 그 경계선 밖의 타자들로 인해 불안정하게 된다. 물론 모든 구성과정이 필연적이고 따라서 무엇인가를 임의로 선택해야 하는 접합적 실천이라는 정치적 작업이 필요 없다면 경계선도, 타자도, 결절점도, 어떤 불안정성도 존재하지

369　라클라우와 무프에게 정체성과 의미는 '긍정적인' 방식으로 존재하지 않는다고 했다. 하지만 '불가능한 대상'을 '가능한 주체위치/정체성'으로 구성하려는 시도를 적극적인 정치적 행위로 본다면 정체성은 언제나 긍정적인 방식으로 존재한다고도 할 수 있다. 이 글의 맥락에서는 긍정적이지 않는 방식으로 존재한다고 이야기하는 것이 타당할 것이다.

370　같은 책, p. 113〔207〕.

않을 것이다. 그러나 라클라우와 무프는 구성과정의 우연성을 강조하면서 접합적 실천 즉 정치의 자율성이 가능한 영역을 제시하게 된다. 이것은 위에서 언급한 모든 경계들은 불안정하며, 유지 또는 해체를 위한 실천이 필요하다는 것을 의미한다. 이것은 라클라우와 무프가 '헤게모니적 실천'이라고 부른 일종의 언어게임이다.

여기서 우리는 하나의 질문을 제기해야 한다. 왜 우리는 우리의 정체성 또는 집합적 정체성을 타자와의 관계를 통해 구성할 수밖에 없는가? 왜 우리는 결절점을 성취하려 하는가? 이 질문과 관련해서 적대antagonism의 개념이 중요하다. 라클라우와 무프의 주된 관심은 모순contradiction을 적대와 구분하는 것에 있다. 그들에게 모순의 개념은 '실재하는 대립real opposition'을 전제하기 때문에 부적절한 개념이다. 실재하는 대립은 이미 고정된 '완전한 정체성full identities'인 것이다. 모순의 경우 "A는 완전한 A이며 이것과 B의 관계는 객관적으로 결정 가능한determinable 효과를 가진다.[371] 이와 달리 적대의 경우는:

> "— '대문자 타자'의 현존이 내가 총체적으로 내가 되는 것을 가로막는다. 이 관계는 완전한 총체성들에서 발생하는 것이 아니라, 총체성들의 구성 불가능성에서 발생한다. 대문자 타자의 현존은 논리적 불가능성이 아니다. 즉, 그것은 존재하며, 따라서 그것은 모순이 아니다."[372]

---

371 Laclau, Ernersto and Chantal Mouffe, *Hegemony and Socialist Strategy*, 2nd edition. London : Verso, 2001, pp. 122~124[222~227] ; Laclau, Ernersto and Chantal Mouffe, "Post-Marxism without apologies", E. Laclau, *New Reflections on the Revolution of Our Time.*, London : Verso, 1990, pp. 6~8.

372 라클라우와 무프의 적대개념은 지젝의 비판(Zizek. S, "Beyond Dicourse-Analysis", in E. Laclau, *New Reflections on the Revolution of Our Time.* London : Verso, 1990) 이후 라클라우에 의해서 수정된다. 이 글의 후반부에서 이러한 수정을 라클라우에 대한 유물론적 해석의 근거로 다시 논의할 것이다. 라클라우의 자기비판과 수정에 대해서는 김정한, 「알튀세르와 포스트

적대의 개념을 통해 라클라우와 무프는 특정한 구조 안의 객관적 위치로부터 곧바로 도출되는 주체성 개념을 기각한다. 예를 들어 자본주의 사회에서 착취에 반대하여 노동자를 저항하게 하는 갈등은 자본주의적 생산관계로부터 직접적으로 생겨나는 것이 아니라, "생산 관계와 그것 바깥의 노동자 정체성" 사이의 상호관계로부터 생겨나는 것이다.[373] 정체성은 구조적 위치로부터 곧바로 구성되는 것이 아니라 언제나 "우연적인 권력 관계들"에 의해서 생산되는 "항상적인 외부"에서 구성되는 것이다.[374]

적대 개념에 기초해서 라클라우와 무프는 헤게모니적 실천을 접합적 실천으로 이론화한다. "'요소elements'로부터 '계기moment'로의 이행"은 완전히 성취될 수 없으며 언제나 모든 체계는 의미의 잉여를 보유한 부분적 한계로 구성된다. 라클라우와 무프는 바로 이런 의미의 잉여와 부분적 한계의 끊임없는 유동성 혹은 의미의 잉여에 의한 부분적 한계의 지속적인 전복을 강조한다.[375]

요약하자면 라클라우와 무프의 담론이론은 의미와 정체성, 특히 정치적 정체성의 구성에 집중하고 있다. 그들이 제공하는 이론적 자원은 특정한 정세 속에서 지배적인 헤게모니가 구성되는 과정을 분석할 수 있게 하면서 이에 대한 대항헤게모니에 대해서도 사고할 수 있도록 한다. 그들이 의도한 바대로 포스트마르크스주의적 담론분석은 다양한 사회운동들 사이의 연대가 구성되는 원리를 제시한 것이다. 특정한 개인은 여러 가지 정체성을 가진다. 즉 스스로를 다양한 주체로 인식한다. 대학원 학생, 녹색당 당원, 레스토랑

맑스주의: 라클라우와 지젝의 논쟁」, 진태원 엮음, 『알튀세르 효과』, 서울: 그린비, 2011을 참고하라. Laclau, Ernersto and Chantal Mouffe, *Hegemony and Socialist Strategy*, 2nd edition. London: Verso, 2001, p. 125[227].

373 Laclau, E, "New Reflections on the Revolution of Our Time", in E. Laclau, *New Reflections on the Revolution of Our Time*. London: Verso, 1990, p. 9.

374 같은 글, p. 10.

375 Laclau, Ernersto and Chantal Mouffe, *Hegemony and Socialist Strategy*, 2nd edition. London: Verso, 2001, p. 110~111[202].

의 파트타임 노동자, 블루칼라 노동자의 아들, 남편, 아버지 등등. 이 모든 위치는 관계적이며 불안정하다. 각각의 위치는 나의 정체성이 형성되는 과정에서 다른 위치에 영향을 미치기 때문이다. 더욱 중요한 점은 각각의 위치는 항상 타자들의 정체성과의 상호작용을 통해 구성된다는 것이다. 때때로 나의 남성우월주의적인 남편으로서의 정체성은 남녀평등을 요청하는 녹색원의 정체성과 충돌한다. 그 과정에서 나의 정체성은 나의 파트너와 당내의 페미니스트들과의 상호작용의 효과 아래서 움직인다. 라클라우와 무프의 표현을 빌자면 나의 남성으로서의 정체성은 파트너·페미니스트의 관계에 의해 '위협' 받는다. 나의 정체성을 위협하는 타자들 모두 관계적인 방식으로 다중적인 위치와 그로부터 생겨나는 다중적인 정체성을 가질 것이다. 무수히 많은 특수한 상황에서, 우리 모두는 정체성의 변화를 경험한다. 하지만 우리 모두는 언제나 부분적으로 고정된 정체성을 가진다.

라클라우와 무프는 이러한 생각을 정교한 정치이론으로 발전시킨다. 제라스처럼 '정통'마르크스주의자들이 그들을 비판하고 있지만 라클라우와 무프가 발전시킨 담론적 정치이론을 무시한다면 좌파의 정치 전략은 실패할 수밖에 없다. 그 누구도 항상적인 객관적 위치를 통해 스스로의 정체성을 경험하지 않는다. 따라서 그러한 전제에 기초한 정치 전략은 무의미하다. 하지만 라클라우와 무프가 주장하는 담론이론 또한 약점을 가진다. 그가 '말하지 않은 것'을 드러내고 비판적으로 평가해야만 하는 이유이다. 루이 알튀세르는 그러한 평가 작업을 위한 준거점을 제시해 줄 수 있다.

3. 알튀세르의 마르크스주의와 포스트마르크스주의

알튀세르의 사회이론은 포스트마르크스주의의 토대를 놓은 동시에 라클라우와 무프의 이론이 극단적인 사회구성주의로 흐르는 것을 막아주고 그들 이론의 합리적 핵심을 수용할 수 있게 해 줄 수 있다. 즉 알튀세르는 구조적 분석을 포기하지 않으면서도 결정론determinism과 본질주의essentialism를 넘어설 수 있는 단초를 마련했다고 할 수 있다. 알튀세르 이후의 비판사회이론은 언제나 구조적 분석과 비결정론적 접근 사이의 긴장 속에 있었다. 알튀세르는 이 두 가지 길을 화해시킬 수 있는 이론적 자원을 갖고 있었다. 이와 비교한다면 라클라우와 무프는, 정치적 주체구성 과정을 정교하게 이론화한 기여에도 불구하고, 이러한 문제와 대결하는 대신 "담론적인 것의 물질성"이라는 주장을 통해 회피했다고 할 수 있다.[376]

1) 과잉결정과 상대적 자율성

알튀세르의 사회구조에 대한 가장 중요한 개념은 과잉결정 된 모순을 통한 접합된 사회구성체이다. "복잡한 전체는 지배 안에서 접합된 구조의 통합이다."[377] 그에게 모순은 본질 또는 기원을 포함하지 않으며 언제나 서로 다른 하위구조들 사이의 접합을 통한 구조적 효과일 뿐이다. 심지어 자본-노동 사이의 모순조차 단순하지 않으며 언제나 "역사적으로 구체적인 형식과 그것이 발휘되는 상황"에 의해 특정화된다.[378] 이런 점에서 알튀세르의 모순 개념은 라클라우와 무프의 적대개념과 유사하다.

과잉결정 개념은 상대적 자율성 개념과 밀접하게 연관되어 있다. 알튀세

---

376   같은 책, p. 108〔197〕.

377   Althusser, Louis, *For Marx*, London : NLB, 1977/ 1965, p. 202.

378   같은 책, p. 106.

르의 과잉결정된 사회구조는 다양한 하위구조들을 포함하며 이러한 하위구조들은 비록 구조적 효과에 의해 영향을 받을 지라도(인과성) 각각의 논리와 역사를 가지기 때문이다. 전체적 구조 안의 각각의 하위구조(심급 또는 수준)는 접합되어 나타나며 이러한 접합은 그 전체 구조를 복잡한 전체complex whole로 생산하고 재생산한다. 결론적으로 각각의 심급 또는 수준은 상대적 자율성을 가진다. 알튀세르는 마르크스주의적 전체whole를 다음과 같이 정의한다.

> "서로 구별되며 '상대적으로 자율적'이며, 복잡한 구조적 통합 안에서 공존하는, 특정한specific 결정들에 따라 서로 서로 접합되는, 마지막 심급에서 경제의 수준 또는 심급에 의해 고정되는fixed 수준 또는 심급으로 불릴 수 있는 것들을 포함하는 구조화된 전체의 통합."[379]

상대적 자율성 개념은 마르크스주의로 하여금 생산 또는 경제의 우위성이라는 생각을 포기하지 않으면서 지식의 독립된 대상으로서의 다양한 장fields에 접근할 수 있도록 한다. 경제적 심급 뿐만 아니라 이데올로기적 심급과 정치적 심급 또한 각각 상대적으로 자율적인 분석의 대상이 된다. 그리고 각 심급은 실재하는 구조 안에서 (재)생산되며, 과학은 각각의 심급을 실재하는 대상으로 탐색한다. 단 실재하는 대상에 접근하는 과학적 실천은 지식의 대상에 의해 매개된다. 그리고 각 심급은 구조적 효과성에 의해 다른 심급들에 의해 영향 받는다.

라클라우와 무프의 주장에서 담론 구성체는 상대적으로 자율적인 분석의 대상이 될 수 있다. 하지만 그들이 알튀세르가 주장하고 있는 구조적 인과성, 복합적 전체 내부에서의 다양한 심급들 간의 상호결정을 기각할 때 관념론과 상대주의로 경도될 위험에 처한다. 여기서 알튀세르와 포스트마르크스

---

[379] Althusser, Louis and Etienne Balibar, *Reading Capital*, London: Verso, 1979/1965, p. 97.

주의 간의 결정적인 경계는 '구조적 인과성'과 '최종심급에서의 경제의 결정'에 대한 수용여부로 드러난다.

과잉결정 된 모순을 전제한 "최종심급에서의 결정"은 경제적 심급이 언제나 지배적 모순을 내포한다는 것을 의미하지 않는다. 알튀세르는 "경제적 변증법은 결코 순수한 상태로 작동하지 않는다"고 말한다.[380] 따라서 경제적 심급은 오직 효과effects로 나타날 뿐이다. 그는 "경제에 의한 최종심급에서의 결정은 경제, 정치, 이론 등의 배열permutations 안에서만 발휘된다"고 지적하고 있다.[381] 알튀세르는 이점을 잘 알려진 대로 "'최종심급'의 고독한 시간은 영원히 도래하지 않는다"고 문학적으로 표현하고 있다.[382]

라클라우와 무프는 알튀세르의 과잉결정 개념이 사회적인 것the social 그 자체를 상징적 질서symbolic order 안에서 구성할 수 있게 한다고 주장한다. 이것이 의미하는 바는 사회적 관계는 "내재적 법칙의 필연적인 계기로 환원하는 궁극적인 문자성literality"을 결여하고 있다는 것이다. 그들에게 알튀세르의 분석은 "새로운 접합의 개념을 정교화 할 수 있는 가능성"을 열어 준 것인데, 이것은 "사회적 관계의 과잉결정 된 성격에서 기인하는 것"이다. 그러나 이러한 긍정적인 측면은 알튀세르 사상의 또 다른 측면과 공존하기 어려워 보인다는 것이 그들의 판단이다. 경제에 의한 최종심급에서의 결정이 바로 그것이다.[383] 라클라우와 무프에게 후자의 측면은 본질주의의 징표인 것이다. 알튀세르에게 경제는 "추상적인 보편적 대상"이기 때문이다. 그들은 다음과 같이 주장한다.

---

380   Althusser, Louis, *For Marx*, London: NLB, 1977/1965, p. 113.

381   같은 책, p. 213.

382   같은 책, p. 111.

383   Laclau, Ernersto and Chantal Mouffe, *Hegemony and Socialist Strategy*, 2nd edition. London: Verso, 2001, p. 98[179~180].

"만약 경제가 모든 유형의 사회를 최종 심급에서 결정할 수 있는 객체라면, 이것이 의미하는 바는 적어도 최종 심급과 관련해서 우리가 마주치는 것은 단순 결정이지 과잉 결정은 아니라는 점이다. 만일 사회가 자신의 운동 법칙을 결정하는 최종심급을 갖는다면, 과잉 결정된 심급들과 최종 심급 사이의 관계는 최종 심급에 의한 단순하고 일방적인 결정으로 이해되어야 한다."[384]

마지막 심급은 사회적 관계를 비본질주의적으로 이론화할 수 있는 과잉결정 개념을 폐쇄된 구조closed structure에 가두어 버렸다는 것이 라클라우와 무프의 생각이다. 이러한 라클라우와 무프의 알튀세르 비판은 정당해 보이지 않는다. 첫째로, 구조적 효과와 최종심급을 주장한다는 이유만으로 알튀세르의 과잉결정 된 사회구성체 개념을 본질주의로 비판하는 것은 과잉된 해석이다. 라클라우와 무프가 자신들의 주장이 "완전하게 구성된 사회적인 것의 영역들 사이의 상호작용 또는 결정이 아니라 정치적, 경제적, 이데올로기적 요소들이 그들 스스로를 분리된 대상으로 구성하지 않으면서 미늘달림 imbrication의 불완전한 관계로 맺게 되는, 관계적으로 출현하는 부분적 정체성의 장"에 관한 것이라고 언급할 때[385], 그들의 설명은 알튀세르의 그것과 큰 차이를 보이지 않는다. 경제의 수준은 다른 심급들이 없다면 아무런 의미가 없다. 이것이 과잉결정의 원리인 것이다. 라클라우와 무프의 비판에도 불구하고 알튀세르의 이론적 입장은 "모든 정체성의 불안정하고 관계적인 성격"과 "합리적으로 통합된 총체로서의 사회의 불가능성"[386]과 충분히 공존 가

---

384 같은 책, p. 99〔181〕.

385 Laclau, Ernersto and Chantal Mouffe, "Post-Marxism without apologies", E. Laclau, *New Reflections on the Revolution of Our Time*, London: Verso, 1990, p. 24.

386 Laclau, Ernersto and Chantal Mouffe, *Hegemony and Socialist Strategy*, 2nd edition, London: Verso, 2001, p. 99〔182〕.

능한 것이다. 알튀세르는 "무조건적으로 분리된 정체성"[387]을 미리 전제하지 않았다는 것이다.

최종심급에서의 결정이라는 메타포로부터 거리를 두기 위해 라클라우와 무프는 그들이 알아차리지 못한 이론적 딜레마로 미끄러져 들어간다. 그 어떤 준거점도 가지지 않는 담론적 실천을 강조함에도 불구하고 그들은 사회적인 것의 한계the limit of the social를 언급할 수밖에 없었다는 것이다.[388] 그들에게 사회적인 것은 '불가능한 대상'을 성취하려는 시도에 의해 구성된다. 이것은 완전하게 고정된 위치를 가지지 않는 담론적 실천에 의해서만 가능하다. 그러나 라클라우와 무프는 의미와 정체성이 사회적이고 역사적인 지평에 의해 어느 정도 한계지어진다는 사실을 인정하지 않고는 더 이상 전진할 수 없었다. 이것이 "사회적인 것의 한계"이다. 그들은 의미와 정체성은 완전히 고정될 수 없다고, 따라서 언제나 '구성적 외부'가 있을 수밖에 없다고 주장함으로써 자신들의 입장을 방어할 수 있었다. 하지만 이러한 자기방어는 비판에 직면할 수밖에 없다. '구성적 외부'조차도 '사회적인 것의 한계'에 의해 제한되어지기 때문이다. 예를 들어 라클라우가 "노동자와 자본가 사이의 적대는 생산관계와 그것에 외재하는 정체성 사이에서 만들어진다"고 언급할 때,[389] '사이between'는 한계limits를 내포해야만 한다. 담론성만으로 생산관계를 생각하는 것은 불가능하다.

라클라우와 무프에게 정체성의 한계와 정체성에 외재하는 어떤 것은 잔여적 범주처럼 보인다. "성찰적 근대화"에 대해 언급할 때,[390] 그리고 신보수

---

387 Laclau, Ernersto and Chantal Mouffe, "Post-Marxism without apologies", E. Laclau, *New Reflections on the Revolution of Our Time*, London: Verso, 1990, p. 24.

388 같은 책, p. 24.

389 같은 책, p. 25.

390 Laclau, Ernersto and Chantal Mouffe, *Hegemony and Socialist Strategy*, 2nd

주의에 의해 시작된 "종속의 새로운 형식"에 저항하는 "새로운 투쟁"에 대해 논의할 때,[391] 그들은 "순수히 담론적으로 구성된 정체성"과 자본주의적 동학 사이에서 진동하고 있는 것이다. 그들 스스로 필연적으로 "집합적 이매지너리의 새로운 형식"을 만들어 내는 "급진적 불안정성과 사회적 정체성의 위협"은 "자본주의의 팽창"이라고 말하고 있다.[392] 그들은 한편으로 '최종심급'을 상정한다는 이유로 알튀세르를 비판하면서 다른 한편으로 최종심급을 뒷문으로 다시 들여오고 있는 것이다.

알튀세르의 경제적 심급이 항상 복잡한 전체의 효과성effectivity 아래에 있는데 반해, 라클라우와 무프는 그들의 이론적 프레임 안에서 경제적 동학을 논의할 여지를 갖지 못하게 되면서 암시적으로만, 하지만 매우 직접적인 형태로 다시 들여올 수밖에 없었다. 즉 그들은 "담론 외적인 물질적 조건의 효과를 한계 짓는 필연성"을 거부하며,[393] 그에 따라 심각한 이론적 딜레마에 직면하게 되는 것이다. 무젤리스는 이러한 딜레마를 정확히 지적하고 있다. 그에 따르면 라클라우와 무프는 "제도적 분석"을 담론적인 것으로 대체하고 있는 것이다.[394] 이 딜레마는 다중 정체성의 설명과 관련하여 더욱 확장된다.

---

edition. London: Verso, 2001, p. x v [19].

391 같은 책, pp. 159~171[274~294].

392 Laclau, Ernersto and Chantal Mouffe, "Post-Marxism without apologies", E. Laclau, *New Reflections on the Revolution of Our Time*, London: Verso, 1990, p. 127.

393 Howarth, D, *Discourse*, Buckingham: Open University Press, 2000, p. 118.

394 Mouzelis, N, "Marxism or Post-Marxism?", *New Left Review* I, 167, 1988, p. 113.

2) 다중 정체성과 이데올로기의 물질성

과잉결정개념에 기초해서 정체성 구성에 관한 두 가지 중요한 생각을 이끌어 낼 수 있다. 하나는 다중정체성multi-identity이며 다른 하나는 실재적인 것으로서의 이데올로기의 이론화이다. 첫째로 다중정체성 개념은 알튀세르의 사회 이론으로부터 도출될 수 있다. 발리바르에 따르면,[395] "우리는 각각 상대적으로 자율적인 실천이 그것에 고유한 역사적 개인성individuality의 형식을 만들어낸다고 말할 수 있다".

> "— 각각의 실천과 그러한 실천의 변형에서 그것들은 결합된 구조들의 토대 위에서 정의될 수 있는 개인성의 서로 다른 형식이다. — 사회구조 안에는 서로 다른 정치적, 경제적, 이데올로기적 개인성의 형식들, 동일한 개인들에 의해 지탱될 수 없는 형식들, 그리고 각각이 그 스스로의 상대적으로 자율적인 역사를 가지는 형식들이 존재한다."[396]

알튀세르주의는 주체성 또는 정체성을 고정된 사회 구조 안의 항상적인 위치로 환원하지 않는다. 여기서 알튀세르와 포스트마르크스주의가 서로 만난다. 양자는 정체성에 대한 비환원론적 설명에서 조우하게 된다. 하지만 포스트마르크스주의가 너무 많이 상대주의로 치우친 지점에 알튀세르의 이데올로기론을 재도입할 필요가 있다. 알튀세르에게 이데올로기는 허위적 관념이 아니라 실재하는 것이다. 이데올로기는 언제나 그것의 물질적 토대를 가지며 구체적 장치apparatuses 안에서 재생산된다.[397] 또한 주체의 범주는 모든 이데올로기가 구체적인 개인을 주체로 구성하는 기능을 가지는 한 이데올로

---

395 Althusser, Louis and Etienne Balibar, *Reading Capital*, London: Verso, 1979/1965, p. 252.

396 같은 책, p. 252.

397 Althusser, L, "Lenin and Philosophy", *New York: Monthly Review*, 1971, p. 166.

기에 의해 구성된다.[398] "이데올로기는 주어진 사회 안에서 역사적인 실존과 역할을 가진 표상(이미지, 신화, 관념 또는 개념)의 (스스로의 논리와 엄격성을 가진) 체계system인 것이다.[399] 사람들은 이데올로기 속에서, 이데올로기에 의해서, 그리고 이데올로기를 통해서 행위 하는 것이다.

> "사람들은 세계에서 그리고 역사에서의 위치를 알게 되는데 사람들이 그들과 세계 사이의 체험된lived 관계를 변형하고, '의식'이라 불리는 특정한 무의식의 새로운 형식을 획득하는데 성공하는 것은 바로 이데올로기적 무의식을 통해서이다."[400]

알튀세르에게 인간의 주체성은 이데올로기를 통해 구성되며, 이데올로기는 물질적 토대 즉 실재를 가진다. 그리고 이데올로기와 주체성은 모두 근본적으로 역사성에 의해 한계 지어진다. 라클라우와 무프의 정체성 또는 주체성에 관한 주장은 알튀세르의 그것과 그리 먼 위치에 있지 않아 보인다. 그들은 다음과 같이 말한다.

> "적대는 자본주의적 생산에 내재적이지 않고 오히려 생산관계와 그것에 외재하는 어떤 것 사이에서 만들어진다. 예를 들어 임금이 일정 수준 이하로 내려가면 노동자는 인간다운 삶을 살 수 없고, 그(녀)의 아이들을 학교에 보낼 수 없으며, 재충전을 위한 수단에 접근할 수 없다. 따라서 적대의 유형과 강도는 대부분 사회적 행위자 생산관계 바깥에서 구성되는 방법에 달려 있다."[401]

---

398 같은 글, p. 171.

399 Althusser, Louis, *For Marx*, London : NLB, 1977/ 1965, p. 231.

400 같은 책, p. 233.

401 Laclau, Ernesto, "New Reflections on the Revolution of Our Time", E. Laclau, *New Reflections on the Revolution of Our Time*, London : Verso, 1990, p. 126; Laclau, Ernersto and Chantal Mouffe, *Hegemony and*

노동자와 자본가 사이의 적대는 자본가에 의한 잉여가치 착취로부터 생겨나지만 이러한 적대를 노동력의 판매자라는 경제적 범주로부터 직접적으로 도출할 수는 없다는 것이다. 생산관계 외부의 사회적 관계로부터 경험되는 다양한 정체성이 중요한 것이다. 알튀세르에게도 자본주의적 모순은 자본주의적 생산관계로부터 직접 드러나지 않는다. 그것은 이데올로기적이고 정치적 과정을 통해 매개된다.

그러나 이 두 입장 사이에는 중대한 차이가 있다. "구조적 위치"를 수용하느냐 않는냐의 차이가 그것이다. 이러한 차이는 다중정체성을 설명하는 방법과 관련된다. 알튀세르는 구조적 위치와 주체 위치 사이의 변증법을 제시하는 반면, 라클라우와 무프는 오직 다중적인 주체 위치만을 강조한다.

이들 사이의 차이에 대한 논의를 발전시키기 위해서 발리바르의 생각을 살펴볼 필요가 있다. 앞에서 인용된 바대로 발리바르는 개인성은 정치적, 경제적, 이데올로기적 과정을 통해 구성된다고 주장한다. 그리고 각각의 과정은 나름대로의 역사와 논리를 가진다. 그러나 각각은 복잡한 사회 구조에 의해 한계지어진다. 이러한 한계는 각각의 논리와 역사가 오직 "상대적으로"만 자율적이라는 것을 의미한다. 발리바르의 주장은 특정한 사회는 다양한 심급을 포함하고 모든 심급들은 서로 다른 구조적 위치를 함축한다는 의미로 해석할 수 있다. 경제적 심급의 계급위치, 정치적 심급의 다양한 정치적 위치, 이데올로기적 심급의 문화적 또는 이데올로기적 위치(예를 들어 젠더 위치), 그리고 생물학적 수준에서의 성적 차이 등등. 분명한 것은 이러한 위치들은 서로 분리되어 나타나지 않는다는 점이다. 서로 다른 위치는 언제나 과잉결정 되기 때문이다. 그럼에도 불구하고 각각의 심급에서의 위치는 구조적일 수밖에 없다. 이러한 다양한 구조적 위치들은 동시에 개인에게 효과를 가진다. 이 효과들의 결과가 바로 "주체 위치"일 수 있다. 개인에게 주체 위

Socialist Strategy, 2nd edition. London: Verso, 2001, p. 121〔221〕.

치는 그것을 통해 구조적 위치를 인식하고 해석하는 프레임이 될 수 있다. 스미스가 "주체위치"를 개인이 사회구성체 안의 구조적 위치를 해석하고 그에 대해 반응하게 하는 '믿음의 앙상블ensemble of beliefs'이라고 설명하는 것은 이런 이유에서이다.[402]

이런 접근으로부터 집합적 정체성이 도출될 수 있다. "상대적으로 안정화된 주체 위치"는 "집합적으로 공유된 틀"로서 역할하게 되는데, 이러한 틀을 통해 "주어진 일련의 구조적 위치들"이 인식된다. 여기서 "주체 위치의 구성"은 결코 진공상태에서 만들어지지 않는다. 언제나 의미와 정체성의 '지배적인 배열prevailing configuration'이 있기 때문이다.[403] 즉 집합적인 정체성을 설명하기 위해서는 구조적 한계가 반드시 정의되어야 한다는 것이다. 스미스의 설명처럼 개인들은 언제나 "담론적 장들 안에서 구조적으로 위치지어진다." 담론적 장들은 효과들을 제한하는 "구조들"에 의해 한계지어진다. 모든 개인적인 주체성은 이러한 한계 짓는 효과들에 의해 구성된다.[404] 발리바르 또한 유사한 설명을 제시한다.

> "— 혁명적인 양극화는 계급의 현존으로부터 직접적으로 발전하지 않으며 오히려 보다 복잡한 과정(알튀세르가 과잉결정 되었다고 말한 과정)으로부터 생겨난다는 결론이 도출되어야만 한다. 복잡한 과정의 원료는 대중운동, 실천, 이데올로기로 구성된다."[405]

발리바르와 스미스는 구조적 분석(구조적 위치)을 좀 더 유연한 정체성 구성과 연관 지으려 한다. 이것은 라클라우와 무프의 길과는 다른 것이다.

402　Smith, A. M, *Laclau and Mouffe: The Radical Democratic Imaginary*, London: Routledge, 1998, p. 58.

403　같은 책, p. 71, 73.

404　같은 책, p. 157.

405　Balibar, E, *Masses, Classes, Idea*, Routledge: London, 1994, p. 145.

그들이 구조적 위치를 부정하고 있기 때문이다. 그들은 일단 구조적 위치가 양보되고 나면 우연성과 접합의 논리는 설 자리를 잃는다고 생각하는 것처럼 보인다. 구조적 위치는 '규칙성regularity'을 전제하고, 규칙성은 관계 바깥에 존재하기 때문에 사회적인 것을 설명하는 데서 우연성과 접합의 논리를 배제하게 된다는 것이다. 앞에서 살펴본 바대로 라클라우와 무프가 정체성은 언제나 관계적이라고 생각하기 때문이다.[406] 여기서 라클라우와 무프의 주장은 결정론과 환원론에 대한 '과잉된' 반응이다.

라클라우와 무프의 '과잉된' 반응은 집합적 정체성을 설명하는 데서 애를 먹게 한다. 물론 그들은 집합적 정체성을 정치의 중요한 요인으로 간주한다.[407] 그럼에도 불구하고 그들은 집합적 정체성이 어떻게 구성되는지에 대해 설명하지 못한다. 정체성의 한계에 대해 이야기할 수 없기 때문이다. 그들은 저서 마지막 장에서 신보수주의에 의한 새로운 헤게모니적 접합을 반복적으로 강조한다. 대처주의적 포퓰리즘이 다양한 이데올로기와 전통을 불러내어 결합하는 양상을 언급한다. 이것은 접합적 실천의 사례로 다루어지고 있다.[408] 하지만 신보수주의의 헤게모니적 기획은 자본주의적 동학과 분리되어 분석될 수 없다. 즉 신보수주의는 정치적 정체성의 운동 범위를 설정하는 구조적 한계 안에서 움직일 수밖에 없다는 것이다. 여기서 구조적 한계가 부정된다면 라클라우와 무프가 주장하는 신좌파에 의한 대항헤게모니 또한 생각하기 어렵다. 어디로부터 대항헤게모니의 출발점을 찾을 것인가? 어디로부터 대

---

406   Laclau, Ernersto and Chantal Mouffe, *Hegemony and Socialist Strategy*, 2nd edition. London: Verso, 2001, p. 106[192~193].

407   Laclau, Ernesto, "New Reflections on the Revolution of Our Time", E. Laclau, *New Reflections on the Revolution of Our Time*, London: Verso, 1990, p. 33.

408   Laclau, Ernersto and Chantal Mouffe, *Hegemony and Socialist Strategy*, 2nd edition. London: Verso, 2001, p. 170[291~292].

항헤게모니의 근거를 찾을 것인가? 라클라우와 무프의 이론적 입장에는 대항헤게모니를 향한 운동의 동기와 토대를 분석하기 어렵다. 우연성과 접합은 어느 정도 구조적으로 제한된 한계가 필요한 것이다.

라클라우와 무프는 때때로 이러한 어려움을 인지하는 것처럼 보인다. 그러나 그들은 이점을 공개적으로 인정하지 않고 오직 암시적으로만 그렇게 한다. 예를 들어 그들은 다음과 같이 말한다.

> "모든 것이 민주주의 혁명의 확장과 심화에 달려 있다면 우리는 민주주의 혁명 자체는 무엇에 의존하는가, 그리고 궁극적으로 무엇으로 구성되는가에 대해 질문해야만 한다. 마르크스는 자본주의는 생산수단의 영속적인 변형과 전통적 사회관계의 탈구와 진보적인 해체를 통해서만 확장할 수 있다고 정확하게 관찰했다. 그러한 탈구 효과는 한편으로 상품화를 통해 드러나고 다른 한편으로 불균등하고 결합된 발전과 연결된 일련의 현상을 통해 드러난다. 이러한 조건에서 자본주의적 팽창이 불러오는 급진적 불안정성과 사회적 정체성에 대한 위협은 필연적으로 집합적 이매지너리imaginary의 새로운 형식을 이끌어 낸다. 새로운 집합적 이매지너리의 형식은 근본적으로 새로운 방법으로 위협받은 정체성을 재구성한다." [409]

여기서 라클라우와 무프는 경제적 결정론을 비판하고 있지만 암묵적으로 동시대의 자본주의가 미치는 영향을 중요한 변수로 받아들이고 있다. 라클라우와 무프가 다루고 있는 신보수주의의 헤게모니적 실천의 성공은 '위협받는 정체성'을 보다 자본주의적인 정체성으로 재구성하는 것이었다. 모든 사람은 시장 경쟁에서 그(녀)의 생존을 위한 능력을 가지고 있어야 하는 것이다. 포스트모더니즘적 경향이 강조하는 유동하는 정체성은 곧 이러한 자

---

409 Laclau, Ernersto and Chantal Mouffe, "Post-Marxism without apologies." E. Laclau, *New Reflections on the Revolution of Our Time*, London: Verso, 1990, pp. 127~128.

본주의의 새로운 조건과 그 속에서 구성된 새로운 주체성을 담론적인 것으로만 파악함으로써 이러한 자본주의의 새로운 단계를 비판할 수 있는 힘을 얻게 되는 것이다.[410] 포스트모더니티라는 새로운 사회적 조건과 그 안에서 구성된 새로운 주체의 형식을 인식하고 정치적으로 이용하는 것과 이것을 민주주의의 급진화로 과장하는 것은 완전히 별개의 문제이다.

라클라우와 무프의 이론적 진동은 그들이 구조적 한계를 기각한 것에서부터 연원한다. 결국에는 과잉결정과 상대적 자율성을 가능하게 했던 복합적 사회구조에 대한 분석능력을 잃게 되는 것이다. 그들의 입장은 '구조적인 과잉결정이 결여된 최종심급에서의 정치적인 것의 결정'인 것이다. 다양한 심급들 간의 복잡한 상호작용에 대한 탐색은 담론적 수단을 통한 정치적 분석으로 대체될 수 없는 것이다. 다양한 심급들 간의 구조적 관계를 설명하려는 시도는 구조에 대한 정적 설명으로 경도될 위험을 가진다는 사실을 부정할 수는 없다. 하지만 이러한 위험은 회피될 수 있는 성질의 것이 아니다. 지속적인 이론적 실천을 통해 대결해야 할 대상이기 때문이다.

---

410 David Harvey, *Condition of Postmodernity*: *An Enquiry into the Origin of Change*, Oxford: Blackwell, 1991; Callinicos, 1991.

4. 라클라우 사상의 유물론적 재해석: 포스트마르크스주의와 비판적 실재론 [411]

라클라우와 무프의 포스트마르크스주의는 결정론적이고 환원주의적인 마르크스주의를 비판하고 특정한 정세에 개입하는 담론적 전략을 정교하게 다듬었다. 정세분석에 유용한 이론적 자원을 제공했다고 할 수 있다. 원칙만을 반복하면서 대중에게 고립되어 온 좌파운동의 역사를 돌이켜 보면 라클라우와 무프의 주장은 새겨들어야만 한다. 대중의 정서를 지도하고 계몽해야할 대상으로 지목하는 것이 아니라 공감하고 그것으로부터 저항의 길을 모색해야 한다는 것이다. 라클라우가 이론적 경력의 초기부터 말년까지 포퓰리즘에 천착했던 이유도 여기에 있다. 대중의 정서를 반동적 포퓰리즘으로 비난하기보다는 그것을 이해하고 공감해야 한다고 느꼈기 때문이었을 것이다. [412]

하지만 라클라우와 무프의 주장은 민주주의를 급진화 하는 헤게모니적 실천이 왜 발생하는가에 대한 존재론적 설명에 대해서는 모호하다. 헤게모니적 실천의 유물론적 근거를 제시하지 못한다는 것이다. 적대는 적대를 발생

---

411 라클라우와 무프 이론의 '유물론적 해석'은 정태석이 시도한 '그람시 시민사회론의 비판적 재구성'과 문제의식을 공유한다. 정태석,『시민사회의 다원적 적대들과 민주주의』, 후마니타스, 2007은 적대의 "사회적 적대들의 물질적, 현실적 근거" 부족을 지적하고(141, 155, 159쪽) 알튀세르의 재생산의 관점과 과잉결정(중첩결정) 개념을 "다양한 사회적 영역 간의 결정과 상호연관의 문제를 사고하기 위한 규제적 개념"으로 제시한다(158쪽). 하지만 그는 적대의 다원성을 강조할 뿐 적대의 다원성의 유물론적 근거에 대해서는 명쾌하게 설명하고 있지 못하다. 최근의 논문에서 제시하고 있는 "보편적 가치의 공유"가 어떻게 구성될 수 있는지에 대한 유물론적 논증이 부족하다는 것이다. 정태석,「분산하는 사회운동과 접합의 정치 - "사회적인 것"과 민주주의」,『경제와 사회』105, 2015, 56쪽.

412 서영표,「포퓰리즘의 두 가지 해석-대중영합주의와 민중 민주주의」,『민족문화연구』, 63, 2014를 보라.

시키는 물질적 조건 위에서 분석되어야 한다. 라클라우와 무프는 구조적 결정과 계급 환원주의에 대해 과잉 대응함으로써 이 물질적 조건을 분석하는 데 어려움을 겪게 된다. 그들이 이 점을 인식하지 못했다는 것은 아니다. 다만 이미 포스트구조주의적인 방향으로 치우쳐진 그들의 이론적 틀 속에 담을 수 없었다는 것을 지적하고 있을 뿐이다. 결국 라클라우와 무프의 포스트마르크스주의는 물질적 토대가 없는 '가상적' 정체성들 사이의 언어게임으로 전락하고 마는 것인가? [413]

1) 탈출구로서의 탈구개념

하지만 라클라우에게서 이러한 이론적 궁지로부터 탈출할 수 통로가 완전히 닫혀 있는 것은 아니다. 탈구dislocation 개념을 통해 라클라우의 사상을 유물론적으로 발전시킬 가능성이 있기 때문이다. 라클라우의 적대개념을 통해 우연성을 수용하면서도 현실의 물질적 모순에 대해서 사고할 수 있게 되는 것이다. 이것은 또한 현실에 대한 유물론적 분석이 계급 환원론으로 기울지 않고 접합적, 헤게모니적 실천과 결합될 수 있는 가능성을 의미하기도 한다.

지젝은 라클라우가 적대를 '외재적으로 나의 존재를 방해하는 적대하는 존재와의 관계'를 통해 설명하는 것을 비판한다. 지젝은 주체는 언제나 주체화subjectivation가 실패하는 지점이라고 말한다. 외재하는 적대적 존재가 주체를 위협하는 것이 아니다. 이런 생각의 결론은 언제나 적대적 존재를 소멸시키는 최종적 해방final emancipation일 수밖에 없다. 지젝은 우리는 우리들

413 　라클라우와 무프의 상대주의적 경향을 '유물론적 근거'로 반박하는 것은 그들이 주장하고 있는 것처럼 자명하지 않은 물질적 조건을 전제하는 관념론이라고 다시 비판받을 수 있다. 이 글의 주장은 비록 자명한 것으로 전제할 수는 없지만, 실재에 대한 개입과 탐색의 '끈'을 지속적으로 유지함으로써 상대주의로부터 벗어나려는 이론적 시도를 유물론적 입장으로 제시한다.

을 완전하게 표상할 수 없는 외재하며 소외되어 있는 기표들의 체계와 동일시함으로서만 주체가 될 수 있지만 우리가 상징적 질서 안에서 동일시하는 기표는 언제나 불완전하다고 주장한다. 상징적 질서 안에 완전히 들어 올 수 없는 실재하는 어떤 것이 존재하기 때문이다.[414] 여기서 이러한 주장의 근원이 되는 라캉에게까지 들어갈 여유는 없다. 다만 지젝의 비판에 대답으로 라클라우가 제시한 탈구 개념에 초점을 맞추도록 하겠다.

담론적 구성체 안의 주체 위치는 언제나 불완전하다. 주체 위치는 실재의 침입에 의해 위협 받는 '결정될 수 없는 실체'이기 때문이다. 이러한 위협이 탈구이며 그래서 탈구는 주체위치를 정치적 주체로 전화시킨다. 정치적 주체는 능동적으로 구조를 다시 만들 수 있다. 라클라우는 이러한 탈구를 현재 존재하고 있는 담론적 질서 속에는 표상될 수 없는 사건 또는 위기로 정의한다. 사건과 위기는 기존의 상징적 질서를 교란시키고 불안정하게 만드는 효과를 가지게 된다.[415] 결과적으로 적대는 외재하는 적대하는 존재로부터 오는 것이 아니라 필연적으로 주어지는 기존 상징질서 안의 주체 위치가 탈구를 경험하게 됨으로써 발생하는 것이다.

라클라우의 탈구개념을 유물론적으로 다시 구성해 보자. 우리는 자본주의 사회 속에 살고 있다. 여기에는 보편적 이데올로기들이 작동하고 있다. 사람들은 법 앞에 평등하고 인권을 보장받고 있으며 자신의 선호를 민주주의적 기제를 통해 표출할 수 있다고 믿는다. 보편적 이데올로기는 우리를 평등한

---

414 Zizek. S, "Beyond Dicourse-Analysis", in E. Laclau, *New Reflections on the Revolution of Our Time*. London : Verso, 1990 ; Howarth, D, "Hegemony, Political Subjectivity, and Radical Democracy", in S. Critchley and O. Marchart(eds.). *Laclau: A Critical Reader*, London & New York : Routledge, 2004.

415 Laclau, Ernesto, "New Reflections on the Revolution of Our Time", E. Laclau, *New Reflections on the Revolution of Our Time*, London : Verso, 1990, pp. 72~78.

시민으로 호명하고 있는 것이다. 하지만 사람들은 보편적 이데올로기와 구체적 삶 사이의 간극을 경험한다. 자본의 논리는 착취의 논리이며 억압의 논리이다. 직장에서, 가정에서, 학교에서, 지역 사회에서 불평등과 착취, 억압을 체험한다. 이것이 일상적인 탈구의 계기들인 것이다. 탈구의 계기가 집단적일 수도 있다. 외환위기와 같은 경제적 위기나 촛불시위로 대표되는 정치적 위기처럼 집단적으로 체험되는 탈구도 있다.

하지만 탈구가 곧바로 정치적 행위로 연결되는 것은 아니다. 탈구는 반동적 정치의 계기일 수도 있는 것이다. 우리는 여기서 라클라우가 말하지 않은 것을 다시 질문해야 한다. 이렇듯 강력한 물질적 힘과 여기에 동반되는 이데올로기적 효과로부터 벗어날 수 있는 길은 무엇일까? 라클라우가 제시할 수 있는 길은 비어 있는 기표를 통한 국지적, 일시적 헤게모니구성(저항적 연대)일 뿐이다. 이것을 결절점nodal point이라고 말할 수도 있을 것이다. 하지만 여전히 의문은 남는다. 국지적이고 일시적인 연대의 범위는 어디까지인가? 탈구를 경험하는 무수히 많은 개인과 집단 사이의 소통은 단지 특수한 것을 보편적인 것으로 상징화하는 전략적 게임의 결과로 얻어지는 일시적인 정치적 동맹일 뿐인가? 이것으로 충분한가? 라클라우는 이러한 질문에 설득력 있는 답을 주지 못한다.

2) 비판적 실재론과 포스트마르크스주의 종합

라클라우에게 탈구는 위기의 순간이자 새로운 정치적 주체가 출현할 가능성이 열리는 계기이다. 그래서 탈구는 주체위치가 정치적 주체로 전화하는 순간인 것이다. 하지만 라클라우는 상징질서의 위기가 어디에서 오는지 속시원히 말하지 못한다. 상징질서의 위기는 구조적 모순이 담론적 질서 안으로 침입하기 때문에 발생하고 그러한 침입은 곧 착취, 억압, 불평등, 부정의가 물질적으로 경험되는 것에 다름 아니지만 라클라우는 그러한 '물질적인'

실재를 다룰 수 없었기 때문이었다.

비판적 실재론critical realism으로 명성을 얻은 로이 바스카Roy Bhaskar의 주장을 통해 탈구의 유물론적 해석을 조금 더 밀고 나가보자.[416] 바스카는 마르크스주의를 버리지 않지만 그것을 구조적 법칙의 체계로 생각하지 않는다. 마르크스주의의 이론적 대상은 역사적으로 실존하는 사회이며 모든 사회는 실험이 가능하도록 통제 할 수closed 없다는 의미에서 개방되어 있으며open, 따라서 복합적으로 작용하는 다중 기제의 영향을 받을 수밖에 없기 때문이다. 마르크스주의를 포함한 모든 이론적 체계는 법칙이 아닌 경향들만을 밝혀낼 수 있을 뿐이다.[417]

이러한 입장에 서게 되면 마르크스주의의 구체적인 분석대상인 자본주의는 모순에 의해 붕괴하도록 운명 지어 지지 않는다. 이데올로적 실천들과 정치적 개입에 의해 스스로를 파괴하는 경향을 억제하고 중화할 수 있다는 것을 인정해야 한다는 것이다. 따라서 자본주의는 적대에 의해 서로 대립하는 계급의식과 계급조직을 자동적으로 창출하지 않으며 자본주의적 체제 내에서의 투쟁은 헤게모니 투쟁(정치적 투쟁)일 수밖에 없다. 당연히 자본주의는 사회주의·공산주의 사회의 물질적 조건을 창출하지 않기 때문에 사회주의를 향한 투쟁은 자기규제적인self-regulating 사회에 경제(시장)를 종속시키는 '정치적 기획'일 수밖에 없다.[418] 바스카는 라클라우와 마찬가지로 실증주의적이고 과학주의적 마르크스주의를 비판하는데 동참할 수 있게 되는 것이다.

---

416 라클라우와 바스카의 친화성과 차이에 대해서는 Curry, N, "Critical Realism: Beyond the Marxism/Post-Marxism", in A. Brown et al(eds.), *Critical Realism and Marxism*. London: Routledge, 2002를 참고하라.

417 Bhasker, R. et al, *A Meeting of Minds: Socialists Discuss Philosophy-Towards a New Symposium?*, London: Socialist Society, 1991, pp. 10~11.

418 Devine, Pat, "The Continuing Relevance of Marxism", R. Stones and S. Moog(eds.), *Nature, Social Relations and Human Needs: In Honour of Ted Benton*, London: Palgrave, 2008.

바스카가 제기하는 또 하나의 쟁점은 가치value의 문제이다. 라클라우와 무프가 강조하듯이 모든 이론적, 정치적 입장은 가치중립적 일 수 없다. 왜냐하면 이론적 입장이든 정치적 입장이든 가치중립적인 진공상태에 있을 수 없기 때문이다. 나아가 모든 입장은 항상 현실에 대한 개입이기에 현실운동에 의해 간섭받을 수밖에 없다. 이러한 주장은 실증주의-경험주의를 비판하는 동시에 마르크스주의조차도 자유롭지 못했던 과학주의 비판을 함축하고 있다.[419] 바스카는 이점에 대해서도 라클라우의 편에 선다.

하지만 라클라우와 바스카의 동맹은 공통의 비판대상을 공격할 때까지만 유지된다. 바스카는 라클라우와 무프의 상대주의적 존재론까지 공유할 수는 없었기 때문이다. 바스카가 제시하는 자동적 차원intransitive dimension과 타동적 차원transitive dimension의 구별을 통해 이 두 입장 사이의 차이를 검토할 수 있다.

바스카는 우리의 지식과 독립적인 현실 대상이 존재하지만 인지적 개념화 없이는 현실 대상이 인식될 수 없음을 주장하기 위해 타동적·자동적 차원의 개념을 활용한다.[420] 자동적 대상은 우리의 지식·담론과는 독립적으로 실재하는 대상의 차원을 지칭하며 타동적 대상은 그것에 대한 지식의 차원을 말한다. 비판적 실재론의 관점에서 보면 자동적 차원은 현실의 사건들을 생산하는 다중기제들mutli-mechanisms을 의미한다. 그런데 경험적으로 드러나는 사건들, 즉 현실의 사건들 사이의 관계는 과학적 법칙으로 간주되어서는 안 되는데 그것들은 다중기제들이라는 심층구조에 의해 결정되기 때문이다. 경험론 또는 실증주의의 오류는 다중 기제들의 심층구조를 과학의 대상으로 삼지 않고 겉으로 드러나는 현상간의 관계를 과학적 법칙으로 정립하려는데 있다.

---

419   Bhasker, R. et al, *A Meeting of Minds: Socialists Discuss Philosophy-Towards a New Symposium?*, London: Socialist Society, 1991, p. 11.

420   Bhaskar, R, *A Realist Theory of Science*, London: Verso, 1997〔1975〕; Bhaskar, R, *The Possibility of Naturalism*, London: Verso, 1998〔1979〕.

비판적 실재론은 여기서 한 발자국 더 나간다. 과학은 다중기제들로부터 심층적인 과학적 법칙을 밝혀내려고 시도하지만 이런 심층적 구조·기제는 인간의 인지적 실천, 말하자면 사회적 실천으로서 과학적 실천에 의해 생산되고 변용된 매개적 개념화 ─과학의 타동적 차원 ─없이는 밝혀질 수 없다. 역으로 타동적 차원 내에서 과학적 실천은 그것이 분석대상으로 하는 자동적 대상이 없다면 불가능하다. 즉 과학적 실천은 이론적 일관성, 사용된 모델의 개연성이라는 과학적 기준을 통해 현실 대상에 관한 지식을 끊임없이 심화시키는 것으로서 이해될 수 있다. 이런 의미에서 과학적 실천의 목적은 다중기제들의 경향들tendencies을 발견하는 것이다.

바스카의 입장에 서게 되면 라클라우가 말한 헤게모니적 실천은 억압적이고 착취적인 자본주의라는 실재에 대한 다양한 저항적 위치들로부터의 해석과 실천, 그리고 이로부터 생겨나는 사회적 투쟁이라고 할 수 있다. 바스카가 라클라우와 갈라서는 지점은 이러한 헤게모니적 실천들이 각기 분리된 전략적 언어게임에 멈추지 않고 서로 간의 소통할 수 있는 구체적 현실(실재)에 대한 과학적 분석을 포기하지 않는다는 것이다. 하지만 여기서 과학은 단일한 기준에 의해 한 번 성립되면 불변하는 법칙으로 간주될 수 없다. 해석은 언제나 담론적이고(타동적 차원을 가지고), 그래서 언제나 열려져 있기 때문이다. 이것이 하워드가 라클라우의 이론을 "특수한 역사적 정세에 대한 주의 깊은 경험적 조사"와 타협시키려는 의도일 것이다.[421]

구조(여기서는 자본주의사회)는 경향적으로 드러나는 모순을 함축하고

---

421 Joseph, J, *Hegemony: A Realist Analysis*, London & New York: Routledge, 2002은 본 글의 분석과 유사한 결과를 비판적 실재론에 근거한 헤게모니론 해석으로부터 도출하고 있다. Howarth, D, "Hegemony, Political Subjectivity, and Radical Democracy", in S. Critchley and O. Marchart(eds.), *Laclau: A Critical Reader*, London & New York: Routledge, 2004, p. 262.

있다. 자본주의사회를 움직이게 하는 가치법칙과 잉여가치 착취의 법칙, 그리고 이윤율의 경향적 저하법칙은 역사적 동학에 의해 드러나는 경향일 뿐이라는 것이다. 그리고 그것이 경향일 수밖에 없는 더 근본적인 이유는 우리의 인식과 (언제나 움직이며 고정될 수 없는) 실재 사이에는 괴리가 존재할 수밖에 없기 때문이다. 우리의 인식은 언제나 제한적이고 그래서 상대적이다. 그 이상을 추구하는 것은 "일반성에 대한 갈망" 또는 "'실제'에 대한 특권적 통찰"에 집착하는 것이다.[422] 하지만 이렇게 제한적인 인식은 언제나 자본주의 사회가 안고 있는 모순과 적대를 벗어날 수 없다는 의미에서 구조의 효과 안에 갇혀 있다. 그래서 문제는 모순적인 자본주의 사회가 만들어내는 구조적 효과가 이데올로기를 매개로 사람들에 의해 체험되는 과정을 분석하는 것이다. 그리고 그 체험을 통해 드러나는 적대가 구조적인 모순에 닿을 수 있는 통로를 찾는 것이다. 이미 언제나 상대주의적이지만 이미 언제나 모순 속에 구성되는 사람들의 세계인식으로부터 자본주의를 극복할 수 있는 정치적 기획을 찾아내는 것 말이다.[423]

자본주의 사회의 모순을 과학의 이름으로 고발하고 자본주의를 지탱하고 있는 이데올로기적 구조를 허위의식으로 비판하는 것으로부터 반자본주의적 투쟁을 곧바로 도출할 수는 없다. 자본주의 체제에 대한 이론적 비판이 곧바로 대중적인 집합행동으로 드러나는 것은 아니기 때문이다. 이러한 간

---

422 Pleasants, N, "Towards A Critical Use of Marx and Wittgenstein", in G. Kithching and N. Pleasants(eds.), *Marx and Wittegenstein: Knowledge, Morality and Politics,* London & New York: Routledge, 2002.

423 자본주의의 구조적 조건에 대해서만 주목했지만 자본주의 자체가 '비동시대적인 요소들'이 과잉결정 된 상태로 존재하기 때문에 순수하게 '자본주의적인 것'은 처음부터 존재하지 않는다. 이 글에서 필요개념을 적극 제시하는 이유는 이 개념이 역사적인 발전과 문화적인 다양성의 토대 위에, 경제적인 것으로 환원되지는 않지만 유물론적으로 이해될 수 있는 다양한 불만과 적대, 실천을 논의할 수 있는 이론적 토대를 제공하기 때문이다.

극은 과학적 법칙의 설명이나 미리 주어진 혁명적 주체에 의해서 해결될 수 있는 문제가 아닌 것이다. 라클라우의 출발점이 바로 이러한 과학주의와 역사주의에 오염된 마르크스주의였다는 것은 이미 논의된바 대로이다. 하지만 이점에 관해서도 역시 라클라우와 함께 하는 것은 여기까지이다. 과학주의로 '정화된' 마르크스주의로부터 벗어나는 운동에는 함께 동참할 수 있으나 구조와 이데올로기가 만나는 '불순한impure' 실재를 이데올로기로 '정화'하는 것에는 동의할 수 없기 때문이다.

필자는 이미 2장에서 이러한 불순함impurity이 유물론적으로 해석될 수 있는 이론적 토대로 필요needs 개념을 제시했다. 자본주의적 착취와 억압은 추상적인 법칙으로 파악될 수 없고 '충족되지 않는 필요들'을 매개로 다양한 사회집단들에 의해서만 인지될 수 있다고 주장했다.[424] 독점적 시장과 억압적 국가가 '충족시키지 못하는 필요'는 노동자, 여성, 이주자, 장애인 등의 관점standpoint에서 인지된다. 따라서 '충족되지 않는 필요'의 인지는, 비록 잠재적이지만, 집합적인 성격을 띤다. 그리고 이러한 인지는 지배적 이데올로기가 구축하고 있는 상징적 질서, 즉 착취, 억압, 불평등을 인권, 민주주의, 정의로 중립화하는 헤게모니가 의심받는 계기들이다. '충족되지 않은 필요'의 체험과 경험은 상징적 질서가 교란되는 탈구의 계기인 것이다. 이제 탈구 개념은 '충족되지 않는 필요'라는 실재에 대한 유물론적 경험이 상징적 질서와 엇나가는 순간으로 사고될 수 있다. 결정론으로부터 거리를 두면서 동시에 담론적 상대주의로 경도되지 않을 수 있는 라클라우에 대한 유물론적 재해석의 근거가 확보된 것이다.

---

424 '추상적 법칙'은 구체적 실재에 대한 설명의 시도로 언제나 잠정적일 수밖에 없다. 잠정적인 성격의 법칙이 '불변하는' 진리로 뒤바뀌는 것은 법칙을 찾아 내려는 이론적 실천이 구체적 현실을 체험하고 인지하는 사람들의 의식세계와 동떨어지기 때문이다. '충족되지 않는 필요'는 이 두 차원을 매개할 수 있다.

　지배적인 상징적 질서와 '충족되지 않은 필요'에 대한 유물론적 경험 사이의 간극은 국지적이고 부분적인 헤게모니적 실천을 넘어 독점적 시장과 억압적 국가라는 체계에 대한 도전으로 나가게 한다. 그리고 그 도전은 다양한 입장에서 경험되는 탈구들이 고립된 잠깐 동안의 엇나감에 머물지 않고 저항적 연대로 발전할 수 있는 가능성을 열어 놓는다. 국가와 시장에 대한 저항적 연대는 라클라우가 '말해야 했지만' 자신의 포스트마르크스주의적 체계 안에서는 '말 할 수 없었던', 그래서 '말하지 않았던' 실재하는 모순에 기초한 대항헤게모니기획인 것이다.

5. 맺음말

　지배적 이데올로기는 보편적 이데올로기를 통해 지배계급들의 이익을 보편적인 것으로 의미화signifying한다. 민주주의, 자유, 평등이라는 보편적 이데올로기는 소유적 개인주의possessive individualism와 경쟁적 자본주의 논리를 정당화하는 방향으로 작동하는 것이다. 이런 의미에서 상대적으로 안정적인 상징적 질서를 구축한다. 그러나 상징적 질서는 언제나 불안정하다. 그 안에는 무수히 많은 틈새와 균열이 존재하기 때문이다. 보편적 이데올로기가 표상하는 민주주의, 자유, 평등은 실재에는 결코 존재하지 않기 때문에 이데올로기와 실재 사이의 항상적인 균열이 존재할 수밖에 없는 것이다. 이러한 균열과 간극이 자각되는 계기들이 탈구의 순간들이다.

　탈구의 체험은 개인적 수준을 뛰어넘어 문화적으로 주어진 당연함을 극복하거나 다시 그 당연함으로 되돌아가는 갈림길에 직면한다. 여기서 강조되어야 할 것은 탈구를 발생시키는 원인은 자본주의적 구조에 내장되어 있다는 것이다. 따라서 과학적 지식은 구조분석과 연결되고 이 구조분석은 자본주의적 경제 질서와 그것의 관리양식인 정치제도, 그리고 그것을 정당화하는 이데올로기적 구성체를 분석해야만 한다.

여기서 문제가 제기될 수 있다. 과학적 지식이 가지는 구체적 경험으로부터의 거리는 이론적 독단의 위험을 내포하기 때문이다. 하지만 과학적 지식은 사회조건에 관한 일상적인 인식들과 무관하게 생산될 수 없다. 다시 말해 과학적 지식은 그것과는 수준을 달리하는 지식(문화적, 실존적 지식의 수준)과의 관계를 반영하는 동시에 스스로를 구체적 경험에 열어두어야 하는 것이다.[425] 라클라우의 용어를 변형하여 사용하자면 상징적 질서 안의 주체 위치가 가지는 불안전성 그 자체에 주목해야 한다. 이러한 주체위치는 문화적으로 전승되어 온, 하지만 모순적인 실천적 지식 또는 감정 상태를 담고 있다. 비록 보편적 이데올로기에 의해 눌려 있지만 말이다. 즉 이러한 실천적 지식 또는 감정 상태가 없는 상태에서 탈구적 사건 또는 위기는 새로운 정치적 주체로 발전하기 어렵다. 우리는 여기에 라클라우가 제시한 비어 있는 기표를 매개로 한 헤게모니적 실천, 즉 특수한 것을 보편화하는 실천을 결합해야 한다. 하지만 헤게모니적 실천은 단순한 언어게임이어서는 안 된다. 실천적 지식과 감정 상태가 탈구적 사건과 만나서 형성된 저항적 주체들 사이에 소통의 다리를 놓고 그것을 정치적 연대로 발전시키기 위해서는 지배적 이데올로기가 불가능한 것으로 표상하는 사회주의적 전망이 지금-여기에 (비록 잠재적이지만) 물질적 힘으로 존재하고 있다는 것을 보여주어야 한다.

라클라우의 말처럼 보편적인 것의 구성으로서의 과학적 지식은 닫힌 지식체계가 아니다. 언제나 실천에 의해 개정 가능한 것이다. 과학적 문제설정들이 다수 존재할 수 있다는 것이다. 특정한 과학적 문제설정의 설명력이 명백한 진리로서 과장되어서는 안 된다. 과학적 문제설정은 실천적·이론적 이데

425　Benton, Ted, *Philosophical Foundations of the Three Sociologies*, London: Routledge & Kegan Paul, 1977, p. 189.

올로기를 경유하여 현실과 연결된다. 이러한 상호연관을 통해 과학적 문제설정 그 자체도 수정되지 않을 수 없다. 결국 과학 그 자체가 사회구조에 속해 있으며 사회의 모순 및 실천적·이론적 문제설정에 의해 영향을 받는다. 과학적 지식은 언제나 다양한 사회적 갈등과 모순을 품고 있는, 그래서 다양한 운동을 발생시키는 구조에 대한 분석을 의미한다. 하지만 현실의 갈등과 모순은 문화적 지평 안의 실존적 계기를 통해서만 인식된다. 즉 실존적–문화적 지식을 경유하지 않는 과학적 지식이란 존재할 수 없는 것이다. 실증주의적 마르크스주의 비판에서는 라클라우와 무프의 편에 서지만 새로운 비판이론의 구성에서는 현실에 대한 유물론적 분석을 고수해야 하는 이유가 여기에 있다.

9장

‘강요된’ 공동체를 넘어 ‘성취되어야 할’ 연대

1. 머리말

지금 우리는 그 어느 때보다 사회적 연대망이 해체된 시대를 살고 있다. 지난 시절 한국이 경험한 돌진적이고 맹목적인 근대화의 물결은 과거의 전통을 모조리 낡은 것으로 몰아세워 성장과 경쟁의 논리에 종속시켰다. 1997년 외환위기 이후 가속화된 시장 중심 사회로의 전환은 돌진적·맹목적 근대화 과정 속에서도 살아남아 사람들의 삶을 지탱하던 전통적 유대의 끈마저도 완전히 파괴했다. 전통은 권위주의의 모습으로만 남아 화폐적 가치만을 숭상하는 물질주의와 결합하여 승자독식·적자생존의 사회를 만들어내고, 그 사회 속 구성원들은 점점 더 황폐하게 시들어가고 있다. OECD 국가들 중 최고의 자살률이 상징하듯 한국사회는 이러한 시장만능주의-물질주의를 더 이상 인내하기 힘든 임계점에 도달하고 있다.[426] 임계점에 도달한 한국사회가 안고 있는 문제들에 대응하고, 전통적 유대의 해체를 대체하는 새로운 연대의 원리가 절실히 요청되고 있는 것이다. 하지만 아직 시장만능주의-물질주의가 초래한 사회적 유대의 해체에 대응하는 새로운 사회적 연대의 원리가 모양새를 갖추고 있지는 못하고 있다.

한편에서는 이러한 변화로부터 긍정적 요소를 끌어내려 시도하기도 한다. 공동체적 연대를 배태하고 있는 전통으로부터 벗어나는 것은 개인이 선택,

---

[426] 소비주의와 물질만능주의에 대한 비판은 7장에서 이미 논의되었다.

판단, 결정할 수 있는 여지가 커졌다는 것을 의미할 수도 있다는 것이다. 영국의 사회학자 앤소니 기든스Anthony Giddens는 이러한 특징을 후기근대 사회에서의 성찰성reflexivity의 증대로 설명한다.[427] 포스트모던 사상가들은 전통이 상징하는 모든 거대서사의 소멸과 작은 이야기들, 언어게임들의 번성을 찬양하기도 한다.[428] 하지만 다른 한편에서는 시장의 경제적 원리가 개인의 소소한 일상에까지 침투되어 생겨난 병리적 현상을 우려하는 목소리가 높아지고 있다.[429] 이미 포트스모던 사상의 발흥기에 이에 대해 비판적 거리를 유지하던 위르겐 하버마스Jürgen Habermas는 (국가와 시장의) 체계에 의한 생활세계의 식민화를 우려하면서 사회운동의 힘을 통한 의사소통합리성의 회복을 촉구했다.[430]

서로 의견을 달리했지만 기든스, 리오타르, 하버마스가 공유하고 있는 생각은 과거의 집합적 (때때로 전체주의적 형태를 취하는) 연대의 원리와 극단적인 개인주의 원리를 모두 피하는 것이다. 개인 행위자들의 자발성을 억

---

427 Anthony Giddens, *Beyond Left and Right: The Future of Radical Politics*, Cambridge: Polity Press, 1994. 기든스의 성찰성에 대한 비판적 평가는 서영표, 『런던코뮌』, 이매진, 2009, 267쪽을 보라.

428 Jean Francois Lyotard, *The Postmodern Condition*, Manchester: Manchester University Press, 1984. 리오타르의 작은 이야기들과 비트겐슈타인Ludwig Wittgenstein의 언어게임에 대한 논의는 Emilia Steuerman, "Habermas vs Lyotard: Modernity vs Postmodernity", Andrew Benjamin ed., *Judging Lyotard*, London: Routledge, 1992를 참고하라.

429 현대자본주의의 모순에 대해서는 David Harvey, *Seventeen Contradiction and the End of Capitalism*, Oxford: Oxford University Press, 2014를 참고하라. 신자유주의적 자본주의의 자연적 한계에 대해서는 Tim Jackson, *Prosperity without Growth: Economics for a Finite Planet*, London: Routledge, 2011과 Joel Kovel, *The Enemy of Nature: The End of Capitalism or the End of the World*, London: Zed Books, 2002를 보라.

430 Jürgen Habermas, *The Theory of Communicative Action, Volume Two: the Critique of Functionalist Reason*, Cambridge: Polity Press, 1987.

누르는 집합주의와 개인의 이기적 이익 추구를 찬양하는 개인주의는 모두 비판의 대상이 될 수밖에 없었다.[431] 하지만 이들의 주장은 의도와 상관없이 지구화된 신자유주의적 지배체제를 기정사실로 옹호하거나(기든스), 소비주의 문화를 다양성과 유동성으로 찬양하거나(리오타르), 비판의 근거를 초월적이고 규범적인 것에서 찾음으로써 형식주의로 경도되는(하버마스) 약점을 가지고 있다.[432] 따라서 현실을 비판적으로 바라보되 이상과 규범이 아닌 바로 그 현실로부터 새로운 연대의 원리를 이끌어 내는 내재적 비판 immanent critique이 요구된다.

이미 현실에서 드러나고 있듯이 우승열패와 승자독식 논리의 팽배, 그리고 그 결과로 양산되고 있는 수많은 패자들은 사회의 통합력과 응집력을 약화시키고 있다. 하지만 모든 것을 개인의 탓으로 돌리고 끊임없는 경쟁과 자기계발을 숙명으로 받아들이게 하는 논리가 성공적으로 사람들의 몸과 마음을 규율하게 되었다고 해도 (어쩌면 그렇기 때문에) 우리들의 육체적 한계

---

431 강수택, 『연대주의: 모나디즘 넘어서기』, 한길사, 2012.

432 연대 개념과 관련된 이들의 논의는 같은 책, 129~140쪽을 보라. 기든스 비판은 Ian Craib, "Back to Utopia: Anthony Giddens and Modern Social Theory", *Radical Philosophy* 43, 1986; Ted Benton, "Reflexive Modernization", Gary Browning et al eds., *Understanding Contemporary Society*, London: Sage, 2000; 그리고 Michael Rustin, "Incomplete Modernity: Ulrich Beck's Risk Society", *Radical Philosophy* 67, 1994를 참고하고, 포스트모더니즘 비판은 Alex Callinicos, *Against Post-Modernism*, Cambridge: Polity, 1989; Andrew Sayer, *Realism and Social Science*, London: Sage, 2001; Sabina Lovibond, "Feminism and Postmodernism", *New Left Review* 178, 1989; Kate Soper, "Feminism, Humanism and Postmodernism", *Radical Philosophy* 55, 1990을 보라. 하버마스에 대한 비판적 논의는 Rick Roderick, *Habermas and the Foundations of Critical Theory*, Cambridge: Polity Press, 1986과 Steven Best & Douglas Kellner, *Postmodern Theory: Critical Interrogations*, New York: Guilford Press, 1991을 참조하라.

와 공동체적 존재로서의 흔적(사회적 유대에 대한 갈망)은 그것을 견뎌내지 못한다. 그래서 '사회적'인 것the social이 대두된다. '사회적' 경제, '사회적' 기업, '사회적' 자본 등등. 이제 서로 공존하기 어려운 두 개의 경향이 동시에 출현한다. 개인의 능력과 경쟁이 한 편에, 사회적 연대와 유대가 다른 한 편에 위치한다.[433]

우리는 이러한 현상을 '원리'로서의 신자유주의의 실패와 '이데올로기'로서의 신자유주의의 변형으로 읽을 수 있다. 빈부격차의 확대와 금융위기로 드러나는 신자유주의의 정책적 실패를 부정할 수 없는 상황에 직면하지만 국가에 의한 공적 개입으로 되돌아갈 수는 없는 상황에서 공공의 책임을 개인에게 지우는 수단으로 공동체의 책임과 윤리가 등장하게 되는 것이다. '공동체주의적' 신자유주의라는 역설적인 결합이 출현한 것이다.[434]

공동체주의는 연대를 강조한다. 그런데 '공동체주의적' 신자유주의가 주창하는 연대는 이기적 개인들의 경쟁으로 특징지어지는 현대사회를 대체하는 논리로서의 연대가 아니라 그것을 보완하고 은폐하는 '환상fantasy'으로서의 연대이다. '공동체주의적' 신자유주의가 강조하는 연대는 신자유주의의 부정적 결과가 사회적 위기로 전화하는 것을 가족, 인종, 종족, 민족으로 봉

---

433 이 책 6장 참고. 사회적 자본에 대한 비판적 평가는 Ben Fine, "The Social Capital of the World Bank", Ben Fine et al eds., *Development in Policy in the Twenty-First Century*, London: Routledge, 2001을 보라. 보다 자세한 이론적 논의는 Ben Fine, *Social Capital Versus Social Theory : Political Economy and Social Science at the Turn of the Millennium*, London: Routledge, 2000을 참고하라.

434 영국 노동당의 '신노동당 노선'을 공동체주의적 자유주의로 평가할 수 있다. 이에 대해서는 서영표, 「영국노동당 13년 평가」,『생명연구』17, 2010, 25~30쪽을 참고하라. 앞의 글은 Alan Finlayson, *Making Sense of New Labour*, London: Lawrence and Wishart, 2003에 근거하고 있다. 한국적 맥락에서의 논의는 유범상, 「제3의 길과 큰 사회론의 이념과 공동체 구상: 샴 쌍둥이의 차별화 전략과 복지정치」,『공간과 사회』39, 2013을 참고하라.

합·은폐하거나 허구적 갈등을 조장한다.

기든스, 포스트모던 이론가들, 하버마스는 이러한 복잡한 조건을 분석하고 이로부터 새로운 연대의 원리를 이끌어 낼 수 없다. 이들의 한계는 적대와 연대를 상반되게 생각하고 적대를 통한 연대를 사고할 수 없기 때문이라는 것이 이 장의 핵심 주장이 될 것이다.[435] 연대는 유물론적으로 설명되어야 하고, 그런 의미에서 적대를 통해 구성되는 결과물이어야 한다. 이런 의미의 연대에 가장 가까운 것은 안토니오 그람시Antonio Gramsci의 헤게모니hegemony 개념일 것이다. 적대를 통한 연대를 논의하기 위해서 헤게모니를 현대적으로 발전시킨 에르네스토 라클라우Ernest Laclau의 주장을 도입하고 그가 가진 담론 이론적 상대주의를 유물론적으로 보완하는 것이 이 글이 추구하는 방향이다. 유물론적으로 재해석된 라클라우의 그람시주의는 정치철학에 머물지 않고 기존의 체계(국가와 시장)를 변형시키는 구체적인 정치적 개입의 방향을 모색할 수 있게 할 것이다. 과거의 낡은 전통에 호소하지 않는 새로운 연대는 현재의 질서 아래서 억압받는 욕구와 필요가 그 질서를 변화시키는 정치적 개입 과정에서 밖으로 드러나고, 소통되는 과정에서 구성되는 것이어야 한다.[436]

---

435 적대와 연대는 처음부터 상반될 수밖에 없는 것이라고 주장할 수도 있다. 하지만 적대는 모든 곳에 항상 존재하며 적대를 제도화하고 관리할 수 있다는 주장은 '통합'의 이름으로 그것을 은폐한다. 적대와 연대는 개념적으로는 상반되지만 실제에서는 공존할 수밖에 없는 것이다. 다른 한편으로 통합의 이름으로 은폐된 적대를 드러내는 사회적 투쟁은 전체가 아닌 특정한 사회적 세력의 연대를 형성한다. 이 경우에도 연대는 적대와 공존한다. 세력 간 적대가 없이 연대가 출현할 수 없기 때문이다. 적대가 관리될 수 있다는 입장은 연대를 사회 전체의 결속으로 간주하지만(적대의 은폐) 적대를 통한 연대를 주장하는 입장은 사회적 투쟁을 통한 특정한 집단의 결속을 강조할 것이다.

436 라클라우의 담론 이론적 상대주의를 유물론적으로 해석하는 철학적, 방법론적 논의는 8장에서 이미 다루어졌다. 또한 4장에서 다루어진 사회운동이론에 대한 재해석의 연장이기도 하다.

2. 연대의 의미와 가치: 사회적 통합과 갈등

1) '공동체주의적' 신자유주의의 역설

앞 절에서 도입한 '공동체주의적' 신자유주의라는 역설적 현상이 출현한 이유는 사람들이 자연스러운 상태로 받아들이고 있는 '허구적'이며 '강요된' 연대가 사회의 저변에 뿌리내리고 있기 때문이다. 사회의 '정상적' 상태는 민족과 국가라는 체계적인 수준에서 통합된 상태system integration이고 체계 안에 살고 있는 구성원들은 사회적으로 통합된 상태social integration라고 생각 된다.[437] 흔히 이러한 통합의 상태에서 벗어나는 것은 '비정상abnormal'으로 간주된다. 에밀 뒤르켐Emile Durkheim의 시각에서는 사회를 통합하고 규율할 수 있는 규범과 도덕적 원리가 부재한 상황이라고 진단할 수 있을 것이다.[438] 구조-기능주의적 전통에서 규범으로부터의 일탈을 비정상으로 바라보는 것[439], 그리고 집합행동론에서 규범에 도전하는 행위를 비합리적으로 묘사하는 것도 같은 맥락에서이다.[440] 하지만 실제 사회에는 서로 화해할 수

---

437   사회통합과 체계통합의 구분에 대한 고전적 논의는 David Lockwood, "Social Integration and System Integration", G. K. Zollschan and H. W. Hirsch eds., *Exploring in Social Change*, Boston: Houghton Mifflin, 1964에서 찾을 수 있고 이에 대한 논의는 Margaret Archer, "Social Integration and System Integration: Developing the Distinction", *Sociology*, 30(4), 1996을 보라.

438   에밀 뒤르켐, 『사회분업론』, 아카넷, 2012, 545쪽과 550쪽.

439   라이너 촐, 『오늘날 연대란 무엇인가-연대의 역사적 기원, 변천, 그리고 전망』, 한울아카데미, 2008, 143~145쪽.

440   집합행동론에 대한 설명은 Doug McAdam, *Political Process and the Development of the Black Insurgency*, Chicago: University of Chicago Press, 1982, pp. 6~11; Mayer N. Zald, "Looking Backward to Look Forward: Reflections on the Past and Future of the Resource Mobilization Research Program", Aldon D. Morris and Carol McClurg Mueller

없는 적대가 내장되어 있으며, 이러한 적대는 구조적으로 작동하고 있는 물질적 모순의 결과이기도 하다. 물질적 모순에서 연원하는 화해할 수 없는 적대는 계급투쟁 또는 사회적 투쟁으로 드러날 수밖에 없다. 따라서 엄연히 존재하는 물질적-구조적 모순을 부정하는 것은 '허구적'이며 이로부터 통합을 정상상태로 파악하는 것은 '강요된' 연대라고 할 수 있다.

'공동체주의적' 신자유주의는 국경을 넘어선 자본의 자유로운 이동을 옹호할 수밖에 없는 상황에서 국가와 민족이 가지는 중심성이 약화되고, 그 결과로 과거의 '강요된' 연대가 더 이상 효력을 발휘하기 어렵게 된 상황을 배경으로 등장한다. 국가는 여전히 (자본과는 달리) 노동의 자유로운 이동을 제한하는 역할을 하고, 이것을 뒷받침하는 이데올로기로서 민족, 인종, 종족을 동원하지만 내적인 불만을 통제하기에는 역부족이다. 이런 조건은 보다 낮은 수준에서, 그리고 아래로부터 자연발생적으로 형성되는 유대에 기댄 우회로를 선택하게 한다. 이러한 자연발생적 유대가 바로 가족과 지역공동체다.

스튜어트 홀Stuart Hall이 영국의 대처주의Thatcherism를 분석하면서 제시했듯이 신자유주의는 처음부터 가족과 민족을 이데올로기적으로 동원하는 신보수주의neo-conservatism와 쌍을 이루고 있었다.[441] 하지만 이것은 완결적이

eds., *Frontiers in Social Movement Theory*, New Haven and London: Yale University Press, 1992, pp. 327~330; Doug McAdam, John D. McCarthy and Mayer N. Zald, "Social Movements", Niel Smelser ed., *Handbook of Sociology*, Beverly Hills, CA: Sage, 1988, pp. 695~696을 참고하라.

441　Stuart Hall, "The Great Moving Right Show", Stuart Hall and Martin Jacques eds., *The Politics of Thatcherism*, London: Lawrence and Wishart, 1983, pp. 27~28과 Stuart Hall, "Neoliberal Revolution", Sally Davison & Katherine Harris eds., *The Neo-Liberal Crisis*, London: Lawrence & Wishart, 2015, pp. 21~22.

지 않다. 홀이 근거하고 있는 그람시적 해석에 따르면 대처의 신보수주의-
신자유주의는 그 때까지 존재했던 사회 민주주의적 타협의 물질적 근거를
파괴하는 정치적 실천으로 관료적 국가에 대한 근본적 비판을 개인주의와
기업가주의, 그리고 가족과 민족의 이데올로기와 버무려 만들어진 헤게모니
적 기획이었다.[442] 하지만 그람시적 통찰의 또 다른 측면은 이러한 헤게모니
적 기획은 언제나 불완전하며 아래로부터의 도전에 열려 있다는 것이다.[443]
라클라우의 포스트-마르크스주의적 해석을 따르면 헤게모니적 구성체는 언
제나 탈구dislocation에 직면할 수밖에 없는 것이다.[444]

라클라우의 탈구개념을 유물론적으로 해석하면 모든 헤게모니(이 글의
용어로 표현하면 강요된 허구적 연대)는 현실의 물질적 모순에 의해 균열
을 겪는다. 라클라우에 따르면 헤게모니는 특수한particular 이익을 보편적인
universal 것으로 표상할 수 있는 능력이라고 할 수 있다.[445] 사람들은 현실에
서는 불평등한 사회적 관계 아래 살아가고, 착취 받고, 억압받고 있지만 정
치적 공동체의 구성원으로서 평등을 누리며 그 안에서 자유롭다고 생각한
다. 각자가 가진 선호를 민주적인 제도를 통해 표현할 수 있다고 생각한다.
모두는 법 앞에 평등한 개별적 행위자들인 것이다.[446] 하지만 현실의 삶은 이

---

442 Bob Jessop, Kevin Bonnet, Simon Bromley and Tom Ling, *Thatcherism*,
     Cambridge: Polity Press, 1988, pp. 87~92.

443 Raymond Williams, *Marxism and Literature*, Oxford: Oxford University
     Press, 1977, pp. 112~113.

444 Ernesto Laclau, "New Reflections on the Revolution of Our Time", E.
     Laclau, *New Reflections on the Revolution of Our Time*, London: Verso,
     1990, pp. 72~78.

445 Ernesto Laclau, "Identity and Hegemony: The Role of Universality in
     the Constitution of Political Logics", Judith Butler et al., *Contingency,
     Hegemony, Universality*, London: Verso, 2000, p. 51.

446 이러한 오인은 객관적 이익 objective interest의 인식을 둘러싼 권력 논쟁을
     불러왔다. 룩스는 1차원적 권력과 2차원적 권력을 비판하면서 권력의 효과

러한 보편적 이데올로기와 삶이 일치하지 않는다는 것을 체험하게 하는 무수히 많은 계기들로 가득 차 있다. 이러한 계기는 당연하게 여겼던 것이 당연하지 않다는 것, 삶은 보편적 이데올로기가 이야기하는 것에 한참이나 미치지 못한다는 것을 깨닫게 해 준다.[447] 이때가 바로 탈구가 발생하는 시점이며 여기로부터 저항이 발생한다. 이러한 저항은 강요된 허구적 연대를 비판하는 '적대를 통한' 연대가 구성되는 계기가 될 수 있다.[448]

2) '강요된' 연대의 이론적 근거

'강요된' '허구적' 연대를 정당화하는 이데올로기적 기제에 대해서 좀 더 고찰해 보아야 한다. 여기서는 홉스적 길, 스미스적 길, 뒤르켐적 길을 살펴보도록 하겠다. 우선 토마스 홉스Thomas Hobbes는 인간을 고립된 원자로 간주한다. 그리고 고립된 원자로서의 인간은 자신의 이해관계를 합리적으로 계산할 수 있다고 가정한다. 홉스가 가정하는 자연 상태는 이러한 주체들이 서로 투쟁하는 상태, 즉 '만인의 만인에 대한 투쟁' 상태다. 이러한 조건에서 개별적인 행위자들은 추구하는 자기이익을 충족하기 어렵다. 따라서 행위자들은 서로의 손에서 무기를 내려놓는 협약을 맺는다. 이것이 사회계약

로부터 벗어날 수 있는 가능성을 3차원적 권력론에서 찾는다. Steven Lukes, *Power:A Radical View*, 2nd Edition, London : Macmillan, 2004를 참고하라. 이에 대한 비판적 논평은 Ted Benton, "Objective Interest' and the Sociology of Power", *Sociology* 15(2), 1981을 보라.

447 Etienne Balibar, "The Non-Contemporaneity of Althusser", E. Ann Kaplan and Michael Sprinker eds., *The Althusserian Legacy*, London : Verso, 1993, p. 13.

448 이와 유사한 주장은 정태석, 『시민사회의 다원적 적대들과 민주주의』, 후마니타스, 2007, 5장을 참고하라. 이 문제는 제도정치에의 개입을 다루는 뒷부분에서 보다 자세하게 논의될 것이다.

이다.[449] 하지만 사회계약은 언제 깨어질지 모른다. 동료 인간을 신뢰할 근거는 어디에도 없다. 따라서 계약의 이행을 강제할 수 있는 강력한 주권체가 필요하다. 홉스에게 그러한 주권체는 절대왕정이었다.[450] 홉스적 길은 로크John Locke와 칸트Immanuel Kant에 의해서 변주된다. 하지만 기본 전제는 같다. 정치공동체는 합리적 개인들의 자발적 계약에 의한 것이고 그렇기 때문에 정당성을 갖는다는 것이다. 하지만 연대의 홉스적 길에서 자발적 계약은 '가상'일뿐이다. 사회는 언제나 모순으로 가득 차 있고 서로 적대적인 집단들 사이의 지배와 피지배 관계가 있을 수밖에 없기 때문이다.[451]

아담 스미스Adam Smith는 홉스적 길과 동일한 인간관을 공유한다. 인간은 고립되어 있고 합리적이다. 하지만 스미스에게 연대는 자발적인 계약이라는 직접적인 의지에 의해 구성되지 않는다. 시장교환이라는 간접적인 매개를 통해 이루어지기 때문이다. 물론 스미스가 사회를 구성하는 도덕적 원리 또는 도덕 감정에 대해서 무심했던 것은 아니다.[452] 그럼에도 불구하고 스미스는 사회의 질서 유지가 시장 교환을 통한 일종의 우연에 의해 균형 상태에 이른다고 생각했다.[453] 고립된 개인들은 홉스의 자연 상태에서처럼 사적 이익을 추구한다. 하지만 홉스의 계약과 그것을 보장할 주권체의 강력한 힘

---

449 토마스 홉스,『리바이어던』, 동서문화사, 2009, 149~150쪽.

450 같은 책, 176~177쪽.

451 맥퍼슨은 홉스에서 비롯되는 전통을 '소유적 개인주의possessive individualism'이라고 명명한다. 이에 대한 자세한 논의는 C. B. 맥퍼슨,『소유적 개인주의의 정치이론』, 인간사랑, 1991을 참고하라. 강수택은 라이프니츠에서 유래한 모나디즘monadism이라는 개념을 통해 홉스적 전통을 비판한다. 그의 홉스에 대한 언급은 강수택,『연대주의: 모나디즘 넘어서기』, 한길사, 2012, 325쪽을 보라.

452 라이너 촐,『오늘날 연대란 무엇인가-연대의 역사적 기원, 변천, 그리고 전망』, 한울아카데미, 2008, 128쪽.

453 E. K. 헌트,『경제사상사 I』, 풀빛, 1982, 82~90쪽과 로버트 하일브로너,『고전으로 읽는 경제사상』, 민음사, 2001, 105~106쪽.

이 없이도 질서는 유지될 수 있는 것이다. 이러한 생각은 현대 경제학의 토대를 이룬다. 홉스의 생각이 순전히 가상에 의존하는 자유주의적 이데올로기였다면 스미스의 생각은 초기단계의 자본주의적 경제관계로부터 얻어진 것이었다. 스미스적인 길의 문제는 역사적으로 구성된 사회적 현상을 초역사적이고 일반적인 것으로 인식했다는 것에 있다. 따라서 스미스적인 길은 홉스적인 길과 마찬가지로 역사적으로 출현한 사회적 모순과 적대를 인식할 수 없다.[454]

에밀 뒤르켐Emile Durkheim은 홉스적인 질서와 스미스적인 균형을 동시에 사고하면서도 변형시킨다. 뒤르켐에게 사회적 통합은 가상적으로 전제된 계약에 의해 구성되는 것이 아니라 사회적 진화에 따라 변형을 겪는다. 이러한 변형의 근대적 판본은 스미스적인 특성을 띤다. 사회적 분업의 고도화에 따라 사회가 분화하고 상호의존성이 높아지는 산업사회에서는 시장관계가 지배적일 수밖에 없는 것이다. 하지만 뒤르켐은 스미스가 질서를 보았던 바로 그 지점에서 질서를 위협하는 이기주의를 본다. 홉스적인 무질서상태는 아니지만 고도화된 분업화에 동반되어야 하는 상호의존의 도덕적 원리와 규범적 통합이 미처 발전하지 못한 아노미anomie 상태가 출현한 것이다.[455] 따라서 시장을 매개로 한 교환관계와 더불어 사회를 규제할 수 있는 도덕적 원리가 요청되는 것이다. 뒤르켐에게서 이러한 도덕적 원리는 두 가지 길을 통해 성취될 수 있다. 하나는 작은 집단들을 통한 공통의 경험이고 다른 하나는 국가에 의한 사회적 통합의 길이다. 시장의 계약적 관계는 '비계약적' 요소에 의해 묶여져야 하는 것이다.[456]

---

454 스미스로부터 시작되는 주류경제학 패러다임에 대한 비판은 던컨 폴리, 『아담의 오류: 던컨 폴리의 경제학사 강의』, 후마니타스, 2011을 참고하라.

455 에밀 뒤르켐, 『사회분업론』, 민문홍 옮김, 아카넷, 2012, 550쪽.

456 같은 책, 307, 314쪽. 뒤르켐의 연대이론에 관한 자세한 논의는 김종엽, 『연대와 열광: 에밀 뒤르켐의 현대성 비판 연구』, 창작과 비평사, 1998을 참고하라.

뒤르켐의 생각은 구조-기능주의자들에 의해 변주된다. 그러나 구조기능주의의 변주는 뒤르켐 자신이 생각했던 것보다 훨씬 더 강력한 통합을 요구했다. 구조기능주의에 의해 통합된 자유주의(원자로서의 개인, 자율적인 주체, 합리적인 주체)와 보수주의(규범에 의한 사회 통합)는 현실의 모순적 운동에 의해 붕괴된다. 구조기능주의의 입장에서 1960~70년대 분출한 급진적 사회운동은 규범에 적응하지 못하는 비합리적 일탈행위에 다름 아니었다. 하지만 흑인인권운동, 여성해방운동, 반인종주의 운동, 반전평화운동, 환경운동은 자본주의적 사회가 안고 있는 구조적 모순이 분출하는 탈구적 계기들이었다. 이러한 운동은 지극히 합리적인 집합행동인 동시에 구조가 발생시키는 모순이 자유주의와 결합된 보수주의 이데올로기의 허구성으로 체험되는 계기이기도 했다.[457]

3) '적대를 통한 연대'의 이론화: 두 얼굴의 마르크스

우리는 여기서 연대에 대한 마르크스주의적 길에 주목해야 한다. 사회는 화해할 수 없는 적대적 모순들을 내장하고 있다. 이러한 적대적 모순은 보편적 이데올로기가 가지는 물질적 힘에 의해 중화되거나 치환된다. 하지만 보편적 이데올로기는 탈구적 계기에 의해서 순간적으로 깨진다. 마르크스주의자들에게 이러한 균열은 적대가 출현하는 순간이다. 적대는 '강요된' 연대가 깨어짐으로써 '허구적' 통합이 무너지고 적대를 전제로 한 피지배집단의 연대가 출현하도록 한다.[458] 하지만 이렇게 적대를 전제로 해서 구성된 연대는

---

457 이 책 4장을 참고하라.

458 윌리엄스의 헤게모니론은 피지배집단의 연대를 사고하도록 했다. Raymond Williams, *Marxism and Literature*, Oxford: Oxford University Press, 1977. 톰슨은 역사분석을 통해 피지배집단의 저항적 헤게모니가 어떻게 문화적 구성되는 지에 대해 상세하게 논의했다. E. P. Thompson, *The Making of the English Working Class*, London: Penguin, 1963과 *Whigs and Hunters: The Origin of the Black Act*, Harmondsworth: Penguin, 1975를 참

출현하는 그 순간부터 불안정하다. 여전히 보편적 이데올로기의 힘은 강하고 기존 제도의 구심력은 잘 작동한다. 이러한 강력한 힘에 맞서는 과정에서 새롭게 출현한 저항적 연대에, 앞에서와는 다른 방식의 연대가 강요될 수 있다. 강력한 적에 맞서 그것의 거울상으로 이미 고정된 연대의 선험적 방식이 등장하게 되는 것이다. '혁명적 계급'의 신화와 '전위적인 정당'의 이데올로기가 그것이다.[459] 마르크스와 그의 후계자들은 손쉬운 이념적 완결성이 보내는 유혹의 손길을 완전히 뿌리치지 못했다. 하지만 마르크스가 생각했던 연대는 계급의 신화와 전위적인 정당으로 환원될 수 없다. 마르크스는 여러 얼굴을 하고 있기 때문이다.

> "분업에 의한, 인격적 힘들(관계들)의 사물적인 힘들로의 전화는 사람들이 그것에 관한 일반적 관념들을 머리에서 떨쳐 버림에 의해서 다시 지양될 수 있는 것이 아니라 개인들이 이러한 사물적 힘들을 다시 자신 아래로 포섭하고 분업을 지양하는 것에 의해서만 지양될 수 있다. 이것은 공동체Gemeinshaft없이는 불가능하다. 공동체 속에 자신의 소질을 모든 측면에서 완성시킬 방편이 비로소 개인에 대해 존재한다. 따라서 공동체 속에서 비로소 인격적 자유가 가능해진다. 지금까지의 공동체의 임시 변통물들, 즉 국가 등등에서는 인격적 자유가 지배계급의 관계들 속에서 발전된 개인들을 위해서만 그리고 그 개인들이 이러한 계급의 개인들이었던 한에서만 존재하였다. 지금까지 개인들이 그것을 위해서 단결했던 바의 겉보기만의 공동체는 항상 그 개인들에 대해서 자립적인 것으로 되었고, 동시에 또한 그 겉보기만의 공동체란 한 계급의 다른 계급에 대항한 단결이었기 때문에 피지배계급에 대해서는 완전히 환상적인 공동

고하라. 톰슨과 윌리엄스의 헤게모니론에 대해서는 서영표, 「영국 신좌파논쟁에 대한 재해석」, 『경제와 사회』80, 2008을 참고하라.

459 라클라우와 무페는 이점을 선험적 계급의 관념론으로 비판한다. Ernesto Laclau & Chantal Mouffe, *Hegemony and Socialist Strategy*, 2nd Edition, London: Verso, 2001을 보라.

체였을 뿐만 아니라 하나의 새로운 족쇄였다. 진정한 공동체는 개인들이 그들의 연합Assoziation 속에서 그리고 그들의 연합을 통하여 동시에 자신들의 자유를 획득한다.”[460]

계급적 단결과 당을 주장한 마르크스가 자유로운 개인들의 결사를 통한 연대를 주장하고 있다. 하지만 이러한 연대는 종종 먼 훗날의 이상적인 상태로 그려진다. 정치적 이데올로기로 전화한 마르크스주의는 조화로운 질서와 통합이라는 이데올로기적으로 강요된 연대의 틀을 깨는 데는 성공했지만, 그래서 ‘적대가 없는 연대’가 아니라 ‘적대를 통한 연대’를 이론화하는 데는 성공했지만 저항적 연대에 또 다른 이데올로기적 족쇄를 채우게 되는 것이다.

마르크스주의는 적대를 통한 연대를 고정되지 않고 끝없이 발전하는 연대로 사고할 수 있게 전화되어야 한다. 그러한 연대는 우리가 살고 있는 제도적 조건 바깥에서 만들어질 수 없다. 마르크스가 “개인들의 자유로운 발전과 운동의 조건들을 개인들의 통제 아래에 두는 것은 바로 개인들의 연합”이라고 말한 이유가 여기에 있다. 그에게 개인성과 공동체성은 모두 특정한 사회적 관계, 또는 생산양식에 의해 달라지는 것이고, 현존하는 사회관계를 변혁시키고 개인성과 공동체성을 실현시키는 방법도 당연히 그 사회적 관계를 벗어나서 생각될 수 없었다. 그래서 그는 스스로를 통제할 수 있는, 그리고 자유로운 개인들의 연합이 가능한 공동체를 주장하면서 “당연히, 오늘날 발전되어 있는 생산력들의 전제 안에서”라고 강조하고 있는 것이다.”[461] 그의 이론 안에는 선험적으로 가정된 역사적 주체를 기각하고 현실의 구조적 모순으로부터 발생하는 탈구적 계기들을 포착할 수 있는 이론적 근거가 놓여

460　칼 맑스 & 프리드리히 엥겔스, 『칼 맑스/프리드리히 엥겔스 저작선집 1』, 박종철출판사, 1990, 246~247쪽.

461　같은 책, 247쪽.

있다. 탈구적 계기들은 '적대를 통한 연대'가 구성되는 정치적 개입의 출발점인 것이다.

3. '적대를 통한' 연대

이제 연대를 사고할 수 있는 이론적 전제들을 갖게 되었다. 첫째, 연대는 자본주의라는 실재하는 모순적 구성체를 통해서 출현한다는 것이다. 둘째, 자본주의라는 실재는 경제적 착취의 모순과 더불어 이데올로기적, 정치적 모순에 의해 과잉결정 되면서 스스로를 정당화하는 보편적 이데올로기와 국가장치들을 통해 재생산된다. 셋째, 자본주의 사회를 살아가는 사람들은 보편적 국가장치와 보편적 이데올로기들의 효과에 의해 착취와 억압을 수용하지만 이데올로기와 실재하는 모순 사이의 충돌에 따른 탈구를 피할 수는 없다. 곧 탈구는 모순이 적대로 경험되는 계기가 된다. 넷째, 탈구적 경험은 종종 국가장치의 물질적 힘과 보편적 이데올로기들의 효과에 의해 무화되지만 조직화된 저항으로 발전하기도 한다. 다섯째, 이런 맥락에서 탈구적 경험을 초래하는 이데올로기와 실재 사이의 간극의 체험은 맹아적 형태의 연대를 형성하여 저항적 연대의 토대를 구성한다. 여섯째, 맹아적 형태의 연대는 정세적 효과에 의한 등가연쇄chain of equivalence의 구성을 통해 국지적 형태의 저항적 연대로 나아갈 수 있다.[462] 일곱째, 국지적 저항연대는 연대의 근원인 모순을 발생시키는 실재하는 구조에 대한 적대로 나아가는 경우 체제전환적인 기획으로 발전할 수 있는 기회를 얻게 된다.

---

462   Ernesto Laclau & Chantal Mouffe, *Hegemony and Socialist Strategy*, 2nd Edition, London: Verso, 2001와 이승원, 「민주주의와 헤게모니: 현대 민주주의의 특징에 관한 이론적 재검토」, 『비교민주주의연구』4(1), 2008을 보라.

1) 자본주의 모순과 '강요된' 연대

이번 절에서는 세 번째와 네 번째 이론적 전제에 대해서 자세하게 생각해보도록 하겠다. 특히 이데올로기적 구성체 안에서 행사되는 지배적 이데올로기의 강력한 효과에 대해서 살펴보아야 한다. 우리 시대의 보편적 이데올로기는 정의justice, 민주주의democracy, 인권human rights이다. 이러한 보편적 이데올로기는 인간본성의 정의로부터 연역적으로 도출되거나 추상적으로 주어지지 않는다. 보편적 이데올로기들 자체가 장구한 역사적 투쟁의 산물이기 때문이다. 역사적으로 가장 기본적인 보통선거권 마저도 수 백 년에 걸친 투쟁을 통해 얻어졌다. 지금은 당연하게 받아들여지고 있는 노동자들의 권리는 또 어떤가? 노동자 운동의 역사는 저항과 탄압, 그리고 학살로 점철되어 있다.[463]

이렇게 저항적인 운동의 요구가 보편적 이데올로기로 전화되는 것은 세 가지 계기를 포함한다. 첫째, 보편적 이데올로기는 기존 체계를 뒤흔드는 밑으로부터의 저항(봉기의 계기1)이 갖는 체계 전복적 힘을 중립화시키는 효과를 가진다. 저항의 요구를 수용하지만 그 구체적인 내용과 행위자들을 지워버리고 추상적인 원리로 치환시켜 버리는 것이다(구성의 계기1).[464] 둘째, 이러한 치환은 봉기의 내용과 행위자들을 지워버릴 뿐만 아니라 새롭게 변형된 질서를 정당화하는 효과를 가진다. 이제 저항자들은 집합적 행위자가 아니라 고립된 개별자로서 보편적 이데올로기가 가정하는 가상을 실재로 받

---

463 인권의 역사에 대해서는 마이클 프리먼, 『인권: 이론과 실천』, 아르케, 2005 와 최현, 『인권』, 책세상, 2008을 참고하라.

464 발리바르는 프랑스 혁명에서의 인간의 권리와 시민의 권리를 논의하면서 반란의 정치insurrectional politics와 구성의 정치constitutional politics 사이의 진동에 대해서 언급한다. 반란의 정치가 봉기의 계기1이라면 구성의 정치는 구성의 계기1을 의미할 것이다. Etienne Balibar, *Masses, Classes, Ideas*, New York & London: Routledge, 1994, p. 51.

아들이게 되는 것이다(구성의 계기2).[465] 셋째, 보편적 이데올로기의 가상과 실재의 모순이 조우하게 되는 순간 그 간극에 의해 적대가 출현하게 되면 보편적 이데올로기는 적대가 저항과 투쟁으로 나아가는 이데올로기적 매개 역할을 한다(봉기의 계기2). 이 순간 정의, 민주주의, 인권은 현실을 정당화하는 허구가 아니라 그것에 미달하는 현실에 대한 저항을 호소할 수 있는 매개로 전화된다.[466]

문제는 현대 자본주의 사회에서 많은 경우 봉기의 계기2(탈구의 체험)가 저항적 연대로 발전하지 못하고 다시 구성의 순환, 가상 속으로 되돌아간다는 것에 있다. 여기에는 세 가지 원인이 있다. 우선 탈구가 고립된 개인이나 소수에 의해 우발적으로 체험된다는 것이다. 가능성으로 출현한 연대가 저항적 연대로 발전하는 것은 쉬운 일이 아니다. 그 다음으로 이미 언제나 주어진 국가와 민족의 거대한 힘이 작동하고 있다. 국가와 민족의 힘은 이데올로기적 효과인 동시에 물질적 토대를 가진다. 탈구가 저항으로 전환되는 데 요구되는 비용은 개인적 희생으로 받아들여지고 그 희생을 감내하는 것은 쉬운 선택이 아니다. 한편에는 거대한 국가와 민족이 있다. 그것은 '나'가 포함된 '우리'로 표상된다. 다른 한편으로 그 거대한 힘에 직면한 초라한 '나' 또는 소수의 '우리'가 존재한다. 마지막으로 이렇듯 강력한 국가와 민족의 존재는 보편적 이데올로기에 의해 지탱된다. 보편적 이데올로기가 효과적으로 작동함으로써 자발적으로 복종할 때, 즉 자발적으로 스스로의 실존을 부

465　경제적 불평등의 해소가 없는 정치적 권리(정치적 해방)는 불충분하다는 '유태인 문제에 대하여'에서 마르크스가 제기한 자유주의 비판은 근대자유주의 체제에서 구성의 계기2가 가지는 의미를 정확히 짚어내고 있다. 칼 마르크스, 『마르크스의 초기저작: 비판과 언론』, 열음사, 1996.

466　톰슨은 저항(봉기의 계기1)의 중립화하는 법의 제정(구성의 계기1)은 합의가 아니라 또 다른 투쟁의 장소(봉기의 계기2)가 될 수 있다고 주장한다. Thompson, E. P, *Whigs and Hunters: The Origin of the Black Act*, Harmondsworth: Penguin, 1975, p. 261.

정하고 가상의 세계를 수용할 때를 그람시는 헤게모니적 지배라고 불렀다.

국가와 민족, 또는 지역적, 인종적 공동체는 스스로에게 보편성을 부여함으로써 통합력을 유지한다. 개별적인 구성원들을 통합하기 위해서는 보편성이 요구될 수밖에 없다. 하지만 그러한 보편성은 존재하지 않는다. 보편성은 언제나 실천을 통해 부단히 갱신되는 '어떤 것'이기 때문이다. 따라서 보편성에 의해 지탱되는 국가, 민족, 공동체는 보편성을 구성하기 위해 여기에서 벗어나는 '외부'를 찾아야 한다. 보편성은 보편성의 바깥에 존재하는 타자를 가상의 적으로 규정함으로써 (불완전한 형태로) 성취된다. 그렇다면 적대적인 모순을 은폐하는 국가, 민족, 공동체의 보편적 이데올로기는 '보편'의 이름으로 '가상의 적대'를 도입하는 것이다. 이것은 실재하는 모순이 촉발하는 적대를 무화시키는 이데올로기적 효과를 갖는다.[467]

여기서 연대의 세 번째 형태를 생각해 볼 수 있다. 기존의 질서가 가지는 물질적 힘과 이데올로기적 효과에 직면해 탈구의 체험을 통해 적대를 인지하지만 적대를 저항적 연대로 발전시키거나 다시 일상으로 돌아가지 않고 '탈주'하는 경우가 그것이다. 적대를 '회피하는' 연대라고 할 수 있다. 이러한 연대는 의식적으로 구성되는 것이다. 하지만 탈구적 경험에서 생겨나는 적대를 외면하고 구조적 모순과 대결하기보다는 충분한 자원과 정보를 가진 소수의 집단이 체계를 벗어나 그들만의 연대를 구축하는 것이다. 이러한 '적대를 회피하는' 연대, 또는 '탈주하는' 연대는 의도하지 않게 폐쇄된 공동체를 만들게 된다.

지금까지의 논의를 통해 미래를 향해 열려 있는 저항적 연대를 실현하기 위해 넘어서야 할 연대의 세 가지 형태를 정식화할 수 있게 되었다. 첫째는

---

467 이러한 포퓰리즘적 정치현상에 대해서는 Ernesto Laclau, *On Populist Reason*, London : Verso, 2005를 참고하라. 라클라우를 통한 한국의 포퓰리즘 논의에 대해서는 서영표, 「포퓰리즘의 두 가지 해석」, 『민족문화연구』63, 2014를 참고하라.

국가, 민족, 다양한 수준의 전통적 공동체를 통한 '강요된' 연대, 둘째, 적대를 통한 연대이지만 저항적 연대에 또 다른 가상을 강요하는 '폐쇄적' 연대, 그리고 셋째, 적대를 통해 출현하지만 '탈주하는' 연대가 있다. 이렇듯 강요되거나, 폐쇄적이거나, 그리고 제한된 연대를 넘어서는 저항적 연대를 기획할 수 있는 전제는 가상적인 '우리'를 깨트리는 사건과 위기는 언제나 존재한다는 것이다. 그러한 사건과 위기가 개인적으로 경험될 수도 있고 집단적으로 경험될 수도 있지만 사회자체가 모순적인 한 존재할 수밖에 없다. 탈구적 사건과 위기는 이데올로기적 환상, 허구적으로 주어진 연대에 흠집을 낸다. 즉 탈구는 적대를 드러낸다. 여기서 적대의 선은 이미 주어진 허구적 '우리'로부터 벗어나 정치적 실천을 통해 구성된 '우리'와 그 결과로 인식된 '그들' 사이에 그어진다.[468]

하지만 탈구의 순간 출현하는 적대를 통한 연대는 맹아적일 뿐이다. 바로 이 지점이 연대의 '정치'가 출현해야 하는 곳이다. 적대는 '그들'과 '우리'를 넘어 사회구조 자체에 대한 과학적 이해로 연결되어야 하는 것이다. 하지만 이렇게 만들어진 연대는 선험적으로 주어진 통합의 원리에 근거할 수도 없고, 역사적 법칙에 따라 규정될 수도 없다.

2) 사회적 모순과 적대, 그리고 연대

이제 적대를 통한 연대가 폐쇄적 연대가 아닌 열려진 연대로 유지될 수 있는 길을 찾아야 한다. 추상적 기준이나 선험적 주체 위치에 호소하지 않는, 현실과의 긴장, 그리고 연대의 구성요소들 사이의 긴장을 배제하지 않는 연대의 길을 찾아야 하는 것이다. 이러한 길을 찾는 것은 3절 도입에서 제시한

---

468 '탈주하는 연대'와 '폐쇄적 연대'는 동일한 범주에 속한 것으로 생각될 수 있다. 하지만 '폐쇄적 연대'가 사회체계 내부의 적대를 해소하려는 시도에도 불구하고 강요된 연대로 회귀하는 경향을 가지고 있다면 '탈주하는 연대'는 적대를 의식적으로 외면하는 경향을 가진다.

이론적 전제 중 여섯 번째와 일곱 번째를 논의하는 것이다. 즉 저항적 연대를 구성하고 그것이 체제전환의 기획으로 발전할 수 있는 이론적 근거를 제시해야 한다. 이점과 관련해 포스트모더니즘의 도전은 일정한 기여를 했다고 할 수 있다. 포스트모더니즘의 비판은 모든 종류의 근본주의와 토대주의, 남성중심주의와 서구중심주의를 비판하는 데서 매우 효과적이었다. 하지만 비판의 기준을 설정하는 데 실패함으로써 지적 허무주의와 상대주의로 치우치게 되는 한계도 가지고 있었다.[469] 이제 포스트모더니즘이 제기한 인식론적인 상대주의를 수용하면서도 유물론적인 구조분석을 병행할 수 있는 이론적 전환이 필요하다. 그럼으로써 새로운 열린 연대의 인식론과 존재론을 동시에 사고할 수 있을 것이다.[470]

저항적 연대와 체제전환의 기획은 인식론적 측면과 존재론적 측면을 동시에 사고해야 한다고 했다. 서로 다른 탈구의 경험이 어떻게 소통하고 비록 잠정적이지만 합의에 이를 수 있는지에 대한 논의는 인식론적 문제이기도 하지만 동시에 그러한 소통을 가능하게 하는 모순적 실재에 대한 존재론적 정의의 문제이기도 하기 때문이다. 필자는 다른 곳에서 이 문제를 '지식구성의 정치'라는 주제로 접근했었다. 지식구성의 정치는 적대를 경험하는 다양한 인식론적 입장 사이의 소통이라는 측면에 주목한다. 탈구라는 우발적 계

469　이러한 비판은 Callinicos, Alex, *Against Post-Modernism*, Cambridge : Polity, 1989 ; Sayer, Andrew, *Realism and Social Science*, London : Sage, 2001 ; Lovibond, Sabina, "Feminism and Postmodernism", *New Left Review* 178, 1989 ; Soper, Kate, "Feminism, Humanism and Postmodernism", *Radical Philosophy* 55, 1990에서 찾을 수 있다.

470　인식론적 상대주의epistemological relativism와 존재론적 실재론ontological realism의 결합은 로이 바스카Roy Bhaskar의 비판적 실재론critical realism의 핵심 주장이다. 이에 대해서는 Ted Benton & Ian Craib, *Philosophy of Social Science*, 2nd Edition, London : Palgrave, 2011 중 8장을 참고하라. 비판적 실재론에 대한 논의는 서영표, 『런던코뮌』, 이매진, 2009의 110~123쪽을 참고하라.

기가 발생시키는 적대는 다양한 위치에서 생겨난다. 이렇게 다양한 위치에서 '인식'되는 적대는 서로의 차이와 더불어 공통의 토대를 갖는다. 문제는 이 공통의 토대가 쉽게 드러나지 않으며 부단한 정치적 실천과 개입을 통해서 성취되는 구성물이라는 것이다. 더불어 저항적 연대가 체제전환의 기획으로 발전하기 위해서는 우발적 탈구와 부분적 소통을 넘어서는 구조에 대한 과학적 분석이 요청된다. 여기서 모순적 구조에 대한 과학적 분석과 일상적인 실천에서 생겨나는 실천적 지식 사이에는 어느 한 쪽으로 환원될 수 없는 변증법적 긴장이 존재해야 한다.

그런데 다양한 적대 사이의 수평적 소통과 과학적 분석과 실천적 지식 사이의 수직적 관계를 논의하기 위해서는 그것을 가능하게 하는 존재론적 근거를 찾아야 한다.[471] 다른 곳에서 필자는 이러한 존재론적 근거를 필요needs 개념에서 찾을 수 있다고 주장했다.[472] 자본주의의 구조적 모순은 다양한 수준의 탈구를 통해서 체험된다. 여기서 구조적 모순이 탈구로 체험되는 계기들은 자본주의의 독점적 시장과 억압적 국가에 의해 충족되지 않는 필요들을 통해 드러난다고 할 수 있다. 독점적 시장은 화폐소득을 가진 집단의 필요는 가격신호를 통해 표현하고 충족시키지만 그렇지 않은 집단의 필요는 충족되지 않는 상태로 남겨둔다. 또한 확대재생산을 지향할 수밖에 없는 자본의 논리는 생태적인 한계로 드러나는 자원부족과 다음 세대의 필요를 인식할 수 없다.

필요는 욕구wants와 욕망desire처럼 완전히 주관적이지 않다. 하지만 완전히 객관적이지도 않다. 필요는 역사적으로 발전하며 문화적으로 다양하고 사회 안의 다양한 위치에 따라 다르게 인식되기 때문이다. 완전히 객관적이지 않음에도 불구하고 완전히 주관적이지도 않기 때문에 서로 다른 인식이

---

471   이 책 4장 참고.

472   이 책 2장과 서영표, 「상품화된 일상과 충족되지 않은 필」, 『로컬리티인문학』 11, 2014를 참고하라.

논의되고 토론될 수 있는 최소한의 존재론적 근거가 될 수 있다. 앞 절의 논의를 따르자면 충족되지 않은 필요의 체험은 탈구적 경험이다. 개인적일 수도 있고 집합적일 수도 있다. 탈구적 경험은 충족되지 않는 필요들을 보편적 이데올로기(정의, 민주주의, 인권)에 기대어 독점적 시장과 억압적 국가 안에서 요청하게 한다. 때때로 이러한 요청은 보편적 이데올로기와 실재 사이의 간극을 드러낸다. 간극은 적대적 대상을 인식하게 하고 이러한 적대가 유지되고 강화될 수 있는 조건이 형성되면 구조에 대한 적대, 즉 독점적 시장과 억압적 국가에 대한 비판으로 나가게 된다. 물론 역시 앞에서 지적했듯이 충족되지 않는 필요들에서 연원하는 적대는 보편적 이데올로기를 매개로 다시 원점으로 되돌아갈 수도 있다. 제도 안에는 요청하는 집단의 요구를 부분적으로 수용하고 저항으로 발전하는 것을 차단하는 물질적 기제들이 마련되어 있기 때문이다. 탈구가 다시 제도정치로 흡수되는 것이다.

충족되지 않은 필요들의 인식은 적대를 형성하지만 이러한 적대가 불만으로 쌓이면서도 구조적 문제에까지 다다르지 못할 때 연대해야 할 집단 내부의 '부정적' 적대로 귀결될 수도 있다. 국가와 자본이 허용하는 제한된 자원을 둘러싸고 경쟁하는 것이 한 가지 예이다. 세대 간, 지역 간 갈등이 조장되기도 한다. 정규직과 비정규직 노동자들 사이의 대립이 격화되기도 한다. 탈구가 실재에 대한 비판으로 나가지 못하고 또 다른 환상에 의해 치환되면서 성차별적, 인종주의적, 계급적 원한의 감정으로 표출될 수도 있다. 스스로의 불만을 자신보다 약한 집단을 향한 왜곡된 분노로 쏟아내게 되는 것이다.[473]

---

473 서영표, 「포퓰리즘의 두 가지 해석」, 『민족문화연구』63, 2014, 25쪽.

4. 적대를 통한 연대와 정치적 개입

저항적 연대는 저항에 그치지 않고 현존하는 질서를 변형하는 연대로 나가야 한다. 이것은 탈구를 통해 출현하는 적대가 제도적인 개입과 변형을 통해 해소되는 과정이기도 하다. 이 과정은 앞에서 제시된 필요 개념을 통해 설명될 수 있다.

충족되지 않은 필요의 인식과 적대의 체험은 우발적일 가능성이 높다. 우발적으로 드러나는 체계 자체의 균열만으로는 부정적인 힘으로써의 좌절과 분노의 에너지가 창조적인 정치적 실천으로 발전하지 않는다. 분노와 좌절의 에너지가 체계의 균열과 만날 때, 그리고 민주주의라는 이상과 현실의 착취 사이의 간극이 체험될 때, 그 에너지가 제도 안으로 넘쳐 들어갈 여러 갈래의 길이 있어야 한다. 불만의 에너지가 적대를 통해 저항의 에너지로 모아질 수 있어야 한다는 것이다. 그람시의 표현을 빌리자면 저항의 진지를 구축해야 하는 것이다.[474]

이번 절의 초점은 저항적 연대가 대항헤게모니 기획으로 발전하기 위한 제도정치에 있다. 이러한 분석의 전제는 기존의 '사적 영역'과 '공적 영역', '국가'와 '시민사회', 그리고 '체계'와 '생활세계'라는 이분법적 도식을 넘어서는 것이다. 사적인 영역은 자유롭고 평등한 개인이라는 '허구적' 주체성이 출현하는 공간이다. 이러한 허구적 주체성은 가족, 학교, 종교단체, 노동조합 등의 (알튀세르의 표현을 빌자면) 이데올로기적 국가장치들 안에서 실천되고 재생산된다.[475] 이렇게 재생산되는 허구적 주체성은 고립된 단자로서의 시민을 만들어내고, 고립되고 원자화된 개인들은 그들을 대변한다고 착각하

---

474 이 책 3장을 보라.

475 Louis Althusser, "Ideology and Ideological State Apparatuses", Lenin and Philosophy, *New York*: *Monthly Review*, 1971.

는 국가와 민족의 '강요된' 연대를 자연스러운 것으로 수용한다.[476]

적대를 통해 성취되는 새로운 열린 연대는 사적 영역이 처음부터 정치적이라는 그람시의 통찰로부터 시작한다. 그람시의 시민사회는 종속적인 주체를 구성하는 이데올로기적 투쟁의 장이다. 착취의 유물론적 경험(충족되지 않는 필요의 체험)이 불러오는 탈구의 경험은 사적영역, 또는 시민사회의 이데올로기적 관계를 역전시킬 수 있는 가능성을 내포한다. 여기에서 구성되는 정치적 힘은 국가를 민주적으로 변형시키는 동력을 형성할 수 있다.

1) 연대와 사회 변동: '비공식' 영역의 정치화

불만의 에너지가 저항이 되어 제도 안으로 넘쳐 들어가기 위한 여러 갈래의 길은 일상의 쟁점들이 사회운동으로 모아지고 이것이 정당정치와 결합되어 '생산적' 긴장 상태에 놓일 때 나타난다. 여기서 이러한 생산적 긴장을 분석할 수 있는 몇 가지 개념을 도입하겠다. 우선 '공식적 정치 영역formal political sphere'과 '비공식 영역의 정치화politicization of informal sphere'를 정의하도록 하겠다. '공식적' 정치의 영역의 상대개념으로 '비공식' 영역이라는 표현을 사용한 의도가 설명되어야 한다. 즉 비공식적 '정치의 영역' 대신 비공식 '영역'이라고 명명한 것의 이유가 중요하다는 것이다. 착취과정으로부터 발생하고 정치·사회적인 영역에서의 계급대립의 효과에 의해 조정되는 적대적 사회문제들이 비정치적인 영역처럼 생각되는 것은 지배이데올로기의 효과적 작동의 결과이고 그럼으로써 좁게 정의된 정치의 영역 바깥은 비정치적 영역으로 간주된다. '비공식'이라는 수식어는 이러한 상태를 함축하고 있다.

476　이분법적 구분에 대한 이론적 비판은 Nancy Fraser, "Rethinking the Public Sphere: A Contribution to the Critique of Actually Existing Democracy", *Social Text* 25/26, 1990과 Anne Phillips, *Engendering Democracy*, Cambridge: Polity Press, 1991을 참고하라.

‘공식적 정치 영역’은 사회적 약자들의 정치적 진출을 ‘형식적’으로 허용하는 공간이다. 당연히 지배계급은 공식적 정치 장에서 절대적 우위를 점한다. 그들은 국가기구, 생산수단, 공권력을 장악하고 자유민주주의라는 정당화이데올로기까지 선점하고 있다. 앞 절의 표현을 사용하자면 보편적 이데올로기가 효력을 가진다는 것이다. 그람시의 표현을 빌자면 지배계급의 헤게모니가 잘 작동하고 있다고 할 수 있다. 이에 반해 사회적 약자들은 단지 형식적으로만 공식적 정치의 장에 참여할 수 있다. 참여할 수 있는 자격만이 주어진다는 것이다. 절차적인 참여는 앞에서 언급한 대중을 고립시키고 효과적으로 정치진출을 교란시키는 수많은 기제들과 이데올로기들에 의해 가로막힌다. 또한 사회적 약자들은 생산수단, 권력, 물리력으로부터 소외되어 있기 때문에 공식적 정치의 장의 힘 관계에서 열세일 수밖에 없다. 지식, 정보의 불평등은 결국 권력의 불평등으로 수렴된다.[477]

지배계급이 공식적 정치의 장에서 아무리 힘의 우위를 점한다고 해도 비공식적 영역에서 헤게모니를 장악하지 못한다면 지배체제는 허약할 수밖에 없다. 그래서 문제는 공식적 정치의 장에서 우위를 점하고 있는 지배계급이 그 바깥(비공식적 영역)에서 어떻게 헤게모니를 장악하는가에 있다. 지배계급은 비록 형식적이고 제한적이지만 허용할 수밖에 없는 피지배계급의 공식적 정치의 장으로의 진입을 상쇄시키기 위한 이데올로기, 즉 공식적 정치의 장에서 힘의 우위를 유지하고 그 바깥의 영역에서 발생하는 갈등과 적대가 공식적 정치의 장으로 넘쳐 들어오는 것을 제어할 수 있는 힘을 가져야 한다. 그래서 지배적인 질서는 평등하고 자유로운 개인이라는 허구적 주체성

---

[477] 홀은 고전적 자유주의가 가진 근본적인 한계를 지적한다. 자유주의는 진보를 원하지만 아래로부터의 위협을 허용하지 않는다. 한편에서는 해방emancipation을 주장하지만 다른 한편으로는 종속subjugation을 옹호한다. Hall, Stuart, “Neoliberal Revolution”, Sally Davison & Katherine Harris eds., *The Neo-Liberal Crisis*, London: Lawrence & Wishart, 2015, p. 18.

을 만들어내고 국가라는 공동운명체를 통한 강요된 연대를 창출한다.

　탈구가 경험되는 공간은 대부분 비공식 영역이다. 그렇다면 탈구는 불만의 저항정치화를 통해 비공식 영역이 일시적으로 정치화되는 계기를 만들어 낸다고 할 수 있다. 이러한 일시적이고 우발적인 정치화의 계기를 '비공식 영역의 정치화'라는 의식적 기획으로 발전시켜야 한다. 이 주제는 정당과 사회운동의 관계로 다루어질 수 있다.[478] 정당은 주로 공식적 정치영역의 행위자이고, 사회운동은 비공식 영역의 행위자로 다루어지기 때문이다. 두 개의 영역이 분리되고 두 개의 행위자 또한 분리되는 것은 지배적인 이데올로기의 효과임은 이미 확인된 바이다. 그렇다면 비공식 영역의 정치화는 비공식 영역에서의 탈구와 이로부터 생겨난 저항의 정치가 정당을 압박하고 변화시켜 양자 사이의 생산적이기는 하지만(즉 적대적 대립으로 나가지는 않지만) 서로를 견제하고 압력을 행사하는 긴장관계를 만들어 내는 것에 다름 아니다. 생산적인 이유는 변혁을 추구하는 정당은 제도적인 힘을 제어하고 스스로를 변화의 주체로 정립하기 위해서 기존의 게임규칙과 자원배분을 급진적으로 변화시킬 수 있는 사회적 토대(사회운동과 주민운동)가 필요하며 사회운동(과 주민운동)은 불만과 저항의 에너지를 제도영역으로 투입하기 위해 정당이라는 매개가 필요하기 때문이다. 긴장 상태에 있어야 한다는 것은 둘 중 하나가 다른 하나를 포섭하는 방식으로 나아가는 경우 낡은 정당정치의 틀로 되돌아가거나 제도 정치를 포기한 '탈주하는' 연대로 귀결될 수밖에 없기 때문이다. 한쪽의 약점은 다른 쪽의 강점이며 서로가 결여하고 있는 것을

478　여기서 정당은 좌파 정당을 의미한다. 이념형적으로 주어진 좌파 정당은 낡은 폐쇄된 연대가 기대어서는 안 된다. 사회운동을 지향하는 정당, 현실운동에 열려 있으면서 동시에 헤게모니적 리더십을 발휘하는 정당이다. 힐러리 웨인라이트Hilary Wainwright가 사회운동정당이라고 부르는 새로운 정당형태를 가리킨다. Wainwright, Hilary, *Arguments for a New Left*, Oxford: Blackwell, 1994를 참고하라.

보완할 수 있는 힘을 가지고 있다.[479]

이미 언급되었듯이 공식적 정치의 장은 국가 또는 정치사회로, 비공식적 영역은 시민사회로 개념화할 수도 있다. 그러나 국가와 시민사회라는 개념 쌍은 시민사회의 비정치적 성격을 강하게 내포한다.[480]

〈그림 4〉를 나머지 그림과 비교할 때 국가와 시민사회의 개념쌍은 상대적으로 정태적이다. 만약 국가와 시민사회의 개념쌍을 인정하더라도 그것은 시민사회의 정치화를 전제로 한 개념화이어야 하며, 시민사회는 지배이데올로기로부터 해방된 영역이 아니라 계급투쟁이 전개되는 대립의 장임이 인정되어야 할 것이다. 그리고 비공식 영역의 정치화는 시민사회를 확장하는 것에 머물지 않고 그것을 정치화하여 국가와 정치사회로 대중의 정치적 힘을 확장시키는 것이어야 한다. 〈그림 1〉은 이념형적으로 비공식 영역이 정치화된 상태를 나타낸다.

---

479 사회운동정당에 대해서는 장훈교, 「사회운동정당」, 『급진민주주의 데모스 2: 연대성의 정치학』, 데모스, 2011을 보라.

480 공식적 정치 영역을 그람시의 정치사회 개념으로 설명할 수 있다는 반론이 제기될 수 있다. 그람시 자신은 국가, 시민사회, 정치사회의 관계에 대해서 일관된 설명을 제시하지 못한다. 이러한 혼동은 Perry Anderson, "Antinomies of Antonio Gramsci", *New Left Review* 100, 1977에서 지적되었다. 그람시는 정치사회를 국가와 동일시하거나(Antonio Gramsci, *Selections from Prison Notebooks*, Lawrence & Wishart, 1971, p. 12), 정치사회와 시민사회를 국가의 구성요소로 설명하거나(같은책, p. 263), 국가와 시민사회를 매개하는 영역으로 제시한다(같은 책, p. 245, 253). 굳이 그람시의 용어를 고집한다면 공식적 정치영역은 정치사회로 개념화될 수도 있을 것이다. 〈그림 2~4〉에서 제시된 공식적 정치영역은 국가와, 시민사회와 국가를 매개하는 정치사회가 겹쳐 있는 영역이다. 그럼에도 국가, 정치사회, 시민사회라는 그람시의 개념을 사용하지 않는 이유는 비공식영역과 공식적 정치영역의 경계가 역동적이며 비공식 영역의 '정치화'라는 전략을 강조하기 위함이다. 이 구분은 지배적 현실의 정치적 성격을 드러내 줌과 동시에 변화의 방향도 함께 제시할 수 있다.

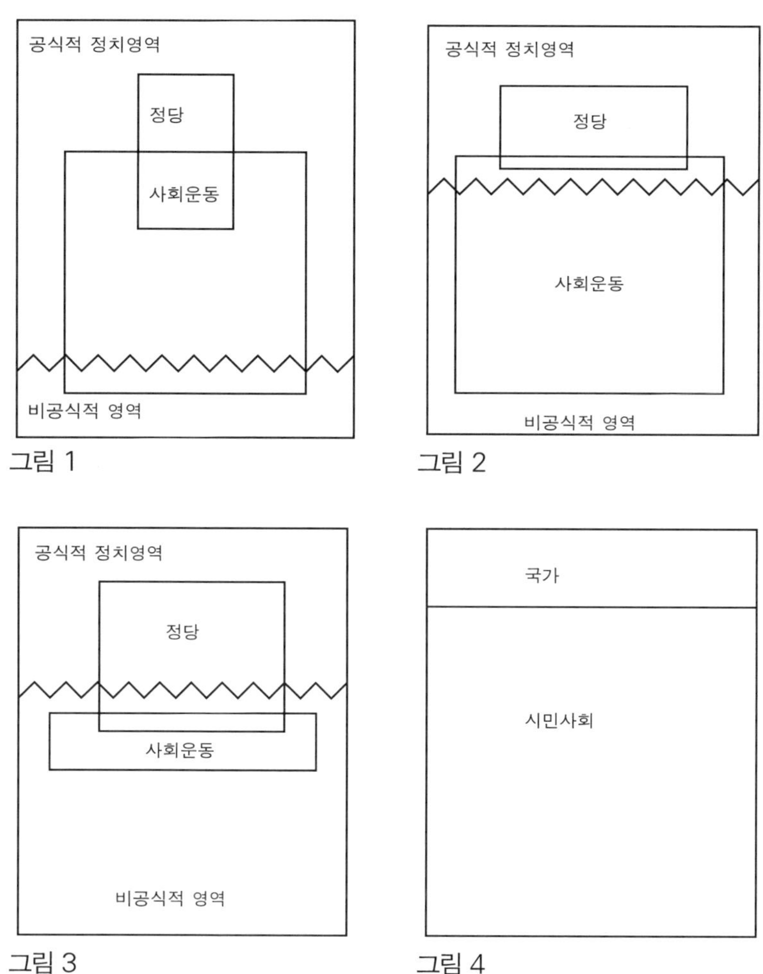

하지만 모든 영역이 정치화하는 것은 바람직하지 않다. 개인의 사적영역, 자율적 영역이 인정되어야 하기 때문이다. 〈그림 1〉에서 사회운동과 약간 겹쳐진 비공식 영역이 여전히 존재해야 하는 이유가 여기에 있다. 러셀 키트Russell Keat가 사회주의에서도 보존되어야 하는 개인의 자율성을 주장한 것도 같은 맥락에서 이해되어야 한다.[481] 〈그림 2〉는 사회운동이 활성화되

---

481 Keat, Russell, "Liberal Rights and Socialism", Keith Graham ed., *Contemporary Political Philosophy : Radical Studies*, Cambridge : Cambridge

어 정당을 매개로 해서 제도정치에 상당한 영향을 행사하지만 비공식 영역
과 공식적 정치영역의 구분을 넘어서지 못한 상태를 보여준다. 하버마스와
그에게서 영향을 받은 코헨Jean Cohen과 아라토Andrew Arato, 그리고 강수택
의 주장이 이러한 모델에 해당할 것이다.[482] 이러한 입장에서 사회운동은 국
가 또는 체계로부터 시민사회 또는 생활세계의 힘을 회복하는 것을 목적으
로 할 뿐 국가 또는 체계 자체의 직접적인 변화를 추구하지 않는 것처럼 보
인다. 〈그림 3〉은 사회운동이 미약하고 정당을 통해 요구사항을 관철시키는
압력단체 또는 이익단체에 머물러 있는 상태를 나타낸다. 미국에서 태동한
자원동원이론 또는 정치적 기회구조론이 여기에 해당할 것이다.[483] 〈그림 3〉
의 상태에서 〈그림 2〉을 거쳐 〈그림 1〉로 나가는 것이 '비공식 영역의 정치
화'라고 부를 수 있을 것이다. 이런 비공식 영역의 정치화는 저항적 연대가
대항헤게모니 정치로 전환되는 시작이다.[484]

University Press, 1982.

482   강수택, 앞의 책과 Jean Cohen & Andrew Arato, *Civil Society and Political Theory*, Cambridge, Mass.: MIT Press, 1992.

483   J. Craig Jenkins & Charles Perrow, "Insurgency of the Powerless: Farm Worker Movement (1946~1972)", *American Sociological Review* 42, 1977과 John D. McCarthy & Mayer N. Zald, "Resource Mobilization and Social Movements: A Partial Theory", John D. McCarthy and Mayer N. Zald eds., *Social Movements in an Organizational Society*, New Brunswick, NJ: Transaction, 1987.

484   사용된 개념에서는 약간의 차이가 있지만 제도정치와 비제도정치 사이의 상호작용을 옹호하는 조희연의 논지는 이 글의 주장과 수렴한다. 조희연, 「한국 민주주의 변동에 대한 이론적 이해와 분석틀」, 조희연 엮음, 『한국 민주주의와 사회 운동의 동학』, 나눔의 집, 2001을 보라.

2) 적대를 통한 연대의 구체적 장소로서의 지방정치

진보적 정당과 사회운동이 지방자치체 수준의 정치에 적극 참여함으로써 그 구조를 민주적으로 변화시키는 것은 보다 확대된 참여를 유발할 수 있는 정치적 기회구조를 형성한다. 새로운, 보다 확대된 동원구조가 형성된다고 말할 수도 있다. 그리고 이렇게 확대된 정치적 기회구조와 동원구조는 민주적 변화를 가속화하는 상승작용을 불러올 것이다.

이제 지금까지의 논의를 지방정치 수준에서 다시 생각해 보도록 하자. 세 가지 변수가 고려되어야 한다. 지방자치제도, 좌파정당, 사회운동·주민운동이 그것이다. 사회운동은 환경운동처럼 대의cause를 추구하거나 여성운동처럼 집합적 이해를 추구하지만 일반성을 띠고 있는 운동을 지칭한다. 주민운동은 원자력 발전소 건설 반대, 해군기지건설 반대, 송전탑 반대 등 특정한 쟁점을 둘러싸고 발생하는 주민의 동원을 가리킨다. 주민운동은 이보다 더 구체적인 주제들을 통해 드러나기도 한다. 운동의 '주체'가 아닌 '영역'을 표현하는 개념으로서의 시민운동은 사회운동과 주민운동을 모두 포괄할 수도 있을 것이다.

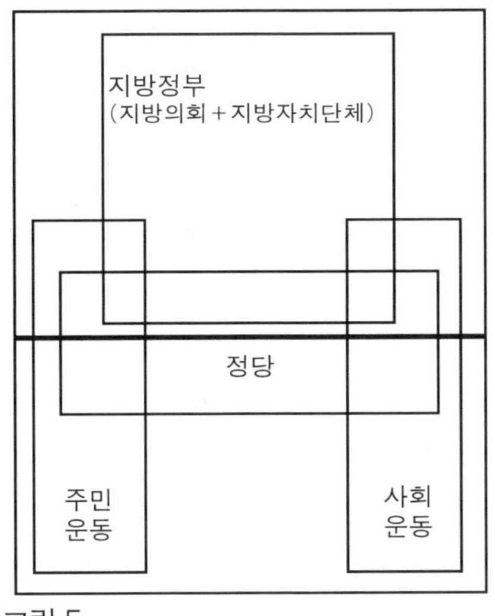

그림 5

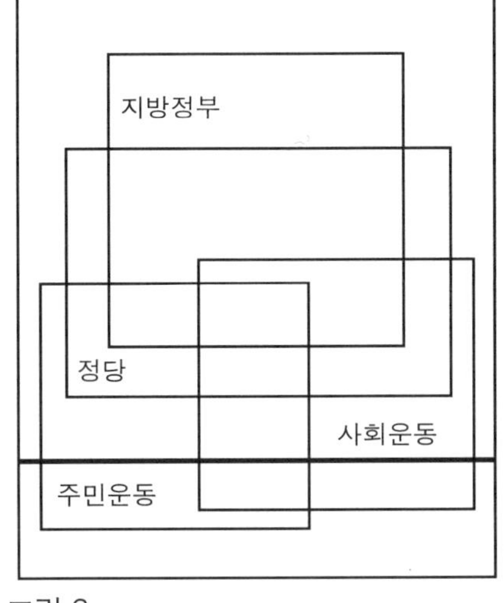

그림 6

제도로서의 지방자치체는 계급 간, 사회계급 간 힘 관계가 구체적인 쟁점들을 둘러싸고 충돌하는 장이다. 또한 제도로서의 지방자치체에서는 주민을 행정에 참여시키고 의회를 감시하게 함으로써 주민참여를 제도화하거나 특정한 이슈들에 관한 정책수립과 평가에 사회운동단체들을 참여시킬 수 있는 가능성이 높다. 그러나 이것은 참여 채널의 제도화이지 사회운동과 주민운동의 제도화를 목적으로 해서는 안 된다. 즉 당과 지방행정과는 구분되는 독자적인 동학이 조직되어야 하며 활성화되어야 한다는 것이다. 역설적이지만 이러한 사회운동이 당의 지방 정치 전략에 의해 육성되고 활성화되어야 하는 조건이 형성될 수도 있다. 사회운동, 주민운동을 매개로 한 대중의 참여가 운동의 성공에 가장 중요한 변수이지만 그것을 가능하게 하는 급진적 정당의 지도적 역할, 즉 헤게모니적 전략이 더 중요한 시기가 있을 수 있다는 것이다. 〈그림 5〉는 사회운동, 주민운동이 모두 미약하며 정당과의 관계도 거의 존재하지 않는 상태를 보여준다. 굵은 선은 '공식적 정치영역'과 '비공식 영역'을 나타내며 〈그림 5〉에서는 상대적으로 비공식 영역이 크게 나타난다. 이에 반해 〈그림 6〉은 사회운동과 주민운동이 상당부분 겹쳐지고 양자가 정당과 긴밀한 관계를 가지고 있음을 나타낸다. 그만큼 비공식 영역의 정치화가 확대된 모습을 보여준다.[485]

---

485 한국 지방정치의 현실을 분석하는 것과 나아갈 방향을 제시하는 것은 서로 분리될 수 없다. 그럼에도 불구하고 지향해야 할 방향 또는 모델에 대해 논의할 수는 있다. 이 모델을 지향하는 현실의 운동을 어떻게 만들어 낼 것인가를 고민하는 것은 남겨진 과제이다. 급진적 정당의 역할이 상대적으로 클 수 있다는 암시는 한국의 지방정치가 이 모델에 한참 미달하고 있기 때문이다.

5. 결론

　모순적 실재를 유지하는 상징적 질서를 흔드는 탈구적 경험은 다양한 계기를 통해 드러난다. 종종 탈구적 경험은 '다르게 사는' 정치적·경제적 실험으로 발전하기도 한다. 하지만 이러한 실험들은 대부분 '탈주하는' 연대에서 멈추는 경향이 있다. 탈주하는 연대는 경험되는 적대를 구조적 문제와 연결하지 않음으로써 주기적으로 소멸하거나, 소규모 공동체로 남거나, 규모를 키우면서 기존질서에 포섭된다. 우리는 많은 공동체 운동의 실패를 목격하고 있으며 점점 더 몸집을 불리면서 상업적 논리에 종속되어가고 있는 협동조합 운동을 보고 있다. 어쩌면 의도하지 않게 '공동체주의적' 신자유주의의 포로가 되어가고 있는지도 모를 일이다.

　탈주하는 연대는 의미 있는 정치적 운동이다. 모든 연대운동을 정치적 장으로 끌어 들여야 한다고 생각하는 것도 일종의 강박이다. 하지만 탈주하는 연대는 비정치적인 성격을 띠고 있더라도 정치적 '효과'를 가질 수밖에 없다. 그 정치적 효과는 기존의 질서, 자본주의적 질서, 신자유주의적 질서를 보완하고 그 논리를 따라가게 하는 것일 수도 있다. 우리는 이 한계를 넘어서 앞으로 나가야 한다. 즉 탈주하는 연대의 정치적 효과가 국가를 민주화하고, 시장을 사회화하고 대중을 정치 주체화하는 운동에 기여할 수 있는 정치적 기획을 마련해야 한다는 것이다.

　이러한 정치적 기획의 출발점은 현실의 모순과 보편적 이데올로기가 어긋나는 탈구적 경험이다. 탈구적 경험은 구조적 모순이 표출되는 계기들이며 여기로부터 적대가 형성된다. 그러한 적대는 충족되지 않는 필요를 둘러싼 지식구성과 소통의 정치로 드러나게 된다. 그리고 그것은 '우리'와 '그들'을 가름으로써 저항적 연대를 만들어 낸다. '대안은 없다'는 지배적 이데올로기에 맞서 '다른 세상'으로의 이행을 기획하기 위해서는 이러한 '적대를 통한 연대'가 발생하는 비공식 영역을 정치화할 수 있어야 한다. 즉 비공식 영역으로 간주되는 시장을 사회적으로 통제하고, 고립된 시민으로 존재하는 개인들을 정치적 주체로 세울 수 있어야 한다는 것이다. 이 과정은 곧 기존의 국가를 민주화하는 과정에 다름 아닐 것이다. 그리고 이 모든 저항의 정치, 이행의 정치는 구체적인 지역에서부터 출발해야 할 것이다.

결론

질문들, 그리고 대답들

70~80년대 민주화 운동은 대의를 따르는 것이었다. 농민과 노동자들의 투쟁이 있었지만 그 시대를 대표한 것은 학생운동과 재야로 포괄된 지식인들이었다. 그 자체로 개인들이 느끼는 불만과 삶의 질은 중요하지 않았다. 처음부터 독재의 맞서는 도덕적 우월성과 민주주의라는 추상적 이념에 이끌려졌다. 한때 진보적인 것처럼 보였던 '재야'가 민주화 과정에서 급격하게 분화되어 체제내화 되고 그 뒤를 잇는 시민운동이 김대중-노무현 정부의 10년을 거치면서 영향력을 잃어갈 수밖에 없었던 이유가 여기에 있었다. 그들도 역시 엘리트였고 평범한 사람들의 열망과 분열증을 이해할 수 없었다. 지식인 엘리트들은 머릿속에서 완벽하게 정의된 도덕적으로 우월한 '민중'과 현실을 살고 있는 피와 살을 가진, 그래서 감정을 가진 사람들 사이에서 헷갈려 했다. 그리고 자신들의 이념과 현실 정치 사이에서 길을 잃었다. 길을 잃을 때 대부분 머릿속의 '민중'을 기준으로 현실의 사람들에게 실망했고, 그래서 뭐라도 해야 한다는 핑계로 질서 안으로 투항했다. 90년대의 과도기는 이런 헷갈림과 투항의 시기였다고 할 수 있다.

1990년대 말 시작된 김대중-노무현 정부는 한국사회를 움직이는 유일한 기준을 시장의 원리로 고착화시켰다. 어린 학생들은 초등학교부터 그렇게 교육받았고 시장이 강요하는 경쟁의 원리를 '자연스러운' 것으로 내면화했다. 몸은 양육강식과 적자생존의 논리에 의해 규율되었다. 우리는 모두 신자유주의적 인간형으로 개조되었다. 그 결과는 청년들이 '헬조선'이라고 부르는 그런 나라였다. 사회이동성은 닫히고 신분사회로 되돌아가는 것처럼 느껴졌다. 권력행사의 정당성과 도덕성은 사라졌고 오직 이기적 본성만이 '경쟁력'이라는 이름으로 칭찬받는 사회가 되어 버렸다. 인생을 계획하고 미래를 만들어갈 수 있다는 희망이 사라진 시대, 깊은 절망과 좌절의 시대에 살게 된 것이다. 불만과 절망은 부채사회를 조장하는 소비라는 위약僞藥이 주는 일시적인 진통효과에 의해 은폐되었다. 그리고 소비-부채의 악순환은 고립된 개인들을 더욱더 개인의 책임성이라는 족쇄에 단단히 묶이게 했다. 자신들의 모습이 영화와 드라마에 그려질 때 그것에 격하게 공감하지만 그렇게 영화와 드라마를 '소비'하는 것에 만족하는 수동적 존재로 떨어지게 되는 것이다. 그 영화와 드라마 속 모습이 현실의 우리 모습이라면 지금 당장 폭동이라도 발생해야 하지 않겠는가?

소비주의가 지배하는 사회에서 개인으로 고립되어 경쟁의 논리를 마음과 몸에 새긴 사람들, 하지만 동시에 깊은 불만과 좌절을 경험하고 있는 사람들이 앞에서 지적했듯이 분열증적인 주체들이다. 불만과 좌절이 사회구조가 가진 모순의 직시로 나가지 못하도록 하는 우리들 마음속의 분열증 말이다. 광장과 촛불은 이러한 분열증적인 주체들이 질서 안에서 관리할 수 없는 정도의 불만과 좌절감이 표출되는 통로라고 할 수 있다. 고립된 개인들이 체험하는 불만과 좌절이 '우리'라는 연대감을 거치지 않고 곧바로 거시적 사회문제로 비약되어 해소되어 버리는 통로가 되는 것이다.

라클라우의 용어를 빌리자면 한편에서 탈구의 개인적 계기'들'은 연대로 나가지 못하고, 다른 한편에서 구조적 모순은 적대로 발전하지 못한 채 일시적인 집합적 감정표출의 통로가 된다. 개인적 탈구들이 연대로 나갈 수 있는 작고 다양한 정치적 실천의 장이 없기 때문이다. 심지어 협동조합과 마을운동마저도 제도 정치의 일환으로 끌려들어가고 있지 않은가? 그리고 우발적으로 드러난, 정치적으로 의도하지 않은 체계 수준의 모순의 일시적 드러남이 적대로 발전하지 못하는 것은 그것을 이끌 좌파의 정치적 리더십이 없기 때문이다. 2008년 광우병 쇠고기 수입에 반대하는 촛불시위 때 민주노동당과 진보신당이 그랬던 것처럼, 그리고 시민운동이 그랬던 것처럼 박근혜-최순실 게이트가 온 나라를 흔든 2016~17년 정의당과 시민운동은 조·중·동이 쳐 놓은 프레임 안에서 정상과 비정상을 나누는 '저들'의 논리에 동조하고 있지 않은가? 평화시위를 치켜세우면서 광장에 모인 시민의 힘을 높이 평가하는 것 같지만 합법의 틀을 한 치라도 벗어날 때 불법과 비정상으로 낙인찍을 수 있는 교묘한 프레임을 유포시키고 있지 않은가? 광장의 시민들이 분노한 것은 소수의 기득권층의 이익만을 보장하는 체계, 합법으로 보호받는 체계 그 자체였다. 그런데 이제 그것에 대한 비판은 비정상이다. 평화를 깨뜨리는 정신 나간 소수의 맹동주의다. 어느덧 '그들'의 논리는 '우리'의 것이 되고 변화의 에너지는 고작해야 정권교체로 귀결되도록 유도되고 있다. 기존의 모든 것이 의심받는 시기, 기존 질서의 모순을 드러내기 보다는 제도적 질서의 끄트머리에서 얻고 있는 한줌의 기득권을 마치 권력을 향한 교두보라도 확보한 듯이 착각하고 '헬조선'을 만든 공모자들에게 정당성을 부여하는 역할을 하고 있는 것이다.

여기서 좌파 정치의 문제로 돌아올 수밖에 없다. 불만과 좌절이라는 부정적 에너지를 긍정적으로 표출되지 못하도록 가로막는 결정적인 장애물은 사람들의 마음속에 쌓여 있는 분노와 좌절의 에너지를 제대로 파악하지 못하고 방전되게 하는 좌파의 무능이다.

이제 '세월호 참사'와 '박근혜-최순실 게이트'처럼 우발적이지만 사람들의 마음속에 눌려 있던 분노와 좌절의 에너지가 개인적 자기 파괴와 타자에 대한 파시즘적 공격이 아닌 국가를 향한 목소리로 모아질 수 있는 체계의 균열은 지속적으로 발생하고 있다. 비록 일시적이지만 파편화된 좌절과 분노의 경험이 '등가 연쇄'를 만들어 연대를 구성할 수 있는 가능성들은 끊임없이 출현한다. '나'의 파괴와 '타자'의 부정이 아닌, 그리고 절규를 통한 일회적인 해소 또는 배설이 아닌 현실의 물적 운동을 통해 새로운 대상을 만들어

내는 긍정적인 정치가 출현할 수 있는 기회가 계속 주어지고 있는 것이다. 그런데 그러한 기회들은 계속해서 유실되고 있다.

부정적 해소가 아닌 긍정적인 창조는 어떤 것일까? 모두가 알고 있는 것처럼 관료의 손으로 관료 제도를 개혁할 수 없다면, 규제완화가 참사를 불러왔지만 정부는 여전히 그것을 추진하고 있다면 '그들'에게 우리의 생명과 안전을 맡길 수 없다. 그렇다면 정부의 정책결정 과정이 국민들에게 투명하게 공개되어야 함을 요구해야 한다. 일회적인 것이 아니라 제도적으로 보장된 민주적 참여와 감시가 이루어져야 한다는 것이다. 민주적 참여가 '선언'으로 머물지 않기 위해서는 민주적 참여를 가능하게 할 수 있는 정보와 자원의 급진적 재분배가 보장되어야 한다. 이것은 진보를 자처하는 정치세력은 '대표'가 아니라 평범한 사람들이 정치적 주체가 되도록 돕는 '조력자'가 되어야 한다는 것을 뜻한다.

만약 이렇게 '당연한' 주권자의 권리요구에 반대하는 집단이 있다면 그들은 '민주주의의 적'으로 규정되어야 한다. '그들'이 적으로 규정될 때, '그들'이 처하고 있는 현행의 제도는 투쟁의 대상으로 된다. 제도 안으로부터 제도의 확장을 요구하는 운동은 제도의 틀을 넘어 체계의 성격을 둘러싼 사회적 실천으로까지 발전하게 되는 것이다. 그리고 체계의 성격을 둘러싼 적대의 선이 명확해지면 질수록 '우리'를 묶어주는 연대의 힘은 더욱 강력해 질 수 있을 것이다. 지금의 진보정당들처럼 무력하게 자기들끼리의 서클로 존재하거나 정치공학에 따른 협상과 선거결과에만 집착할 때 적대의 선은 무뎌지고 좌파의 정치적 토대는 사라져 버리게 된다.

좌파의 정치적 리더십은 언제 드러날지 모르는 체계 수준의 균열에 대비하는 것이다. 그리고 체계 수준의 모순이 예기치 않게 드러나는 순간을 대비하는 것은 일상에서 지속적으로 발생하는 개별적 수준의 탈구, 대개 이기적인 욕구에 의해 나타나는 탈구가 '우리'와 '저들'을 확인하고 적대를 통해 연대로 나갈 수 있는 작은 구멍들, 작은 길들, 그리고 작은 광장들을 만드는 것이다. 아래로부터의 탈구들이 연대로 나가면서 구조적인 수준에서 발생한 체계의 흔들림이 그런 연대의 힘과 만나서 체계 자체에 대한 비판으로 상승할 수 있는 정치가 필요한 것이다.[486]

박근혜-최순실 게이트가 열어 놓은 2016~17년의 기회는 이미 사라졌다. 조기 대선에서 민주당이 집권하면 지난 10년 동안 후퇴했던 민주주의가 회복될 수는 있을 것이다. 그러나 우리는 민주주의가 형식적인 것에 머물러 있을 때 어떤 일이 벌어질 수 있는지 같은 10년 동안 똑똑히 목격했다. 민주주의를 보통 사람들을 정치적 주체로 만들어 내는 과정으로 이해하지 않을 때 언제든지 이명박과 박근혜를 만날 수 있는 것이다. 그런데 지금 광장의 촛불은 중단 없는 민주화의 주체를 만드는 기회가 되고 있지 못하다. 언론과 민주당-국민의당-바른정당이 공모하여 쳐 놓은 '정상'과 '비정상'의 프레임에 완전히 갇혀 있기 때문이다. 대안을 만들어 내는 정치, 좌파 정치의 토대를 놓을 수 있는 기회는 이미 상실된 것이다. 따라서 아래로부터의 탈구와 위로부터의 리더십이 체계수준의 균열을 적대를 통한 연대로 발전시킬 수 있는 가능성은 존재하지 않는다. 진보정당의 존재는 미미하며, 광장에 모인 사람들은 자신들의 열망을 담아낼 그릇을 발견하지 못하고 '탄핵 인용'과 '정권 교체'로 빨려 들어갈 것이기 때문이다.

하지만 이것이 끝은 아니다. 우리가 경험을 통해 알고 있듯이 열망과 저항의 사이클은 결코 끝나지 않는다. 지금까지 우리의 문제는 반복적인 경험을 통해 배운 것이 없다는 것이었다. 언제일지는 모르지만 조만간 다시 도래할 위기의 순간, 균열의 순간은 오늘에도 반복하고 있듯이 사이클이 좌절로 떨어지는 것을 막을 수 있는 길을 생각해야 한다. 우리는 지금 학습을 하고 있는 것이다. 그리고 지금까지 우리를 괴롭혔던 학습장애를 극복해야 할 때다.

---

486   필자는 그런 작은 길을 내는 풀뿌리 정치의 가능성을 1980년대 런던의 좌파 지방정부의 사례에서 분석한 바 있다. 런던의 사례가 일반화될 수는 없겠지만 많은 생각할 거리를 던져준다. 서영표, 『런던코뮌』, 이매진, 2009.

참담함은 박근혜와 최순실의 국정농단 때문에 느끼는 것이 아니다. 87년 이후 수없이 반복되었던 열망과 좌절의 사이클을 통해 아무 것도 배우지 못한 우리들 자신, 특히 좌파라고 자임하는 사람들의 학습 장애와 무능력이 참담한 것이다. 정말 학습 장애일까? 기존질서의 논리를 너무 빨리 습득하고 있는 것은 아닐까? 그래도 희망을 버릴 수 없는 것은, 현실이 여전히 불평등으로 가득하고 또 다른 촛불은 조만간 도래할 것이기 때문이다. 이 책에 실린 9편의 글은 그렇게 다시 도래할 광장의 촛불을 '준비된' 상태로 맞이하고 싶은 열망의 표현이다. 종종 현학적이고 추상적이며, 스스로가 비판한 이론주의에 경도되고 있지만 그 저변에는 다른 세상은 가능하다는 '의지의 낙관'이 자리하고 있다. 독자가 그것을 읽을 수 있다면, 아니 수많은 허점과 약점에도 불구하고 그것을 읽어 주고자 하는 아량과 의지가 있다면 실천으로 한 발자국 더 나갈 수 있을 것이다.

출처

1부 불만의 도시와 저항

1장 상품화된 도시, 몸과 마음의 긁힘

「몸과 기억의 반란: 자본의 도시화에 저항하기」,『창작과 비평』173, 2016

2장 도시에 대한 권리와 충족되지 않은 필요

「도시적인 것, 그리고 인권」,『마르크스주의연구』9(4), 2012

3장 풀뿌리 지역정치의 딜레마

「당연한 것을 낯설게 하는 실천, 불가능한 것을 가능하게 하는 정치」,『진보평론』60, 2014

2부 저항적 실천과 지식의 재정의

4장 사회운동의 이론적 이해

「사회운동이론 다시 생각하기」,『민주주의와 인권』13(2), 2013

5장 과학과 지식의 새로운 패러다임: 기후변화 논쟁

「기후변화 인식을 둘러싼 담론 투쟁」,『경제와 사회』112, 2016

6장 '사회적인 것', 통치의 기술 또는 저항의 계기

「인식되지 않은 조건, 의도하지 않은 결과: 노골적인 계급사회의 탈계급정치」, 『진보평론』58, 2013

3부 새로운 저항의 장소

7장 소비주의적 욕망에 잉태된 '대안적 쾌락'

「소비주의 비판과 대안적 쾌락주의-비자본주의적 주체성 구성을 위해」, 『공간과 사회』32, 2009.

8장 불만, 탈구, 연대: 포스트마르크스주의의 유산

「라클라우가 '말한 것'과 '말할 수 없는 것': 포스트마르크스주의의 유물론적 재해석」, 『마르크스주의연구』13(1), 2016

9장 '강요된' 공동체를 넘어 '성취되어야 할' 연대

「저항적 연대와 사회변혁」, 『로컬리티인문학』14, 2015

지은이 / 서영표

서울대학교 국사학과를 졸업하고 같은 대학 사회학과 석사과정을 수료했다. 영국 에 식스대학(University of Essex)에서 사회학 석사학위와 박사학위를 받았다. 성공회 대학교 민주주의연구소에서 3년간 일하며 아시아민주주의 비교연구에 참여했다. 현 재 제주대학교 사회학과 교수로 재직 중이다. 사회이론, 환경사회학, 도시사회학, 사 회운동, 영국 정치에 대해 공부하고, 글을 쓰고, 가르치고 있다.

불만의 도시와 쾌락하는 몸

초판 1쇄 발행 | 2017년 6월 16일
지 은 이 | 서영표
발 행 인 | 김영진
발 행 처 | 진인진
편　　집 | 김민경
등　　록 | 제25100-2005-000003호
주　　소 | 경기도 과천시 별양상가 1로 18 614호(별양동 과천오피스텔)
전　　화 | 02-507-3077~8
팩　　스 | 02-507-3079
홈페이지 | http://www.zininzin.co.kr
이 메 일 | pub@zininzin.co.kr

ⓒ 진인진 2017
ISBN 978-89-6347-337-6 93300

*책값은 표지 뒤에 표시되어 있습니다.
*이 논문은 2014년도 정부(교육부)의 재원으로 한국연구재단의 지원을 받아 수행된 연구임(NRF- 2014-S1A3A2044381).